자존감의 여섯 기둥

자존감의 여섯 기둥

어떻게 나를 사랑할 것인가

너새니얼 브랜든 · 김세진 옮김

교양인
GYOYANGIN

어떻게 우리의 자존감을 높일 수 있을까?

이 책에서 나는 자존감에 가장 중요한 영향을 끼치는 요인을 이전 저작들에서 다룬 것보다 더 깊이 있고 폭넓게 다루려 한다. 자존감을 정신 건강의 척도라고 할 때, 이보다 더 긴급한 주제는 없다.

이렇게 혼란스러운 시대에는 자신의 정체성과 능력, 가치를 분명히 아는 강인한 자기(self)가 필요하다. 문화적 합의는 무너졌고, 중요한 역할 모델은 찾아볼 수 없다. 공적 헌신을 고취하는 일도 드물고, 오래도록 변함없던 삶의 특징들은 급변한다. 자기 자신을 모르거나 불신하는, 역사적으로 볼 때 위험한 시대이다. 외부에서 안정을 찾을 수 없다면 스스로 자기 내면에서 만들어내야 한다. 따라서 자존감이 낮은 사람들에게는 특히 힘든 시대이다. 이런 생각들이 내가 이 책을 쓰게 된 동기 중 하나이다.

이 책은 기본적으로 다음 네 가지 질문에 대한 답변으로 구성되어 있다. 자존감이란 무엇인가? 자존감은 왜 중요한가? 자존감을 높이려면 어떻게 해야 하는가? 자존감에 영향을 끼치는 요인에는 어떤 것들이 있는가?

자존감은 내적 요인과 외적 요인에 의해 형성된다. '내적' 요인이란, 개인의 내면에 존재하는 것, 또는 생각이나 신념, 실천, 행동을 통해 스스로 만들어내는 것을 뜻한다. '외적' 요인은 환경을 의미하는데, 여기에는 부모, 교사, '의미 있는 타인(significant others)', 조직, 문화로부터 전달받는 언어적·비언어적 메시지와, 그러한 외부와 교류함으로써 얻는 경험이 있다. 이 책은 내적·외적 측면에서 자존감을 검토한다. 한 사람의 자존감에 자기 자신과 타인은 각각 어떤 영향을 끼치는가? 내가 아는 한, 이 주제로 진행된 연구는 아직까지 없다.

1969년에 《자존감의 심리학(The Psychology of Self-Esteem)》을 쓰고는 이 주제에 관해 이야기할 만큼 다했다고 생각했다. 하지만 1970년에 짚고 넘어가야 할 '중요한 몇 가지 문제'를 깨닫고는 《자유로워지기(Breaking Free)》를 펴냈다. 1972년에는 '부족한 내용을 보강하려고' 《부인된 자기(Disowned Self)》를 썼다. 그제야 더 할 이야기가 없다는 생각이 들어 다른 주제로 글을 쓰기 시작했다. 그 후 십 년쯤 지났을까, 첫 번째 책을 펴낸 이후 쌓인 경험과 지식을 돌아보다 자존감에 관한 '최후의 책'을 쓰기로 마음먹었다. 그래서 나온 책이 1983년에 발표한 《자기 존중(Honoring the Self)》이다. 그로부터 몇 년 뒤에는 혼자 힘으로 자존감을 높이려는 사람에게 도움을 줄 수 있는 행동 지침서가 필요하다는 생각이 들었다. 그래서 1986년에 《자존감 높이는 법(How to Raise Your Self-Esteem)》을 출간했다. 이제야말로 해야 할 말을 다했다는 생각이 들었다. 그런데 같은 시기에 미국 전역에서 '자존감 운동'에 불이 붙었다. 너 나 할 것 없이 자존감을 이야기했다. 관련 서적과 강의가 쏟아졌고 학회도 열렸다. 대중에게 제공되는 내용이 어떤 수준인지는 크게 흥미가 없었지만 동료들과 열띤 토론을 벌이면서 예전의 관심이 되살아났다. 자존감에 관한 책이나 강연 중에는 훌륭한 것들도 있었지만 대부분은 그렇지 못하다는 생각이 들었다. 내가 아직 언급하지 않은 문제, 이전에는 고려하지 못했지만 꼭 살펴봐야 할 문제, 생각만 했을 뿐 말이나 글로 표현하지 않은 문제가 많다는 사실을 깨달았다. 특히 전작들에서 한 걸음 더 나아가, 건강한(healthy) 자존감 또는 높은(high) 자존감을 형성하고 유지하는 데 영향을 끼치는 요인들을 밝혀야 한다고 생각했다.(이 책에서 나는 '건강한'과 '높은'을 같은 의미로 썼다.) 나는 다시 한 번 이 자존감이라는 미지의 영역에서 새로운 탐사에 빠져들었다. 그리고 자존감을 깊이 이해하는 데 나의 길이 있음을 새삼 깨달았다. 자존감은 언제나 내게 세상에서 가장 중요한 심리학적 주제였고 앞으로도 그럴 것이다.

오래전에 그저 관심이 생겨, 아니 더 정확히 말하자면 매력에 끌려 시작했던 일이 어느새 내게 중요한 사명이 되었다.

이 열정의 뿌리를 따라가보면 십 대 시절로 거슬러 올라간다. 막 움트던 자율성이 순응의 압력과 부딪치던 시기였다. 그 시기를 객관적으로 풀어내기는 쉽지 않다. 더구나 과거뿐 아니라 지금도 온전히 깨닫지는 못한 나의 오만을 화제에 올리고 싶지는 않다. 사실 청소년 시기에 나는 말로 정확히 표현할 수는 없지만, 내 삶에 어떤 신성한 사명이 있다고 느꼈다. 나만의 독자적인 눈으로 세상을 보는 능력을 갖추는 것이 가장 중요하다고 생각했고, 다른 사람들도 나와 생각이 같을 거라고 믿었다. 이런 생각은 나중에도 결코 변하지 않았다. 물론 가족, 공동체, 문화 같은 '집단'의 가치에 '적응'하고 그것을 받아들여야 한다는 압력을 예민하게 의식하고 있었다. 하지만 그 때문에 나의 인생과 성취야말로 최고의 가치라는 판단과 확신을 포기해야만 하는지 의문이 들었다. 나는 또래들이 빛을 잃고 굴복해 가는 모습을 지켜보았다. 가끔은 당황하여 홀로 괴로워하며 그 이유를 알고 싶어 했다. 왜 어른이 되었다고 포기해야 하는가? 유년기 이후 가장 큰 욕구가 무언가를 이해하려는 것이었다면, 이제 그것과 마찬가지로 강렬한 또 다른 욕구가 생겨나고 있었다. 하지만 그때만 하더라도 그 욕구를 충분히 의식하지는 못했다. 그것은 세상에 대해 내가 이해한 것을 타인에게 전하고 싶은 갈망과, 내가 품은 삶의 비전을 타인과 나누고 싶다는 열망이었다. 나는 그러한 욕구를 확실히 깨닫기도 전에 다른 사람들에게 가치관을 가르치는 일을 하게 되었다. "당신의 삶은 중요합니다. 소중히 여기십시오. 당신의 가장 높은 가능성을 실현하기 위해 투쟁하십시오." 이것이 내가 한 모든 일의 바탕에 깔린 정신이자, 내가 가르치려 한 핵심 내용이었다.

나는 자존감과 투쟁을 벌였다. 본문에서 그 사례들을 소개하겠다. 전체적인 이야기는 예전에 펴낸 자서전 《심판의 날(Judgement Day)》에서 다룬 적이 있다. 자존감에 관해 내가 아는 모든 것이 심리 치료 과정에서 내담자들을 통해 얻은 것만은 아니다. 굉장히 중요한 몇 가지는 나 자신의 실수를 돌아봄으로써, 그리고 나의 자존감에 영향을 끼친 것들을 주의 깊게 살핌으로써 배울 수 있었다. 이 책을 쓰는 동안 나는 한편으로는 나 자신을 가르치는 교사였다.

이 책이 '자존감의 심리학'을 주제로 한 나의 최종 보고서라 단언하는 것은 바보 같은 짓일 것이다. 하지만 지금까지의 결과물 중에서는 최고 수준이라 할 수 있다.

자존감과, 자존감이 사랑, 일, 행복을 추구하는 데 끼치는 영향을 처음으로 강의한 게 1950년대 후반이었고, 이 주제로 처음 글을 쓴 것은 1960년대였다. 당시 가장 먼저 해결해야 할 과제는 자존감의 중요성을 사람들에게 이해시키는 것이었다. 지금도 '자존감'은 널리 통용되는 용어가 아니다. 그리고 일시적인 유행으로 끝날 위험도 있다. 모두가 자존감을 입에 올린다고 해서 자존감을 전보다 더 잘 이해하게 되었다는 뜻은 아니다. 만일 우리가 자존감의 정확한 의미와 성공적으로 자존감을 북돋울 수 있는 구체적인 방법을 잘 모른다면, 만일 우리가 신중하게 생각하지 못하거나 지나친 단순화와 그럴싸하게 포장된 대중 심리학에 넘어간다면, 자존감은 무시당하는 것보다 더 비참한 운명에 놓여 고통받게 될 것이다. 진부하게 여겨지게 되는 것이다. 그런 이유로 1부에서는 먼저 자존감이란 무엇인지를 검토하고, 자존감의 원천이 무엇인지 질문을 던지려 한다.

처음 이 문제를 잡고 분투하던 40년 전, 나는 자존감이 인간의 동기를 이해하는 데 매우 귀중한 실마리를 준다고 생각했다. 1954년, 나는 스물네 살이었고 뉴욕 대학에서 심리학을 공부하며 소규모로 심리 치료 실습을 하고 있었다. 내담자들에게 들은 이야기를 검토하며 공통분모를 찾던 중 내담자들이 각자 느끼는 불만이 무엇이든 그들에게는 항상 더 깊은 문제가 있음을 갑자기 깨달았다. 그들에게는 자신이 충분하지 않다는 느낌, 즉 '부족하다'는 느낌이 있었다. 또 죄책감이나 수치심, 열등감을 느꼈고 자기 수용, 자기 신뢰, 자기애가 확실히 결핍되어 있었다. 다시 말해, 자존감이 문제였다.

지크문트 프로이트(Sigmund Freud)는 초기 저작에서 신경증적 증상을 불안이나 불안에 대한 방어가 직접 표현된 것으로 이해할 수 있다고 암시했는데, 이 생각이 나에게는 굉장히 의미심장한 가설로 보였다. 곧바로 나는 환자가 드러내는 불만이나 증상을 부족한 자존감의 직접적 표현(예를 들어 무가치하다는 느낌, 극단적 수동성, 허무감)이며 부족한 자존감에서 비롯한 방어(예를 들어 지나친 허풍과 자랑, 강박적인 성적 행동, 과잉 통제된 사회적 행동)로 이해할 수 있을지 생각하기 시작했다. 나는 지금도 이 견해가 설득력 있다고 생각한다. 프로이트가 말한 **자아 방어 기제**(ego defense mechanism)는, 대표적으로 불안과 같은 자아의 평형 상태를 위협하는 원인들을 피하려는 전략이다. 오늘날 내가 생각하는 **자존감 방어 기제**(self-esteem defense mechanism)는, 자존감(또는 자존감을 가장한 무언가)을 위협하는 온갖 종류의 내적·외적 요인을 저지하려는 전략이다. 다시 말해, 프로이트가 규정한 모든 유명한 '방어'는 자존감을 지키려는 노력이라고 이해할 수 있다.

도서관에서는 자존감에 관한 자료를 거의 아무것도 찾지 못했다. 심리학 책들의 찾아보기 항목에는 아예 '자존감' 항목조차 없었다.

마침내 윌리엄 제임스(William James) 같은 학자들이 자존감에 관해 언급한 글들을 찾긴 했지만, 충분히 근본적인 내용이나 내가 원하는 명쾌한 설명은 아니었다. 프로이트는 유년기에 어머니나 아버지와 성적 관계를 맺는 것이 불가능하다는 사실을 깨닫고 자존감이 낮아지면, 그 결과 '나는 아무것도 할 수 없다.'라는 식의 무력감을 느낀다고 주장했다. 하지만 나에게 이 가설은 설득력도 없고 명확하지도 않은 설명이었다. 알프레트 아들러(Alfred Adler)는 누구나 태어나면서부터 신체적 불리함이나 '기관 열등감(organ inferiority)'을 느끼고, 그런 다음에는 다른 모든 사람(어른이나 손위 형제자매)이 자기보다 크고 강하다는 사실에 열등감을 느낀다고 주장했다. 즉, 인간은 완전히 성숙한 어른으로 태어나지 못하기 때문에 불행하다는 뜻이다. 하지만 이 이론도 내게 도움이 되지 않았다. 정신분석가들이 자존감에 관해 쓴 책들도 더러 있었지만, 그들이 생각하는 자존감은 내 생각과 달랐기에 마치 다른 주제를 다룬 것만 같았다.(오랜 시간이 흐른 뒤에야 그들과 나의 연구 방향에서 몇몇 연결점을 찾을 수 있었다.) 나는 주로 내담자를 상담하고 관찰한 내용을 토대로 삼아 내 생각을 명확히 하고 확장하려고 노력했다.

알면 알수록 자존감이야말로 근본적이고 강력한 인간의 욕구이자, 건강한 적응 즉 인간이 최적의 기능을 유지하고 자기를 실현하는 데 반드시 필요한 욕구라는 것을 깨닫게 되었다. 자존감의 욕구가 좌절되면 우리는 고통을 받고 발달도 방해를 받는다.

생물학적인 원인에서 비롯된 장애는 제외하고, 나는 자존감의 결핍에서 기인하지 않은 심리적 문제를 단 하나도 생각할 수 없다. 그러니까 불안과 우울에서부터 학교나 직장에서의 낮은 성과, 친밀감·행복·성공에 대한 두려움, 알코올 또는 약물 남용, 배우자 폭행, 아동 학대, 동반 의존증*, 성 장애(sexual disorder), 수동성과 만성적인 무목적성, 자살, 폭력 범죄까지, 이런 문제들은 최소한 부분적으로는 자존감의 결핍 때문이다. 우리가 평생 동안 내리는 판단 가운데 자기 자신에 관한 것보다 더 중요한 것은 없다.

1960년대에 동료 연구자들과 자존감을 주제로 삼아 이야기를 나눈 적이 있다. 그 자리에서 자존감의 중요성을 두고 논쟁하는 사람은 없었다. 개인의 자존감을 높이는 방법을 찾을 수 있다면 많은 긍정적인 결과가 뒤따르리라는 점을 부정하는 사람도 없었다. "그런데 선생님은 어떻게 성인의 자존감을 높여주실 건가요?" 이런 질문을 여러 차례 받았다. 과연 그런 일이 가능하겠냐는 투로 의심스런 태도를 드러낸 것이었다. 그들이 쓴 글에서 분명히 나타났지만, 그들은 대부분 자존감과 자존감에서 비롯되는 문제들을 무시했다.

가족 치료의 개척자라 할 수 있는 버지니아 사티어(Virginia Satir)가 자존감의 중요성을 언급하기는 했지만, 이 주제는 그의 전문 분야가 아니었다. 사티어는 가정이라는 제한된 맥락 안에서만 자존감의 역학을 이야기했다. 또 한 명의 위대한 심리 치료 개척자 칼 로저스(Carl Rogers)는 주로 자존감의 한 가지 측면인 자기 수용에 집중했다. 자존감과 자기 수용은 밀접한 관계가 있지만 같은 의미는 아니다.

동반 의존증(co-dependency) 자신의 본질적인 문제를 해결하지 못한 채, 강박적 행동이나 타인의 인정에 집착해 일시적으로 고통을 경감하려는 행위를 말한다. (옮긴이)

자존감의 중요성에 관한 인식은 갈수록 높아지고 있다. 1970년대와 1980년대에는 주로 행동의 몇몇 측면과 자존감의 연관성을 밝히려는 연구가 학술지에 많이 소개되었다. 하지만 자존감의 일반 이론은 말할 것도 없고 자존감이란 용어의 정의조차 합의되지 않은 상황이었다. 연구자들마다 '자존감'을 다른 의미로 썼던 것이다. 결과적으로 그들은 자주 서로 다른 현상들을 같은 것으로 평가하곤 했다. 새로운 연구 결과가 기존 결과를 무위로 돌리는 경우도 많다. 자존감 분야는 바벨탑과 비슷하다. 오늘날에도 여전히 자존감이란 무엇인지를 두고 폭넓게 공유되는 정의랄 게 없다.

　자존감은 1980년대 들어 큰 인기를 누렸다. 그전까지 몇십 년 동안 조용히 토대가 쌓인 뒤에 일어난 일이었다. 행복해지려면 자존감이 중요하다고 말하는 사람들이 늘어났다. 특히 교육자들은 학업의 성패와 자존감의 관계를 자세히 살피기 시작했다. 미국 전국자존감협회(National Council for Self-Esteem)는 점점 더 많은 도시에 지부를 열었다. 이 단체는 거의 매주 전국 각지에서 회의를 개최해 자존감에 관해 토론을 벌인다.

　자존감에 대한 높은 관심은 미국에만 국한된 것이 아니라 전 세계에서 나타나고 있다. 1990년 여름, 나는 노르웨이 오슬로 근처에서 열린 제1차 국제자존감회의(International Conference on Self-Esteem)에서 영광스럽게도 기조 연설을 맡았다. 당시 미국, 영국, 소련을 비롯해 유럽 각국의 교육자, 심리학자, 심리치료사들이 회의 기간에 열린 강의, 토론회, 워크숍에 참석했다. 이들은 개인의 발달, 학교 제도, 사회 문제, 기업 조직에 자존감의 심리학을 적용하는 방법을 논의했다. 참가자들의 배경, 문화, 주된 관심사, '자존감'의 정확한 의미에 대한 이해는 각양각색이었지만, 역사적으로 자존감이 중요해지는 시기가 도래했다는 사실을 확신하며 흥분된 분위기였다. 당시 오슬로 회의장에서 시작된 기류는 국제자존감협회(International Council on Self-Esteem)를 통해 점차 많은 나라로 퍼져 나갔다.

우리는 건강한 자존감 없이는 자신의 잠재력을 충분히 실현할 수 없다. 마찬가지로 한 사회의 구성원들이 스스로 존중하지 않고 자기 몸을 소중히 여기지 않고 자기 정신을 믿지 못한다면, 그런 사회는 잠재력을 실현할 수 없다. 전 세계 사람들이 이 사실을 깨닫게 되었다.

그러나 이 모든 진전에도 불구하고 자존감의 정확한 의미와 자존감을 손에 넣을 수 있는 구체적인 방법이 무엇인지는 **여전히 중대한 과제로 남아 있다.**

언젠가 회의 석상에서 의식적인 삶이야말로 건강한 자존감에 필수적이라고 말한 적이 있다. 그러자 한 여성이 격분해서 내게 따져 물었다. "왜 당신네 백인, 중간 계급의 가치를 다른 세계에 강요합니까?"(나에게 이 질문은 의식적으로 살 수 있다면, 심리적 행복에 계급은 별 문제가 안 되는 것이 아닐까 하는 의문을 남겼다.) 또 내가 긍정적 자기 개념(self-concept)을 지키려면 자아 통합이 필수적이며 자아 통합에 문제가 생길 때 심리적으로 타격을 입는다고 말했을 때, 그 자리에서 내 생각에 자발적으로 찬성을 표하거나 내 설명을 받아 적는 이는 없었다. 그 당시 자리를 지키던 이들은 **타인**이 어떻게 한 사람의 가치감을 훼손하는지에만 관심을 기울였을 뿐, 어떻게 스스로 상처를 입히는지는 주목하지 않았다. 개인의 자존감이 근본적으로 타인에 의해 좌우된다고 생각하는 사람들이 보이는 전형적인 태도였다. 나는 그때의 경험을 부정하지 않았으며, 그런 경험들에서 느낀 감정이 이 책을 쓰고 싶다는 마음을 점점 더 강하게 만들었다.

자존감을 연구할 때에는 두 가지 위험이 있음을 알아야 한다. 첫째, 건강한 자존감에 필요한 요소들을 지나치게 단순화해서 사람들이 갈망하는 빠르고 손쉬운 해결책을 제시할 수도 있다는 점이다. 다른 하나는, 일종의 숙명론이나 결정론에 굴복해 사람은 저마다 원래 '건강한 자존감을 지니거나 그렇지 못하거나 둘 중 하나'라고 가정할 수도 있다는 점이다. 즉, 모든 사람의 운명이 생후 몇 년 사이에 (영원히?) 결정되며, (몇 년 혹은 몇십 년이 걸리는 심리 치료를 제외하면) 여기에 대해 그 자신은 거의 아무것도 할 게 없다는 생각이다. 이 두 가지 관점 모두 수동적인 태도를 부추기며 장래의 가능성을 가로막는다.

내가 경험한 바로는 대다수 사람들이 스스로 변하거나 성장할 수 있는 자신의 힘을 과소평가한다. 그들은 은연중에 어제의 '나'와 내일의 '나'가 같을 것이라고, 같은 패턴이 반복될 것이라고 믿는다. 그리하여 객관적으로 볼 때에만 존재하는 선택지를 보지 못한다. 진정한 성장과 더 높은 자존감을 목표로 삼고 자신의 삶을 기꺼이 책임진다면 자기 자신을 위해 할 수 있는 일이 얼마나 많은지 그들은 제대로 인식하지 못한다. 자신이 무력하다는 생각은 자기 충족적 예언*이 되어버린다.

자기 충족적 예언(self-fulfilling prophecy) 자기가 예언하고 바라는 것이 실제 현실에서 충족되는 방향으로 이루어지는 현상. (옮긴이)

궁극적으로 이 책이 요구하는 것은 행동이다. "자기(self)는 포기하거나 부정당해서는 안 되며, 실현되고 축복받아야 한다." 이 말은 내 젊은 시절의 슬로건이 심리학적 차원으로 확장된 것이다. 이 책은 남녀를 불문하고 적극적으로 자신의 발전 과정에 참여하고 싶은 독자는 물론이고 심리학자나 부모, 교사, 집단의 문화를 책임져야 하는 이들을 대상으로 삼는다. 이 책은 가능성에 관한 이야기이다.

3부
자존감의 외부 요인

자존감이란 무엇인가

1장

자존감, 나를 키우는 힘

⋮

세상에는 피할 수 없는 현실이란 것이 있다. 자존감의 중요성도 그 가운데 하나다.

인정하든 인정하지 않든 우리는 스스로 내리는 자기 평가(self-evaluation)에 무관심할 수 없다. 하지만 자기 평가가 불편하게 느껴지면 도망칠 수는 있다. 대수롭지 않게 취급하거나 외면할 수도 있다. 자신은 '실제적인' 문제에만 관심이 있다고 주장하며 야구나 저녁 뉴스, 신문의 경제면, 무절제한 쇼핑, 섹스, 술로 도망칠 수도 있다.

하지만 자존감은 인간의 근본 욕구다. 우리가 이해하거나 동의하는지 여부와는 상관없이 우리에게 영향을 끼친다. 자존감은 우리가 인식하든 인식하지 못하든, 우리 내면에서 작동한다. 우리는 자존감의 역학을 이해하려고 노력할 수도 있고, 의식하지 않고 살아갈 수도 있다. 후자의 경우라면 언제까지고 자기를 이해하지 못한 채 그에 따른 결과를 그저 견뎌야 할 것이다.

그럼 자존감이 우리의 삶에서 어떤 역할을 하는지 살펴보자.

자존감이 작동하는 방식

이 책에서 말하는 '자존감'은, 인간의 타고난 권리라고도 할 수 있는 선천적인 자기 존중의 감정 이상을 의미한다. 우리가 삶과 삶의 요구에 적절히 대응할 때 얻을 수 있는 경험이 바로 온전히 실현된 자존감이다. 자존감에 대해 더 구체적으로 이야기해보자.

1. 자신의 생각하는 능력에 대한 확신, 살면서 맞닥뜨리는 기본적인 도전들에 대처하는 능력에 대한 확신.

2. 자신에게 성공하고 행복해질 권리가 있다는 확신, 자기에게 필요한 것과 자신이 원하는 것을 주장하고 가치를 실현하며 노력에 따른 결실을 누릴 가치가 있고, 그럴 만한 자격이 있는 존재라는 생각.

이 두 가지 정의를 간결하게 다듬는 일은 뒤에서 할 것이다.

나는 자존감이 (아마도 여러 번 반복해서) 요구해야만 누릴 수 있는 행운이라는 믿음에 동의할 수 없다. 그와는 반대로 자존감을 지닌 시간이 길어질수록 성취가 드러난다. 바로 그 성취의 본질과 근원을 검토하는 것이 이 책의 목표이다.

자기 정신에 대한 신뢰와 자신이 행복을 누릴 만한 사람이라는 생각이 자존감의 본질이다. 이러한 자신에 대한 확신에는 단순한 판단이나 감정을 넘어서는 힘이 있다. 이 확신은 우리에게 동기를 부여하며, 우리를 행동으로 이끈다.

반대로, 어떻게 행동하느냐가 이 확신에 직접적으로 영향을 끼친다. 이 둘은 서로 원인이 된다. 그리하여 우리의 행동과 자존감 사이에는 끊임없는 순환 고리가 존재한다. 자존감의 수준이 우리가 어떻게 행동하는지에 영향을 끼치고, 우리가 어떻게 행동하는지가 자존감의 수준에 영향을 끼친다.

자신의 정신과 판단을 신뢰할수록 사고력은 성장한다. 사고력을 발휘해 자신의 행동을 적절히 의식할수록 삶은 더 나아진다. 그러면 다시 자신의 정신을 더 굳게 신뢰하게 된다. 자신의 정신을 불신할수록 정신적으로 무기력해지고, 자기가 행동하는 데 필요한 만큼 관심을 기울이지 않게 되며, 난관에 직면했을 때 버티지 못할 가능성이 높다. 자신의 행동이 실망스럽거나 괴로운 결과로 이어지면 자기 정신을 불신하는 것이 마땅한 일이라고 생각한다.

자존감이 높을수록 어려움을 견디는 힘이 더 강해진다. 자존감이 낮은 사람은 어려움을 극복하기를 포기하거나 실제로는 최선을 다하지 않으면서 노력하는 척하기 쉽다. 연구 결과에 따르면, 자존감이 높은 사람은 그렇지 않은 사람보다 어떤 일을 더 오래 지속할 확률이 높았다.[1] 참고 견딜수록 실패보다는 성공에 이를 확률이 높아지며, 그러지 않으면 결과는 반대가 된다. 어느 쪽이든 자기 자신에 대한 생각이 굳어질 것이다.

스스로 자신을 존중하는 동시에 다른 사람에게도 자신에 대한 존중을 요구하는 사람은, 상대방이 자기에게 그렇게 반응하도록 신호를 보내고 행동한다. 그리하여 상대방에게 존중받으면 처음에 품었던 믿음이 더 단단해지고 깊어진다. 만약 내가 나 자신을 존중하지 않고 다른 사람의 무례, 학대, 착취를 당연한 것으로 받아들인다면, 상대방에게도 무의식적으로 나의 이런 태도가 전달되어 그들도 내가 나를 평가하는 대로 나를 대할 것이다. 이런 일이 벌어졌을 때 그 일을 그대로 감수하면, 자기 자신을 존중하지 않는 태도가 더 강화된다.

자존감이 중요한 까닭은 그것이 그저 **기분**을 좋게 해주기 때문만이 아니다. 지혜롭고 적절하게 도전과 기회에 응답하여 더 나은 **삶**을 누릴 수 있게 해주기 때문이다.

자존감이 높은 사람, 자존감이 낮은 사람

자존감의 수준은, 직장에서 일하는 방식과 사람들을 대하는 방식, 발전과 성취의 정도, 그리고 사적인 영역에서 보자면 사랑에 빠지는 대상, 배우자·자녀·친구와 소통하는 방식, 행복감의 정도 같은 삶의 모든 측면에서 중대한 결과를 초래한다.

건강한 자존감은 개인의 다양한 특성과 긍정적인 상관 관계를 보인다. 그 특성들은 성취 능력, 행복해질 수 있는 능력과 직결되는 것들이다. 건강한 자존감은 합리성, 현실주의, 직관, 창의성, 독립성, 유연성, 변화에 대처하는 능력, 실수를 기꺼이 인정(하고 개선)하는 태도, 너그러움, 협동심과 관계가 있다. 반면에 빈약한 자존감은 비합리성, 현실에 대한 무지, 완고함, 낯설고 새로운 것에 대한 두려움, 부적절한 순응이나 반항, 방어, 과도한 순종이나 과잉 통제적 행동, 타인에 대한 두려움이나 적대감과 관계가 있다. 앞으로 이러한 상관 관계가 논리적으로 타당하다는 것을 보게 될 것이다. 자존감이 생존과 적응, 개인의 성취와 얽혀 있는 것은 분명한 사실이다. 자존감은 삶을 지탱하는 동시에 고양시킨다.

자존감이 높은 사람은 많은 시간과 노력이 필요한 가치 있는 목표에 도전 의식과 흥미를 느낀다. 그런 목표를 이루면 자존감이 자라난다. 반대로 자존감이 낮은 사람은 익숙하고 무난한 목표에서 안전함을 찾는다. 이렇듯 쉬운 일에 자신을 가두면 자존감은 허약해진다.

자존감이 견고한 사람일수록 개인적인 문제에서든 업무상 문제에서든 더 나은 대처 능력을 보인다. 설사 실패하더라도 더 빨리 회복한다. 새로운 일을 시작할 추진력도 더 강하다.(희한하게도 성공한 기업가 중 태반은 과거에 두 번 이상 파산을 겪었다. 하지만 그들의 공통점은 실패한 뒤에도 도전을 그만두지 않았다는 것이다.)

자존감이 높은 사람일수록 야심이 크다. 여기서 야심은 꼭 직업이나 부에 관한 것은 아니다. 삶에서 경험하는 것, 즉 정서적·지적·창의적·영적인 측면에서 더 많이 경험하고 싶어 한다는 뜻이다. 자존감이 낮은 사람일수록 바라는 것도 적고 얻을 수 있는 것도 적다. 자존감이 높거나 낮은 경우 모두 저절로 강화되고 계속되는 경향이 나타난다.

자존감이 높을수록 자신의 풍요로운 내면 세계의 감각을 반영해 자신을 표현하고 싶은 충동을 더 강하게 느낀다. 반대로 자존감이 낮은 경우에는 자신을 '증명'하려는 욕구나 기계적이고 무의식적으로 살면서 자신을 망각하려는 욕구가 더 절박해진다.

자존감이 높은 사람일수록 다른 사람에게 더 관대하고 정직하며, 적절한 의사소통이 가능하다. 왜냐하면 자신의 생각이 가치 있다고 여기므로 명확성을 두려워하기보다 반기기 때문이다. 자존감이 낮은 사람은 다른 사람과 의사소통을 할 때 모호하고 이해하기 어려우며 부적절한 반응을 보이기 쉽다. 자신의 느낌과 생각이 불명확한 데다 상대의 반응에 불안을 느끼기 때문이다.

자존감이 높은 사람일수록 해로운 관계보다 자양분이 되는 관계를 맺는 경향이 있다. 어둠은 어둠을, 빛은 빛을 불러들이게 마련이다. 건강한 자존감을 지닌 사람이라면 자연스레 공허하고 의존적인 사람보다는 생기 있고 개방적인 사람에게 매력을 느낀다.

우리는 자신과 비슷한 수준의 자존감을 지닌 사람에게서 편안함을 느끼는데, 이는 인간 관계에서도 중요한 원칙이다. 어떤 경우에는 정반대 성향이 서로를 끌어당기기도 하지만, 자존감의 경우에는 그렇지 않다. 자존감이 높은 사람은 자존감이 높은 이에게 호감을 느낀다. 자존감의 정도가 천양지차인 두 사람이 격정적인 사랑에 빠지는 경우는 없다. 굉장히 지적인 사람과 우둔한 사람이 열정적으로 서로에게 빠져들기 어려운 것과 마찬가지다.('원나잇 스탠드'가 불가능하다는 말은 아니다. 그것과는 다른 문제다. 여기서 말하는 사랑은 그저 한때 지나가는 열병이나 성관계가 아니라, 열정적인 사랑이라는 점을 짚고 넘어가겠다.) 평범한 자존감을 지닌 사람은 대개 비슷한 사람을 끌어당긴다. 자존감이 낮은 사람은 마찬가지로 자존감이 낮은 상대를 찾는다. 물론 의식적인 것은 아니지만 틀림없이 그런 원리로 '소울 메이트'를 만나게 되는 것이다. 최악의 경우는 스스로 자신을 형편없다고 여기는 두 사람의 만남이다. 함께 나락으로 떨어지는 것과도 같은 이런 종류의 만남은 전혀 생산적이지 않다.

건강한 자존감을 지닌 사람일수록 다른 사람을 대할 때 존경심, 관대함, 선의, 공정함을 보인다. 타인을 위협적인 존재라고 생각하지 않을뿐더러, 자기 존중을 토대로 하여 상대방을 존중하기 때문이다. 이런 사람들은 타인과 관계를 맺을 때 그 관계가 악의적이고 적대적이라고 쉽게 판단하지 않는다. 또 상대방에게 거부, 모욕, 배신을 당하리라고 습관적으로 예측하지 않는다. 개인주의 성향은 반(反)사회적 행동 쪽으로 기운다는 통념과 달리, 연구에 따르면 개인의 가치와 자율성 측면에서 잘 발달된 감각은 친절함과 관대함, 사회적 협동, 상호 부조 정신과 의미심장한 상관 관계가 있다. 워터맨(A. S. Waterman)이 《개인주의 심리학(The Psychology of Individualism)》에서 다룬 포괄적 연구에서도 이 사실을 확인할 수 있다.

마지막으로, 높은 자존감이 개인의 행복을 나타내는 가장 좋은 지표라는 연구 결과가 있다. 마이어스(David G. Myers) 역시 《행복 추구(Pursuit of Happiness)》에서 같은 주장을 했다. 논리적으로 생각할 때, 자존감이 낮을수록 불행한 것은 당연하다.

자존감이 낮은 사람들의 사랑법

친밀한 관계를 성공적으로 유지하려면 자존감이 중요하다는 사실은 쉽게 알 수 있다. 자신이 사랑받을 가치가 없고 결국에는 상처를 받고 말 운명이라는 두려움이야말로 낭만적인 행복으로 가는 길에서 맞닥뜨리는 가장 험난한 장애물이다. 이런 두려움은 자기 충족적 예언을 낳는다.

기본적으로 자신이 쓸모 있고 가치 있는 존재이며 사랑받을 만하다고 여기는 사람은 다른 사람의 진가를 알아보고 사랑할 만한 바탕을 갖춘 셈이다. 이런 사람들에게는 애정을 주고받는 관계나 타인에게 친절과 관심을 보이는 일이 자연스럽다. 또 다른 사람에게 무언가를 줄 수 있는 여유도 있고, 자신이 부족하다는 감정에 빠져 허우적거리지도 않는다. 감정적으로 사랑에 쏟을 수 있는 에너지가 '넘친다'. 행복해도 불안을 느끼지 않는다. 나 자신의 능력과 가치에 대한 확신, 그리고 상대가 나의 능력과 가치를 알아보고 인정해줄 능력을 지니고 있다는 확신은 자기 충족적 예언이 된다.

그러나 자신을 존중하는 마음이 부족하고 있는 그대로의 자신을 즐기지 못하는 이에게는 그저 **채워지지 않는 욕구**만 있을 뿐, 타인에게 베풀 여유는 없다. 감정이 메마른 상태에서는 본질적으로 다른 사람을 (자신에 대한) 승인 또는 불승인의 원천으로만 여기기 쉽다. 상대방이 독립적 존재라는 사실은 생각하지 못한다. 오로지 상대가 나에게 해줄 수 있는 것과 해줄 수 없는 것만을 따진다. 존경할 만한 사람이나 인생의 기쁨과 모험을 함께할 만한 사람을 찾으려고도 하지 않는다. 그것보다는 나를 비난하지 않을 사람, 세상에 드러내는 얼굴인 나의 '페르소나(persona)'에 감명받을 사람을 찾는다. 타인을 사랑할 수 있는 능력은 미개척지로 남는다. 바로 이런 점 때문에 인간 관계에서 실패를 거듭한다. 다시 말해, 관계에 실패하는 원인은 열정적이고 낭만적인 사랑의 꿈이 본질적으로 불합리하기 때문이 아니라, 그러한 꿈을 지탱할 만한 자존감이 없는 탓이다.

"자신을 사랑하지 않으면 다른 사람도 사랑할 수 없다." 이 말을 들어보지 않은 사람은 없을 것이다. 그러나 이 말의 뜻을 제대로 이해하지 못한다면, 절반만 아는 셈이다. 내가 나를 사랑스럽다고 생각하지 않는 한, 다른 사람이 나를 사랑한다는 사실을 믿기 힘들다. 나 자신을 받아들이지 않는데 어떻게 나를 향한 타인의 사랑을 받아들일 수 있겠는가? 그리하여 상대의 따뜻한 마음과 헌신적인 사랑은 혼란에 빠진다. 내가 사랑스럽지 않다는 사실을 '알기에' 자기 개념 역시 뒤죽박죽이 된다. 나를 향한 그 사람의 감정은 진실이 아니며 지속될 수 없다. 믿을 수도 없다. 스스로 내가 사랑스럽지 않다고 생각한다면, 다른 사람에게 받는 사랑은 밑 빠진 독에 붓는 물처럼 허망하다. 노력을 거듭하던 상대방은 결국 두 손 두 발 다 들고 만다.

자신에 대한 부정적 감정을 의식적으로 제어하고 스스로 '멋진 사람'이라고 주장하더라도, 마음속 깊은 곳에 남아 있는 빈약한 자기 개념이 관계를 좀먹는다. 자신도 모르는 사이에 스스로 사랑을 파괴하는 것이다.

사랑을 시도해보지만 내면의 안정을 받쳐줄 기반이 없다. 자신은 오직 고통받을 운명이라는 남 모를 두려움만이 존재할 뿐이다. 그렇기 때문에 무슨 일이 있어도 나를 거부하거나 버리지 않을 상대를 고른다.(처음에는 이 사실을 모른 척해야 연극을 시작할 수 있다.) 함께 있으면 행복할 것 같은 상대를 골랐다 하더라도 온갖 방식으로 끝내 관계를 뒤엎어버리고 만다. 예를 들어 과도할 정도로 애정을 확인하고 불합리한 소유욕을 내보이며, 사소한 불화도 큰일로 만들고, 복종이나 지배를 통해 관계를 통제하려 들거나, 상대방이 나를 거부하기 전에 먼저 그를 거부할 방법을 찾아 관계를 파괴한다.

빈약한 자존감은 친밀한 관계에서 어떤 방식으로 나타날까? 다음 몇 가지 짧은 사례를 통해 확인할 수 있다.

"왜 저는 언제나 번지수 틀린 사람만 좋아하게 될까요?" 치료를 받던 한 여성이 내게 물었다. 아버지는 그녀가 일곱 살 때 집을 나가버렸다고 했다. 어머니는 툭하면 딸에게 소리쳤다. "네가 그렇게 말썽만 안 부렸어도 네 아빠가 우릴 버리진 않았을 거다!" 어른이 된 그녀는 자신이 버림받을 운명이라는 사실을 '알게' 되었다. 그뿐만 아니라 자신이 사랑받을 가치가 없는 인간이라는 사실도 '알고 있다'. 하지만 다른 한편으로는 남성과 관계 맺기를 갈망한다. 이런 갈등은 종종 유부남을 선택하는 방법으로 해소된다. 그런 사람이라면 그녀를 돌보지 않을 것이고, 장기적으로 관계를 지속하지 않을 것이 분명하기 때문이다. 이 여성은 자신의 인생이 비극적이라는 생각을 몸소 입증해 보이는 중이다.

자신의 운명을 '아는' 사람은 자신이 '아는 것'과 현실이 일치하게끔 행동한다. 우리는 자신이 '아는 것'과 인식할 수 있는 현실이 다르면 불안해진다. 자신이 '아는 것'에는 의심이나 의문의 여지가 없으므로 현실과 자신이 '아는 것'이 다를 경우에는 현실을 바꾸어야한다. 그리고 그 결과는 '자기 파괴'이다.

사랑에 빠진 한 남자가 있다. 연인은 그의 마음을 바꾸었고, 둘은 결혼한다. 하지만 아내가 어떻게 해도 남자는 한순간도 자신이 사랑받고 있다고 생각하지 않는다. 그는 만족할 줄 모른다. 그래도 아내는 꾹 참고 남자에게 헌신한다. 마침내 남자가 아내의 사랑이 진심이라고 확신한다. 그러자 이번에는 자신이 생각하는 사랑의 기준이 지나치게 낮은 것은 아닌지 의문이 든다. 아내가 자신에게 마땅한 상대인지도 미심쩍다. 그리하여 남자는 아내를 떠나 다른 여자와 사랑에 빠지고, 다시 한 번 춤이 시작된다.

미국의 유명 희극 배우인 그루초 막스는 자신을 회원으로 받아주는 모임에는 발도 들이지 않겠다고 농담 삼아 말했다. 자존감이 낮은 사람들의 연애가 바로 이런 식이다. 이들은 자신을 사랑하는 사람은 자신에게 어울리는 상대가 아니라고 생각한다. 오히려 자신을 거부할 사람이야말로 자신이 헌신할 만한 상대라고 생각한다.

그 여성은 자신을 몹시 사랑하는 남편에게 입버릇처럼 다른 여자들이 자기보다 낫다고 말해야 한다는 강박에 시달린다. 남편이 자기 말을 부정하면 그를 비웃는다. 남편이 더욱 열정적으로 자신을 사랑할수록 남편에게 잔인한 모욕을 안겨준다. 마침내 아내에게 지친 남편이 이혼 서류에 도장을 찍는다. 그녀는 놀라고 상처받는다. '아니, 내가 저 사람을 그렇게 몰랐을까?' 그녀는 의아해한다. 그러나 곧 자신에게 말한다. '누구도 나를 진심으로 사랑해주지 않는다는 걸 언제나 알고 있었잖아.' 자신이 사랑스럽지 않다고 생각하던 그녀는 드디어 자신의 생각을 입증한 것이다.

자신에게 '알맞은' 기회와 행복해질 수 있는 기회 사이에서 선택을 해야 할 경우, 대부분 예외 없이 '알맞은' 기회를 택한다. 그 선택으로 많은 사람이 비극적인 인생을 맞게 된다. 그것이 자신에게 허용할 수 있는 최상의 만족인 셈이다.

행복은 자신의 운명이 아님을 '아는' 남자가 있다. 그는 자신이 행복해질 만한 가치가 없는 인간이라고 생각한다.(그리고 자신의 행복이, 행복이라고는 몰랐던 부모에게 상처를 줄 것이라고 생각한다.) 그러다가 아름답고 매력적인 여자를 만나 사랑에 빠져 행복한 나날을 보낸다. 잠시나마 그는 낭만적인 결말은 자신의 '이야기'도, 자기 '인생의 시나리오'도 아니라는 사실을 망각한다. 기쁨에 젖은 나머지 그는 그러한 감정이 자신의 자기 개념과 모순되며 '현실'과 일치하지 않는다는 생각을 일시적으로 잊어버린다. 그러나 끝내 기쁨은 불안을 불러온다. 불안을 줄이려면 기쁨을 줄여야 한다. 자기 개념의 깊은 논리에 무의식적으로 이끌린 그는 관계를 파괴하기 시작한다.

여기서 다시금 자기 파괴의 기본 방식을 알 수 있다. 나 자신이 불행해질 운명이라는 사실을 '안다'면, 행복한 현실이 나를 혼란스럽게 만들도록 놔두어서는 안 된다. 현실에 맞추어 '나'를 조정해야 하는 것이 아니다. '현실'을 나에게 맞추어, 내가 아는 것과 그 의미에 맞추어 현실을 조정해야 한다.

앞서 언급한 짧은 사례처럼 관계를 완전히 파괴하는 경우만 있는 것은 아니다. **자신이 불행하다고 생각하면서도** 관계를 지속하는 경우도 있다. 그들은 **행복해지려고 노력**하거나 **관계를 회복하느라** 분주할 것이다. 관련 주제의 책을 읽거나 세미나에 참석하고, **앞으로** 행복해지겠다는 목표를 세우고 심리 치료를 받을 수도 있다. 그렇지만 지금 당장이나 오늘은 아니다. 이런 사람들에게 지금 당장 행복해질 수 있다는 가능성은 무섭도록 즉각적인 일이다.

'행복에 대한 불안'은 매우 흔하다. 행복에 대한 불안은 다음과 같은 내면의 목소리들을 작동시킨다. '나는 행복할 자격이 없어. 행복은 결코 영원하지 않을 거야. 무모한 짓일 뿐이야. 내가 부모님보다 행복해지면 그분들에게 상처가 될 거야. 삶이란 행복한 게 아니야. 내가 행복해지면 다른 사람들이 나를 질투하거나 싫어할 거야. 행복은 그저 환상에 불과해. 모두 행복하지 않은데 왜 내가 행복해야 해?'

모순적으로 들릴 수 있겠지만, 우리에게 필요한 것은 자신을 파괴하지 않고 행복을 **감당할 수 있는** 용기이다. 이 용기는 행복을 두려위하지 않게 하고, 행복이 자신을 파괴하지 않으리라는 (그리고 행복이 사라지지 않아도 괜찮다는) 사실을 깨닫게 해줄 것이다. 나라면 심리 치료를 받는 내담자에게 차근차근 이렇게 말하겠다. "좋은 기분을 망치거나 뒤집는 일 없이 하루를 버티십시오. 그리고 '절제심을 잃더라도' 절망하지 마세요. 행복해지도록 다시 용기를 내세요. 그런 인내가 자존감을 쌓는 길입니다."

나아가, 내면에서 파괴적인 목소리가 들려오면 피해서 달아나지 말고 당당히 맞서야 한다. 그 파괴적인 목소리들과 내면에서 대화를 나누고, 그 목소리들에게 이유를 말하라고 요구한다. 목소리들의 터무니없는 생각에 끈기 있게 대답하고 논리적으로 반박한다. 이때 목소리들을 실제 사람을 대하듯 해야 하고, 우리 자신의 '어른 자기 (adult self)'가 내는 목소리와 구분해야 한다.

직장 생활을 망치는 낮은 자존감

이제 직장에서 낮은 자존감 때문에 보이는 행동에는 어떤 것이 있는지 사례를 통해 살펴보자.

남자는 직장에서 승진을 하게 되었다. 그는 자기에게 새로 주어진 기회와 책임에 능숙하게 대처할 수 없으리라는 생각에 공포에 빠졌다. '난 사기꾼이야! 이 자리에 있으면 안 돼!' 하고 속으로 생각한다. 결국에는 자신이 최선을 다하지 못하리라 지레짐작한다. 그는 무의식적으로 자기 파괴의 과정을 밟아 나간다. 아무런 준비 없이 회의에 참석해 상사에게 질책을 받고 다시금 걱정한다. 때와 장소에 맞지 않는 농담을 하고, 상사가 보내는 불만 신호를 무시한다. 남자가 해고당한 것은 당연한 수순이었다. "내겐 너무 과분한 현실이란 걸 난 알고 있었지." 그는 중얼거린다.

만일 어떤 사람이 스스로 목숨을 끊는다면 적어도 그 순간에 그는 여전히 상황을 통제하는 것이다. 이로써 그는 원인을 알 수 없는 파괴를 기다리는 불안에서 스스로 벗어난다. 통제할 수 없다는 느낌에서 비롯되는 불안은 견디기 힘들다. 그러니 어쨌거나 가능한 방법으로 그 불안을 없애야 한다.

부하 직원이 훌륭한 아이디어를 제출했다. 그 내용을 검토한 관리자는 미처 그런 생각을 하지 못한 자신에게 수치심과 무력감을 느낀다. 부하 직원이 자신을 뛰어넘으리라 생각한 관리자는 그의 아이디어를 묻어버리려고 일을 꾸민다.

이런 식의 파괴적 질투는 황폐한 자기 감각이 낳은 결과이다. 다른 사람이 이룬 성과 때문에 자신이 속 빈 강정이라는 사실이 드러날까 봐 걱정하는 것이다. 온 세상이, 그리고 더 나쁘게는 스스로 나 자신이 얼마나 시시한 인간인지 알게 될 것이다. 다른 사람의 성취를 너그럽게 받아들이는 태도야말로 자존감을 상징한다.

남자는 새로 부임한 상사가 여자라는 사실에 낙담하고 분노한다. 그는 마음속 깊이 상처를 입고 그의 남성성은 위축된다. 자신이 '상사의 입장에서' 그녀를 '성적으로 정복하는' 망상에 빠진다. 신임 상사에 대한 그의 위협은 미묘하게 비협조적이고 퉁명스러운 태도로 나타난다.

어떤 다른 집단을 열등하게 인식하려는 욕구보다 빈약한 자존감을 더 확실하게 보여주는 신호도 없을 것이다. '힘'을 '성적 지배' 수준에서 이해하는 남자들은 여성을 두려워하고, 자기 확신이나 능력을 두려워하고, 삶을 두려워한다.

A회사의 연구 개발 부장이 다른 회사의 뛰어난 과학자를 자기 회사에서 스카우트했다는 소식을 듣는다. 그는 상부에서 자신의 연구 성과를 탐탁지 않게 여겼다고 해석한다. 반대 증거가 많았는데도 그렇게 생각한다. 그리고 자기 자리에 결국 새로운 사람이 앉을 것이라고 상상한다. 눈 먼 반항심이 폭발하여 그는 업무를 엉망으로 처리한다. 시간이 지나면서 자기가 저지른 실수들이 밝혀지게 되자, 그는 방어적인 태도로 비난을 쏟아내고 사직서를 낸다.

빈약한 자존감에서 시작된 망상이 돌덩이처럼 확고할 때, 불안에 빠져 아무런 거부가 나타나지 않는 곳에서도 거부의 증거를 찾아낼 때, 우리 내면의 폭탄이 터지는 것은 시간 문제다. 폭발은 자기 파괴적 행위로 나타난다. 아무리 머리가 좋은 사람이라 해도 예외일 수 없다. 똑똑하지만 자존감이 낮은 사람은 언제나 자신의 이익에 어긋나는 행동을 한다.

　독립 회계 법인에서 나온 회계 감사관이 의뢰 업체의 최고 경영자와 만나게 되었다. 고객에게 달갑지 않은 소식을 전해야 하는 감사관은 무의식중에 자신이 두려워하는 아버지를 떠올린다. 그로 인해 말을 더듬는 바람에 애초에 하려고 마음먹었던 말의 3분의 1밖에 하지 못한다. 최고 경영자에게 긍정적인 반응을 기대하는 마음, 혹은 반대 의견을 회피하려는 마음이 직업적 판단력을 압도해버린 것이다. 사무실로 돌아온 그는 최고 경영자에게 직접 했어야 했던 말들을 빠짐없이 보고서에 적는다. 회계 감사 결과가 발표되기 전, 그러니까 여전히 해결할 방법이 남아 있던 그 시점에 그는 그저 사무실 책상에 앉아 최고 경영자가 어떤 반응을 보일지 예상하며 불안에 몸을 떤다.

　행동의 근본 동기가 두려움일 경우에는 머지않아 자신이 우려하던 재앙 속으로 스스로를 몰아넣게 된다. 비난받을 것을 두려워하면, 결국에는 상대방의 반감을 사는 행동을 하게 된다. 상대방의 분노를 두려워하면, 결국에는 상대를 분노하게 만든다.

　기업 마케팅 부서에 갓 입사한 여직원이 있다. 자신의 아이디어가 훌륭하다고 생각한 그녀는 그 아이디어를 종이에 옮겨 쓴 다음, 논리적 근거를 나열하고, 그 아이디어를 실현할 힘이 있는

윗사람을 만나는 상상을 한다. 그때 내면의 목소리가 속삭인다. '네까짓 게 좋은 아이디어가 있다고? 괜히 나서지 마. 웃음거리가 되고 싶어?' 똑똑한 딸을 시기하던 어머니의 성난 얼굴과 딸의 총명함을 위협으로 여기던 아버지의 상처받은 얼굴이 나란히 떠오른다. 그리고 며칠이 지났다. 이제는 그 아이디어가 무엇이었는지도 거의 생각나지 않는다.

자신의 정신에 의심을 품는 사람은 자기 정신이 이룬 성과를 깎아내린다. 지적인 자기 주장을 두려워하는 사람은 그로 인해 사랑하는 사람을 잃어버릴 것이라 생각하고 자신의 지적 능력을 숨긴다. 눈에 띄는 것을 두려워한 나머지 자신을 투명 인간으로 만들어버리고는 아무도 자신을 알아봐주지 않는다며 괴로워한다.

항상 자신이 옳아야 하는 상사가 있다. 그는 자신의 우월함을 강조하는 데서 희열을 느낀다. 직원들의 의견은 경청하지 않고 '더 잘', '내 맘에 들게' 해보라고 충고할 뿐이다. "어째서 우리 직원들은 더 혁신적으로 일하지 못할까?" 그가 입에 달고 다니는 말이다. "좀 더 창의적일 수는 없어?" 그러면서도 한편으로는 "밀림의 왕은 하나뿐이지."라든가 그보다 자못 점잖게 "그래도 누군가 조직을 이끌어야지."라고 말한다. 어떤 때는 짐짓 유감스러운 척하면서 이렇게 선언할 것이다. "내 그릇이 원체 큰 걸 나라고 어쩌겠나." 실은 그 그릇이라는 것이 비루하기 그지없는데도 그는 결코 그 사실을 알려고 애쓰지 않는다.

여기서 다시 한 번, 자존감이 낮은 사람은 타인의 기여를 관대하게 받아들이지 못하거나 타인의 능력을 두려워한다는 사실을 알 수 있다. 그리고 이런 유형의 지도자나 경영자는 직원의 능력을 최대한 끌어내는 데 무능하다.

이 이야기들의 핵심은, 자존감이 낮아서 고통받는 이들을 비난하고 비웃으려는 것이 아니라, 우리의 반응에 영향을 끼치는 자존감의 힘을 일깨우려는 것이다. 여기에 언급한 것 같은 문제들은 모두 역전시킬 수 있다. 하지만 가장 먼저 해야 할 일은 여기 관련된 자존감의 역학을 파악하는 것이다.

미래를 좌우하는 자기 충족적 예언

자존감은 자신이 무엇을 할 수 있을지, 그리고 어떤 모습이 자신에게 어울리는지에 관해 일련의 암시적 기대를 낳는다. 이러한 기대는 기대를 현실로 바꾸는 행동을 촉발하는 경향이 있다. 결과로 나타난 현실은 본래 지녔던 믿음을 더 분명히 해주고 강화한다. 자존감은 높거나 낮거나 모두 자기 충족적 예언을 낳는다.

그러한 기대는 잠재의식 상태 또는 의식이 완전하지 않은 상태에서 떠오르는 자신의 미래상으로서 정신에 존재할 수 있다. 교육심리학자 폴 토랜스(E. Paul Torrance)는 암시적인 가정이 동기 부여에 큰 영향을 끼칠 수 있다는 기존의 과학적 증거들을 인용하며 다음과 같이 썼다. "사실, 한 사람이 미래에 거둘 성과를 예측하는 데는 그가 과거에 거둔 성과보다 그가 지닌 미래상이 더 나은 변수일 것이다."[2] 적어도 부분적으로는, 우리가 스스로 할 수 있다고 생각하는 것과 우리에게 걸맞다고 생각하는 것이 무엇인지에 따라 우리가 무엇을 배우려고 노력할지 그리고 무엇을 이룰지가 결정된다.

자존감 부족이 개인의 열망과 성취를 엄격히 제한하긴 하지만, 이 문제의 결과가 언제나 명백하게 드러나는 것은 아니다. 간혹 간접적으로만 결과가 드러나는 경우도 있다. 성공에 대한 열망과 자신의 진정한 능력을 발휘하고 싶다는 열망을 품은 사람은 차츰 몸담고 있는 분야에서 두각을 드러낼 수 있다. 그렇게 몇 년의 시간이 지나는 동안, 그의 내면에서는 빈곤한 자기 개념이라는 시한폭탄이 조용히 재깍거린다. 그러다, 실제로 그럴 필요가 없는데도, 자신의 비범한 능력을 낱낱이 보여주고 싶은 욕심 때문에 윤리적 또는 법적 절차를 무시하기 시작한다. 그러다가 심각한 불법 행위를 저지르고는 자신이 '선악의 범주를 뛰어넘었다'고 생각한다. 이쯤 되면 자신을 패배시키려는 운명에 도전하기라도 하는 듯하다. 불명예와 파산으로 인생과 경력이 무너지는 마지막 순간에 이르러서야 비로소 그가 얼마나 오랫동안 쉼없이 자신의 시나리오의 마지막 장을 향해 달려왔는지가 드러난다. 어쩌면 그는 이미 세 살 때부터 무의식적으로 인생 시나리오를 써 왔는지도 모른다. 이런 경우에 들어맞는 유명인의 사례를 떠올리는 것은 어렵지 않다.

자기 개념은 운명이다. 아니, 더 정확히 말하자면 자기 개념은 운명이 되기 쉽다. 자기 개념이란 우리가 의식적·무의식적으로 떠올리는 자신의 모습이다. 여기에는 신체적·심리적 특성, 장점과 단점, 가능성, 한계, 강점과 약점 같은 것들이 포함된다. 자기 개념은 자존감의 정도를 반영하거나 포함하지만, 자존감보다 포괄적이다. 행동의 이면에 있는 자기 개념을 모르고서는 그 사람의 행동을 이해할 수 없다.

지금까지 언급한 사례보다 덜 극적이겠지만, 사람들은 항상 성공의 정점에 있을 때 자신을 파괴한다. 은연중에 자신에게 적당하다고 생각해 오던 것과 자신이 이룩한 성과가 충돌할 때 이런 일이 벌어진다. 우리는 스스로 생각하는 자기의 한계를 넘어서기 두려워한다. 자기 개념이 자신이 이미 이룩한 성과를 모두 담을 수도 없고 그렇다고 자기 개념을 바꿀 수도 없는 사람은, 자기 파괴적 행동을 보일 것이다. 다음은 내담자를 상담한 내용이다.

"제 경력에서 최고로 높은 수임료를 받기 직전이었습니다." 건축가는 말했다. "불안감이 하늘 높은 줄 모르고 치솟았지요. 그 프로젝트 덕분에 감당할 수 없을 정도로 유명세를 얻을 참이었으니까요. 그 전까지 3년 동안 술은 입에도 대지 않았습니다. 그래서 축하주 한 잔 정도는 괜찮다고 생각했어요. 하지만 결국 저는 고주망태가 될 때까지 술을 마셨고, 취해서 제게 일을 맡기려던 사람들을 모욕했습니다. 당연히 일은 물 건너갔습니다. 열 받은 동료는 저랑 갈라섰고요. 엄청나게 충격받았지만 저로서는 '안전한 영역'으로 되돌아온 셈이었습니다. 재기하려고 노력하고는 있지만 아직 돌파구를 찾지는 못했어요. 여기에 있으면 편안하니까요."

작은 옷 가게를 운영하는 여자가 말했다. "남편뿐 아니라 그 누구도 절 막을 수 없었어요. 전 남편이 저보다 적게 벌어 온다고 뭐라 한 적이 없어요. 남편도 제가 더 많이 번다고 빈정거린 적도 없고요. 하지만 내면의 목소리는 제가 거둔 성공이 여자에게 과분하다고 말했죠. 맞아요, 여자가 누리기에 분에 넘치는 성공이었어요. 전 산만해졌어요. 중요한 전화도 받지 않고, 직원은 물론 손님에게까지 불친절하게 굴었어요. 계속해서 화가 났고, 남편에게도 화를 냈어요. 뭐가 문제인지도 모르는 상황이었지요. 어느 날 한바탕 부부 싸움을 벌인 직후에 구매자와 점심 식사를 하게 되었어요. 그런데 그 사람의 한마디에 뚜껑이 열리는 바람에 그 자리에서 크게 한바탕하고 고객을 잃고 말았어요. 거기다 변명할 수 없는 실수까지 저지르기 시작했죠. …… 길고 긴 악몽 같은 3년이 지나고, 지금은 다시 사업을 일으키려고 노력 중이에요."

"전 오랫동안 바라던 승진을 하게 되었습니다." 이 내담자는 한 회사의 중역이었다. "결혼도 잘 했고, 애들은 건강하고 성적도 우수합니다. 몇 년째 따로 만나는 애인도 있고요. 단지 문제가 있다면 과거에 그토록 원하던 많은 부를 마침내 손에 넣었다는 점이었습니다. 갑자기 불안이 몰려왔습니다. 한밤중에 깨어나 심장병이 아닐까도 걱정했지만 의사는 그저 불안 증세일 뿐이라더군요. 저는 왜 불안해하는 걸까요? 누가 그 이유를 알까요? 때때로 저는 행복해지지 말아야 한다는 생각도 합니다. 뭔가 잘못되었다는 느낌도 들고요. 스스로 행복해질 자격이 있는 인간이라고 생각해본 적이 없습니다. 이유가 무엇이든 불안감은 쌓여만 갔습니다. 어느 날인가, 회식 자리에서 멍청하게도 눈치 없이 상사의 아내를 집적거렸어요. 예상대로 그녀는 남편에게 그 일을 이야기했습니다. 회사에서 안 잘린 게 기적이었죠. 저는 그 일로 승진에서 제외됐는데, 그러고 나니 불안감이 차츰 잦아들더군요."

이 이야기들의 공통점은 무엇일까? 바로 행복에 대한 불안, 즉 성공에 대한 불안이다. 순풍에 돛단 듯 순조로운 인생이 내면 깊숙한 곳에 자리 잡은 자기 개념과 스스로 자신에게 걸맞다고 여기는 모습과 충돌한다. 그런 상황에서 자존감이 낮은 사람은 두려움을 느끼며 갈피를 잡지 못한다.

자기 파괴적 행동이 나타나는 상황이나 방식에 관계 없이, 그런 행동의 동기는 하나같이 낮은 자존감이다. **낮은 자존감은 행복과는 정반대되는 상황으로 자신을 몰아간다.**

자존감과 회복 탄력성

자존감의 힘은 그것이 뿌리 깊은 욕구라는 사실에서 나온다. 그런데 여기서 말하는 **욕구**란 정확히 무엇일까?

욕구는 우리가 효과적으로 생존하는 데 필요한 것이다. 우리는 단순히 음식과 물을 **원하는** 것이 아니라 음식과 물이 **필요**하다. 그것들이 없으면 죽는다. 하지만 이보다 덜 직접적이지만, 인간에게는 이를테면 칼슘과 같은 다른 영양소도 필요하다. 멕시코 어느 지역의 토양에는 칼슘이 없다고 한다. 그런 환경이 주민들을 몰살할 일은 없지만, 그들의 성장에는 해를 끼친다. 지역 주민 대부분은 몸이 쇠약하고, 칼슘이 부족하면 걸리기 쉬운 많은 질병에 희생된다. **그들의 생존 능력은 손상된다.**

자존감은 음식이나 물보다는 칼슘과 유사한 욕구이다. 부족하다고 해서 심각한 병에 걸리거나 반드시 죽는 것은 아니지만, 살아가는 데 필요한 여러 능력에는 부정적인 영향을 끼친다. 다시 말해, 자존감을 '욕구'라고 말하는 이유는 다음과 같다.

자존감은 삶의 과정에 본질적으로 기여한다.
자존감은 정상적이고 건강한 발달에 없어서는 안 되는 요소이다.
자존감은 생존에 필요한 가치를 지닌다.

이따금 자존감 결핍이 아주 직접적으로 죽음을 초래하기도 한다. 약물 과다 복용, 난폭 운전, 잔인한 배우자 학대, 조직폭력 집단의 난투극 가담, 자살이 여기에 해당한다. 하지만 대개 빈약한 자존감은 그보다 미묘하고 간접적이고 우회적인 결과를 낳는다. 우리 운명을 가를 수많은 선택지를 앞에 둔 상황에서 내면의 생각을 파악하려면 깊은 반성과 자기 점검이 필요하다.

잘못된 배우자 선택, 좌절뿐인 결혼 생활, 진전 없는 직장 생활, 어떻게든 항상 파괴되고 마는 열망, 실패할 운명인 유망한 계획, 성공을 즐기지 못하는 이해하기 어려운 무능력, 해로운 식습관과 생활 습관, 결코 채워지지 않는 몽상, 만성 불안이나 우울, 병을 이겨내지 못하는 지속적으로 낮은 저항력, 지나친 약물 의존, 사랑과 긍정을 향한 끝없는 허기, 자기 존중이나 존재의 기쁨을 배우지 못한 아이들, 이 모든 것들은 자존감이 부족하기 때문에 나타나는 결과들이다. 요컨대 인생이란 패배로 점철된 것이라고 느끼는 이들은 유일하게 위안이 되는 서글픈 주문(만트라)을 왼다. "그래서 누가 행복한데?"

자존감이 낮으면 역경에 직면했을 때 다시 일어서게 해주는 회복 탄력성이 약해진다. 자존감이 낮을 때는 건강한 자기 감각으로 이겨낼 수 있었을 시련 앞에서 무너지고 만다. 이럴 때 우리는 비극적 존재감과 무력감에 쉽게 무릎을 꿇는다. 즐거움을 누리고 싶은 마음보다는 괴로움을 피하려는 마음이 더 크다. 긍정적인 것보다 부정적인 것에 쉽게 지배당한다. 자신의 효용성과 장점을 신뢰하지 않는 이상, 이 세상은 두려운 곳이다.

그런 까닭에 나는 긍정적 자존감이 실제로 우리에게 저항력과 힘, 재생 능력을 제공하는 **의식의 면역 체계**라고 생각하게 되었다. 면역 체계가 튼튼하다고 해서 병에 걸리지 않는 것은 아니지만, 병에 걸릴 확률은 줄어든다. 설사 병에 걸리더라도 이겨낼 확률이 높다. 즉 자존감이 건강하다고 해서 힘든 일이 닥쳤을 때 불안이나 우울을 전혀 느끼지 않을 수는 없지만, 그 정도가 덜하다. 문제에 잘 대처하고, 다시 일어서 그 문제를 극복할 확률도 높다. 자존감이 높은 사람도 심각한 문제에 부딪치면 분명히 쓰러질 수 있지만, 상대적으로 더 빨리 회복한다.

자존감은 고통에 대한 무감각보다 회복 탄력성에 관계한다는 사실을 강조할 필요가 있다. 예전에 《자기 존중》을 집필할 때 나는 책과는 무관한 몇 가지 일 때문에 꽤나 애를 먹고 있었다. 최종 결과물은 만족스러웠으나, 작업 과정이 녹록지 않았다. 그 가운데 일 주일은 특히 좋지 않았다. 머리에서 제대로 된 내용이 하나도 나오지 않았다. 어느 날 오후에 출판사 편집자가 집으로 찾아왔다. 나는 피곤하고 우울한 데다 조금 짜증이 나 있었다. 거실에서 그를 마주하고 앉아 이렇게 말했다. "이런 날에는 대체 어쩌자고 책을 쓸 생각을 했는지 모르겠다는 생각이 듭니다. 제가 자존감에 대해 뭘 알겠습니까? 뭘 안다고 심리학에 이바지하겠다고 생각한 걸까요?" 편집자가 물어야 마땅한 질문이었다. 몇 년간 자존감에 관한 책을 여러 권 내고 강연까지 하는 사람이 그런 말을 했으니, 편집자가 당황하는 것도 무리는 아니었다. "뭐라고요?" 그가 소리를 높였다. "너새니얼 브랜든이 그런 생각을 한다고요?" 어안이 벙벙해져 놀라는 그 표정이 어쩌나 재미있던지 나는 웃음을 터뜨리고 말았다. "그럼요, 당연하지요." 나는 이렇게 말했다. "다른 사람과 차이가 있다면, 이런 이야기를 가벼운 마음으로 농담처럼 할 수 있다는 점일 겁니다. 이런 생각들이 결국에는 사라지리라는 것도 알고 있고요. 이번 주 내내 제가 무슨 말과 생각을 했고, 무엇을 느꼈든, 어쨌거나 좋은 책이 나오겠지요."

'너무 높은 자존감'은 없다

종종 이런 질문을 받는다. "자존감이 지나칠 수도 있습니까?" 아니, 그렇지는 않다. 지나치게 건강하거나 지나치게 강한 면역 체계는 없다. 이따금 자존감을 과시나 자랑, 오만과 혼동하는 경우가 있다. 그러나 이런 것들은 과도한 자존감이 아니라 오히려 자존감의 결핍을 드러낸다. 자존감이 높은 사람은 자신이 남보다 뛰어나다고 생각하지 않는다. 상대적인 평가 기준으로 자신의 가치를 입증하려고도 하지 않는다. 남보다 나은 존재가 아닌, 있는 그대로의 자기 자신에 만족한다.

어느 날, 나는 뒷마당에서 우리 집 개가 노는 모습을 지켜보고 있었다. 녀석은 이리저리 달리기도 하고 꽃향기를 맡거나 다람쥐를 뒤쫓기도 하고 공중으로 껑충 뛰어오르기도 하면서, (개를 의인화해보자면) 자신이 살아 있다는 사실에서 느낄 수 있는 크나큰 기쁨을 표현했다. (확신하건대) 우리 집 개는 자신이 살아 있음을 만끽했지만 옆집 개가 살아 있음에서 느끼는 기쁨보다 자신이 더 많이 기쁨을 느낀다고 생각하거나, 그것 때문에 우쭐하지는 않았을 것이다. 그저 자신의 존재에 기뻐하고 있었다. 이 장면에는 내가 이해하는 건강한 자존감의 경험이 어떤 것인지 그 본질이 정확히 담겨 있다.

자존감 때문에 괴로워하는 사람들은 자존감이 높은 사람을 불편해하는 경우가 많다. 그들은 분개하며 말한다. "자존감이 **과도한** 사람이야." 이렇게 말하는 사람들은 알고 보면 자신의 이야기를 하는 것이다.

이를테면, 불안을 느끼는 남성들은 자신감이 넘치는 여성을 상대할 때 더 자주 불안해한다. 자존감이 낮은 사람은 열정적인 사람을 대할 때 짜증을 내는 경우가 많다. 자존감이 낮은 사람은 배우자의 자존감이 높아지는 모습을 지켜보며 불안해하고, 화를 내거나 상대방의 성장을 방해하려 한다.

성공한 사람은 누구든 표적이 될 수 있다. 슬픈 진실이다. 대개 좋은 성과를 내지 못하는 사람은 성공한 사람에게, 불행한 사람은 행복한 사람에게 질투와 분노를 느낀다.

그리고 자존감이 낮은 사람은 때때로 '과도한 자존감'은 위험하다고 말한다.

앞서 살펴본 것처럼, 자존감이 낮다고 해서 현실적 가치를 성취하지 못하는 것은 아니다. 자신이 부족하거나 무가치하다고 느끼더라도 재능과 열정과 추진력을 발휘해 좋은 성과를 낼 수 있다. 예를 들어, 아들을 항상 패배자 취급하던 아버지 밑에서 자란 사람이 자기 가치를 증명해 보이려고 무던히 애쓰다가 생산성 높은 일중독자가 되는 경우가 있다. 하지만 이것이 자신의 효율성과 창의력을 제대로 발휘하지 못한다는 뜻은 아니다. 자신이 이룬 성취를 기뻐할 능력이 없다는 뜻이다. 이런 사람들은 단 한 번도 '충분하다'고 느낀 적이 없다.

제아무리 재능이 뛰어난 사람이라도 자존감이 낮으면 성취 능력이 떨어지는 것이 사실이지만, 반드시 그런 것만은 아니다. **더 정확하게 말하면, 낮은 자존감은 만족할 줄 아는 능력을 약화시킨다.** 이는 큰 성공을 거둔 사람들도 흔히 겪는 괴로운 현실이다. 한번은 화려하게 성공한 사업가가 내게 물었다. "실패의 고통이 성공의 즐거움보다 더 강렬하고 오래가는 이유는 무엇일까요? 실패보다 성공한 적이 훨씬 더 많은데도 말입니다. 어째서 행복은 순식간에 지나가고 괴로운 일은 그토록 오래갈까요?" 그러더니 잠시 후에 이런 말을 덧붙였다. "마음속을 들여다보면 절 비웃던 아버지의 얼굴이 보입니다." 그는 자기 잠재의식 속에 자리 잡은 삶의 의무가 자신이 아니라 (돌아가신 지 10년이 넘은) 아버지에게 능력을 증명하는 것임을 깨달았다.

조화로운 자존감을 지닌 사람의 원동력은 두려움이 아니라 즐거움이다. 이들은 고통을 회피하지 않으며 행복을 마음껏 즐기려 한다. 자기 회피나 자기 정당화가 아니라 자기 표현을 목적으로 삼는다. 자신의 가치를 '증명'하는 것이 아니라 가능성을 실현하는 것이야말로 원동력이 된다.

자신이 '충분하다'는 것을 증명하는 것이 목표라면, 그 계획은 영원히 끝나지 않는다. 그 문제가 논란의 여지가 있다는 것을 인정하는 순간, 이미 싸움에서 진 셈이기 때문이다. 그래서 언제나처럼 '또 한 번의' 승리가 있을 뿐이다. 또 한 번의 승진과 섹스, 또 하나의 실적, 더 큰 보석, 더 넓은 집, 더 비싼 차, 그밖의 어떤 보상을 얻더라도 내면의 공허는 채워지지 않는다.

오늘날 막다른 골목에 부딪혀 좌절한 사람들은 자아를 포기하고 '정신적인 길'을 추구하기로 했다고 선언한다. 이들의 계획은 실패가 정해져 있다. 그들은 건강하고 성숙한 자아를 얻는 데 실패했다. 자신들에게 있지도 않은 자아를 포기하겠다는 것은 망상에 가깝다. 자존감의 욕구를 완전히 비껴갈 수 있는 사람은 아무도 없다.

왜 자존감이 점점 더 중요해지는가

자존감의 중요성을 부정하는 것이 실수라면, 자존감을 과도하게 강조하는 것 역시 실수라 할 수 있다. 오늘날 자존감에 열광하는 몇몇 저자들은 자기 가치에 대한 건강한 인식만이 행복과 성공을 보장한다고 주장한다. 문제는 그보다 더 복잡하다. 자존감은 만병 통치약이 아니다. 외부 환경과 기회의 문제는 일단 제쳐 두더라도 자존감은 열정의 정도, 지적 능력, 성취 욕구 같은 수많은 내적 요인의 영향을 받는다.(이따금 듣는 주장과 달리, 내적 요인과 자존감의 상호 관계는 간단하지도 않고, 직접적이지도 않다. 성취 욕구는 긍정적인 자극뿐 아니라 부정적인 자극으로도 작동할 수 있다. 이를테면 자기 표현의 즐거움보다는 사랑이나 지위를 잃을 것을 두려워하는 데서 추진력을 얻는 사람도 있다.) 높은 자기 감각이 행복의 필요조건이기는 하지만 충분조건은 아니다. 즉, 자기 감각이 행복을 보장하는 것은 아니지만 부족하면 불안, 좌절, 절망이 자연스레 뒤따른다.[*]

자존감이 집이나 음식을 대신할 수는 없다. 하지만 자존감이 높으면 그런 종류의 욕구를 충족할 방법을 찾기가 쉬워진다. 자존감만

[*] 자존감의 영향에 관한 상당수의 연구가 겪는 어려움은 머리말에서 말한 것처럼 연구자들마다 용어 정의가 제각각이고 반드시 동일한 현상을 측정하거나 보고하고 있지 않다는 점이다. 또 한 가지 어려움은 자존감이 외부와 단절된 상태에서 작용하지 않는다는 점이다. 고립 상태에서는 그 흔적을 찾기가 어렵다. 자존감은 개인의 다른 힘들과 상호 작용한다.

으로는 지식과 기술 습득에 대한 욕구, 세상에 이바지하려는 욕구를 채울 수 없지만, 자존감은 그것들을 실현할 가능성을 높여준다.

에이브러햄 매슬로(Abraham Maslow)는 자신의 유명한 '욕구 단계 이론'에서 자존감을 '먹을 것과 마실 것에 대한 욕구'라는 필수적인 생존 욕구보다 '위에' 놓았다. 이 주장이 타당하다는 점은 분명하다. 때때로 사람들은 자존감에 중요한 문제라는 이유로 삶 그 자체를 포기하는 경우도 있기 때문이다. 그러나 동시에 지나치게 단순화했다는 오해를 불러일으킬 소지도 있다. 그뿐만 아니라 '인정받고 싶은 욕구'가 자존감보다 더 기본적인 욕구라는 매슬로의 주장은 틀림없이 반박의 여지가 있다.[3]

자존감이 절박한 욕구라는 기본적인 사실에는 변함이 없다. 자존감이 (상대적으로) 낮으면 능력이 떨어진다는 점이 그 증거이다. 이는 동시에 자존감이 생존에 필요한 가치를 지닌다는 주장을 뒷받침하는 것이기도 하다.

특히 오늘날 현대 사회에서 자존감의 생존 가치는 분명하다. 자존감은 언제나 가장 중요한 심리적 욕구였다. 그리고 역사를 통틀어보더라도 어느 때보다 오늘날 자존감의 경제적 가치가 높다. 갈수록 복잡하고 고달파지고 경쟁이 치열해지는 세상에 적응하려면 자존감은 반드시 필요한 자질이다.

지난 20~30년 동안 미국과 세계의 경제는 놀랄 만한 발전을 이루었다. 미국은 제조업 중심 사회에서 정보 사회로 변화했다. 주된 직업 활동은 육체 노동에서 정신 노동으로 바뀌었다. 지금 세계화된 경제는 급격한 변화, 과학적·기술적 혁신의 가속화, 전례 없이 치열한 경쟁이 특징이다. 이러한 발전은 이전 세대가 요구받았던 것보다 더 높은 수준의 교육과 직업 훈련을 요구한다. 기업 문화에 정통해 이런 점을 잘 아는 사람들조차 발전과 더불어 나타난 새로운 심리적 자원의 요구는 이해하지 못했다. 분명히 이런 종류의 발전은 개인에게 특히 혁신, 자기 경영, 책임감, 자기 주도(self-direction)와 같은 측면에서 더 큰 능력을 발휘하라고 요구한다. 비단 높은 지위에만 해당하는 이야기가 아니다. 관리직에서 주임과 신입 사원까지, 기업체의 모든 구성원에게 필요한 능력이다.

변화하는 세계에 대한 예를 한 가지 들어보자. 〈포천(Fortune)〉은 모토로라(Motorola)의 생산 공정 관리직 **말단** 직원이 하는 일을 이렇게 설명했다. "컴퓨터 보고서를 분석한 다음, 실험과 통계적 공정 관리를 거쳐 문제를 찾아낸다. 경영진에게 생산성과 측정 지표를 보고하고, 기업의 경쟁력을 평가한다."[4]

이제 기업은 소수의 두뇌 집단과 그들의 지시에 따라 일하는 다수로 이루어지는 군대 같은 조직이 아니다. 오늘날 기업은 모든 직원에게 유례없이 높은 수준의 지식과 기술을 요구할 뿐 아니라, 높은 독립성과 자립 의지, 자기 신뢰, 주도성을 발휘할 수 있는 능력을 요구한다. 한마디로 자존감을 요구하는 것이다. 지금은 적절한 수준의 자존감을 지닌 사람이 경제적인 측면에서 아주 많이 필요한 시기라는 뜻이다. 이것은 역사적으로 새로운 현상이다.

이러한 도전은 경제계를 넘어서 확산되고 있다. 지금 우리는 앞선 세대보다 종교나 철학, 도덕 규범을 선택하거나, 삶의 방식과 행복한 삶의 기준을 택할 때 비교적 자유롭다. 더는 아무런 의심 없이

'전통'을 받아들이지 않는다. 정부나 교회, 노동조합 같은 대규모 집단이 개인을 구제할 수 있다고 생각하지도 않는다. 우리를 구원해줄 사람은 없다. 삶의 어떤 측면에서도 마찬가지다. 우리는 오로지 자신을 의지해야 한다.

선택지는 어느 때보다 다양하다. 어느 쪽으로 고개를 돌려도 무한한 가능성을 품은 미개척지가 보인다. 이런 환경에 적응하고 적절히 대처하려면 더욱 자율적인 인간이 되어야 한다. 왜냐하면 개인이 의사 결정을 내리는 어려움을 대신해줄 일반적인 규범이나 의례가 없기 때문이다. 이제 우리는 자신이 어떤 사람인지 알고 자기 내면에 집중해야 한다. 또한 자기에게 중요한 것이 무엇인지 알아야 한다. 그러지 않으면 자기와 맞지 않는 가치에 휩쓸려 진정한 자신을 성장시키는 데 도움이 되지 않는 목표를 추구하기 쉽다. 스스로 생각하고, 재능을 기르고, 자기 삶의 일부인 선택과 가치관과 행동에 책임지는 법을 배워야 한다. 우리에겐 현실에 기반을 둔 자기 신뢰가 필요하다. **의식적으로 선택하고 결정해야 하는 일이 많아질수록 자존감 욕구는 더 절박해진다.**

지난 몇십 년 동안 경제와 문화가 발전하면서 우리는 자립이라는 미국의 전통이 되살아나는 것을 지켜보았다. 다양한 상호 부조 집단이 큰 폭으로 늘었고, 다양한 필요와 목적을 충족하기 위한 개인들의 네트워크가 늘어났고, '삶의 한 방식으로서 배움'의 중요성이 커졌다. 또 예를 들어 정부의 권위에 의문을 제기하는 경향이 늘어나는 데서도 일종의 자립 정신을 확인할 수 있다.

기업가 정신이 기업 세계뿐 아니라 개인의 삶과 관련해서도 장려되어 왔다. 지적으로 우리는 모두 새로운 의미와 가치를 생산하는 '기업가'가 되어야 한다는 도전을 받고 있다. 조지 해리스(T. George Harris)는 현대인이 "의식적으로 선택하는 시대"[5]에 살고 있다고 말했다. 이런저런 종교 중 하나를 선택하든 아무것도 믿지 않든, 자기 마음이다. 결혼을 해도 상관없고, 동거를 해도 상관없다. 아이를 낳든 낳지 않든 그것 또한 자기 선택이다. 조직에서 일할 수도 있고 혼자 일할 수도 있다. 몇십 년 전만 해도 세상에 없던 수천 가지 직업 중 한 가지를 선택할 수 있다. 도시, 교외, 시골, 외국 어디에 살아도 무방하다. 더 간단하게는 옷 입는 스타일에서부터 음식, 자동차, 온갖 신제품을 고를 때에도 선택지가 전례가 없을 정도로 많다. 모든 것을 **우리가 결정해야** 한다.

자존감이 충분하지 않다면 지금 자기 앞에 닥친 수많은 선택이 두려울 수도 있다. 그래서 선택 앞에서 두려움을 느낀 나머지 광신이나 종교적 근본주의, 정치·사회·문화적 하위 집단, 뇌세포를 망가뜨리는 약물에서 '안정'을 찾는 사람도 있다. 선택과 시험이 넘쳐나는 이 세상에 적절히 대비하는 일은 어떤 양육이나 교육으로도 불가능하다. 자존감 문제가 시급한 것은 바로 이 때문이다.

2장

자존감을 이루는 것들

⋮

 자존감에는 서로 밀접하게 연관된 두 요소가 있다. 하나는 삶의 도전에 직면했을 때 필요한 기본적인 자신감인 '**자기 효능감**(self-efficacy)'이고, 다른 하나는 자신이 행복을 누릴 만한 가치가 있는 사람이라고 느끼는 '**자기 존중**(self-respect)'이다.

 자존감이 높거나 건강한 사람이 이 두 가지 요소를 의식적으로 **생각한다**고 말하려는 것은 아니다. 그보다는 자존감의 **경험**을 면밀히 살펴보면 반드시 자기 효능감과 자기 존중이라는 두 가지 요소를 발견하게 된다는 뜻이다.

 자기 효능감은 자기 정신의 기능에 대한 믿음이자, 자신의 생각·이해·학습·선택·결정 능력에 대한 믿음이다. 또 자신의 이익과 욕구에 속하는 현실적 문제를 파악하는 능력에 대한 자신감이고 자기 신뢰이다.

자기 존중은 자신의 가치에 대한 확신을 뜻한다. 자신에게 살아갈 권리와 행복할 권리가 있다는 긍정적인 태도, 자신의 생각과 욕구와 필요를 적절히 주장하는 데서 얻는 위안, 그리고 기쁨과 성취감을 누리는 것이 자신의 타고난 권리라는 느낌이 여기에 포함된다.

이 두 가지 개념을 좀 더 자세히 살펴봐야겠지만, 지금은 잠시 미뤄 두고 다른 이야기를 해보겠다. 어떤 사람이 삶에서 부딪치는 도전들에 맞서기에 스스로 충분하지 않다고 느낀다면, 근본적인 자기 신뢰와 자기 정신에 대한 믿음이 부족하다면, 그가 어떤 장점을 지니고 있건 간에 우리는 그가 자존감이 부족한 사람이라는 사실을 알아볼 것이다. 또 어떤 사람이 기본적인 자기 존중이 결여되었고, 스스로 무가치하다고 느끼거나 자신이 남에게 사랑받고 존중받을 만한 사람이 아니라고 느낀다면, 자신은 행복해질 자격이 없다고 느끼고, 자신의 생각·욕구·필요를 주장하는 데 두려움을 느낀다면, 그 사람이 어떤 긍정적인 자질을 내보이건 간에 우리는 그가 자존감이 부족하다는 사실을 알아볼 것이다. 자기 효능감과 자기 존중은 건강한 자존감을 떠받치는 두 기둥이다. 둘 중 하나라도 없으면 자존감은 제 구실을 못한다. 이 둘은 자존감의 파생적 의미나 부차적 의미가 아니라 자존감의 핵심이다.

자기 효능감을 경험하는 것은 스스로 자신의 삶을 통제할 수 있다는 느낌을 준다. 이것은 심리적 건강과 행복에 직결되는 문제이다. 또 자기 효능감은 내가 '나'라는 존재의 중심이라는 느낌을 주는데, 이것은 나를 둘러싸고 벌어지는 사건들에 대해 수동적인 구경꾼이나 희생자가 되는 것과 정반대의 느낌이다.

자기 존중을 경험하게 되면 타인과 더불어 사는 공동체를 편안하게, 호의적으로 받아들이게 되고, 자립적이면서도 존중하는 동료 관계를 맺을 수 있다. 사람들에게서 따로 떨어져 소외되거나 아무 생각 없이 어느 집단에 흡수되는 경우와는 반대되는 것이다.

모든 심리 상태가 변화하듯이 자존감의 수준도 필연적으로 오르내리며 변화를 거듭한다. 흔히 자존감을 자신에 대한 믿음이라고 말하지만, 그보다는 개인이 자신을 특정한 방식으로 경험하는 내적 경향이라고 하는 편이 더 정확하다. 그렇다면 어떤 방식인가?

사전적 정의는 다음과 같다. **자존감은 자신이 삶에서 마주하는 기본적인 도전에 맞서 대처할 능력이 있으며, 행복을 누릴 만한 가치가 있는 사람이라고 생각하는 내적 경향이다.**

이 정의에는 건강한 자존감의 버팀목이 되는 (신체적 안전이나 양육 같은) 유년기 환경의 영향이 명시되어 있지 않다. 그뿐 아니라, 유년기 이후 자존감을 북돋는 의식적 삶의 실천·자기 수용·자기 책임 같은 내면의 발전기나, 공감·자발적인 책임·새로운 경험을 대하는 개방적 태도 같은 감정적 측면과 행동의 중요성도 명기되지 않았다. **단지 자기 평가에 영향을 끼치는 것과 자기 평가를 구성하는 내용만을 확인할 수 있을 뿐이다.**

이 책의 뒷부분에서 문화의 맥락에서 자존감의 개념을 살펴보겠지만 지금은 먼저 중요한 한 가지만 짚고 넘어간다. 내가 말한 자존감의 정의에서 '능력(competence)'의 개념은 '서구적'인 것이 아니라 보편적인 것이다. 말하자면, 여기서 '능력'이란 본질적인 것, 우리가 현실과 맺는 기본적인 관계와 관련이 있다. 이 개념은 특정 문화에서 만들어진 '편향된 가치'의 산물이 아니다. 사회 구성원이라면 누구나 욕구 충족이나 자연과 인간 세계에 적절히 적응해야 하는 도전을 마주하게 된다. 그렇지 않은 사회는 지구상에 지금까지 없었고, 앞으로도 상상할 수도 없다. 이러한 근본적 의미에서 효능(efficacy)이라는 개념은 앞서 말했듯 '서구의 유물'이 아니다. 이 점은 자기 효능감과 자기 존중의 의미와 역할을 깊이 탐구하는 과정에서 더 명료하게 밝혀질 것이다.

어떤 개념의 정의를 내릴 때, '단순한 의미론' 차원에서 접근하거나 지나치게 현학적으로 접근하는 것은 현명한 일이 아닐 것이다. 정확한 정의의 가치는, 현실의 어떤 한 측면을 다른 측면들로부터 분리해, 명료하고 집중적으로 생각하고 연구할 수 있게 하는 데 있다. 자존감에 영향을 끼치는 요인, 아이의 자존감을 키워주는 양육법과 학교에서 아이의 자존감을 뒷받침하는 법, 조직에서 자존감을 북돋는 법, 심리 치료를 통해 자존감을 강화하는 법, 스스로 자존감을 발달시키는 방법을 알고 싶다면, 우리가 겨냥하는 것이 무엇인지부터 정확히 알아야 한다. **볼 수 없는 과녁을 맞출 수는 없는 노릇이다.** 자존감의 개념이 모호하다면, 자존감을 얻을 수 있는 방법 역시 오리무중일 것이다. 자존감 연구에 대한 열정에 그에 어울리는 지적 엄밀함이 따르지 않는다면, 보람 있는 결과를 낼 수 없는 것은 물론이고 자존감 연구라는 분야가 신뢰를 잃을 위험까지 있다.

내가 제시한 자존감의 정의가 돌에 새긴 조각처럼 확고해서 절대 변치 않으리라고 말하는 것이 결코 아니다. 정의는 맥락에 따라 변한다. 지식 수준과도 관련이 있다. 지식이 쌓일수록 정의는 더 명확해진다. 어쩌면 앞으로 자존감이라는 개념의 핵심을 파악하는 데 더 적절하고 분명하면서도 정확한 방법을 발견하게 될지도 모른다. 내가 아니더라도 누군가는 그렇게 할 것이다. 그러나 현재 우리가 지니고 있는 지식의 맥락에서는, 이 책에서 우리가 탐사하려는 인간의 독특한 경험을 더 정확하게 규정할 만한 대체 가능한 표현이 없다고 생각한다.

높은 자존감을 지닌다는 것은 자신이 삶을 누릴 자격이 있음을 확신하는 것이며, 이는 곧 앞서 말한 대로 자신이 능력 있고 가치 있는 존재임을 확신하는 것이다. 자존감이 낮다는 것은 자신이 삶을 누릴 자격이 없다고 느끼는 것이다. **잘못된 것은** 이런저런 문제들이 아니라 **자기 자신이라고 생각한다.** 평균적인 자존감을 지닌 사람은 어떤 때는 자기가 삶에 적절하다고 느끼다가도 어떤 때는 부적절하다고 느끼기도 하고, 또 한 인간으로서 어떤 때는 옳다고 느끼다가 어떤 때는 그르다고 느끼는 등 생각이 계속 흔들린다. 일관성 없는 이런 생각의 변화는 행동으로 나타나기 때문에 때로는 현명하게 행동하기도 하고 때로는 어리석게 행동하기도 한다. 그리하여 자신이 마음속 깊이 어떤 존재인지를 둘러싼 불확실성이 커지게 된다.

무엇이 자존감을 결정하는가

우리는 앞 장에서 자존감이 기본 욕구라는 것을 알아보았다. 그렇다면 그 이유는 무엇일까? 우리에게 왜 이러한 욕구가 생겨나는지 모르고서는 자존감의 의미를 온전히 이해할 수 없다.(나는 그동안 이 문제가 철저히 무시되어 왔다고 생각한다.) 따라서 이 논의는 자존감이 본질적으로 의미하는 바를 분명히 하려는 것이다.

하등 동물들은 의식의 힘이나 자기 존재의 가치에 의문을 품지 않는다. 그러나 인간은 다르다. 내 정신을 신뢰할 수 있을까? 나의 생각하는 능력은 충분한가? 나는 유능한가? 나는 필요한 사람인가? 나는 좋은 사람인가? 나는 자아가 통합되어 있는가? 그러니까, 생각과 행동이 일치하는 사람인가? 나는 존경과 사랑을 받고 성공과 행복을 누릴 만한 가치가 있는 사람인가?

우리가 지닌 자존감의 욕구는 인간 종(種)에 고유한 두 가지 기본적 사실에서 비롯한 결과이다. 첫째, 인간은 환경을 성공적으로 극복하고 생존하는 데 의식을 적절히 활용한다. 우리의 삶과 행복은 생각하는 능력에 달려 있다. 둘째, 의식의 올바른 사용은 저절로 이루어지거나 타고나는 것이 아니다. 의식 활동을 조절하는 것은 선택, 즉 개인의 책임감이라는 요소가 결정적이다.

인식 능력이 있는 다른 종(種)과 마찬가지로, 인간도 생존하고 행복을 추구하기 위해 독특한 형태로 발현되는 의식의 안내를 따른다. 우리는 인간 고유의 의식 형태, 다시 말해 추상화 · 일반화 · 통합 같은 개념화 능력, 즉 **정신**(mind)에 의존한다.

우리 인간의 본질은 논리적 사고력인데, 이는 관련성을 파악하는 것을 뜻한다. 결국, 우리 삶은 사고 능력에 따라 결정된다. 오늘 우리가 먹은 음식을 식탁에 올리기 위해서, 우리가 입은 옷을 만들기 위해서, 자연으로부터 우리를 지켜줄 집을 짓기 위해서, 생계를 유지하는 데 필요한 산업을 육성하기 위해서, 거실에서 멋진 교향곡을 들기 위해서, 병을 낫게 할 약을 개발하기 위해서, 지금 책을 읽는데 필요한 불빛을 만들기 위해서 필요한 것이 무엇인지 생각해보라. 이 모든 것은 정신의 산물이다.

정신은 즉각적이고 명료한 인식 이상의 것이다. 정신은 구조와 과정으로 이루어진 복합적 건축물이다. 흔히 '좌뇌' 활동으로 오해하기 쉽지만, 일반적으로 정신은 언어적이고 직선적이며 분석적인 과정 이상의 것을 포함한다. 때때로 '우뇌'와 관계가 있다고 하는 잠재의식, 본능, 상징 같은 온갖 정신 활동 전체를 포함한다. 정신은 우리가 세상에 다가가고 세상을 파악하는 방법의 전부이다.

농사를 짓고 다리를 건설하고 전기를 사용하려면, 어떤 물질의 치료 효과를 이해하고 생산력을 최대화하기 위해 자원을 배분하고 전보다 많은 부를 창출할 수 있는 가능성을 파악하려면, 또 과학 실험을 수행하고 무언가를 만들어내려면, 생각하는 과정이 필요하다. 자녀나 배우자의 불만에 적절히 대처하기 위해서, 자신의 실제 행동과 자신이 말로 표출한 감정의 차이를 인식하기 위해서, 파괴가 아닌 치유를 통해 상처와 분노를 다스리는 방법을 익히기 위해서도 마찬가지다. 나아가 문제 해결 과정에서 의식이 아니라 잠재의식을 활용하려 할 때나, 감정 또는 본능(잠재의식적 지각이나 통합)에 더 귀를 기울이려 할 때에도 역시 생각하는 과정이 필요하다.

성공적인 삶에는 사유 능력이 필수 요소지만, 우리 인간은 자동적으로 생각하게끔 프로그램 된 존재가 아니다. 이 점이 가장 큰 문제이자 기회이다. 우리에게는 선택권이 있다.

우리는 심장이나 폐, 간, 신장의 활동을 통제할 수 없다. 장기의 기능은 모두 신체의 자율 조절 시스템의 일부이다.(물론 이러한 활동을 얼마간 통제하는 것이 가능할 수도 있음이 새로이 알려지고 있긴 하다.) 이를테면 체온을 일정하게 유지한다거나 하는 신체의 항상성 과정은 감독하지 않아도 된다. 자연은 인간이 의도적으로 개입하지 않아도 저절로 제 기능을 하도록 신체의 각 기관과 기관계를 설계했다. 하지만 정신은 예외다.

정신은, 심장이 피를 내보내는 것처럼 필요한 때에 필요한 만큼 지식을 뿜어 내보내지 않는다. 가장 합리적이고 폭넓게 이해하고 있다거나, 심지어 분명히 이득이 된다는 것을 안다고 해도 정신은 저절로 나를 최선의 행동으로 이끌지 않는다. 인간은 단지 어떤 상황에서 생각하지 않으면 위험할 수 있다는 이유로 '본능적으로' 생각을 시작하지는 않는다. 의식은 새롭고 낯선 것을 마주했을 때 '반사적으로' 확장되는 것이 아니며, 이따금은 오히려 기능이 떨어지기도 한다. **자연은 인간에게 특별한 책임을 부여했다. 그것은 의식이라는 불빛의 밝기를 조절할 수 있는 선택권이다.** 더 깊이 인식하려고 파고들거나, 아니면 굳이 인식하려고 애쓰지 않을 수도 있고 적극적으로 인식을 피할 수도 있다. 우리에겐 생각하거나 생각하지 않을 선택권이 있다. 이것이 우리가 누리는 자유와 책임의 뿌리이다.

인간이란 종은 어떤 것이 추구할 만한 가치가 있는지를 두고 전망을 세울 수 있고, 그런 다음 그것과 반대되는 것을 추구할 수도 있다. 정해진 행동 방침이 합리적이고 도덕적이며 지혜로운지 판단할 수 있고, 그런 다음에 의식을 멈추고 다른 일을 수행할 수도 있다. 자신의 행동을 계속 관찰하면서 그것이 자신의 지식과 신념과 이상에 부합하는지 스스로 질문을 던질 수도 있고, 그런 질문을 피할 수도 있다. 생각을 하거나 하지 않는 것은 선택의 문제다.

의식을 열어 문제에 집중할지, 아니면 의식을 닫아걸고 문제를 회피할지 선택해야 하는 상황에서 우리의 판단에 관여하는 것이 **자유의지**다. 이때 내리는 결정은 우리 삶 전반에, 특히 자존감에 막대한 영향을 끼친다.

다음의 선택지가 우리의 삶과 자기 감각에 끼치는 영향을 생각해 보자.

집중 vs 집중하지 않음

생각 vs 생각하지 않음

인식 vs 인식하지 않음

명쾌함 vs 모호함 또는 막연함

현실 존중 vs 현실 회피

사실 존중 vs 사실에 무관심함

진실 존중 vs 진실 거부

이해하려고 끈기 있게 노력함 vs 이해하려는 노력을 포기함

자신이 공언한 신념을 충실하게 행동에 옮김 vs 충실하지 않음

(자아 통합의 문제)

자신에게 솔직함 vs 솔직하지 않음

자기 대면 vs 자기 회피

새로운 지식 수용 vs 새로운 지식 거부

실수를 알고 기꺼이 바로잡음 vs 실수를 반복함

(말과 행동의) 일치에 신경을 씀(일관성) vs 모순을 무시함

합리 vs 비합리(논리·일치·일관성·근거를 존중함 vs 논리·일치·
일관성·근거를 무시하거나 저항함)

의식을 책임지는 성실성 vs 그러한 책임을 배신함

자존감에 영향을 끼치는 요인을 이해하려면, 이 목록에서 시작하는 것이 적절하다. 이 선택지들에 대해 우리가 내리는 결정이, 살면서 맞닥뜨리는 도전에 대처할 능력이 있다고 느끼거나 자신이 좋은 사람이라고 느끼는 데 영향을 끼치지 않는다고 주장할 사람은 없을 것이다.

요점은, 자존감이 우리의 선택에 영향을 받게 되리라는 것이 아니라, 우리 본성상 자존감은 여기에 틀림없이 영향을 **받을 수밖에 없다**는 것이다. 만일 어떤 사람이 그 자신에게 심각한 손상을 입히거나 무능하게 만들어 제 역할을 하지 못하게 막고 결국 자기를 믿지 못하게 만드는 일을 습관적으로 반복한다면, 그런 사람에게 더 나은 선택을 했을 때 느낄 수 있는 것처럼 스스로 줄곧 능력 있고 가치 있는 존재라고 느껴야 한다고 말하는 것은 당치 않은 일이다. 이런 말에는 우리가 하는 행동과 우리의 자기 평가가 아무 관련이 없다거나 관련이 없어야 한다는 뜻이 담겨 있다. 특정한 행동만으로 그 행동의 주체를 규정하지 않도록 주의해야 할 필요가 있지만 그렇다고 해서 자기 평가와 행동은 서로 **아무런 관계가 없다**고 주장해서는 안 된다. 자존감을 의식이나 책임, 도덕적 선택의 문제와는 무관하게 '자기 만족'의 개념 정도로만 받아들이면 해를 입는 것은 결국 자기 자

신일 것이다. 자존감은 큰 기쁨을 준다. 보통은 자존감을 쌓는 과정이나 강화하는 과정에서 즐거움을 맛본다. 그러나 거울 속의 자기 자신에게 키스를 보내는 일(또는 같은 수준에서 제시된 무수히 많은 전략들)보다 더 많은 것이 필요하다는 사실을 간과해서는 안 된다.

자존감의 수준은 유년기에 완전히 결정되는 것이 아니다. 어른으로 성장하는 동안에 자존감은 성장하거나 퇴보할 수 있다. 예순 살 먹은 사람보다 자존감이 높은 열 살 아이가 있는가 하면, 그 반대 경우도 가능하다. 또 자존감은 일생 동안 끊임없이 올라갔다 내려갔다 반복할 수도 있다. 나 역시 그랬다.

과거를 돌이켜 보면 어떤 특정 상황에 직면했을 때 내가 한 선택에 따라 자존감이 어떻게 변해 왔는지 쉽게 보인다. 뿌듯한 결정을 내렸던 일과 후회스럽기 짝이 없는 결정을 내렸던 일이 떠오른다. 자존감을 탄탄하게 만든 선택이 있는가 하면, 자존감을 무너뜨린 선택도 있었다. 누구든 그럴 것이다.

자존감을 갉아먹는 결정을 내리기도 했는데, 알고 있는 바를 인정하거나 알려고 하지 않은 때도 있었다. 인식 수준을 높여야 하는데 그러지 못한 때도 있었고, 나의 감정을 살펴야 하는데 외면한 경우도 있었다. 진실을 털어놓아야 하는데 침묵을 선택한 적도 있었고, 나에게 해로운 관계를 멀리해야 하는데 오히려 그 관계를 지키려 몸부림치기도 했고, 내면 깊은 곳의 감정을 옹호하고 뿌리 깊은 욕구를 단호히 주장해야 하는데 나를 구해줄 기적을 기다리기만 한 때도 있었다.

우리가 행동하고 도전에 맞서고 도덕적 결정을 내려야 할 때마다, 그에 대한 자신의 반응과 배후에 있는 정신 작용이 자기 평가에 영향을 끼친다. 행동과 결정이 분명히 필요한 경우에도 그것을 회피한다면, 이 또한 자기 감각에 영향을 준다.

자존감의 욕구는 우리가 자신의 인생을 위해, 행복을 위해 행동하고 있는지 알고자 하는 욕구이다.

자존감의 핵심 1 ― 자기 효능감

나는 건강한 자존감과 관련 있는 기본적인 힘이나 능력을 경험하는 것을 **자기 효능감**이라 명명했고, 자신의 존엄성과 가치를 경험하는 것을 **자기 존중**이라고 이름 붙였다. 대체로 그 의미가 분명하긴 하지만, 좀 더 자세히 알아보자.

먼저, 자기 효능감. 효능이 있다는 것은 (기초적이고 사전적인 의미로) 바라는 결과를 만들어내는 능력이 있다는 뜻이다. **성공 여부가 자신의 노력에 달린 상황**에서, 자신의 기본적인 효능을 확신하는 것은 곧 자신에게 목표를 성취하는 데 필요한 것을 배우고 해야 할 일을 할 수 있는 능력이 있음을 확신하는 것이다. 그런 의미에서 보자면, 우리의 통제 밖에 있는 요소로 우리의 능력을 판단하는 것은 합리적이지 않다. 자기 효능감을 경험하는 데 전지전능함이 필요하지는 않다.

자기 효능감은 절대로 실수하지 않을 것이라는 확신이 아니라, 스스로 생각하고 판단하고 이해해서 실수를 바로잡을 수 있다는 자신감이다. 즉 자신의 정신 작용과 정신의 능력을 믿는 것이다.

자기 효능감은 살면서 겪는 모든 문제를 극복할 수 있으리라는 확신이 아니다. 반드시 배워야 하는 것을 익히고, 자신의 가치 판단에 따라 주어진 과제와 도전을 해결하는 과정에서 합리적이고 양심적으로 행동할 수 있는 능력을 확신하는 것이다.

자기 효능감은, 과거에 거둔 성공과 성취에 근거를 두고 자신이 지닌 특정한 지식과 기술에 자신감을 보이는 태도 이상의 것이다. 그러한 성공과 성취가 자기 효능감을 키우는 데 분명히 도움이 되기는 하지만 그것이 핵심은 아니다. 자기 효능감은 스스로 지식과 기술을 습득할 수 있고 성공할 수 있다는 믿음이다. 또 자신이 지닌 생각하는 능력과 의식, 의식을 활용하는 방법에 대한 믿음이다. 다시 말해, 자기 효능감은 '과정'에 대한 믿음이고, 결과적으로 자신이 기울인 노력에 대해 성공을 기대하는 내적 경향을 말한다.

자기 효능감의 경험이 부족하고 성공보다 실패를 예상한다면, 삶이 우리에서 선사하는 과제와 도전에 대처하려는 시도는 (그 정도는 경우에 따라 다를지라도) 흔들리거나 한풀 꺾이게 되고, 무력해지기까지 한다. "생각하는 나는 누구인가? 문제를 극복하는 나는 누구인가? 익숙한 것의 편안함을 버리고 난관에 맞서 나의 가치를 지키기 위해 싸우겠다고 선택한 나는 누구인가?"

양육의 측면에서 봤을 때, 자기 효능감은 충분히 건강하고 합리적이며 예측 가능한 가정 환경에서 그 뿌리를 찾을 수 있다. 이런 환경에서 자란 사람은 이해하는 것이 **가능하다**고 믿으며, 또한 생각하는 것이 유익하다고 믿는다. 행동의 측면에서 자기 효능감의 뿌리는, 어려움에 직면하더라도 무력감에 굴복하지 않고 문제를 이해하기 위해 끈기 있게 탐색하는 **효능 자체에 대한 의지**이다.

실제로 과정에 대한 믿음과 특정 지식 영역에 대한 믿음을 뚜렷하게 구분하려는 노력은 매우 중요하다. 인류가 지닌 지식의 총합이 10년마다 두 배씩 증가하는 이런 세상에서 우리는 오로지 배우는 능력에서 안정성을 찾을 수 있다. 두 가지 믿음의 차이를 분명히 알기 위해 다음의 사례를 살펴보자.

20년간 한 분야에 몸담아 온 한 중역은 해당 분야의 전문 지식과 기술에 정통했다. 그는 회사를 그만두고 이전에 일하던 회사와는 요구 조건과 규칙, 해결해야 할 문제가 완전히 다른 기업의 대표 자리를 맡았다. 그가 건강한 자기 효능감이 결여된 사람이라면 기존의 지식에 집착하느라 새로운 상황에 적응하지 못할 위험이 있다. 그 결과 그는 일을 제대로 해내지 못하고 자신이 무능하다는 느낌은 갈수록 굳어지고 강화될 것이다. 반대로 그가 건강한 자기 효능감을 지니고 있다면 그는 기존의 지식보다는 자신의 학습 능력에 대한 확신에서 안정감을 느낀다. 그 결과 새로운 상황을 장악하고 업무를 제대로 수행하게 되면서 그의 자기 효능감은 더 확고해지고 강화된다.

영업 사원이나 회계사, 기술자 같은 이들이 좋은 성과를 내 관리자로 승진하는 일은 흔한 일이다. 하지만 훌륭한 관리자가 되려면 영업이나 회계, 공학 분야에서 보여준 능력과는 다른 기술이 필요하다. 그 사람이 새로 맡은 일에서 능력을 발휘할 수 있을지 여부는 새 역할에 대비해 회사에서 지원하는 직무 훈련에 따라 일정 부분 좌우되지만, 그 사람의 자기 효능감 수준에도 영향을 받는다. 자기 효능감이 낮을수록 새롭고 낯선 것에 불편을 느끼며 과거의 기술에 집착한다. 자기 효능감이 높을수록 지식과 발달 수준을 빠른 시간 안에 수월하게 향상시킬 수 있고, 새로운 지식과 기술과 도전을 쉽게 익힌다. 이런 점을 아는 기업은 훈련 프로그램에 자존감에 관련된 요소를 반영하기도 한다. 이런 기업들은 직원들로 하여금 숙달되어 더는 중요하지 않게 된 기술을 넘어서 의식, 책임감, 호기심, 변화에 열린 태도 같은 미덕을 중요하게 여기게끔 장려한다.

언젠가 관리자로 승진한 한 여성이 새로운 기회에 대응하는 자신의 능력에 혼란을 느끼고 내게 상의해 왔다. 나는 그녀에게 다음과 같은 질문을 던진 다음, 답을 생각해보라고 했다.

"이전의 업무에서 성공할 수 있었던 까닭은 무엇인가?"

"그 업무를 맡은 초기 몇 달 동안 업무와 관련된 자신의 기술을 효과적으로 발전시키기 위해 구체적으로 무엇을 했는가?"

"새로 배워야 했던 것을 어떤 마음가짐으로 대했는가?"

"업무가 진전됨에 따라 다른 어떤 일을 했는가?"

"업무 수행에 필요한 것이 달라졌을 때 어떻게 적응했는가?"

"어떻게 그 일에 유연하게 대처할 수 있었나?"

"이전 일에서 거둔 성공을 통해 자기 자신에 대해 알게 된 것 가운데 새로 맡은 업무에 적용할 수 있는 것은 무엇인가?"

"실제로 다른 기술이 필요하더라도, 미래에 당신을 훌륭한 성공으로 이끌 수 있는 내적 태도와 과정은 무엇인가?"

"성공이 보장된다면 당신은 어떤 일을 할 수 있는가?"

"당신이 그 일을 할 수 있는 것은 당신의 어떤 능력 덕분인가?"

이런 질문들은 과거에 성공할 수 있었던 중요한 원인을 특정 기술과 구분하는 데 도움을 주며, 성과보다는 과정에 초점을 둔다. 또 **이 질문들은 특정 현상에서 근본적 효능감을 분리해서 보도록 해준다.**

모든 분야에서 한결같이 능력을 발휘할 수 있는 사람은 없다. 그럴 필요도 없다. 이 점을 다시 강조하고 싶다. 누구든 자신의 관심사와 가치와 상황에 따라 자신이 집중할 수 있는 분야를 정하면 된다.

앞에서 자기 효능감을 살면서 부딪치는 기본적 도전에 대처하는 능력에 대한 확신이라고 설명했다. 그렇다면 여기에서 '기본적 도전'이란 무엇인가? 누군가에게는 자기 존재를 지탱하는 것, 다시 말해 생계를 꾸리고 스스로 자신을 돌보는 문제일 것이다. **존재할 기회를 떠맡는 것을 뜻한다.** 그런가 하면 또 누군가에게 기본적 도전은 타인과 효과적으로 상호 작용하는 일일 것이다. 즉, 선의와 협동, 신뢰, 우정, 존경, 사랑을 타인과 주고받을 수 있는 능력뿐만 아니라 자신의 책임을 다하며 자기 주장을 하고 타인의 자기 주장을 인정할 수 있는 능력에 관한 문제이다. 또 다른 누군가에게 기본적 도전은 불운과 역경에 맞서는 회복력, 즉 괴로움에 무기력하게 굴복하지 않으며, 회복하고 재생할 수 있는 능력의 문제일 것이다. 이것들은 우리 인간성을 규정하는 근본 바탕이다.

언급한 사례들은 주로 업무에 관련된 것들이지만, 앞서 밝힌 것처럼 친밀한 관계에서도 효능감을 경험할 수 있다. 자신이 대인 관계에서 능력이 부족하다고 느낀다면 어떤 경우에도 충분한 효능감을 경험할 수 없다. 만일 내가 개인적으로나 업무상 만나는 사람들과 나와 상대방에게 모두 긍정적인 경험이 될 관계를 맺을 수 없다면, 나는 아주 기본적인 수준에서 효능감이 부족한 사람이다.(서로 긍정적인 관계를 맺는 것이 바로 대인 관계 '능력'의 본질적인 의미다.) 삶의 필수적인 영역에서 능력이 부족한 것이다. 그리고 이러한 현실은 자존감에 그대로 반영된다.

대인 관계 영역에서 두려움을 느끼는 사람들은 종종 관계에서 의식의 수준이 밑바닥까지 떨어지기도 한다. 그들은 기계나 수학이나 추상적 사고 같은, 인간이 빠진 세계에서 적성을 찾아내고 그 속에서 안온함과 안정감을 추구한다. 아무리 직업적으로 놀라운 성과를 이루었다 하더라도 그들의 자존감은 여전히 금이 간 채로 남아 있다. 누구도 아무런 처벌도 받지 않고 인생의 아주 중요한 영역에서 도망갈 수는 없다.

자존감의 핵심 2 — 자기 존중

이번에는 자존감의 구성하는 두 번째 요소인 자기 존중을 이야기할 차례다.

자기 효능감에 자연히 성공에 대한 기대가 따르는 것처럼, 자기 존중에는 우정과 사랑과 행복에 대한 기대가 따른다. 이때 우정, 사랑, 행복은 우리가 어떤 사람인지 그리고 우리가 무엇을 하는지에 따라 그 결과로 얻을 수 있는 것이다.(분석을 하려면 자기 효능감과 자기 존중을 개념적으로 분리하는 것이 좋다. 하지만 실제 생활에서는 이 두 가지가 서로 끊임없이 겹치며 영향을 끼친다.)

자기 존중은 자기 자신의 가치에 대한 확신이다. 자기 존중은 자신이 '완벽'하다거나 다른 사람들보다 우월하다는 망상이 아니다. 이것은 다른 사람과 비교하거나 경쟁해서 얻는 것이 아니다. 자신의 삶과 행복은 마땅히 지지받고 보호받을 만한 가치가 있다는 확신이다. 자신이 좋은 사람이고 다른 사람에게 존중받을 만하며, 그럴 자격이 충분하다는 확신이다. 또 자신의 행복과 개인적인 성취는 그것을 이루기 위해 노력하는 것이 마땅할 만큼 중요하다는 확신이다.

양육의 측면에서 봤을 때, 자기 존중은 부모와 그밖의 다른 가족에게 존중받은 경험에서 그 뿌리를 찾을 수 있다. 행동의 측면에서는 자신의 행동이 도덕적 선택에 따른 것이라는 만족감이 자기 존중의 뿌리가 된다. **이는 자신의 정신 활동에 대한 만족감의 어떤 측면을 보여준다.**(실제로 자존감을 쉽고 편하게 진단하는 방법이 있다. 자신이 내린 도덕적 선택에 자부심과 만족감을 느끼는지 자문하는 것이다. 보통 길모퉁이에서 어느 쪽으로 방향을 꺾을지 정하는 것을 도덕적 선택이라 하지는 않는다. 도덕적 선택은 이를테면 진실을 말할지, 다른 사람과 약속한 것을 지킬지 여부에 관한 문제이다.)

우리는, 적어도 일부 영역에서, 자신이 행복해질 권리보다 자신의 능력을 훨씬 더 확신하는 사람을 드물지 않게 볼 수 있다. 이런 경우는 자기 존중이 일부 사라진 상태다. 그들은 큰 성공을 거둘 수 있을지 몰라도 그 성공을 오롯이 만끽할 능력이 없다. 자신의 행복을 지지하고 용인해주는 자기 가치감이 전혀 없는 것은 아니지만, 상처 입고 망가져버린 탓이다.

회사를 비울 때마다 불안해하는 성공한 사업가 중에도 이런 유형을 찾아볼 수 있다. 이들에게 휴가는 즐거움이라기보다 스트레스다. 가족과 함께 즐기며 사랑할 수 있는 능력 역시 제한된다. 자기는 **자격**이 없는 사람이라고 생각하기 때문이다. 그들은 늘 무언가를 증명해 보여야 하고, 자신의 가치를 성과로 입증해야 한다고 느낀다. 그들에게 자존감이 전혀 없는 것은 아니지만 비참할 정도로 부족하다.

왜 자존감의 욕구가 우리에게 그토록 절박한 문제인지 다음 내용을 통해 생각해보자. 성공적으로 살려면 가치를 추구하고 성취해야 한다. 적절하게 행동하려면 그 행동으로 이득을 보는 사람, 곧 자기 자신을 가치 있게 여겨야 한다. 자신이 **행동의 결과로 얻게 될 보상을 받을 만한 가치가 있는지** 곰곰이 생각해야 한다. 그런 확신이 없다면 자기 자신을 돌보는 방법, 정당한 이익을 지키는 방법, 욕구를 만족시키는 방법, 자신이 이룬 성취를 만끽하는 방법을 알지 못할 것이다.(그 결과, 자기 효능감은 손상을 입고 말 것이다.)

최근에 뛰어난 변호사 한 명을 상담했는데, 그 여성은 겸손이 지나쳐서 자기 파괴에 가까울 정도였다. 그녀는 줄곧 자신이 일하는 법률 회사에서 다른 이들이 자신의 성공을 가로채는 것을 묵인해 왔다. 잠시나마 자기 것이던 성공은 곧 상사가 차지했다. 동료들은 그녀의 아이디어 중 태반을 자기들의 공으로 가로챘다. 마음속에서는 분노가 활활 타올랐지만, 모두에게 쾌활한 사람으로 보이고 싶었던 그녀는 그런 일에 신경쓰지 않는다고 억지를 부렸다. 그녀는 사람들에게 사랑받고 싶었고, 겸손이 타인의 애정을 얻는 확실한 방법이라 생각했기에, 자신이 치러야 할 대가는 생각하지 못했다. 그녀가 자신의 생각과 반항심을 행동으로 드러낸 경우는 변호사가 되고 나서, 늘 자신을 과소평가하던 가족들의 회의적인 태도에 맞선 것이 유일했다. 자신은 크게 성공할 수 없을뿐더러, 그렇게 되는 것은 가당치도 않다는 것이 그녀의 생각이었다. 그녀에게는 지식과 기술이 있었지만 자존감은 없었다. 자기 존중의 수준이 낮아서 마치 중력처럼 그녀가 일어서지 못하게 방해하고 끌어당겼다. 심리 치료를 통해 그녀는 자신의 선택을 의식하고 자기 파괴적 행동을 책임지며, 중력 같은 방해를 물리치고 두렵더라도 스스로 똑바로 서는 것이야말로 자기 존중을 북돋는 방법이라는 것을 배웠다.

나의 기본적인 의견은 다음과 같다. 첫째, 자신을 존중하는 사람은, 이를테면 다른 사람들에게 자신에 대한 존중을 요구하는 것 같은 방식으로 자기 존중을 확인하고 강화하는 방향으로 행동한다. 둘째, 자신을 존중하지 않는 사람은 스스로 자기 가치를 낮추는 행동을 한다. 즉, 자신을 부당하게 대하는 타인의 행동을 받아주거나 긍정하면서 자신의 부정적인 성향을 사실로 받아들이고 강화한다. 셋째, 자기 존중의 수준을 높이려면 그것을 높일 수 있는 방향으로 행동해야 한다. 먼저, 자신의 가치에 책임을 다하는 일관된 행동을 보여야 한다.

자신을 괜찮은 사람이라고 여기고 싶은 마음이 곧 자기 존중을 경험하고 싶은 마음이다. 이런 욕구는 아주 일찍부터 나타난다. 유년기부터 우리는 자신에게 행동을 선택할 힘이 있다는 것을 점차 알게 된다. 그리고 자신의 선택에 책임이 따른다는 것도 알게 된다. 이렇게 우리는 자신이 한 인간으로서 존재한다는 느낌을 얻게 된다. 그리고 우리는 자신이 **한 인간으로서** 올바른 사람이며 또 자신의 행동과 태도에서도 올바른 사람이라고 느끼고 싶은 그런 욕구를 경험한다. 요컨대 자신이 **좋은 사람**이라고 느끼고 싶어 하는 것이다.

아이들이 '좋은', '나쁜', '올바른', '잘못된' 같은 단어들을 처음 듣고 그 의미를 배우는 것은 어른들을 통해서지만, 이런 욕구는 선천적으로 타고나는 것이며, 이 욕구가 없으면 생명을 유지할 수 없다. 한 인간으로서 올바르다는 것은 성공과 행복을 누리기에도 적절하다는 뜻이다. 올바르지 않은 인간은 고통으로 죽음의 위기에 처한다. 치료를 받던 한 내담자가 이런 말을 했다. "전 행복해지거나 성공할 자격이 없는 사람 같아요." 이 말은 "전 인간으로서 가치를 느끼지 못해요."라는 말과 다를 바가 없다.

자기 존중은 기본적이고 필연적인 욕구이다. 우리 존재와 인간성에는 다음과 같은 질문이 내재해 있다. '나는 어떤 사람이 되고자 하는가? 어떤 원칙에 따라 살아야 하는가? 어떤 가치를 추구하며 살아야 하는가?' 여기서 '우리 존재에 내재한다'고 말한 까닭은, 옳고 그름에 대한 관심이 그저 사회적 환경에 따른 산물이 아니기 때문이다. 인간의 지적 능력이 발달하는 만큼, 도덕이나 윤리에 대한 관심도 성장 단계 초기에 자연스럽게 싹터서 일반적으로 성인이 되는 과정에 맞추어 발달한다. 자신의 활동을 평가할 때 불가피하게 도덕적 태도가 끼어들어서 은연중에 평가 기준의 일부가 된다.

　가치와 가치 평가라는 영역에서 달아날 수는 없다. 인생에서 본질적으로 필요한 것이기 때문이다. '나에게 좋거나 나쁜 것'은 결국 '내 인생과 행복에 도움이 되는 것과 그렇지 않은 것'으로 해석할 수 있다. **우리는 가치와 가치 평가 영역에서 자유로울 수 없다.** 이 점을 알아야 자존감을 이해할 수 있다. 우리는 자기 행동의 도덕적 의미에 무관심하려고 애쓰거나 무관심한 척 가장할 수는 있지만, 실제로 무관심할 수는 없다. 우리 행동에 대한 가치 평가는 불가항력적으로 우리의 정신에 기입되기 때문에 그 행동은 자기에 대해 긍정적인 느낌을 남기거나 부정적인 느낌을 남기게 된다. 명시적으로든 내밀하게든 자신을 판단하는 데 **어떤** 기준이 되는 가치는, 의식적일 수도 있고 무의식적일 수도 있고, 합리적일 수도 있고 비합리적일 수도 있다. 살아가는 데 도움이 되거나 위협이 되는 가치도 있을 수 있다. 어느 쪽이든 인간은 특정한 기준에 따라 자신을 평가한다. 그 기준을 충족하지 못해 나타나는 현실과 이상의 차이는 자기 존중에 상처를 입힌다. 그리하여 개인의 자아 통합성은 자존감의 도덕적 측면과 밀접한 관계가 있다. 자신의 가능성을 최대한 실현하려 한다면 자신을 믿고 존중해야 한다. 또한 이러한 자기 신뢰와 존중은 환상이나 자기 기만이 아니라 현실을 기반으로 삼아야 한다.

자존감과 자부심은 어떻게 다른가

자존감과 자부심(pride)을 구분하기 위한 이야기를 해보자. 자부심이란, **특정한 만족감**이다.

자신의 기본적 능력과 가치를 경험할 때 느끼는 것이 자존감이라면, **자부심**은 자신의 행동과 성취로 인해 더 분명히 인식하는 만족감이다. 자존감은 해야 할 일이 무엇인지 숙고한 뒤, '할 수 있다'고 말한다. 자부심은 자신이 이룬 성과를 생각한 다음, '해냈다'고 말한다.

진정한 자부심은 허풍이나 자랑, 오만과는 아무 관련이 없다. 이들의 뿌리는 정반대이다. 자부심의 원천은 공허함이 아니라 만족감이다. '보여주기' 위한 것이 아니라 즐기는 것이다.

자부심은 (간혹 종교에서 주장하는 바와 달리) 자신에게 결점과 단점이 없다고 생각하는 망상이 아니다. 자신의 실수나 불완전함을 인정하는 한편, 무언가를 해내거나 우리가 우리 자신을 만들어 나갈 때 자부심을 느낄 수 있다. 우리는 융 심리학에서 '그림자'•라고 부르는 것을 인정하고 받아들일 때에도 자부심을 느낀다. 간단히 말해서 현실을 망각해서는 자부심을 지닐 수 없다.

자부심은 성취에 대한 정서적 보상이다. 극복해야 할 악덕이 아니라 성취해야 할 가치이다.(나는 철학이나 도덕의 맥락에서 감정이나 경험이 아니라 **미덕과 행동 강령**으로서 자부심을 이야기할 때에는 '**도덕적 야**

그림자(shadow) 카를 구스타프 융은 숨기고 싶은 성격의 부정적인 부분의 총합을 '그림자'라 이름 붙이고, 누구에게나 그림자가 존재한다고 주장했다. 그의 주장에 따르면 그림자를 근본적으로 제거하는 것은 불가능하며, 그렇게 해서도 안 된다. 최선의 방법은 그림자와 화해하는 것이다. (옮긴이)

망'이라는 다른 정의를 내세운다. 이것은 한 사람이 자신의 인격과 자신의 삶에서 최고의 가능성을 실현하기 위한 헌신을 뜻한다.)

그렇다면 자부심은 성취를 달성하면 언제나 느낄 수 있는 것일까? 다음 사례에서 볼 수 있듯이 늘 그렇지는 않다.

한번은 중소기업 사장과 상담하게 되었는데, 그는 사업상 큰 성공을 이루었지만 자신이 우울하고 불행한 까닭을 모르겠다고 했다. 그는 어릴 때부터 항상 과학자가 되고 싶었지만, 부모의 반대로 꿈을 포기하고 등 떠밀리듯 사업가가 되었다고 털어놓았다. 하지만 사업으로 성공하면서 느낄 수 있는 자부심은 그저 빛 좋은 개살구에 불과했다. 그의 자존감은 이미 상처 입은 뒤였다. 그리고 그 이유를 알기란 쉬운 일이었다. 그의 인생에서 가장 큰 문제는 누군가에게 '사랑받고' 그 관계에 '속하고' 싶은 마음 때문에 다른 이의 바람에 따라 자신의 마음과 가치를 양보하고 만 것이었다. 그러한 굴복이 유년기의 자존감에 상처가 된 것은 분명했다. 그는 좋은 성과를 내고 있었지만, 한편으로는 내면 깊은 곳의 욕구를 외면했기 때문에 우울증에 빠졌다. 틀에 갇혀 사는 내내, 자부심이나 만족감은 손에 닿지 않는 먼 곳에 있었다. 자발적으로 삶의 틀을 변화시키고 그렇게 하는 과정에서 변화에 대한 두려움에 맞서지 않고서는 문제를 해결할 수 없었다.

이 점은 반드시 짚고 넘어가야 하는 중요한 사실이다. 사람들은 가끔 내게 이런 이야기를 한다. "전 많은 것을 이뤘어요. 그런데도 왜 저 자신이 자랑스럽지 않을까요?" 성취를 즐기지 못하는 데에는 다양한 이유가 있겠지만, 다음과 같은 질문은 해볼 만하다. "그 목표는 누가 **선택**했습니까? 당신입니까, 아니면 당신 안에 있는 '중요한 다른 사람'입니까?" 자부심이나 자존감은, 진정한 자기 자신을 드러내지 못하는 간접적인 가치를 추구하는 것으로는 존재할 수 없다.

하지만 자신의 정신과 판단과 가치에 따라 사는 삶만큼 용감한 것이 어디 있겠는가? 그보다 도전적이고 때로는 두렵기까지 한 일이 있는가? 자존감이야말로 자기 안의 영웅을 일깨우는 것 아니겠는가? 이런 질문들이 우리를 곧바로 자존감의 여섯 기둥으로 이끈다.

3장

자존감이 높은 사람들

:

자존감은 어떤 모습으로 나타날까?

자존감은 자신과 타인을 대할 때 매우 단순하고도 직접적인 방식으로 드러난다. 다음에 언급하는 특징들이 따로따로 있지 않고 함께 있을 때 자존감은 나타난다.

자존감은 살아 있다는 사실에서 느끼는 기쁨이 담긴 얼굴과 태도, 말하고 움직이는 방식에서 드러난다.

자존감은 칭찬을 주고받을 때, 애정이나 고마움 같은 감정을 표현할 때 드러난다.

자존감은 비판을 받아들이는 열린 태도나 자신의 실수를 편안하게 인정하는 마음에서 드러난다. 자존감은 '완벽한 존재'의 이미지와는 무관하기 때문이다.

자존감은 여유롭고 자발적인 말과 행동에서 드러난다. 그것은 자기 자신과 조화를 이루고 있다는 증거이다. 자존감은 언행과 겉모습, 목소리, 몸짓 사이의 조화에서 드러난다.

자존감은 새로운 생각과 경험, 삶의 가능성에 편견 없이 호기심을 보이는 태도에서 드러난다.

자존감은 불안감이나 불확실함 같은 부정적 감정들을 마주했을 때 그 실상이 드러난다. 자존감이 높으면 부정적 감정을 받아들이고 다루고 극복하는 일이 해결 불가능하게 어려운 일로 느껴지지 않으므로 부정적 감정에 겁을 먹거나 압도당할 가능성이 적다.

자존감은 자신과 타인의 삶에서 유머러스한 측면을 즐길 수 있는 능력에서 드러난다.

자존감은 자신에게 닥친 상황과 도전에 유연하게 대처하는 능력에서 나타난다. 자존감이 높은 사람은 자신의 정신을 신뢰할 뿐만 아니라, 삶을 운명적이라거나 절망적인 것으로 여기지 않는다.

자존감은 자신과 타인의 (공격적이지 않은) 자기 주장을 편안한 마음으로 받아들이는 능력에서 드러난다.

자존감은 스트레스를 받은 상황에서도 균형을 잃지 않는 능력에서 나타난다.

온전히 신체적 관점에서 보자면, 자존감이 높은 사람들에게선 다음과 같은 특징들을 확인할 수 있다. 눈빛이 밝고 또렷하며 생기가 있다. 얼굴이 편안해 보이고, (병에 걸린 상태가 아니라면) 피부색이 자연스럽다. 턱의 모양 역시 자연스럽고 몸과 조화를 이룬다. 아래턱은 긴장되어 있지 않고 편안하다. 어깨는 편안해 보이면서도 곧게

펴 있고, 손놀림은 여유롭고 우아하다. 억지로 힘을 주지 않은 팔은 자연스럽게 움직인다. 자세는 경직되어 있지 않으면서도 바르고 균형 잡힌 상태이며, 발걸음은 (공격적이거나 거만하지 않으면서) 당당하다. 목소리를 낼 때는 상황에 알맞게 강도가 조절되고 발음이 또렷하다.

반복해서 들리는 휴식의 경고를 알아차려야 한다. 휴식이란 자기 자신에게서 달아나는 것이거나 자신을 상대로 싸우는 것이 아니다. 만성적 긴장은 내적 분열, 자기 회피나 자기 거부의 한 형태이며, 존재를 부정당하거나 지나치게 구속받는 자신이 보내는 메시지이다.

높은 자존감의 특징

앞에서 나는 건강한 자존감은 합리성, 현실주의, 직관, 창의성, 독립성, 유연성, 변화에 대처하는 능력, 실수를 기꺼이 인정(하고 개선)하는 태도, 너그러움, 협동심과 상당한 관련이 있다고 말했다. 자존감이 실제로 무엇을 의미하는지 이해한다면, 이러한 상관 관계의 논리가 상당히 분명해질 것이다.

합리성

합리성은 의식의 통합적 기능을 발휘하는 것이다. 즉 개별 사실에서 원리를 이끌어내고(귀납법), 개별 사실에 원리를 적용하며(연역법), 기존 지식의 맥락에 새로운 지식과 정보를 연결하는 의식의 기능을 가리킨다. 합리성은 의미를 추구하고 관계를 이해하고자 한다.

합리성은 '무모순의 법칙(law of noncontradiction)'을 따르는데, 이 법칙은 두 모순되는 진술(예를 들어, 'A는 B이다'와 'A는 B가 아니다') 이 동시에 모두 참일 수는 없다는 것이다. 이 법칙의 바탕은 사실 존중이다.

흔히 저지르는 실수인데, 강제된 원칙이나 특정한 시대나 장소에서 특정 집단의 사람들이 '이성적'이라고 선언하는 것을 무분별하게 따라 좇는 것과 합리성을 혼동해서는 안 된다. 오히려 합리성은 일부 집단이 '이성적'이라고 주장하는 것들에 도전해야 하는 경우가 적지 않다.('이성적임'이라는 특정한 관념은 폐기 처분되었는데, 이때 사라진 것은 그 관념이지 이성 자체는 아니다.) 우리가 이성(합리성)을 찾는 까닭은 모순되지 않게 경험을 통합하기 위해서이다. 이는 경험에 대한 개방성과 가능성을 의미한다. 합리성은 관습이나 합의를 따르지 않는다.

합리성이라는 기묘한 개념은 빈약한 상상력, 편협한 분석, 계산적 사고와는 거리가 멀다. 톰 피터스(Tom Peters)와 로버트 워터먼(Robert Waterman)이 《초우량 기업의 조건》에서 기술하고 비판했듯이, 합리성은 명백하게 통합적으로 작용하는 의식이다. 그런 관점에서 생각해볼 때, 합리성과 의식적인 삶의 실천이 서로 연관되어 있다는 사실을 알 수 있다.

현실주의

문자 그대로 현실을 존중한다는 뜻이다. 즉 존재하는 것은 존재하는 것으로, 존재하지 않는 것은 존재하지 않는 것으로 인식한다는 뜻이다. 현실과 비현실의 차이를 진지하게 생각하지 않는다면, 살면서 부딪치는 도전에 대처할 수 없다. 그 차이를 염두에 두지 않는다면 정상적인 생활을 하지 못한다. 자존감이 높은 사람은 본질적으로 현실 지향적이다.(효율적인 자기 훈련과 자기 관리를 병행할 때 현실 지향성이 높아진다. 심리학 용어로는 이를 '자아 강도ego strength'라고 한다.)

실험 결과, 자존감이 낮은 사람은 자신의 능력을 과소평가하거나 과대평가하는 경향이 있다. 반면에 자존감이 높은 사람은 자신의 능력을 현실적으로 평가한다.

직관

특히 복잡한 결정을 내려야 하는 경우를 생각해보자. 그런 상황에서는 의식이 처리할 수 있는 것보다 훨씬 많은 변수를 구분하고 통합해야 한다. 통합 과정은 매우 신속하고 복합적으로 이루어지며, 이는 자각적인 의식 밑에서 '직관'이라는 방식으로 나타난다. 정신은 정보를 탐색한 다음, 그 근거를 옹호하거나 기각한다. 높은 의식 수준에서 살아가는, 경험 많은 사람이라면 때때로 자신이 잠재의식적 통합에 의존하고 있음을 알게 된다. 과거의 경험을 통해, 그렇게 하는 편이 성공할 확률을 높인다는 사실을 알기 때문이다. 그러나 성공의 패턴이 달라졌다거나 자신이 실수했다는 것을 알아차리게 되면, 더 분명하고 의식적인 합리성을 지향한다. 일반적 사고로는 시간이 더 오래 걸리겠지만, 직관을 이용한다면 뜻밖의 도약이 가능할 수도 있으므로 사고 과정에서는 기본적으로 직관을 활용한다. 기업 경영진 중에는 자신이 이룬 성취의 상당 부분이 직관 덕분이라고 생각하는 사람이 많다. 자신을 믿는 사람은 상대적으로 직관에 더 의존한다.(그리고 적절한 현실 검증을 통해 직관을 더 효과적으로 다룬다.) 사업과 운동, 과학, 예술처럼 복잡한 활동을 할 때에도 대체로 마찬가지이다. **직관은 내면에서 보내는 신호에 민감하게 반응하고 이를 적절히 처리하기 때문에 자존감과 중요한 관련성이 있다.** 20세기 초, 스위스의 심리학자 카를 융(Carl Gustav Jung)은 창의성을 기르려면 내면의 신호에 귀를 기울여야 한다고 강조했다. 미국의 심리학자 칼 로저스는 직관을 자기 수용, 진실성, 심리적 건강과 연결하기도 했다.

창의성

창의적인 사람은 다른 사람들보다 내면의 신호에 좀 더 귀를 기울이고 신뢰한다. 그들은 적어도 창의성에서만큼은 타인의 신념 체계에 지배되지 않는다. 그러므로 자기 만족도가 더 높다. 그들은 타인에게 교훈과 영감을 얻기도 하지만, 동시에 자신의 고유한 생각과 통찰력을 존중한다. 연구에 따르면 창의적인 사람이 흥미로운 아이디어를 기록해 두는 경우가 훨씬 많다. 그들은 그 아이디어를 키워나가고 발전시키는 일에 시간을 쏟으며 열정적으로 탐구한다. **창의적인 사람은 정신의 산물을 소중히 여긴다.**

자존감이 낮은 사람은 자기 정신의 산물을 깎아내리는 경향이 있다. 이들의 아이디어가 쓸모없다는 말을 하려는 것이 아니다. 그들은 자기 아이디어가 값지거나 잠재적으로 중요하다고 생각하지 않는다. 아예 오랫동안 기억 저편에 묻어 두는 일도 흔하다. **마지막까**

지 자기 아이디어에 집중하는 경우도 드물다. 실제로 그들의 태도는 이런 식이다. "내가 생각해낸 아이디어가 괜찮을 리 있겠어?"

독립성

스스로 생각하는 습관은 건강한 자존감의 필연적인 결과이다. 즉 독립성은 건강한 자존감의 원인인 동시에 결과이다. 자기 존재를 온전히 책임지는 습관은 자신의 목표를 이루고 행복으로 향하는 길이다.

유연성

유연성은 부적절하게 과거에 집착하지 않고 변화에 대처하는 능력이다. 새롭게 변화된 상황에 맞닥뜨렸을 때 과거에 얽매이게 되는 이유는 자기 신뢰가 부족하고 불안정하기 때문이다. 두려움에 휩싸인 동물은 경직된 채 그대로 얼어붙어버린다. 우월한 경쟁자를 만난 기업 역시 경직되어버린다. 그들은 "경쟁사에서 배울 수 있는 점은 무엇인가?" 따위의 질문은 하지 않는다. 더는 쓸모가 없다는 증거가 있는데도 그들은 맹목적으로 자신들이 늘 해오던 대로 과거의 방식에 집착한다.(1970년대 일본의 도전에 너무도 많은 미국 기업의 경영자들과 직원들이 이런 식으로 대처했다.)

대개 경직된 태도는 자신이 새롭거나 익숙하지 않은 것을 극복하거나 다룰 수 있으리라고 믿지 못하는 정신의 반응이다. 아니면 그저 현실에 안주하거나 자포자기해버리는 사람도 있다. 이와 달리 유연성은 자존감의 당연한 결과이다. 자신을 신뢰하는 정신은 발걸음이 가볍다. 자신을 믿는 사람은 **눈에 보이는 것을 열린 태도로 받아들이므로** 현 상황과 무관한 성취에 얽매이지 않고 새로운 것에 빠르게 반응할 수 있다.

변화에 대처하는 능력

자존감이 높은 사람은 변화를 두려워하지 않는다. 그 이유는 앞서 충분히 설명했다. 자기 불신은 자존감을 해치는 요인이 된다. 자존감이 높을수록 변화에 대응하는 속도가 빨라지지만, 자기 불신은 반응 속도를 늦춘다.(이러한 이유 하나만으로도 미국만큼이나 급박하게 돌아가는 세계 경제에서 기업 문화는 물론이거니와 직무 훈련 프로그램에 자존감의 원리를 포함하는 방법을 심사숙고해야 한다. 그리고 학교 역시 이 원리를 적용해 학생들이 앞으로 맞닥뜨릴 세상에 대비할 수 있게끔 해야 한다.) 그러므로 변화에 대처하는 능력은 앞서 언급한 현실 지향성, 자아 강도와 관계가 있다.

실수를 기꺼이 인정(하고 개선)하는 태도

자존감이 건강한 사람은 매우 현실 지향적이다. 믿음보다 사실을 우선시하고, 자기가 옳다고 생각하는 것보다 진실에 더 높은 가치를 둔다. 자기 방어적 무의식보다 의식을 더 바람직하게 여긴다. 자기 신뢰와 현실 존중이 서로 연결되어 있다면, 실수하지 않은 것처럼 굴기보다 그것을 바로잡는 데 더 힘을 쏟아야 한다.

건강한 자존감을 지닌 사람은 "제 잘못입니다."라고 말하는 것을 창피하게 여기지 않는다. 부인과 방어는 불안, 죄책감, 부족함, 수치심을 느낄 때 나타나는 특징들이다. 단순히 실수를 인정하는 것을 수치스럽게 생각하거나 심하게 자책하는 사람이라면, 그의 자존감은 틀림없이 낮을 것이다.

너그러움과 협동심

아동 발달 연구자들은 존중받고 자란 아이는 그 존중을 내면화하여 타인을 존중한다는 사실을 알아냈다. 반대로 학대받고 자란 아이는 내면화된 자기 비하 때문에 두려움과 분노를 품고 타인을 대한다. 내면에 집중하고, 자기 안에서 안정을 느끼고, 자신이 원하는 대로 긍정하거나 부정할 수 있는 권리를 지녔다고 확신하는 사람이 너그러운 것은 당연한 결과이다. 이들은 타인을 두려워할 필요도 없고, 적대감이라는 요새 안에 숨어서 자신을 지킬 필요도 없다. 자신이 존재할 권리가 있고 자기 자신과 결속되어 있다고 확신한다면, 다른 사람의 확신과 자신감을 위협으로 느끼지 않는다면, 공동의 목표를 이루기 위해 자발적으로 협동하게 될 것이다. 그런 반응은 곧 자신의 이익은 물론이고 다양한 욕구를 충족하는 것이며, 두려움과 자기 불신에 방해를 받지 않는다.

너그러움과 협동심 못지않게 공감과 연민 역시 자존감이 높은 사람에게서 좀 더 자주 발견된다. 타인과의 관계는 자기 자신과의 관계를 반영하는 거울이다. 부두 노동자이자 철학자였던 에릭 호퍼(Eric Hoffer)는 이웃을 자기 자신처럼 사랑하라는 말을 인용하며, 문제는 다른 것이 아니고 사람들이 행하는 바로 그것이라고 말한다. 자기 자신을 증오하는 사람은 다른 사람도 증오한다는 것이다. 문자 그대로, 또는 비유적 표현으로 세계적인 살인마라고 할 만한 사람들은 내면의 자기에게 친밀감이나 애정을 느끼지 않았다고 알려져 있다.

4장

자존감이 낮은 사람들

·
·
·

자존감이 낮을 때 우리는 두려움에 쉽게 지배당한다. 이때 느끼는 두려움은 이를테면 자신이 감당하지 못할 현실에 대한 두려움이다. 스스로 부인하거나 거부하거나 억누른 자신(또는 타인)에 대한 두려움이다. 자신의 가면이 벗겨져 본모습이 드러날 것에 대한 두려움이다. 실패했을 때 쏟아질 비웃음이나 반드시 이뤄야 하는 성공의 책임에 대한 두려움이다. 우리는 즐거움을 누리기보다는 고통을 피하기 위해 애쓰며 살아간다.

우리가 대처해야 할 현실의 중대한 국면이 도저히 이해할 수 없는 것으로 느껴지거나, 삶의 핵심 문제 앞에서 어찌할 수 없는 무력감을 느낄 때가 있다. 자신이 쓸모없는 인간이라는 사실이 드러날까 두려워 생각의 끈을 계속 이어갈 수 없거나, **어떠한 의미에서든 현실이 자신의 자존감에 장애물이 된다고 느끼는** 순간도 있다. 이러한 두려움을 느끼면 효율적으로 생각할 수 없게 되기에 애초의 문제는 악화되고 만다.

"내가 뭔데 알 수 있겠어? 내가 뭔데 판단할 수 있겠어? 내가 뭔데 결정할 수 있겠어?" 하는 태도나 "지나치게 의식적인 건 **위험한 거야.**" 아니면 "생각하거나 알려고 해봐야 **아무 소용 없어.**" 하는 태도로 삶의 기본적인 도전과 대면한다면 시작부터 벌써 지고 들어가는 것이다. 정신은 할 수 있다거나 해볼 만하다고 느껴지지 않는 것을 위해서는 분투하지 않는다.

자존감의 수준이 생각을 **결정짓는 것**은 아니다. 둘의 선후 관계는 그렇게 간단하지 않다. 자존감은 **감정적 동기**에 영향을 끼친다. 감정은 생각을 북돋우거나 방해하기도 하고, 사실과 진실과 현실로 우리를 이끌거나 아니면 그것들로부터 우리를 떼어놓기도 한다. 또 감정은 우리가 효능을 느끼도록 이끌기도 하고 효능감으로부터 우리를 멀리 떼어놓기도 한다.

자존감을 쌓는 초기 단계에는 어려움이 있을 수 있다. 감정적 저항에도 불구하고 의식 수준을 향상시켜야 하는 도전이 우리에게 주어진다. 맹목적으로 달려들 때 가장 큰 이익을 낼 수 있다는 믿음을 버려야 한다. 흔히 우리의 무의식만이 삶을 견디게 한다는 생각도 자존감을 쌓는 것을 어렵게 한다. 이러한 생각에 의심을 품을 때 자존감을 키울 수 있다.

우리는 부정적 자기 이미지의 포로가 될 위험이 있다. 부정적 자기 이미지가 행동을 좌우하도록 놔두기도 한다. 스스로 자신을 평범하고 나약하며, 겁이 많고 무능한 사람이라고 규정하면 그러한 자기 평가가 고스란히 자신의 행동에 나타난다.

사람들은 대부분 적어도 어떤 상황에서는 부정적 자기 이미지를 따르지 않고 저항할 수 있다. 그런데도 끊임없이 훼방을 놓는 부정적 자기 이미지에 굴복해 자신이 처한 상황을 체념하고 받아들이는 이들이 있다. 그러고는 심리적 결정론에 항복하여 스스로 자신이 무력하다고 말한다. 그렇게 하면 위험을 무릅쓸 것도 없고, 수동성에서 깨어날 필요도 없어진다.

낮은 자존감은 생각을 가로막을 뿐 아니라 왜곡한다. 만일 우리가 자기 자신을 저평가하는 상태에서 자기 행동의 동기를 밝히려고 시도한다면, 불안하게 그리고 방어적으로 반응하게 되며 분명한 사실을 보지 못하게 자신의 생각을 왜곡하게 된다. 또는 죄책감과 전반적인 무가치함의 느낌 때문에 자신의 행동에 대한 가장 논리적인 설명에 이끌리는 것이 아니라, 도덕적으로 최악의 상태로 자신을 몰아넣는 가장 치명적인 길로 들어선다. 오직 자책만이 합당하게 느껴진다. 자존감이 낮은 사람은 타인으로부터 부당한 비난을 받았을 때, 무장 해제라도 당한 듯 반박조차 하지 못한다. 그러한 비난을 사실인 양 받아들이고 '내가 뭘 결정할 수 있겠어?'라는 괴로운 생각에 마비되어 녹초가 되어버리기도 한다.

낮은 자존감의 기반과 동력은 자신감이 아니라 두려움이다. 자존감이 낮은 사람들은 살아가는 것이 아니라 삶의 공포에서 탈출하는 것이 기본 목표이다. 이들을 지배하는 욕구는 창의성이 아니라 안전성이다. 그들이 타인에게서 찾는 것은, 진정한 소통을 경험할 기회가 아니라 도덕적 가치로부터 달아날 수 있다는 기대와 자신을 용서

하고 받아들이고 보살펴주겠다는 약속이다.

자존감이 낮은 사람이 알지 못하는 것, 익숙하지 않은 것을 두려워한다면, 자존감이 높은 사람은 새로운 미개척지를 찾는다. 자존감이 낮은 사람은 도전을 피하지만, 자존감이 높은 사람은 도전을 열망하고 요구한다. 자존감이 낮은 사람은 용서받을 기회를 찾지만, 자존감이 높은 사람은 존경받을 기회를 찾는다.

이렇듯 상반되는 동기 부여의 원리를 살펴보면 건강한 정신과 영혼에 이르는 길을 알 수 있다. 동기 부여의 기본 원리가 자신감(자기 자신과 삶에 대한 사랑)이라면, 그 정도에 따라 자존감을 예측할 수 있고, 동기 부여의 기본 원리가 두려움이라면 자존감의 결핍 정도를 측정할 수 있다.

가짜 자존감

우리는 간혹 세속적 성공을 거두어 많은 이의 칭송을 받는 사람이나 대중 앞에서 확신에 찬 듯이 행동하는 사람이 마음 깊은 곳에서는 불만스럽고 불안해하거나 우울해하는 것을 본다. 그들은 겉으로는 자기 효능감과 자기 존중을 꾸며내고 자존감의 페르소나를 지어낼 수도 있지만, 정작 그들의 자존감은 실체가 없다. 이런 사람들을 어떻게 이해해야 할까?

진정한 자존감을 쌓지 못하면 결국 불안과 불안정, 자기 불신이 나타난다는 점은 이미 이야기했다. 그런 사람들은 실제로도 **자신의 존재가 부적절하다고** 생각한다.(물론 이런 식의 용어를 동원해 가며 생각

하는 사람은 없다. 그보다는 '나에겐 뭔가 문제가 있어.'라거나 '난 뭔가 중
요한 것이 부족해.'라고 생각한다.) 이런 상태는 고통스럽기 마련이다.
그래서 우리는 종종 그 고통을 피하려고 두려움을 부인하고, 자신의
행동을 합리화하고, 자기에게 존재하지도 않는 자존감의 허울을 만
들어낸다. 그렇게 **가짜 자존감**(pseudo self-esteem)이라는 것을 키워
나간다.

가짜 자존감은 실체가 없는 자기 효능감과 자기 존중의 환영이
다. 그 덕분에 불안이 덜해지면서 그럴듯한 안정감을 얻게 된다. 이
런 식의 비합리적인 자기 보호 장치는 진정한 자존감에 대한 욕구를
누그러뜨린다. 그 결과 자존감이 부족한 진짜 이유는 끝끝내 밝혀내
지 못한다.

가짜 자존감은 진정한 자기 효능감과 자기 존중과는 관련 없는
가치를 토대로 삼는다. 예를 들어보자. 커다란 저택은 분명 그에 마
땅한 가치를 나타낸다. 하지만 그런 가치는 집주인의 효능감이나 미
덕을 평가할 적절한 척도나 근거가 되지는 않는다. 한편, 범죄 조직
에 발을 들이는 것은 합리적으로 가치 있는 일이 아니며 (안정감, 또
는 '집'이나 '소속감'을 얻었다는 생각 때문에 일시적으로 환상을 품을 수는
있어도) 진정한 자존감을 강화하지 않는다.

효과도 없고 가능하지도 않은 수단으로 자존감을 추구하려는 경
우도 많다. 다시 말해 의식, 책임감, 자아 통합으로 자존감을 쌓으려
하기보다 인기, 재산, 성적 편력에서 자존감을 구한다. 자신의 진실
성을 값지게 여기기보다 영향력 있는 동호회, 교회, 정당에 속하는
것을 중요하게 생각한다. 적절하게 자기 주장을 내세우기보다 특정

집단의 주장을 무비판적으로 수용한다. 정직함을 통해 자기 존중을 찾기보다 자선 활동에서 자기 존중의 근거를 찾으려 든다. 자신은 분명히 선한 사람이며 '선행'을 하고 있다고 생각하는 것이다. 자신의 효능을 느끼게 해줄 힘(진정한 가치를 획득하는 능력)을 얻으려 애쓰기보다 다른 사람을 지배하거나 통제하는 '힘'을 추구한다. 이런 식의 자기 기만은 거의 끝없이 계속될 수 있다. 위조지폐로는 자신이 진정 원하는 것을 살 수 없음을 깨닫지 못한 채, 자기 자신을 잃을 때까지 계속해서 가망 없는 일을 반복하는 것이다.

자존감은 개인의 내밀한 경험이며, 존재의 중심에 자리 잡고 있다. 자존감은 자기 자신에 대해 타인이 아니라 **자신**이 생각하고 느끼는 것이다. 이 단순한 사실은 아무리 강조해도 모자람이 없다. 가족이나 동료, 친구들에게는 사랑받지만 정작 자기 자신에게는 사랑받지 못할 수 있다. 동료들에게는 존중받지만 스스로는 무가치하다고 생각할 수 있다. 자신감과 안정의 이미지를 만들어서 거의 모든 사람을 속이더라도 여전히 그의 내면은 스스로 부족한 존재라는 느낌에 남몰래 떨고 있다. 타인의 기대는 충족시키더라도 자신을 충족시키는 데는 실패할 수 있다. 온갖 영예를 누리지만 아무런 성취감을 느끼지 못하는 것이다. 많은 이의 사랑을 받지만 매일 아침 잠에서 깨어 눈을 뜰 때마다 자신이 세상을 기만하고 있다는 역겨움과 몸서리 쳐지는 공허를 마주한다. 긍정적 자존감 없이 얻은 '성공'은 사기꾼이 걱정스럽게 정체가 탄로날까 기다리는 것 같은 불안을 선고한다.

다른 사람에게 칭찬을 받는다고 해서 자존감이 생기는 것은 아니다. 학식이나 재산, 결혼, 부모가 됨, 자선 활동, 성적 정복이나 성형 수술 역시 자존감을 키울 수 없다. 물론 이런 것들 때문에 일시적으로 자기 자신에 대해 더 좋게 느끼거나, 경우에 따라 안도감을 느낄 수도 있다. 하지만 안도감이 곧 자존감은 아니다.

자신의 내면이 아닌 엉뚱한 곳에서 자존감을 찾다가 실패로 끝나는 경우가 많다. 이것은 많은 이들이 겪는 삶의 비극이다. 이 책을 읽으면서 독자들은 긍정적 자존감이 정신적 성과라는 사실을 이해할 것이다. 같은 맥락에서 생각할 때, 타인에게 긍정적 인상을 심어줘야 자존감이 높아진다는 생각은 어리석기 짝이 없다. 자신에게 이렇게 말하는 것을 멈추어야 한다. "더 높은 자리에 오를 수만 있다면, 아내와 어머니가 될 수만 있다면, 훌륭한 부양자로 보일 수만 있다면, 더 큰 차를 살 형편만 된다면, 책을 한 권 더 쓸 수 있다면, 회사 하나를 더 소유할 수 있다면, 애인이 더 있다면, 상을 하나 더 탄다면, 나의 '헌신'이 더 많은 인정을 받는다면, 그러면 **정말** 나 자신에 대해 마음이 편해질 텐데."

자존감이 스스로 자신이 삶을 누릴 자격이 있는지 판단하는 것이고 자신의 능력과 가치를 경험하는 것이라면, 의식의 자기 긍정이자 정신의 자기 신뢰라면, 자신 외에는 어느 누구도 자존감을 키우거나 유지할 수 없다.

자존감을 가르치는 사람 중에는 별 생각 없이 잘못된 생각에 휘둘리는 이도 있다. 안타까운 일이다. 한번은 일반 대중과 기업인을 대상으로 진행하는 자존감 강연을 들은 적이 있었다. 강연자는 자신을 높이 평가해주는 사람들에게 둘러싸여 사는 것이 자존감을 키울 수 있는 가장 좋은 방법이라고 말했다. 그 말을 듣는 순간 나는, 주변의 칭찬과 아첨에 둘러싸여 있으면서도 정작 자존감은 낮아 악몽 같은 나날을 보낸 사람들이 떠올랐다. 이를테면 자신이 어떻게 지금 그 자리에 이르렀는지도 모른 채 약물에 의지하지 않고는 하루도 버티지 못하는 록가수들이 그런 경우에 해당한다. **누구라도** 자신을 인정해주면 다행이라고 느낄 만큼 자존감이 낮은 사람에게 자존감을 높이려면 숭배자들로 이루어진 무리를 찾으라고 말하는 것은 쓸데없는 일이다.

자존감의 근원은 내면에 있으며, 타인이 아닌 자신의 행동에 달려 있다. 우리가 외부, 즉 타인의 행동과 반응에서 자존감을 찾는다면 비극적인 결과를 초래할 것이다.

물론 자존감의 적이 아니라 벗이 될 만한 관계, 해가 되기보다는 발전에 도움이 되는 관계를 추구하는 것이 현명하다는 점은 부인할 수 없다. 그렇지만 타인이 자기 평가의 주된 원천이라는 생각은 위험하다. 첫째, 타인의 평가는 자존감에 도움이 안 된다. 둘째, 계속 타인의 평가에 의존하다 보면 타인에게 인정받는 것에 중독될 위험이 있다.

그렇다고 해서 심리적으로 건강한 사람은 타인의 반응에 전혀 영향을 받지 않는다는 말이 아니다. 나중에 이야기하겠지만, 우리는 사회적 존재이므로 타인의 평가는 당연히 자기 인식에 영향을 끼친다. 그렇더라도 타인의 의견이 자존감에 끼치는 영향은 개인차가 크다. 타인의 의견을 가장 중요한 요소로 생각하는 사람도 있고, 상대적으로 훨씬 덜 중요하게 여기는 사람도 있다. 다시 말해, 자율성 정도에 따라 타인의 영향은 큰 차이가 난다.

오랫동안 나는, 불행하게도 남들의 의견에 사로잡힌 이들과 함께 일을 해 왔다. 그 결과, 의식의 수준을 높여 자신의 경험에 적용하는 것이야말로 가장 효과적인 자기 해방의 수단이라는 것을 수긍하게 되었다. 내면의 목소리를 키울수록 외부에서 끼어드는 신호는 적절한 크기로 줄어든다. 나는 《자기 존중》을 집필하면서 나의 몸과 감정, 생각에 귀 기울일 수 있게 되었다. 이어지는 내용에서는 그 방법을 살펴보겠다.

독립심, 용기, 대담함과 자존감

타인의 반응과 인정에 지나치게 얽매이지 않으려면, 내면을 지탱하는 체계를 탄탄하게 다져야 한다. 그리고 자신감의 근원을 내면에 두어야 한다. 내가 아는 한, 성숙한 인간이라면 반드시 이런 상태에 이르러야 한다.

혁신가들과 창조자들은 힘을 주는 반응이 없는 사회 환경에서도 보통 사람보다 고독한 상태를 잘 받아들인다. 이들은 인간 공동체의 본토에서 멀찌감치 떨어져 있을 때조차 왕성하게 꿈을 좇는다. 미개척지라도 두려워하지 않는다. 오히려 주변 사람들을 경탄하게 만든다. 위대한 예술가와 과학자, 발명가, 기업가들이 지닌 힘의 비밀은 다른 사람들이 보지 못하는 가능성을 보고 그것을 실현하는 기업가 정신(예술이나 과학 분야에서도 사업 못지않게 중요하다)이다. 꿈을 이루려면 많은 사람과 힘을 합쳐 공동의 목표를 향해 노력해야 한다. 그렇기 때문에 혁신가는 서로 다른 집단 사이에 솜씨 좋게 다리를 놓아야 한다. 하지만 이 이야기는 책에서 말하려는 요점과는 무관하다.

우리가 '천재'라고 부르는 이들은 독립심과 용기, 대담함—즉 **배짱**으로 큰 일을 할 수 있는 사람들이다. 우리가 천재에 감탄하는 것도 이 때문이다. 문자적 의미에서 '배짱'을 가르칠 수는 없지만, 그것을 습득하는 과정에 도움을 줄 수는 있다. 행복, 평안, 진보가 우리의 목표일 때 배짱은 우리가 자녀 양육에서, 학교에서, 조직에서, 그리고 **가장 먼저 우리 자신 안에서** 분투해야만 얻을 수 있는 특성이다.

자존감의 여섯 기둥

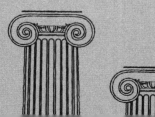

5장

자존감 키우기

:

여기서 우리는 환경이 아니라 개인으로부터, 다른 사람들의 선택이 아니라 자신의 선택으로부터 이야기를 시작하려 한다.

여기에는 설명이 필요하다. 어쩌면 서서히 형성되는 아이의 자아에 가정 환경이 어떻게 긍정적이거나 부정적인 영향을 끼치는지부터 살펴보는 것이 더 논리적으로 보일지 모른다. 생물학적 요인들을 제쳐 두면, 분명 이 지점에서 이야기를 시작해야 할 것처럼 보인다. 하지만 이것은 우리의 목적에 맞지 않는다.

이런 질문에서부터 시작해보자. 한 사람이 자존감을 쌓고 유지하려면 무엇을 **해야** 하는가? 어떤 **행동** 양식을 취해야 하는가? 성인으로서 우리가 져야 할 책임은 무엇인가?

이 질문들에 답을 찾을 때 비로소 다음 질문들에 답할 기준을 갖게 된다. 자존감을 누리려면 어릴 때 무엇을 **배워야** 하는가? 유년기 발달의 바람직한 방향은 무엇인가? 부모와 교사가 아이들의 자존감을 일깨우고 자극하고 지지하려면 어떤 실천을 해야 하는가?

유년기의 경험이나 유년기가 남긴 영향 가운데 바람직한 것과 그렇지 않은 것을 평가하려면, 자존감을 지탱하기 위해 반드시 숙달해야 하는 실천이 무엇인지 그리고 심리적으로 건강한 성인은 어떤 사람인지를 먼저 알아야 한다.

예컨대, 우리는 인간으로서 생존하고 적응하는 데 우리의 정신이 기본 도구라는 것을 안다. 아이의 삶은 완전한 의존 상태에서 시작되지만, 성인의 삶과 행복은 아주 단순한 필수품에서부터 복잡한 가치를 획득하는 데 이르기까지 생각하는 능력에 의지한다. 따라서 우리는 어린 시절에 생각, 자기 신뢰, 자율성을 키워주고 격려해주는 경험을 하는 것이 중요하다는 것을 알 수 있다. 현실을 부정하고 의식을 억누르는 가정은 자존감에 엄청난 피해를 주는 장애물이다. 이런 가정에서 자란 아이는 생각하는 일이 쓸데없을 뿐만 아니라 위험할 수도 있다는 악몽에 시달린다.

자존감의 근원에 다가가는 과정에서 **실천**, 즉 (정신적 혹은 신체적) **행동**에 주목해야 하는 이유는 무엇인가? 삶과 관련된 모든 가치는 그것을 성취하고 강화하고 누리는 행동을 요구하기 때문이다. 작가이자 철학자인 에인 랜드(Ayn Rand)는 삶이란 자발적이고 자립적인 행동의 연속이라고 정의했다. 우리 몸의 각 기관과 기관계는 끊임없이 움직임으로써 생명을 유지한다. 인간 역시 행동함으로써 이 세계에서 자신의 가치를 추구하고 지속해 간다. 자존감을 포함한 가장 본질적인 가치에는 행동이 필요하다.

(확언할 수는 없지만) 적절한 보살핌을 받는 가정에서 자란 아이일수록 자존감을 뒷받침하는 행동을 배울 가능성이 크다. 올바른 교사를 만난 아이일수록 자존감을 북돋는 행동이 무엇인지 배울 가능성이 크다. 심리 치료를 통해 성공적으로 비합리적인 두려움을 없애고 자신의 능력을 제대로 펴지 못하게 방해하는 요소를 제거한 경험이 있다면, 자존감을 뒷받침하는 행동이 분명하게 결과로 나타날 것이다. 그러나 자존감에서 결정적인 요인은 **각자의 행동**이다. 자신의 지식과 가치에 따른 **행동**이 자존감의 수준을 결정한다. 또한 겉으로 드러나는 모든 행동은 정신 작용의 반영이므로 **내적 과정**이 매우 중요하다.

　지금부터 '자존감의 여섯 기둥', 즉 우리가 건강한 정신을 기르고 효율적으로 능력을 발휘하는 데 필수적인 실천(practice)들이 모두 의식의 작용임을 보게 될 것이다. 여섯 기둥 모두 선택이 따른다. 우리는 삶의 매순간 그 선택들에 직면한다.

　'실천'이라는 말에는 이와 관련된 의미가 담겨 있다. 실천은 특정한 행동을 꾸준히 되풀이하는 훈련을 뜻한다. 이것은 가끔씩 하는 행동이나 위기 상황에서 보일 법한 반응이라기보다는 매일매일 크고 작은 일들을 해 나가는 방식이다. 행동하는 방식이 곧 존재하는 방식이다.

자존감에 영향을 끼치는 몇 가지 요인

　자유 의지가 곧 전능함을 뜻하지는 않는다. 우리 삶에서 의지는 강력한 힘을 발휘하지만, 유일한 힘은 아니다. 나이와 상관없이 누구도 완벽한 자유나 무한한 자유를 누릴 수 없다. 여러 요인들이 의식의 적절한 활동을 더 쉽거나 어렵게 만든다. 이러한 요인에는 유전적 요인과 생물학적 요인도 있을 것이다. 어떤 이들은 삶의 경험에 앞서는 이 같은 요인 덕분에 집중해서 생각하는 것이 다른 사람들보다 더 쉬울지도 모른다. 우리가 이 세상에 올 때부터 열정, 회복력, 삶을 즐기는 기질 따위에서 타고나는 차이가 있으며, 이러한 개인차가 건강한 자존감 획득을 쉽거나 어렵게 할 것이라는 주장은 일리가 있다. 나아가 불안이나 우울을 느끼는 성향에도 중요한 차이가 있을 수 있고, 이 차이 역시 자존감의 발전에 영향을 끼칠 수 있을 것이다.

발달과 관련된 요인도 있다. 환경은 의식의 건강한 자기 주장을 지지하고 북돋을 수도 있고, 방해하거나 훼손할 수도 있다. 많은 이들이 자아가 충분히 형성되기 전 어린 시절에 받은 상처 때문에 고통스러워하는데, 이런 경우에 집중적 심리 치료를 거치지 않고 건강한 자존감을 이끌어내기는 거의 불가능하다.

연구 결과에 따르면 아이의 자존감을 높이는 아주 좋은 방법은 건강한 자존감을 지닌 부모가 모범이 되는 것이다. 스탠리 쿠퍼스미스(Stanley Coopersmith)는 《자존감의 선행 요인(The Antecedents of Self-Esteem)》에서 이 점을 분명히 이야기했다.

사랑과 존중으로 자녀를 키우는 부모, 한결같이 관대하게 아이의 경험을 수용하는 부모, 아이에게 합리적 규칙과 적절한 기대라는 지지대를 제공하는 부모, 모순적인 태도로 아이를 혼내지 않는 부모, 놀림과 모욕이나 신체 학대로 아이를 지배하지 않는 부모, 아이의 능력과 장점을 믿는 부모 밑에서 자란 아이는 부모의 태도를 내면화하여 건강한 자존감을 기르는 데 토대가 될 만한 좋은 기회를 얻은 셈이다. 하지만 이 결과가 필연적이라는 연구는 어디에서도 찾을 수 없다. 쿠퍼스미스는 오히려 정반대의 연구 결과를 제시한다. 더할 나위 없이 훌륭한 부모 밑에서 자랐는데도 불안하고 자기를 믿지 못하는 어른이 되기도 한다. 반대로 형편없는 부모 밑에서 끔찍한 유년기를 보냈지만, 학교 생활을 잘 하고 안정적이고 만족스러운 관계를 맺고, 자신의 가치와 명예에 강한 확신을 지니고 건강한 자존감의 합리적 기준에 잘 맞는 어른으로 자라기도 한다. 마치 어린아이처럼 이들은 다른 사람들이 보기에는 절망적이고 척박한 환경에서 영양분을 찾아내는 방법을 알고 있는 듯하다. 그들은 다른 사람 눈에는 그저 사막일 뿐인 곳에서도 물을 발견한다. 이들을 좀처럼 이해할 수 없어 당황스러운 심리학자들과 심리치료사들은 이들을 '불사신(invulnerable)'[1]이라고 표현하기도 한다.

그런 경우가 있다고는 해도, 건강한 환경에서 자란 사람이 합리적이고 생산적인 인간이 되려고 꾸준히 노력할 가능성이 훨씬 높다. 여기서 건강한 환경이란, 신호가 시시때때로 바뀌어 어떤 것이 진짜인지 알 수 없거나 사실이 받아들여지지 않고 의식이 억눌리는 것이 아니라, 현실이 있는 그대로 존중받고 구성원들의 말과 행동이 일치하는 환경을 말한다. 그처럼 파괴적인 환경을 조성하는 가정을 역기능적(dysfunctional)이라고 묘사한다. 역기능적인 가정처럼 역기능적인 학교와 조직도 있다. 이들을 역기능적이라고 표현하는 것은 우리의 정신이 적절히 기능을 발휘하는 것을 방해하기 때문이다.

개인의 정신 안에 생각을 방해하는 장애물이 있을 수도 있다. 특정한 주제에 관해 생각을 해야만 하는데도 잠재의식의 방어와 차단 때문에 문제 자체를 의식하지 못하는 경우도 있다. 의식은 연속적인 흐름이므로 다양한 단계에서 나타난다. 한 단계에서 결말이 나지 않은 문제가 다른 단계에서 다시 문제가 될 수도 있다. 예를 들어, 부모에 대한 감정들을 부인(denial)하고 부정(disown)하고 억압하면서 스스로 차단한 사람이 직장 상사와 맺게 될 관계를 생각해보자. 그는 응당 누려야 했던 많은 것으로부터 자신을 단절시킨 탓에, 쉽게 혼란에 빠져 좌절하고 포기하게 될 가능성이 크다. 아니면, 상사의 업무 지시를 받고 느낀 부정적 감정은 차단했는데, 팀 내부에서 의사소통하는 과정에 원인 모를 갈등이 계속해서 나타난다는 사실을 발견했다고 해보자. 더 근본적인 문제의 원인을 알아차리지 못한다면, 갈등을 해결할 방법을 생각해내기가 무척 어려울 수 있다. 그렇더라도, 자신의 문제를 의식하려는 **노력**만으로도 자존감은 영향을 받는다.

경험과 실천이 중요하다

자존감에 영향을 끼치는 생물학적 요인이나 발달 요인을 낱낱이 파악할 수는 없을 것이다. 그러나 우리는 자존감을 높이거나 낮출 수 있는 구체적인(의지에 따른) 실천에 관해서는 꽤 많이 안다. 우리는 정직한 노력은 자기 신뢰를 높일 수 있으며, 그러한 노력을 외면할 경우에는 정반대 결과가 나타난다는 사실을 안다. 경솔한 사람보다 신중한 사람이 유능하다는 점, 자기 존중을 낳는 것은 위선이 아니라 진실함이라는 점도 알고 있다. 물론 (전문가든 비전문가든) 이런 이야기를 입에 올리는 사람은 놀랄 만큼 적다. 그렇지만 우리는 모두 이 모든 사실을 암묵적으로 '알고 있다'.

어른이 된 다음에는 다시 자랄 수 없다. 다른 부모 밑에서 다시 한 번 어린 시절을 보낼 수도 없다. 낮은 자존감 때문에 심리 치료를 고려해야 할지도 모르지만, 그 전에 우리는 스스로 이렇게 질문할 수 있다. '자존감을 높이기 위해 내가 오늘 할 수 있는 일은 무엇인가?'

어떤 성장 과정을 거쳤든, 자존감의 본질과 자존감을 좌우하는 실천을 이해한다면 우리 대부분은 많은 것을 할 수 있다는 사실을 알게 될 것이다. 이 지식은 두 가지 이유에서 중요하다. 첫째, 스스로 자존감을 높이기를 원한다면 자존감 향상에 영향을 끼치는 구체적인 실천들이 무엇인지 알아야 한다. 둘째, 다른 사람과 함께 일하면서 그들의 자존감을 북돋아주고 영감을 주어 최선을 다하도록 이끌고 싶다면, 어떤 구체적인 실천을 촉진해야 하는지 알아야 한다.

이 책을 읽는 독자 중에는 다른 사람의 자존감을 북돋아주는 데 영감을 얻고 싶은 학부모나 교사, 심리치료사, 경영자도 있을 것이다. 그런 독자들에게 출발점은 변함없이 자기 자신이라고 말하고 싶다. 내면에서 작동하는 자존감의 동력, 다시 말해 자존감을 낮추거나 높이는 요인을 직접 경험하지 못한다면 다른 사람에게 긍정적인 영향을 주는 데 필요한 이 주제를 깊이 이해하지는 못할 것이다. 그리고 정작 자기 내면의 해결되지 않은 문제가 다른 사람을 돕는 데 한계로 작용할 것이다. 어쩌면 직접 드러내 보여주기보다 말로 설명하는 편이 더 효과적이라고 생각할지도 모르겠다. 하지만 그런 생각은 자기 기만일 뿐이다. 가르치고 싶다면 스스로 실천해야 한다.

심리 치료를 공부하는 이들에게 들려주고 싶은 이야기가 있다. 인도에서는 가정 문제로 심리치료사를 찾는 경우가 드물다고 한다. 가정 문제가 생기면 그 지역의 구루를 찾아간다. 마을마다 현자가 한 명씩 있어서 가정 문제에 지속적으로 도움을 준다. 어느 날 현자에게 아홉 살 난 아들을 둔 부모가 찾아왔다. 아들의 아버지가 말했다. "스승이시여, 우리 아들은 착한 아이입니다. 우리 부부도 아들을 정말 사랑하고요. 그런데 아들 녀석에게 골치 아픈 문제가 하나 있습니다. 단것을 어찌나 좋아하는지 치아와 건강이 상할 지경입니다. 설득도 하고, 논쟁도 하고, 달래도 보고, 매질도 해봤지만 도통 방법이 없습니다. 기가 막힐 정도로 단것을 많이 먹습니다. 어찌하면 좋겠습니까?" 현자의 대답은 그 아버지를 놀라게 했다. "집에 갔다가 2주 후에 다시 오게나." 현자에게 이유를 따질 수는 없었으므로 부모는 그가 시키는 대로 집으로 돌아갔다가 2주 뒤에 다시 현자를 찾았다. 그러자 현자가 말했다. "좋아, 이제 상담을 계속할 수 있겠군." 아버지가 물었다. "부탁이니 말씀해주십시오. 2주 있다가 오라고 하신 이유가 무엇입니까? 전에는 그런 적이 없지 않으셨습니까?" 현자가 대답했다. "나도 평생 단것 때문에 골치를 앓았기 때문에 2주가 필요했다네. 내가 그 문제를 해결해야 자네 아들을 치료할 준비가 되는 셈이니까 말일세."

물론 모든 심리치료사가 이 이야기를 좋아하는 것은 아니다.

자존감을 키우는 문장 완성 연습

이 책에서 제시하는 문장 완성 연습의 다양한 예시는 자존감 강화 수단으로 활용할 수 있다. 문장 완성 연습은 치료자와 연구자 모두에게 필요한 도구이다. 1970년대부터 문장 완성 연습을 사용하면서 나는 갈수록 더 폭넓고 명확한 방식으로 이 기법을 활용해 자기 이해를 돕고, 억압적 장애물을 제거하고, 자기 표현을 자유롭게 하고, 자기 치유를 활성화하는 길을 발견했다. 또 끊임없이 내 가설을 검증하고 재검증했다. 문장 완성 연습의 핵심은 내담자(또는 실험 대상자)에게 미완성 형태의 문장 즉 문장 줄기(sentence stem)를 주고, 반복해서 주어진 문장을 완성하되, 매번 끝맺음을 다르게 만들도록 하는 것이다. 그런 다음 다른 줄기, 또 다른 줄기를 제시하면서 특정 영역을 더 깊이 탐색하게 한다. 이 연습은 말로도 가능하고 글로 써서도 가능하다.

문장 완성 연습은 무엇이 사람들의 자존감을 높이거나 낮추는지를 알아내는 데 중요한 역할을 한다. 세계적으로 나라와 지역에 상관없이, 서로 다른 인구 집단에서 문장 끝맺음 부분에서 어떤 유형이 반복해서 나타난다면, 본질적 진실이 드러난 것이 분명하다.

이어지는 장에서는 내가 사용하는 문장 완성 연습의 사례를 충분히 소개할 것이다. 이유는 두 가지이다. 첫째, 일상생활에 '여섯 가지 실천' 방안을 통합하고자 하는 독자들에게 스스로 더 능숙하게 훈련할 기회를 주고 싶기 때문이다. 둘째, 심리학자들과 심리치료사들에게 이 책에 담긴 견해를 시험해볼 기회를 주고, 내가 제시한 자존감을 좌우하는 가장 중요한 행동들이 과연 사실인지 직접 판단할 수단을 제공하기 위해서이다.

자존감의 여섯 기둥

자존감은 **결과물**이다. 즉 내면에서 비롯한 실천의 결과물이므로, 우리는 자신의 자존감은 물론이고 타인의 자존감도 **직접** 곧장 변화시킬 수는 없다. 그러니 우리는 자신의 가장 깊은 곳에 집중해야 한다. 이 실천들을 이해한다면 스스로 실천하는 것은 물론이고, 다른 사람도 그렇게 하게끔 **돕거나 격려할** 수 있다. 학교나 직장에서 자존감을 격려하는 것은 자존감을 강화하는 실천을 지지하는 분위기를 조성한다.

간단히 핵심만 말해보자. 건강한 자존감을 결정짓는 요소는 무엇인가? 내가 말하는 실천들은 무엇인가? 나는 명백히 결정적인 여섯 가지를 명명하고자 한다.

그동안 자기 효능감과 자기 존중을 쌓기 위한 심리 치료를 진행하면서 나는 이 여섯 가지가 핵심 사안이라는 것을 해명해야 한다는 걸 깨달았다. 이에 견줄 만한 다른 근본적 요인은 찾지 못했다. 이것이 내가 그 실천들에 '자존감의 여섯 기둥'이라는 이름을 붙인 이유이다.

여섯 가지 실천을 이해했다면 우리는 그것들을 선택하고, 삶에 적용할 수 있는 힘을 얻게 된 것이다. 어느 지점에서 시작해야 할지 모른다거나, 실행 초반에 어려움을 겪을지라도 그 힘은 자존감을 높여준다.

이 실천들을 '완벽하게' 해내야 하는 것은 아니다. 자기 효능감과 자기 존중의 성장을 경험하는 데는 실행 수준을 평균 정도로 끌어올리는 것으로 충분하다. 이 실천들에서는 비교적 작은 발전이 있었지만 삶에서는 정말 놀라운 변화를 보인 경우를 자주 목격했다. 큰 변화는 우리에게 두려움을 줄 수 있(고 우리를 얼어붙게 만들 수도 있)는 반면에, 작은 변화는 그보다 이루기도 쉽고 또 다른 작은 변화로 이끌 수도 있다. 그래서 나는 내담자들에게 큰 변화보다 작은 변화를 생각하라고 격려한다.

자존감의 여섯 기둥은 다음과 같다.

- 의식적 삶의 실천
- 자기 수용의 실천
- 자기 책임의 실천
- 자기 주장의 실천
- 목적 있는 삶의 실천
- 자아 통합의 실천

앞으로 이어질 6~11장에서 각각의 기둥을 차례대로 살펴보자.

6장

의식하며 살기

첫 번째 기둥

⋮

사실상 모든 위대한 종교적·철학적 전통에서는 대다수의 인간이 몽유병 환자처럼 자기의 본래적 존재를 찾아 헤매며 살아간다고 생각하는 경향이 있다. 깨달음은 잠에서 깨어나는 것과 동일시되고, 진화와 진보는 의식의 확장과 동일시된다.

우리는 생명의 특징을 가장 잘 보여주는 것이 의식임을 안다. 의식 형태의 수준이 높을수록 고등 생명에 해당한다. 의식은 지구상에 처음 출현한 때부터 진화의 사다리를 타고 올라갔기 때문에 각 생명체는 하위 생명체보다 더 발전된 형태의 의식을 지닌다.

이 원리는 인간이라는 종 안에서 더 폭넓게 적용된다. 우리는 더 넓은 비전과 더 큰 인식, 높은 의식 수준을 지닐수록 더 성숙하다는 것을 알고 있다.

의식하는 삶과 의식을 회피하는 삶

의식이 그렇게 중요한 이유는 무엇인가? 의식은 의식을 지닌 모든 종에게 기본적인 생존 도구이기 때문이다. 의식은 자기가 처한 환경의 상태와 수준을 파악하고, 그에 걸맞은 행동을 할 수 있게끔 하는 능력이다. 이 책에서는 '의식(consciousness)'이란 말을 '현실의 어떤 측면을 자각하거나 알고 있는 상태'라는 기본적인 의미로 쓴다. 또 우리는 '능력(faculty)'으로서 의식, 즉 어떤 것을 인식할 수 있는 속성으로서 의식에 대해 말할 수도 있다. 개념 형성과 추상적 사고가 가능하다는 점에서 다른 종과 구별되는 인간의 의식 형태를 따로 '정신(mind)'이라고 부른다.

앞서 말했듯이, 인간의 의식은 (개념 수준에서 볼 때) 자유 의지에서 나오는 것이다. 이는 우리 본성에 놀라운 선택권이 포함되도록 설계되었다는 뜻이다. 이 놀라운 선택권이란, 의식을 추구하거나 외면(또는 적극적으로 회피)하고, 진실을 추구하거나 외면(또는 적극적으로 회피)하고, 정신을 집중하거나 외면하는(또는 의식 수준을 떨어뜨리기도 하는) 갈림길에서 어느 길로 갈 것인지 선택할 수 있는 권리이다. 다시 말해 우리는 자신의 힘을 발휘할 수도 있고, 아니면 생존과 행복에 필수적인 도구(즉 의식)를 무너뜨리는 길을 선택할 수도 있다. 이 같은 자기 관리 능력은 우리의 자랑이지만 때로는 짐이 되기도 한다.

자신의 활동에 걸맞은 의식 수준에 도달하지 못하거나 의식적으로 살지 않는다면, 자기 효능감과 자기 존중이 약해지는 것은 필연적으로 따르는 대가이다. 정신적으로 혼란한 상태에서 살아간다면 자신이 유능하고 가치 있는 사람이라고 생각할 수 없다. 정신은 기본적인 생존 도구이다. 정신을 저버리면 자존감도 고통받는다. 가장 손쉽게 정신을 배신하는 방법은 자신을 당혹스럽게 하는 현실에서 도망치는 것이다. 예를 들어보자.

"내가 최선을 다해 일하지 않았다는 건 알고 있어. 하지만 그 일은 생각하고 싶지 않아."

"회사 사정이 갈수록 나빠지는 조짐이 보이는 건 나도 알아. 그렇지만 이전에도 그랬잖아? 전체적으로 혼란스럽긴 하지만, 그래도 이 상황만 버티면 **어떻게든** 저절로 해결될 거야."

"'정당한 불만'이라고? 대체 뭐가 '정당한 불만'이라는 거야? 마누라는 그 정신 나간 여성 해방 운동가들한테 영향을 받은 게 분명해. 그래서 나에게 주먹을 휘두른 거겠지"

"아이들이 나와 보내는 시간이 거의 없어서 힘들어한다는 것을 알아. 내가 아이들에게 상처를 줬다는 것도, 그들을 분노하게 했다는 것도 알아. 하지만 언젠가는 나도 **어떻게든** 변하겠지."

"그러니까 네 말은 내가 술을 너무 많이 마신다는 거야? 난 마음만 먹으면 언제든 술을 끊을 수 있다니까 그러네."

"나도 식습관 때문에 내 건강이 나빠지고 있다는 건 알아. 하지만……."

"내 분수에 맞지 않게 산다는 건 나도 알아. 하지만……."

"나도 알아, 내 성과가 부풀려진 가짜라는 걸. 하지만……."

우리는 생각하기와 생각하지 않기, 현실에 대한 책임감과 책임 회피 사이에서 무수히 많은 선택을 하면서 자기가 어떤 부류의 인간인지 감을 잡아 간다. 이런 선택들을 우리는 거의 기억하지 못한다. 하지만 그 선택들은 정신 깊은 곳에 쌓이는데, 그렇게 쌓인 결과가 바로 우리가 '자존감'이라고 부르는 것이다. **자존감은 스스로 손에 넣는 명성인 셈이다.**

우리는 모두 지적 능력이 같지 않지만, 지능은 중요한 문제가 아니다. 지적 능력의 수준은 의식적 삶의 원리에 영향을 끼치지 않는다. **의식적으로 산다는 것은, 자신이 지닌 능력이 어떤 것이든 간에 할 수 있는 한 최선을 다해 자기 행동과 목적, 가치, 목표에 관련된 모든 것을 알고자 하며, 자신이 보고 아는 것에 어긋나지 않게 행동하는 삶의 태도이다.**

앞의 마지막 요점이 중요하다. 의식이 적절한 행동으로 옮겨지지 않는 것을 의식의 배신이라고 하는데, 이는 의식 자체를 무효화하는 것이다. 의식적 삶이란 보고 아는 것을 넘어서는 것이며, 경험하고 아는 대로 행동하는 것이다. 그렇게 함으로써 우리는 자녀(또는 배우자나 친구)를 부당하게 대했고 그들에게 상처를 입혔으며, 이제 그 잘못을 바로잡아야 한다는 것을 인식할 수 있다. 하지만 자신의 실수를 인정하고 싶지 않아서 질질 끌면서 계속 그 상황에 대해 '생각'하고 있다고 주장한다. 의식적으로 사는 것과는 정반대의 모습이다. 이런 행태는 근본적인 차원에서 의식 회피로서 자기 행동의 의미와 동기를 회피하는 것이며, 자신의 지속적인 학대 행위를 회피하는 것이다.

의식적 행동이란 무엇인가?

의식적 삶의 원리를 실행하는 과정에서 생길 법한 오해를 살펴보자.

1. 언어 습득이나 자동차 운전에서처럼 새로운 지식과 기술을 자동화하는 것이 인간의 학습이 지니는 특징이다. 그러므로 학습 단계에서 필요한 분명한 의식 수준을 계속 유지할 필요는 없다. 새롭고 낯선 것이라도 어느 정도 숙달되면 잠재의식의 레퍼토리에 쌓이므로 이를 의식하는 마음에서 자유로워진다. 의식적으로 산다는 것이 우리가 배운 모든 것을 항상 분명하게 의식해야 한다는 뜻은 아니다. 그것은 가능하지도 않고, 바람직하지도 않다.

2. 의식적인 활동, 곧 적절하게 정신을 집중해 살아간다는 것이 깨어 있는 모든 순간에 문제를 해결하기 위한 과업에 참여해야 한다는 뜻은 아니다. 이를테면 우리는 휴식이나 재생, 창조, 통찰 또는

초월의 가능성을 찾기 위해 정신을 모두 비우는 명상을 선택할 수도 있다. 이는 그 자체로 더없이 적절한 정신적 활동이 될 수 있으며, 실제로 어떤 상황에서는 매우 바람직하다. 물론 문제를 해결하는 데는 창조적 공상 또는 몸을 쓰는 놀이나 성적 흥분에 자신을 내맡기기 따위의 다른 선택도 있다. **상황의 맥락이 정신 작용의 적합성을 결정한다.** 의식적으로 행동하는 것은 언제나 똑같은 정신 상태를 유지하는 것이라기보다는 **지금 하는 일에 알맞은 정신 상태를 취하는 것을 뜻한다.** 당신이 아이와 함께 마루 위에서 이리저리 장난을 치며 뛰어다니고 있다고 가정해보자. 이때 당신의 정신 상태는 책을 읽을 때와는 분명히 다를 것이다. 그러나 아무리 유치하게 장난을 치더라도 아이의 안전을 살피는 데 정신의 한 부분을 집중하고 있다면 당신은 의식적으로 행동하고 있는 것이다. 반대로, 노는 데 정신이 팔린 나머지 아이가 다치게 되었다면 당신의 의식 수준이 그 상황에 적합하지 않았음이 분명하다. 한마디로 말하자면, 의식 상태의 적합성을 결정하는 것은 오직 자신의 목적이다. 그 자체로는 '옳은' 상태도 '잘못된' 상태도 없다.

3. 이 세상에는 의식할 수 있는 일들이 셀 수 없이 많다. 이론상으로는 그렇다. 따라서 인식에는 분명히 선택의 과정이 따른다. 지금 여기에 집중하겠다고 마음먹었다면, 적어도 지금 이 순간만큼은 다른 것에 관심을 두지 않겠다고 선택한 것이다. 나 역시 컴퓨터 앞에 앉아 책을 쓰는 동안에는 주변의 다른 것들을 비교적 알아차리지 못하는 편이다. 그러다가 관심의 초점을 옮기면 그제서야 나는 지나다니는 차 소리와 아이들의 함성 소리와 개 짖는 소리를 알아차리게

된다. 인식한 것을 의식적으로 놓아버리면, 순식간에 내 정신은 컴퓨터 화면 속 단어들로 빨려 들어가고 그 단어들이 내 정신에 새겨질 것이다. 내 목적과 가치가 선택의 기준을 좌우한다.

글을 쓸 때 나는 종종 황홀경에 빠진 것처럼 집중하는 상태가 된다. 이런 때에도 여전히 가차 없는 선택의 과정이 진행 중이지만, 그 상황의 맥락에서 나는 높은 의식 수준에서 행동하고 있다고 말할 수 있다. 그러나 만일 내 상태를 바꾸지 않고, 여전히 나의 생각에 빠져서 외부 환경을 의식하지 못하는 상태로 차를 운전한다면, 위태롭게 낮은 의식 수준에서 행동했다는 혐의를 받을 수 있다. 이것은 내가 바뀐 목적과 상황에 적응하지 못했기 때문이다. 한 번 더 말하자면, 오직 상황의 맥락만이 정신 상태의 적합성을 결정할 수 있다.

현실을 있는 그대로 인식하기

의식적 삶이란 현실을 존중한다는 의미이다. 여기서 현실은 외부 세계뿐 아니라 욕구, 소망, 감정 같은 내적 세계도 포함하는 것이다. '내가 보고 싶지 않거나 알고 싶지 않으면, 그것은 존재하지 않는다.'라는 태도로 현실을 무시하는 것과는 대조적이다.

의식적 삶이란 현실에 **책임감을 갖고** 살아가는 삶이다. 눈에 보이는 모든 것을 좋아할 필요는 없다. 하지만 우리는 반드시 있는 것은 있다고 인식하고 없는 것은 없다고 인식해야 한다. 소망이나 두려움이나 부인은 사실을 바꾸지 못한다. 새 옷을 사고 싶지만 그러자면 돈을 빌려야 한다. 이때 나의 소망은 현실을 바꾸지 못하므로 합리적으로 물건을 사야 할 것이다. 주치의가 보장한 수술을 받아야 하는 게 두렵다고 해서 곧 그 두려움이 수술하지 않고도 마찬가지로 건강하게 살 수 있게 해주지는 않는다. 어떤 진술이 참이라면 내가 인정하지 않는다고 해서 그것이 거짓이 되지는 않는다.

의식적으로 살 때 우리는 주관적인 것과 객관적인 것을 혼동하지 않는다. 감정이 우리를 반드시 진실로 이끌어줄 것이라 가정할 수는 없다. 물론 감정에서 무언가를 배울 수도 있고, 감정이 중요한 사실에 이르는 길을 알려주기도 한다. 그러나 여기에는 깊은 생각과 현실 검증이 필요하고, 이것은 이성의 도움이 있어야 가능한 일이다.

이 점을 이해했다면, 의식적인 삶의 실천이란 어떤 것인지 더 자세히 살펴보자.

의식하는 삶의 특징

수동적이지 않은 적극적인 정신

가장 기본적인 자기 주장 행위를 가리킨다. 즉 생각하기를 선택하는 것이며, 인식, 이해, 지식, 명료함을 선택하는 것이다. 여기에는 자존감의 또 다른 미덕인 자기 책임이 함축되어 있다. 오직 나만이 '나'라는 존재와 나의 행복을 책임진다고 마음먹는 순간부터 의식적으로 살겠다고, 내가 할 수 있는 한 가장 명료한 이해를 따르겠다고 선택한 것이다. 다른 누군가 나를 대신해 생각의 짐을 덜어준다거나 결정을 내려줄 것이란 환상에 빠지지 않는다.

지적 능력을 쓰는 것 자체를 즐긴다.

아이는 날 때부터 몸을 움직이는 것만큼이나 정신을 쓰는 일에서 즐거움을 느끼는 경향이 있다. 배움은 아이의 주된 일이자 오락이 다. 성인기까지 이 경향이 유지되어서 의식 작용을 부담이 아닌 즐 거움으로 느끼는 것이 성공적으로 계발된 사람의 특징이다.

물론, 어떤 이유 때문에 의식의 작용을 두려움, 고통, 소모적인 노 력과 연결 지어 생각하게 된다면, 어른이 되었을 때 우리는 의식 행 위에서 즐거움을 느낄 수 없다. 하지만 이러한 장애물에 굴하지 않 고 더 의식적으로 살아간다면, 배움은 갈수록 큰 만족감을 선사할 것이다.

넓은 맥락을 놓치지 않으면서 '순간'에 존재한다.

의식적인 삶이라는 개념에는 자신이 지금 하고 있는 일 속에 **존재 하는** 것이 포함된다. 지금 고객의 불만을 듣고 있다면 나는 그 경험 속에 **존재한다.** 만약 아이와 놀고 있다면 바로 그 활동 속에 내가 **존 재하는** 것이다. 내가 내담자와 심리 치료를 하는 중이라면 나는 다 른 사람이 아닌 바로 그 내담자와 함께 있는 것이다. 즉 **내가 어떤 행 동을 하는 동안에는 다른 것이 아니라 그 행동을 하고 있는 것이다.**

이것은 나의 인식이 즉각적인 감각 경험으로 축소되고 내가 지닌 지식의 더 넓은 맥락과 단절된다는 의미가 아니다. 그러한 더 넓은 맥락과 관계가 유지되지 않으면 의식은 바닥을 드러내게 된다. **지금** 이 순간에 존재하고자 하되 이 순간에 **사로잡히지** 말아야 한다. 이 균형이야말로 우리를 가장 능력이 풍부한 상태로 이끈다.

관련 사실 앞에서 움츠리기보다 사실을 향해 나아간다.

'관련성'을 결정하는 것은 나의 욕구와 욕망, 가치, 목표, 행동이다. 나의 경로를 변경하거나 예측을 수정해야 할지도 모르는 어떤 정보가 있다면 나는 그 정보를 궁금해하고 관심을 기울이는가, 아니면 내가 새로 배워야 할 것은 없다고 전제하고 행동하는가? 나는 도움이 될지도 모르는 새로운 정보를 적극적으로 탐색하는가, 아니면 그런 정보들이 나타났을 때조차 눈을 감고 마는가? 어떤 선택이 나의 힘을 더 키워줄지는 묻지 않아도 알 것이다.

사실과 해석과 감정을 구분하려 한다.

상대가 얼굴을 찡그리는 것을 본 나는 상대가 나에게 화가 난 것이라고 **해석한다.** 나는 상처를 받거나, 방어적이 되거나, 부당하다고 **느낀다.** 실제로 나의 해석은 정확할 수도 있고 틀릴 수도 있다. 또 내가 반응하여 느낀 그 감정은 적절할 수도 있고 부적절할 수도 있다. 어느 쪽이든 서로 분리된 별개의 과정이 얽혀 있다. 만약 내가 이 점을 의식하지 못한다면 자기 감정을 현실의 목소리로 여기기 쉬우며, 그로 인해 재앙에 빠질 수 있다.

아니면 이렇게 생각해보자. 나는 물리학자들이 해결이 불가능해 보이는 난제를 풀려고 씨름 중이라는 이야기를 **들었다.** 내게는 이 이야기가 이성과 과학이 실패했다는 뜻으로 **해석된다.** 나는 실망하고 몹시 동요하거나, (나의 다른 철학적 신념에 따라) 우쭐하거나 승리감에 **젖는다.** 하지만 실제로 확실한 것은 물리학자들이 자신들이 난관에 봉착했다고 말했다는 사실뿐이다. 나머지는 내 정신이 만들어낸 것이다. 그것이 합리적이건, 비합리적이건 간에 외부 현실보다는 나 자신에 관해 더 많이 알려준다.

의식적인 삶을 살려면 이런 차이에 세심해야 한다. 내가 지각한 것, 그것을 다시 내가 어떤 뜻으로 해석한 것, 그 해석에 대해 내가 느끼는 것은 서로 분리된 세 가지 문제이다. 이 셋을 구분하지 못하면, 현실에서 나의 토대가 가장 먼저 희생될 것이다. 이는 곧 나의 효능감이 첫 번째로 피해를 보게 될 거라는 뜻이다.

괴롭거나 위협적인 현실을 피하거나 부정하려는 충동을 알아차리고 맞선다.

두려움이나 고통을 불러일으키는 것을 피하려는 행동은 지극히 자연스럽다. 그런데 우리가 회피하려고 하는 것들에는 자기 이익을 위해 대면하거나 고려해야 할 중요한 것들이 포함되어 있으므로, 회피 충동을 무시해야 할 경우도 있다. 하지만 우리는 그러한 충동을 알아차릴 필요가 있다. 다음으로 필요한 것은 자기 성찰과 자기 인식의 방향성이다. 즉, 의식은 외부뿐만 아니라 내부로도 향해야 한다. 의식적인 삶에는 무의식의 유혹에 대항하여 경계를 늦추지 않는 일도 포함된다. 그러자면 자신의 능력에 더없이 솔직해야 한다. 두려움과 고통은 눈을 감고 외면해야 하는 신호가 아니라, 눈을 더 크게 뜨고 세심하게 살펴야 하는 신호이다. 이렇게 하는 것은 어렵고도 힘든 일이다. 그 일을 항상 완벽하게 해낼 수 있으리라고 생각하는 것은 비현실적이다. 하지만 의도의 진실함이나 문제의 심각함에 따라 사람마다 차이가 클 것이다. 자존감을 높이는 데는 티끌 하나 없이 완벽한 성공이 아니라 의식적이고자 하는 진실한 **의도**가 필요하다.

자신이 세운 다양한 목표와 계획에서 '자신이 도달한 곳'이 어디인지, 그리고 성공적으로 진행 중인지 아니면 실패인지 알고자 한다.

성공적이고 만족스러운 결혼 생활이 나의 목표라고 가정해보자. 현재의 결혼 생활은 어떠한가? 나는 알고 있는가? 배우자와 나의 대답은 같을까? 배우자와 나는 각자 행복한가? 불만스럽거나 해결되지 않은 문제가 있는가? 만약 그렇다면 그 문제들을 어떻게 할 것인가? 행동 지침이 있는가? 아니면 '어떻게든' 일이 나아지리라 그저 바라고만 있는가?

언젠가 자신의 사업을 하는 것이 나의 목표라면, 그 목표와 관련해 어떤 일을 하고 있는가? 한 달 전, 혹은 일 년 전과 비교했을 때 목표에 좀 더 가까워졌는가? 제대로 진행되고 있는가, 아니면 그 길에서 벗어났는가? 만약 내가 전업 작가가 되겠다는 야심을 품었다면, 그 목표에 이르는 여정에서 현재 나의 위치는 어디쯤인가? 그 소망을 실현하기 위해 무엇을 하고 있는가? 내년에는 올해보다 그 소망에 더 가까워질까? 만약 그렇다면, 왜 그런가? 나는 나의 계획을 충분히 의식하고 있는가?

자신의 행동이 목표에 부합하는지 알고자 한다.

이 항목은 바로 앞에서 다룬 내용과 밀접한 관계가 있다. 우리가 말하는 목표나 목적과 우리가 시간과 에너지를 투자하는 방법 사이에는 이따금 엄청난 괴리가 있다. 대부분의 사람들은 상대적으로 중요한 것에는 관심을 덜 쏟는 반면에 그다지 중요하지 않은 것에 너무 많은 신경을 쓰고 있다고 고백한다. 의식적으로 산다는 것에는 목표와 관련한 자신의 행동을 꾸준히 관찰하고, 목표에 부합하는지 부합하지 않는지를 찾는 것이 포함된다. 만약 어긋난 것이 있다면, 목표나 행동 둘 중에 하나를 다시 생각해봐야 한다.

필요할 경우 방향을 조정하거나 바로잡기 위해 주변 반응을 탐색한다.

로스앤젤레스에서 뉴욕으로 비행기를 몰고 가는 조종사는 언제나 약간씩 궤도에서 벗어난다. '피드백'이라고 불리는 이러한 정보는 계기 장치를 통해 다시 중계된다. 그 덕분에 조종사는 지속적으로 조정 작업을 하면서 비행기가 정상 경로에서 이탈하지 않게 할 수 있다. 목표를 추구하며 살아가는 과정에서 일단 목표를 정했다고 넋놓고 앉아 있을 수만은 없다. 새로운 정보가 나타나 계획과 목표를 조정해야 할 가능성은 언제나 있다.

사업체를 운영 중이라면 홍보 전략을 수정해야 할 수도 있다. 직원들의 신뢰를 받던 관리자가 무능하다는 사실이 밝혀질 수도 있다. 어쩌면 처음에는 뛰어난 아이디어처럼 보이던 제품이 경쟁사 때문에 쓸모없게 될지도 모른다. 외국계 경쟁사가 갑자기 새로 등장한 탓에 국제 시장 전략을 다시 고심해야 하는 경우도 있다. 최근 보고된 인구 통계 변화에 따라 현재의 계획을 재검토해야 할 수도 있다. 변화를 감지하는 속도와 적절한 대응력은 모두 우리가 가동하는 의식 수준과 관계가 있다.

의식 수준이 높은 리더는 미래의 시장에 대비할 수 있는 계획을 세운다. 그보다 낮은 평균 수준의 리더는 오늘의 시장에 관해서만 생각한다. 의식 수준이 낮은 리더는 여전히 과거의 시장에 관해서 생각하지만, 자신이 그렇게 한다는 사실조차 깨닫지 못한다.

좀 더 개인적 수준에서 생각해보자. 배우자에게 어떤 새로운 행동을 기대한다면 나는 그러한 변화를 이끌어내려고 특정 행동을 취할 것이다. 이때 나는 그 행동이 원했던 결과로 이어지는지 여부와는 상관없이 행동 방침을 고수할 것인가? 혹시 배우자와 똑같은 대화를 마흔 번쯤 나누지는 않았는가? 아니면, 나는 내 행동이 아무런 영향력이 없다는 사실을 깨닫고 **이전과는 다른 행동을 시도할 것인가**? 다시 말해, 나는 **기계적으로 움직이는가**, **의식적으로 움직이는가**?

어려움이 있더라도 끈기 있게 이해하고자 애쓴다.

이해하고 숙달하는 과정에서 나는 종종 어려움에 부딪힌다. 이런 경우에 나는 꾸준히 계속하거나 포기하거나 둘 중 하나를 선택한다. 학생은 공부를 하면서 이런 선택에 부딪치고, 과학자들은 연구 과제에서 고투의 순간을 맞고, 경영자는 매일 사업에서 수많은 도전에 직면한다. 또 우리는 모두 인간 관계에서 이런 상황에 부딪힌다.

도무지 헤쳐 나갈 수 없는 난관에 가로막힌 것처럼 보일 때에도 인내심을 갖고 자신에게 어려움을 극복할 능력이 있음을 굳게 믿는 사람은 잠시 쉬어 가거나 새로운 길을 찾을지 모르나 절망에 무릎 꿇거나 패배를 자인하지 않는다. 반대로, 어려움 앞에서 포기하거나 물러서거나 소극적인 태도를 취하거나 아니면 마지못해 아무 의미 없는 시도를 하는 시늉을 한다면, 그 사람은 자신의 의식 수준을 낮추어 노력에 따르는 고통과 좌절감에서 달아나려 하는 것이다. 이 세상은 끈기 있는 자들의 것이다. 윈스턴 처칠의 이야기가 떠오른다. 그가 옥스퍼드 대학 졸업식에 초청받아 연설을 한 적이 있었다. 학생들은 기대에 잔뜩 부풀어 위대한 인물의 연설을 기다리고 있었다. 마침내 처칠이 자리에서 일어나더니, 학생들을 보며 천둥 같은 목소리로 말했다. "절대로, 절대로, 절대로, 절대로, 절대로, 절대로, 절대로 포기하지 마십시오!" 그리고 처칠은 자리에 앉았다.

물론, 때로는 이성적으로 생각한 끝에 이해하거나 숙달하는 데 노력을 쏟는 일을 하지 않기로 선택할 수도 있다. 다른 가치와 관심사를 고려해 추가로 시간과 에너지를 투자하는 것이 무리라고 판단을 했기 때문이다. 하지만 **의식적으로** 노력하지 않겠다고 결정한다는 점을 제외하면, 그 선택은 여기에서 이야기하는 요점에서 벗어나는 주제이다.

새로운 지식을 받아들이고 오래된 전제를 기꺼이 재검토한다.

이미 알고 있다고 생각해서 완전히 몰입하지 않고, 자신의 생각과 확신을 더 명료하게 해줄 수도 있는 새로운 정보에 무관심하거나 폐쇄적인 사람의 의식 수준은 높지 않다. 그뿐만 아니라, 이러한 태도는 성장 가능성을 가로막는다.

대안은 있다. 의심스러운 모든 대상에 대해 계속 생각하기보다, 새로운 경험과 지식에 마음을 여는 것이다. 처음에 실수를 하지 않았거나, 시작할 때의 전제가 타당하다 하더라도, 내가 이해한 것을 새롭게 정의하고 수정하고 개선하는 일은 언제든 필요할 수 있다.

게다가 이따금 전제에 오류가 있어서 수정이 필요한 경우도 있다. 이것은 다음 요점으로 이어진다.

자발적으로 실수를 파악하고 개선한다.

어떤 견해나 전제가 옳다고 받아들이면, 시간이 지날수록 거기에 집착하는 태도를 보이는 것이 거의 불가피해 보인다. 자신이 잘못 판단했다는 증거를 인정하지 않으려 한다면 위험해질 수 있다.

찰스 다윈은 자신의 진화론에 불리한 영향을 끼칠 수도 있는 사실들을 접했을 때, 자신의 기억력을 믿을 수 없기 때문에 곧바로 그 내용들을 죽 적어놓는다고 고백했다.

의식적인 삶은 자신을 정당화하는 태도가 아니라 성실했던 초심을 유지하는 태도이다. 누구라도 언젠가 잘못이나 실수를 할 수 있다. 그렇더라도 실수를 자존감(또는 가짜 자존감)과 엮어 생각하거나 자신의 위치에 과도하게 집착한다면, 잘못된 자기 방어로 인해 자존감은 쪼그라들고 만다. 실수를 인정하는 것이 굴욕적이라고 생각하는 것은 자존감에 결함이 있다는 신호이다.

언제나 인식의 확장을 추구하고 배움에 헌신하고 성장에 전념함으로써 삶의 길을 찾는다.

19세기 후반, 미국의 특허청장은 이런 말을 남겼다. "인간이 발명할 수 있는 중요한 물건은 빠짐없이 발명되었다." 이 생각은 거의 모든 인류의 역사를 통틀어 변함이 없었다. 아주 오랫동안 사람들은 호모 사피엔스가 기나긴 세월 동안 이 행성에 존재해 왔으며, 그 존재는 본질적으로 변치 않으리라고 생각했다. 그리고 인간이 알아낼 수 있는 지식이란 지식은 이제 모두 낱낱이 밝혀졌다고 믿었다. 인류의 삶이 지식에서 새로운 지식으로, 발견에서 새로운 발견으로 진보하는 과정이라는 그러한 관념은, 과학과 기술이 아찔한 속도로 발전한 것은 말할 것도 없이, (전체가 24시간인) 진화의 시계로 측정하면 불과 1, 2초 사이에 나타난 것이다. 지난 모든 세기와 달리 지금 우리는 인간 지식의 총합이 10년마다 두 배가 되는 시대에 살고 있다.

이 같은 세상에 적응할 방법은 오로지 평생 교육뿐이다. '충분히 생각했고, 충분히 배웠다.'고 믿는다면 갈수록 무의식적으로 하강 궤도를 그리게 된다. 간단한 예로 컴퓨터에 대해 많은 이들이 보이는 저항을 들 수 있다. 언젠가 증권 회사의 부사장이 내게 이런 말을 했다. "고생하며 컴퓨터를 배운 것이야말로 제 자존감에 끔찍한 영향을 끼쳤습니다. 전 컴퓨터를 배우고 싶은 마음이 없었거든요. 그렇지만 선택의 여지가 없었어요. 필요했으니까요. 하지만 얼마나 골치가 아프던지!"

자신을 둘러싼 세계를 이해하는 데 관심을 기울인다.

이 세계는 물리적·문화적·사회적·경제적·정치적으로 생각보다 여러 면에서 우리에게 영향을 끼친다. 물리적 환경은 우리 몸의 건강에 중요하다. 문화적 환경은 우리의 태도나 가치관에 영향을 끼친다. 또한 우리가 보고 듣고 읽는 것에서 누리는 (또는 누리지 못하는) 즐거움에도 영향을 끼친다. 사회적 환경은 생활의 평화나 혼돈에, 경제적 환경은 생활 수준에, 정치적 환경은 자유의 기준이나 자신의 삶을 통제하는 정도에 영향을 끼친다. 어떤 사람들은 우리에게 중요한 영향을 끼치는 환경 목록에 우주적·종교적·영적 차원을 추가할 것이다. 이러나저러나 이 목록은 지나치게 단순하거나 특정한 방향으로만 제시된다.

이렇게 우리에게 영향을 끼치는 힘들을 알아채지 못한 채, 우리 인간이 외부와 단절된 상태로 살아간다고 상상한다면 그야말로 눈 뜬 장님이나 다름없다. 의식적인 삶에는 전체적인 맥락을 이해하려는 욕구가 뒤따른다.

높은 지적 능력을 지니고 철학적으로 사고할 줄 아는 사람이라면 지적으로 그보다 한계가 있는 사람에 비해 이런 종류의 관심사를 폭넓게 생각할 것이 분명하다. 하지만 똑같이 보통 수준의 지적 능력을 지닌 사람들 사이에서도 관심을 보이는 정도는 제각각이다. 사람마다 생각해야 할 문제에 보이는 호기심, 신중함, 인식에서 차이가 난다. 그리고 다시금 이야기하지만 우리는 전능하거나 오류가 없는 존재가 아니다. 따라서 가장 중요한 것은 우리의 의도와 의도를 행동으로 표현하는 일이다.

외부의 현실과 함께 내면의 현실과 욕구, 감정, 열망, 동기의 실체를 파악해, 자기 자신을 낯설거나 신비스럽게 만들지 않는다.

나는 심리치료사로 일하면서, 자신의 방대한 지식을 자랑스럽게 여기는 사람을 수없이 만났다. 물리학이나 정치철학, 미학, 토성에 관한 최신 정보, 불교의 선(禪)의 가르침까지 지식의 분야도 다양했다. 하지만 그들은 하나같이 내면의 우주에서 벌어지는 움직임에는 무지했다. 그들이 사적인 삶에서 맞은 파멸은 그들이 자기 내면 세계와 관련해 얼마만큼이나 의식 불명 상태로 살아왔는지를 보여주는 표석이었다. 이런 사람들은 내면의 욕구를 부인하거나 폐기하고, 감정을 합리화하고, 행동을 지적으로 분석(또는 영적인 의미를 부여)하는 한편, 불만스러운 관계가 있다면 대상을 바꾸어버린다. 그리고 상황을 개선하기 위한 실제 행동은 전혀 하지 않은 채, 평생 한결같은 태도로 살아간다. 아무리 많은 것을 알고 있더라도 자기 이해가 없다면 의식적 삶이라 할 수 없다.

자기 성찰에 아무리 많은 노력을 기울여도 막다른 골목에 이르면 다른 사람의 지도나 교사, 심리치료사가 필요할 수도 있다. 이 대목에서 다시 내가 강조하고자 하는 점은 근본적인 의도나 방향이다. 즉 자기 내면의 욕구와 감정, 동기, 정신 활동의 과정을 알고자 하는 마음이다. 정도는 다르지만 자기 불화(self-estrangement)와 자기 소외(self-alienation)는 누구에게나 나타난다.

의도나 관심사는 간단한 질문을 통해 알 수 있다. 특정한 순간에 자신이 느끼는 감정을 알 수 있는가? 어떤 행동을 유발한 충동을 자각하는가? 자신의 감정과 행동이 일치하는 순간을 알 수 있는가? 내가 채우고자 하는 욕구나 열망이 무엇인지 파악하고 있는가? 타인과의 특정한 만남에서 내가 그 사람에게 ('원해야 한다고' 생각하는 것이 아니라) 진심으로 원하는 것이 무엇인지 알 수 있는가? 나의 삶이 어떠한지 아는가? **내가** 실행에 옮기려고 하는 '계획'은 다른 사람의 의견을 무비판적으로 수용한 것인가, 아니면 스스로 선택한 것인가? 내가 특별히 나 자신을 좋아할 때 하는 행동과 그렇지 않을 때 하는 행동을 아는가? 이 질문은 지적인 자기 성찰이 필요한 것들이다.

이 질문들은 10분마다 감정의 온도를 재라는 식의 병적인 자기 몰두와는 다르다는 점을 명심하자. 나는 지나친 **자기 몰두는 권하지 않는다.** 같은 이유로 '자기 분석(introspection)'에 대해 말하는 것도 좋아하지 않는다. 자기 분석은 좀 더 기술적인 것이고 보통 사람들의 경험과는 거리가 있기 때문이다. 그보다는 '알아차리기 기술'이라는 말을 좋아한다. 몸의 감각 알아차리기. 누군가와 만나는 동안 나의 감정 알아차리기. 나에게 도움이 되지 않는 행동의 유형 알아차리기. 무엇이 나를 흥분시키고 소진시키는지 알아차리기. 나의 머릿속의 목소리가 진정으로 나의 것인지, 또는 다른 누군가—아마도 나의 어머니—의 것인지 알아차리기. 알아차리려면 관심을 가져야 한다. 가치 있는 실천을 생각해야 한다. 자신을 이해하는 일의 가치를 믿어야 한다. 머리를 지끈거리게 하는 사실들을 기꺼이 들여다봐야 할 수도 있다. 길게 보았을 때 무의식보다는 의식에서 훨씬 많은 것을 얻을 수 있다고 확신해야 한다.

왜 몸의 감각을 알아차려야 할까? 많은 가능성 중에 하나만 이야기해보자면, 심장마비를 피하려는 사람이나 스트레스 사전 경고의 도움을 받으려는 사람에게는 매우 유용할 것이기 때문이다. 다른 사람을 마주하는 동안 느끼는 감정을 알아차려야 하는 이유는 무엇인가? 자신의 행동과 반응을 더 잘 이해하기 위해서이다. 자신의 행동 유형을 알아차려야 하는 이유는 무엇인가? 자신이 원하는 결과로 이끌 행동과 그렇지 않은 행동을 구분하고, 도전이 필요한 유형을 가려내기 위해서이다.(행동 수정은 자동적으로 또는 '본능적'으로 이루어지지 않는다.) 내면에서 들리는 다른 사람의 목소리(이를테면 부모님이나 종교적 권위자 같은)를 가려내는 일이 중요한 이유는 무엇인가? 외부인의 영향력을 가려내고 진정한 자신의 목소리와 타인의 목소리를 구분해서, 자율적 존재로서 나의 삶을 꾸려 가기 위해서이다.

자신을 움직이고 이끄는 가치와 그 가치의 근원을 파악해, 비합리적으로 선택했거나 다른 사람들을 통해 무비판적으로 받아들인 가치에 휘둘리지 않는다.

앞서 언급한 내용과 밀접하게 연관되는 특징이다. 무의식적으로 살아가는 삶의 행태 가운데 하나는 자기 행동의 지침이 되는 가치를 생각하지 않거나, 심지어는 아예 무관심한 것이다. 누구나 이따금 자신의 행복에 장애가 될 수 있는 가치를 토대로 삼아 잘못되거나 비합리적인 결론을 도출한다. 대부분의 인간은 자기의 주변 세계, 즉 가족이나 동료나 문화에서 가치를 흡수하지만, 그렇게 얻은 가치가 반드시 합리적이거나 자신의 중요한 관심사를 지지한다고는 할 수 없다. 사실 그렇지 않은 경우가 상당수다.

어른이 되면서 무수히 많은 부정과 위선을 목격한 젊은이라면 이렇게 결론 내릴 수도 있다. "세상사가 다 그렇지. 그러니 나도 적응하는 수밖에." 그리하여 결국 정직함과 진실함을 하찮게 여기게 된다.

남성은 수입으로 자기 가치를 인정받고, 여성은 배우자의 지위로 자기 가치를 인정받는다고 사회화되기도 한다.

하지만 이런 가치들은 건강한 자존감을 훼손하며, 어김없이 자기소외와 비극적 삶을 초래한다. 그런 까닭에 의식적으로 살려면 우리가 목표와 목적을 정할 때 기준이 되는 가치들을 우리의 이성과 경험에 비추어 성찰하고 숙고하는 과정이 필요하다.

중독은 의식 회피 전략이다

의식 회피는 중독 문제에서 뚜렷하게 눈에 띈다. 술이나 약물, 또는 파괴적인 관계 중독의 감춰진 의도는 예외 없이 무력감과 고통의 핵심 감정을 인식하지 않음으로써 불안과 고통을 줄이는 것이다. 진정제와 진통제에 중독되더라도 불안과 고통은 사라지지 않는다. 그저 덜 의식하게 될 뿐이다. 하지만 결과적으로는 전보다 더 심각한 불안과 고통에 시달리게 되고, 궁지에 몰린 의식을 유지하려면 점점 더 많은 양의 독을 투여해야 한다.

누군가 흥분제에 중독되었다면, 그것은 자신이 감추려는 우울과 피로가 눈에 띄지 않게 하려는 것이다. 어떤 경우에든 의식 회피가 뒤따른다. 때로는 흥분제로 지속해야 하는 생활 방식의 결과도 외면한다.

중독자에게 의식은 적이다. 술이 위험하다는 것을 아는데도 술을 마셔야 한다면, 우선 의식의 불빛부터 꺼야 한다. 코카인 때문에 세 번이나 해고당했는데도 코카인을 들이마셔야겠다면, 먼저 나의 지식, 내가 본 것과 아는 것을 지워야 한다. 나의 존엄성을 파괴하고 자존감을 해치고 신체적 건강에 위험한 관계라는 것을 알면서도 그 관계를 유지하려면 이성의 목소리에 귀를 막아야 한다. 머릿속을 흐리게 만들고 어리석게 행동하도록 해야 한다. 자기 파괴는 어둠 속에서 가장 잘 수행된다.

문제를 피하지 않고 바로 인식하기

삶을 돌아보면 누구나 의식이 꼭 필요했을 때 충분히 의식하지 않았다는 점 때문에 아쉬움을 느낀다. 그런 순간이 떠오르면 스스로 이렇게 말한다. "한 번 더 생각했더라면!", "그렇게 충동적으로 행동하지 않았더라면!", "그런 사실들을 좀 더 신중하게 따져보았더라면!", "조금 더 앞을 내다보았더라면!"

첫 번째 결혼을 할 때 나는 스물두 살이었다. (우리가 어렸다는 사실과는 별도로) 우리가 실수를 하고 있음을 일러주었던 온갖 신호들이 기억난다. 끝도 없이 계속되는 다툼, 각자의 가치관에서 비롯된 불화, 상대방이 '이상형'이 아니라는 마음 깊은 곳의 생각. 그런데도 어째서 결혼을 계속 추진했을까? 우리가 공유한 특정한 신념과 이상, 성적인 매력, 또한 평생 함께할 사람이 절실히 필요했기 때문이었다. 처음으로 소외감을 느끼지 않은 사람이기 때문이었다. 그리고 다른 누군가가 나타나리라는 확신도 없었다. 일단 결혼만 하면 둘 사이의 모든 문제는 봄눈 녹듯 사라지리라고 순진하게 생각했다. 그리고 그렇게 확신할 만한 '근거들'도 있었다.

그렇더라도 누군가 내게 (또는 스스로) 이런 질문을 던질 수도 있겠다. "바버라와의 관계를 좀 더 진지하게 생각했더라면, 매일같이 꾸준히 그렇게 했더라면 어떻게 되었을까?" 문제를 외면하지 않고 인식하려고 했다면 어떻게 되었을지 궁금하다. 지극히 단순하지만 도발적인 이런 질문에는 놀라운 잠재력이 있다.

실제로 나는 나를 결혼으로 몰고 간 감정도, 위험 신호를 보내는 감정도 살펴보지 않았다. 논리적이고 분명한 이런 질문도 정면으로 마주하려고 하지 않았다. '왜 **지금** 결혼하려는 거지? 둘 사이의 문제가 해결될 때까지 기다리지 않는 이유는 뭐지?' 내가 마주하지 않은 질문들은 내 자존감에 미묘한 상처를 남겼다. 나의 일부는 내가 이런 문제들을 인식하지 않으려 한다는 사실을 알고 있었던 것이다. 내가 이 사실을 완전히 받아들이기까지는 몇 년이 걸렸다.

그때 내가 그것을 알았더라면 하는 과제를 내담자에게 내주는 경우가 있다. 그걸 알았더라면 그후 최소 십 년 이상의 삶이 달라졌을 거라는 생각이 드는 그런 과제들이다. 앞으로도 이 과제를 비롯한 여러 가지 내용을 이야기하겠지만, 우선 잠깐만 설명하도록 하자. 2주 동안 아침마다 책상 앞에 앉아, 노트에 적힌 미완성 문장을 완성해야 한다. "○○와의 관계를 좀 더 진지하게 생각했더라면," 이 문장 줄기에, 미리 연습하거나 스스로 검열하거나 계획하거나 또는 '생각'하지 말고 떠오르는 대로 6~10가지의 말꼬리를 적어보자. 그렇게 하는 과정에서 회피나 부정의 작용은 물론이고 관계에 품고 있던 모든 의심이 명료해지면서 이전보다 훨씬 더 의식적이고 솔직해진 자신을 발견할 수 있다.

인간 관계로 혼란스럽거나 갈등 상황에 처한 내담자에게 이 과제를 제시했을 때, 결과는 거의 어김없이 분명했다. 급속도로 관계가 호전되거나 관계가 끝난다.

과거에 나도 이 방법을 사용했더라면, 결혼을 하려는 이유가 상대방을 흠모하기 때문이라기보다 나의 외로움 때문이라는 사실을 깨달았을 것이다. 반대로 바버라가 같은 과제를 수행했더라면, 결혼을 준비하는 과정에서 나와 마찬가지로 자신도 이성적이지 않다는 사실을 알았을 것이다. 그때 우리가 그렇게 높은 의식 수준을 유지할 만한 용기와 지혜가 있었는지 여부를 이제야 짐작할 수 있게 되었다. 아주 잠깐 의식이 깨어났다고 해서 그 상태가 유지된다는 법은 없다. 마찬가지로 내담자들의 경험을 통해 알 수 있듯이, 내내 눈을 감은 채 지내는 것도 몹시 어려운 일이다. 이제 문 하나를 연 사람은 자기 앞에 있는 문을 열면 또 다른 문들이 이어지리라는 것을 분명히 알기 때문이다.

몸을 움직이면 의식이 해방된다

빌헬름 라이히(Wilhelm Reich)는 심리 치료에서 몸의 중요성을 밝히는 업적을 세웠다. 덕분에 임상의들은 감각과 감정이 차단되고 억압되면 물리적 반응이 일어난다는 사실을 알게 되었다. 호흡이 가빠지고 근육은 수축한다. 이런 증상이 반복되면 차단은 신체 구조의 일부가 된다. 라이히는 이를 '갑옷'이라 말했다. 심리적 증상은 신체적 증상으로 변화한다. 호흡이 습관적으로 얕아지고 근육이 일정 수준까지 수축하면 감각의 흐름은 저해되고 의식은 희미해진다. 물리 치료로 호흡을 이완시키고 경직된 근육의 긴장을 풀어주면 **이전보다 풍부하게 느끼고 인식할 수 있게 된다**. 몸의 움직임은 차단된 의식을 해방한다.

실제로 신체 활동을 연구하는 기관에서는 라이히를 넘어 정신과 몸의 상호 작용에서 더 큰 발전을 이루었다. 신체를 자유롭게 하는 것은 정신을 자유롭게 하는 데 도움이 된다.

1970년대 초에 나는 '롤핑(rolfing)'이라는 프로그램을 연구한 적이 있는데,(창시자인 미국의 생화학자 아이다 롤프Ida Rolf의 이름을 딴 것이다.) 더 공식적으로는 '구조적 통합(structural integration)'이라 불린다. 근육이 경직되어서 발생한 몸의 불균형을 바로잡는 이 과정에는 몸을 재배치하는 깊은 마사지와 근막 조정이 포함된다. 또한 이 과정은 차단된 감각과 에너지의 영역을 열어준다.

연구에 참여한 내담자들의 반응을 보고 나는 흥분했다. 많은 내담자들이 한 주 한 주 지날 때마다 변화를 체감한다고 말했다. 나는 전보다 내 일에서 민감해지고 직관이 강해졌다. 내 몸이 전보다 자유롭고 '기능적'이게 된 덕에, 다른 사람의 몸을 능숙하게 '읽을' 수 있었다. 환자가 앉거나 일어서는 동작, 움직이는 모습을 보자마자 그 사람이 짊어진 내면의 짐을 알아챌 수 있었다. 내 몸에 대한 의식이 높아지자 자연스럽게 일을 대하는 의식 수준도 높아졌다.

나는 나를 지도하는 롤핑 치료사에게 열성적으로 이 변화를 이야기했다. 그러자 그는 누구나 그런 경험을 하는 것은 아니며, 의식적으로 그 과정에 참여하는 사람만이 그런 결과를 얻는다고 말했다. "일종의 심리 치료 같은 거죠." 그가 설명했다. "의식 수준이 높은 내담자가, 수동적이거나 그저 치료실에 가기만 하면 심리치료사가 전부 알아서 해주리라고 생각하는 내담자보다 좋은 결과를 얻잖습니까."

의식적으로 목표를 달성해야 한다면, 감정을 억누르는 갑옷은 심각한 방해 요인이 된다.

의식하는 삶을 위한 문장 완성 연습

　문장 완성 연습은 실망스러울 정도로 단순하지만 자기 이해와 자존감, 자기 효능감을 향상시키는 데에는 더없이 훌륭한 도구이다. 우리는 스스로 생각하는 것보다 많은 지식, 실제로 활용하는 것보다 많은 지혜, 또한 대체로 행동으로 보이는 것보다 많은 잠재 능력을 지니고 있다. 문장 완성 연습은 이러한 '숨어 있는 자원들'을 평가하고 활성화하는 도구이다.

　문장 완성 연습은 다양한 활용이 가능하다. 여기서는 특별히 효과적인 방법을 설명하려 한다. 핵심만 설명하자면 문장의 줄기만을 적은 다음, 여러 개의 말꼬리를 덧붙이는 것이다. 반드시 문법적으로 완성된 문장을 만들어야 한다. 말꼬리를 여섯 개 이상 붙여보자.

　가능한 한 빠른 시간 안에 완성해야 한다. 쓰다가 멈추고 '생각'해서는 안 된다. 절박한 상황에 처했다 생각하고 문장을 완성한다. 어떤 말꼬리가 진심인지, 합리적인지, 중요한지 여부는 생각하지 않는다. **어떤 것**이라도 괜찮으니 **멈추지 말고 계속해라.**

　이런 식으로 문장을 완성할 때에는 노트나 컴퓨터를 활용한다.(또 다른 방법은 녹음기를 사용하는 것이다. 녹음기에 대고 하나의 문장 줄기를 반복해서 말하는데, 매번 다른 말꼬리로 여러 개의 문장을 완성한다.)

　문장 완성 연습은 여러 가지 목적에 따라 쓰일 수 있다. 그리고 이 책에서는 그중 일부를 살펴보려 한다. 지금 당장 더 의식적으로 살려면 이 방법을 어떻게 활용할 수 있을까?

　아침에 일과를 시작하기 전, 자리에 앉아 다음과 같은 문장 줄기를 써보자.

의식적으로 산다는 것은 내게 _____ 의미이다.

그리고 가능한 한 빨리, 생각하지 말고 2~3분 동안 최대한 많은 문장을 완성해보자.(반드시 최소 여섯 개는 되어야 하고, 열 개 정도면 충분하다.) 당신이 완성한 문장이 문자 그대로 진실인지, 합리적인지, '깊이 있는지' 걱정하지 마라. **아무것**이나 써도 되고 **뭐라도** 쓰면 된다.

그리고 다음 문장 줄기로 넘어가자.

오늘 내 행동에 5퍼센트 더 의식을 집중한다면, _____
(왜 5퍼센트밖에 안 되느냐고? 받아들이기에 적당히 작고 두렵지 않은 '한입 크기'인 데다가 대개의 경우 5퍼센트면 충분하다!)
그다음 줄기이다.

내가 오늘 사람들을 어떻게 대하는지에 더 주의를 집중한다면,
_____

내게 가장 중요한 관계에 내가 5퍼센트 더 의식을 집중한다면,
_____

~에 내가 5퍼센트만 더 의식을 집중한다면, _____
(물결표 위치에는 당신과 관련된 세부적인 문제들을 채워 넣는다. 이를테면 누군가와의 관계, 일하는 중에 부닥친 장애물, 불안이나 우울 같은 당

신의 감정 따위가 들어갈 수 있겠다.)

과제를 다 마쳤다면 일과를 시작한다.

하루가 끝날 무렵, 저녁 먹기 전에 마지막 과제로 다음의 줄기로 각각 6~10개의 문장을 완성해보자.

내가 더 의식적으로 살았다면, _____ 한 기분을 느낄 것이다.

내 행동에 5퍼센트 더 의식을 집중하면, _____ 한 일이 일어날 것이다.

가장 중요한 관계에 5퍼센트 더 의식을 집중하면, _____ 한 일이 일어날 것이다.

~에 5퍼센트 더 의식을 집중하면, _____ 한 일이 일어날 것이다.

(물결표에는 무엇이든 채워넣을 수 있다.)

월요일부터 금요일까지 일 주일 동안 매일 이 과제를 해보자. 전날 쓴 것은 다시 읽어보지 마라. 내용이 중복되는 것은 당연하다. 하지만 분명히 새로운 문장이 나타난다. 당신은 당신을 위해 일하는 당신의 온 정신에 기운을 불어넣는 중이다.

매주 주말에는 일 주일 동안 쓴 것을 다시 읽어보자. 그리고 다음 문장 줄기로 적어도 여섯 개의 문장을 완성해보자.

이번 주에 쓴 것 중에서 어떤 것이 진실이라면, 내가 _____ 하는 데 도움이 될 것이다.

이 과제의 목적은 앞으로 벌어질 일이나 또는 벌어지리라 '예측되는' 일에 대한 기대를 모두 비우는 것이다. 상황에 어떠한 요구도 하지 말고, 기대하는 마음을 비우려고 노력하라. 하루 일과를 시작하면서 이 훈련을 해보자. 그리고 자신의 감정이나 행동에서 어떤 차이가 나타나는지 그저 가만히 관심을 기울여보자. 의식에 시동이 걸리면 실제로 의식 회피가 불가능하다는 사실을 알게 될 것이다.

과제를 수행하는 시간은 평균 10분을 넘지 말아야 한다. 그보다 오래 걸린다면 너무 많이 '생각(연습, 계산)'하는 것이다.

저녁에 하는 두 번째 과제가 아침의 과제와 관련이 있다는 데 주목하자. 나중에 완성해야 할 문장 줄기들이 있다는 사실을 아는 것은, 온종일 더 의식적으로 살게끔 당신의 동기에 활력을 불어넣는다.

이 방법은 집중력을 관리하는 법을 배우는 과정이자, 더 폭넓게는 정신의 '자발적' 활동을 다루는 방법을 배우는 과정이기도 하다. 높은 자존감을 유지하는 훈련법은 존재한다. 그리고 그 토대는 의식 그 자체를 훈련하는 것이다. 이것이 바로 문장 완성 연습이 돕고 북돋우려 하는 것이다.

앞서 말한 문장 줄기로 2주 동안 과제를 수행하고 나면 당신은 이 과제가 어떤 식으로 진행되는지 이해하게 된다. 그리고 특정 문제에 대한 의식 수준을 높이는 데 도움을 줄 다른 문장 줄기들을 사용할 수 있게 된다. 예를 들어보자.

정신적으로 적극적일 때와 소극적일 때 5퍼센트 더 의식을 집중한다면, _____ (이)라는 사실을 알게 될 것이다.

(저녁용 말머리: 내가 ~했을 때에 어떤 일이 생길지 알게 된다면,
_____)

~와의 관계에 5퍼센트 더 의식을 집중한다면, _____

나의 불안함에 5퍼센트 더 의식을 집중한다면, _____

내가 느끼는 우울함에 5퍼센트 더 의식을 집중한다면, _____

~를 향한 내 관심에 5퍼센트 더 의식을 집중한다면, _____

불편한 사실을 피하려는 충동에 5퍼센트 더 의식을 집중한다면,
_____

내가 느끼는 욕구와 소망에 5퍼센트 더 의식을 집중한다면,
_____

근본적인 가치와 목표에 5퍼센트 더 의식을 집중한다면, _____

내 감정에 5퍼센트 더 의식을 집중한다면, _____

우선순위에 5퍼센트 더 의식을 집중한다면, _____

이따금 스스로 자신을 방해하는 이유에 5퍼센트 더 의식을 집중한다
면, _____

내 행동의 결과에 5퍼센트 더 의식을 집중한다면, _____

나에게 내가 원하는 것을 주는 사람들을 이따금 힘들게 하는 이유에
대해 5퍼센트 더 의식을 집중한다면, _____

성공 지향적인 문장 줄기 몇 가지를 소개한다.

나의 직업에 필요한 것들에 5퍼센트 더 의식을 집중한다면,
_____

유능한 관리자에게 필요한 지식에 5퍼센트 더 의식을 집중한다면,
_____

판매 전략에 관한 지식에 5퍼센트 더 의식을 집중한다면, _____
어떻게 하는 것이 적절하게 권한을 위임하는 것인가 하는 문제에 5퍼
센트 더 의식을 집중했더라면, _____

다음은 '내적인 저항'을 찾아내는 몇 가지 문장 줄기이다.

내 삶을 더 많이 의식하며 산다고 상상한다면, _____
더 의식적으로 살아갈 때 두려운 것은 아마도 _____
더 의식적으로 움직이는 데 대한 두려움에 5퍼센트 더 의식을 집중한
다면, _____

문장 완성 연습의 가능성은 거의 무궁무진하다. 지금까지 사례만
보더라도 충분히 알 수 있을 것이다. 앞서 언급한 각각의 예시와 짝
을 이루는 저녁용 말머리는 명확하다.
나는 개별적인 심리 치료와 별도로 매주 자존감 집단 상담을 진
행하면서 나의 자존감 쌓기 전략 중 상당수를 지속적으로 검증했다.
앞서 말한 문장 완성 연습은 정적이지만 효과적이고 점진적인 변화
를 이끌어냈다. 이렇듯 특정한 '의식 활동'을 한두 달 동안 지속적으
로 수행한 결과, 모든 경우에 더 높아진 의식 수준을 보였다. 이 훈
련은 정신의 활동을 자극한다.

어떤 영역을 더 의식해야 하나

의식적으로 산다는 것은 실천하는 것이자 마음가짐이고 삶의 방향을 설정하는 것이다. 그리고 의식적으로 산다는 것은 명백히 의식과 무의식을 하나로 연결하는 일이다. 전적으로 무의식적으로만 사는 사람도 없고, 의식의 확장이 불가능한 사람도 없다.

이런 문제를 곰곰이 생각해보면, 자기 삶의 어떤 영역에서는 다른 영역에서보다 더 의식적으로 산다는 점을 알아차릴 것이다. 운동선수들과 무용수들을 상담한 적이 있다. 그들은 신경, 근육, 혈액 순환과 관련된 체내의 아주 작은 변화는 예민하게 인식한다. 그러나 자기 감정의 의미는 상당 부분 몰랐다. 일의 영역에서는 비범하게 의식적이지만 개인적 관계에서는 거의 재앙 수준으로 무의식적인 사람은 어디에나 있다.

어떤 삶의 영역을 더 집중해서 인식해야 하는지 아는 방법은 대체로 매우 명백하다. 우리는 삶에서 가장 만족스럽지 않은 영역을 주시한다. 우리는 고통과 좌절이 어디에 있는지를 알아차린다. 우리는 어느 부분에서 효능감이 가장 떨어지는지를 관찰한다. 기꺼이 정직하고자 한다면, 그리 어려운 일이 아니다. 어떤 사람들은 기본적인 물질적 욕구의 영역을 더 잘 인식해야 할 수도 있다. 어떤 사람들은 관계에 더 집중해야 할 수도 있다. 어떤 이는 지적 발달에 집중해야 하고 어떤 이는 아직 찾지 못한 창조성과 성취 가능성을 살펴봐야 한다. 또한 누군가는 정신적 성장에 더 신경 써야 한다. 우선순위를 두어야 할 곳은 우리의 발전이 이루어지는 곳, 그리고 우리에게 주어진 객관적인 상황이다. 맥락이 적합성을 결정한다.

이번 장에서 다루는 주제를 숙고해서 자기 삶에서 가장 의식적인 영역과 그렇지 못한 영역이 무엇인지 확인했다고 가정해보자. 그다음 단계에서 할 일은, 문제가 되는 영역에서 높은 수준으로 정신적 집중 상태를 유지하는 것이 어려운 까닭을 깊이 생각해보는 것이다. 문장 완성 연습이 여기에서 도움이 될 수 있다. 예를 들어보자.

이 영역에 완전히 의식을 집중하는 것이 어려운 이유는, _____

가능한 한 빠르게 6~10가지 말꼬리를 써보자. 그다음에는 다음 문장들을 차례로 완성해보자.

이 영역에 전혀 의식을 집중하지 않을 때 좋은 점은, _____
이 영역에 더 의식을 집중한다면, _____
이 영역에 5퍼센트 더 의식을 집중하려고 시도한다면, _____
('한입 크기' 원칙을 기억하라)

바로 지금, 문장 완성 훈련의 성과를 점검하기 전에, 다음의 질문들을 생각하는 것이 격려가 된다는 사실을 알게 될 것이다.

자신의 일을 더 의식적으로 한다면, 나는 어떤 다른 방식으로 일하게 될까?
가장 중요한 인간 관계에서 더 의식적이고자 한다면, 나는 어떤 다른 방식으로 행동하게 될까?

동료, 직원, 고객, 배우자, 자녀, 친구 같은 타인을 대하는 태도에 더 집중하고자 한다면, 나는 어떤 다른 방식으로 행동하게 될까?

이러한 영역에서 의식을 확장하는 데 두려움이나 주저함을 느낀다면, 내가 회피하는 상상 속의 부정적 측면은 무엇인가?

자책 없이 자신의 두려움이나 저항을 더 잘 의식한다면, 나는 무엇을 알아차리게 될까?

실제로 필요한 것보다 나의 의식이 충분하지 못한 영역에서 능력 있고 힘이 넘친다고 느끼고 싶다면, 나는 무엇을 하겠는가?

의식적 삶의 실천은 자존감의 첫 번째 기둥이다.

7장

자기 받아들이기

두 번째 기둥

⋮

자기 수용 없이 자존감은 있을 수 없다.

실제로, 자기 수용은 자존감과 너무나 밀접하게 얽혀 있어서, 이따금 둘의 개념을 혼동하는 사람도 있다. 그러나 이 둘은 의미가 다르며, 각각 독립적으로 이해해야 한다.

자존감이 우리가 **경험하는** 어떤 것이라면, 자기 수용은 우리가 **행하는** 어떤 것이다.

부정적으로 진술하자면, **자기 수용이란 자기 자신과 적대적 관계에 있기를 거부하는 것이다.**

자기 수용 개념은 세 단계의 의미가 있는데, 각각의 의미를 차례로 살펴볼 것이다.

1단계 — 나를 소중히 여기고 존중하기

　자기를 받아들인다는 것은 내 편이 된다는 것, 그러니까 나 자신을 **위한다는** 것이다. 가장 근본적인 의미에서 자기 수용은 자신의 가치를 믿고 자기 자신에게 전념한다는 것을 뜻한다. 자신의 가치를 믿고 자기 자신에게 전념한다는 그런 태도는 내가 살아 있고 내가 의식한다는 그 사실에서 나온다. 그런 까닭에 자존감보다 더 원초적이다. 자기 수용은 이성이나 도덕성 이전의 자기 긍정 행위이다. 모든 인간 존재가 지니고 태어나는 일종의 자기 중심주의인데, 그럼에도 우리는 그것을 거슬러 행동하고 무효로 만들 힘이 있다.

　어떤 사람들은 심각하게 자신을 거부해서 이 문제를 제대로 다루기 전까지는 그 어떤 성장도 시작될 수 없다. 이 문제를 해결하지 않으면 어떤 치료도 지속할 수 없으며, 새로운 배움도 제대로 통합되지 못하고, 의미 있는 발전도 이루지 못한다. 자기 거부 문제를 이해하지 못하거나 그런 문제가 있다는 것조차 인지하지 못하는 심리치료사는, 왜 어떤 내담자들이 몇 년 동안이나 심리 치료를 받고도 중요한 개선을 보이지 않는지 도무지 이해하지 못할 것이다.

　유능한 심리치료사는 자존감이 아주 낮은 사람에게서도 기초적인 자기 수용 태도를 일깨우려고 노력한다. 이러한 자기 수용적 태도는 자신의 가치를 거부하거나 삶의 의지를 버리면서 자기 혐오로 무너져 내리지 않기 위해 격려가 절실히 필요한 이들에게 중요하다. 그들이 반드시 직면해야 하는 사실에 맞서도록 북돋워주기 때문이다. 그것은 다음과 같은 선언으로 이어진다. "나는 나 자신을 소중히 여기고 존중하며, 나의 존재 권리를 옹호하기로 선택했다." 이러한 기본적인 자기 긍정 행동은 자존감 발달의 토대가 된다.

자기 수용은 잠들어 있다가 갑자기 깨어날 수도 있다. 심지어 우리가 절망에 빠져 있을 때 우리 삶을 위해 싸울 수 있다. 우리가 자살 직전의 상태일 때 전화기를 들어 도움을 청하게 할 수 있다. 또한 심각한 불안이나 우울로부터 우리를 건져내 심리치료사에게로 이끌 수도 있다. 몇 년 동안 이어진 학대와 멸시를 견디다 마침내 "안 돼!" 하고 외치게 할 수도 있다. 원하는 것이라고는 가만히 누워 죽는 것뿐인 순간에 우리를 계속 움직이게 할 수 있다. 그것은 생명력의 목소리이다. 가장 고결한 의미의 '이기심'이다. 자기 수용이 침묵하면, 자존감은 첫 번째 희생자가 된다.

2단계 ─ 나의 감정 받아들이기

자기 수용에는 기꺼이 경험하고자 하는 의지, 다시 말해 부인하거나 회피하지 않고 나 자신으로서 존재하려는 의지가 뒤따른다. 이는 생각하는 대로 생각하고, 느끼는 대로 느끼고, 원하는 대로 원하고, 행동하는 대로 행동하고, 존재하는 대로 존재하는 것이다. 나의 몸, 나의 감정, 나의 생각, 나의 행동, 나의 꿈과 같은 나의 특정 부분을 낯선 것이나 '내가 아닌 것'으로 생각하기를 거부하는 것이다. 특정 순간에 내 존재의 실상이 무엇이든 그것을 부인하지 않고 기꺼이 경험하려 하는 의지이다. 즉, 내 생각들로 사고하고, 내 감정을 인정하고, 실제 내 행동에 참여하는 것이다.

자신의 감정을 기꺼이 경험하고 받아들이려는 의지가 반드시 우리의 행동을 결정하는 것은 아니다. 오늘 나는 일을 하고 싶지 않은 기분일지도 모른다. 그렇지만 나는 그런 나의 기분을 인식하고, 느끼고, 받아들일 수 있다. 그러고 나서 일을 시작한다. 자기 기만으로 하루를 시작하지 않았기에 더 명료한 정신으로 일을 할 것이다.

대체로 부정적인 감정을 충분히 경험하고 받아들이는 순간, 그것들을 손에서 놓아버릴 수 있게 된다. 큰 목소리를 내던 부정적인 감정은 이제 중앙 무대를 떠난다.

자기 수용은 어떤 감정이나 행동도 기꺼이 이야기하는 것이다. "이건 나의 표현이야. 꼭 내가 좋아하거나 감탄할 만한 것이라고는 할 수 없지만, 그래도 이건 나의 표현이야. 적어도 그것이 일어난 순간에는 말이야." 이것은 자기(self)에게 적용된 현실주의의 미덕이자 자기의 현실을 존중하는 태도이다.

이런 골치 아픈 생각들을 하고 있다면, 나는 그것을 생각하고 있는 것이다. 내 경험 자체를 온전히 받아들이는 것이다. 만약 내가 고통, 분노, 두려움, 불편한 욕망을 느낀다면, 나는 그것을 느끼고 있는 것이다. 사실은 사실이다. 나는 합리화하거나 부인하지 않으며, 변명하려 하지 않는다. 내가 느낀 것을 느끼고 내 경험의 실체를 받아들인다. 가령 나중에 부끄럽게 여길 행동을 하고 있더라도, 그러한 행동을 했다는 것은 여전히 사실이다. 그것이 현실이다. 그리고 나는 사실을 사라지게 하려고 나의 뇌를 왜곡하지 않는다. 나는 기꺼이 내가 옳다고 확신하는 그곳에 굳건히 서 있을 것이다. 사실은 사실이다.

'받아들임'은 '인식'이나 '인정'보다 간단하다. 그것은 경험하는 것이고, 지금 여기에 머무는 것이며, 현실을 깊이 생각하는 것이고, 나의 의식에 몰입하는 것이다. 원치 않는 감정이라고 마지 못해 인식하지 말고 스스로 마음을 활짝 열어 그것을 온전히 경험해야 한다. 예를 들어, 아내가 나에게 이렇게 물었다고 치자. "오늘 기분이 어때?" 그러면 나는 신경이 날카롭고 정신이 산만한 채로 이렇게 대답한다. "형편없어." 그러면 아내는 내 말에 공감하며 "오늘 당신 진짜 기분 안 좋아 보여."라고 걱정스레 말한다. 그러면 나는 한숨을 쉬고, 긴장이 몸에서 흘러나가기 시작하고, 전혀 다른 목소리로 말한다. 진짜 나의 목소리로. "응, 비참한 기분이야, 정말로 비참하다고." 그러고는 무엇 때문에 짜증이 났는지 이야기하기 시작한다. 잔뜩 경직된 몸이 감정을 경험하기를 거부하면서 "형편없어."라고 말했을 때, 나는 그 감정을 인식하는 동시에 부인하는 것이다. 아내의 공감하는 반응은 내가 내 감정을 경험하게 도와주었고, 이 일은 내게 감정을 다루는 방법을 분명히 보여주었다. 감정을 경험하는 것은 그 자체로 직접적인 치유력이 있다.

우리는 어떤 사실을 인식할 수 있고 빠르게 다른 주제로 넘어갈 수 있다. 그저 자기 수용을 실행하고 있다고 상상하면서 말이다. 실제로는 감정을 부인하면서 자기 자신을 기만하고 있는 것이다. 내가 일을 하면서 어떤 실수를 했는지 상사가 설명하려 든다고 가정해보자. 상사가 비난하려는 의도 없이 호의적으로 말한다 하더라도, 나는 짜증이 나서 견딜 수 없다. 당장 멈추고 내 앞에서 사라졌으면 좋겠다. 상사가 이야기하는 동안에는 나는 어쩔 수 없이 실수를 저지른 현실에 머물러야 한다. 그러나 상사가 가버리면 나는 의식으로 부터 현실을 제거할 수 있다. **'나는 실수를 인정했어, 그러면 충분한 것 아냐?'** 이런 태도는 실수할 가능성을 높이거나 같은 실수를 반복하게 한다.

자기 수용은 변화와 성장의 전제 조건이다. 내가 저지른 실수를 똑바로 보고 내가 한 것이라고 받아들이면, 실수에서 자유롭게 배우고, 더 나은 삶을 향해 나아가게 된다. 내가 저질렀다고 받아들이지 못하는 실수에서는 아무것도 배울 수가 없다.

내가 대체로 무의식적으로 살고 있다는 사실을 받아들이지 않는다면 어떻게 더 의식적으로 사는 방법을 배울 것인가? 내가 대체로 무책임하게 살고 있다는 사실을 받아들이지 않는다면 어떻게 더 책임감 있게 사는 법을 배울 것인가? 내가 대체로 수동적으로 살고 있다는 사실을 받아들이지 않는다면 어떻게 더 적극적으로 사는 방법을 배울 것인가?

내가 부정하는 현실의 두려움은 극복할 수 없다. 내가 동료를 대하는 방식에 문제가 있다는 것을 인정하지 않는다면 문제를 바로잡을 수 없다. 나에게는 그런 특성이 없다고 주장하는 특성을 바꿀 수는 없다. 내가 했다고 인정하지 않으려는 행동에 대해서는 나 자신을 용서할 수 없다.

한 내담자는 내가 이런 개념을 설명하려 하자 화를 냈다. 그녀는 분개하며 "나더러 끔찍하게 낮은 내 자존감을 인정하라고요?"라고 따져 물었다. 나는 이렇게 대답했다. "당신이 지금 처한 현실을 인정하지 않는다면, 어떻게 변화할 수 있다고 상상할 수 있겠어요?" 이

점을 이해하려면 우리는 '받아들임'이 반드시 '좋아함'이나 '기쁨', 또는 '용서'를 뜻하는 것이 아니라는 사실을 다시 한 번 떠올려야 한다. 나는 받아들일 수 있다는 바로 거기에서 발전하기로 결심할 수 있다. 나를 가두는 것은 받아들임이 아니라 부인이다.

자신을 받아들이지 않는다면, 진정으로 나 자신으로 존재할 수 없고 자존감을 쌓을 수도 없다.

3단계 — 행동의 내적 동기 이해하기

자기 수용에는 연민과 자신의 벗이 되려는 마음이 필요하다.

내가 후회할 만한 행동이나 부끄러운 행동을 해서 스스로 비난한 다고 가정해보자. 자기 수용은 현실을 부정하지 않으며, 잘못된 것이 실제로는 괜찮다고 주장하지 않지만, 그런 행동을 하게 된 맥락을 궁금해한다. 자기 수용은 이유를 이해하고 싶어 하는 것이다. 어떤 잘못된 것이나 부당한 것이 왜 그때에는 바람직하거나 적절하게 느껴졌는지, 심지어는 왜 그것이 꼭 필요하다고 생각했는지 알고 싶어 한다.

어떤 다른 사람이 옳지 않고 불친절하고 파괴적인 행동, 혹은 그 비슷한 행동을 저질렀다는 사실만 알 때에는 그 사람을 이해한 것이 아니다. 그러한 행동을 유발한 내적인 동기를 알아야 한다. 대부분 불쾌한 행동이 일어난 맥락에는 언제나 그 나름의 이유가 있다. 그렇다고 그러한 행동들이 정당화된다는 것은 아니다. 단지 그 행동들을 이해할 수 있다는 것이다.

나는 내가 한 어떤 행동을 비난하는 한편, 여전히 그러한 행동을 유발한 동기에 공감 어린 관심을 보일 수 있다. 나는 여전히 나의 친구일 수 있다. 이것은 변명이나 합리화, 또는 책임 회피와는 아무 관련이 없다. 나의 행동에 책임을 진 **다음에야** 나는 한층 더 깊은 맥락으로 들어갈 수 있다. 좋은 친구라면 이렇게 말할 것이다. "너답지 않았어. 이제 말해봐. 그게 왜 좋은 생각이라고 생각한 거야? 아니, 적어도 변명이 될 거라고 생각한 이유가 뭐야?" 이는 내가 스스로에게 건넬 수 있는 말이다.

나는 내담자와 나 자신의 경험 속에서 이러한 종류의 받아들임과 공감 어린 관심이 원치 않는 행동을 부추기는 것이 아니라 그런 행동이 재발할 가능성을 줄여준다는 사실을 발견했다.

타인을 꾸짖거나 바로잡아야 할 때에는, 자존감에 상처를 입히지 않는 방법으로 그렇게 하기를 바라야 한다. 앞으로의 행동을 만드는 것이 자기 개념이기 때문이다. 그러므로 자기 자신에게도 이와 똑같은 관용을 베풀어야 한다. 이것이 자기 수용의 미덕이다.

거울 속 나의 모습 받아들이기

자기 수용 개념을 내담자에게 소개할 때, 나는 대개 간단한 연습으로 시작하는 편이다. 이 방법은 깊이 있는 배움의 경험을 제공한다.

전신 거울 앞에 서서 얼굴과 몸을 바라본다. 그때 느껴지는 느낌에 집중한다. 옷이나 화장이 아니라 **자신**에게 집중하라. 그렇게 하는 것이 힘겹거나 불편한 느낌을 주는지 관찰한다. 이 연습은 옷을 다 벗고 하는 편이 좋다.

아마 신체에서 특별히 보기 좋은 부분이 있을 것이다. 대다수 사람들과 마찬가지로, 당신을 불안하게 하거나 불쾌하게 만들어 오랫동안 바라보기 괴로운 부분도 발견하게 될 것이다. 당신에게는 마주하고 싶지 않은 고통일 수도 있다. 아마도 당신은 너무 뚱뚱하거나 너무 말랐을 것이다. 어쩌면 몸의 어떤 부분은 너무나 싫은 나머지 계속 쳐다보는 것이 견딜 수 없을지도 모른다. 노화의 흔적들을 보고 이러한 징후들이 불러일으키는 생각과 감정을 지속하기 힘들 수도 있다. 그래서 회피하고, 인식을 피하고, 자기의 어떤 측면을 거부하고 부인하고 끊어버리고 싶은 충동을 느낀다.

실험의 일환으로써 계속해서 몇 분 더 거울 속의 자신에게 집중할 필요가 있다. 그리고 자기 자신에게 이렇게 말한다. "내 단점이나 결점이 무엇이든, 나는 나를 거리낌 없이 완전히 받아들일 거야." 집중한 상태에서 깊이 호흡하면서 서두르지 말고 1~2분 동안 거듭 이 말을 되풀이한다. 스스로 말의 의미를 충분히 경험하도록 하자.

아마 저항하는 자신을 발견할 수도 있다. "그렇지만 내 몸의 어떤 **부분은 마음에 들지 않는데**, 어떻게 그 부분들까지 거리낌 없이 완전하게 받아들일 수 있지?" 하지만 기억하라. '받아들임'이 반드시 '좋아함'을 의미하는 것은 아니다. '받아들임'은 변화나 개선을 상상하거나 바라는 것이 아니다. '받아들임'은 거부하거나 회피하지 않고 사실을 사실로서 경험하는 것을 의미한다. 이 경우에 '받아들임'은 거울 속의 얼굴과 몸이 **내** 얼굴과 몸이며 그것들을 있는 그대로 인정하는 것을 의미한다.

이 연습을 끈질기게 계속하고, 그게 무엇이든 현실에 저항하는 것을 멈추고, ('받아들임'이 궁극적으로 뜻하는) 의식을 따른다면, 어느 정도 마음이 진정되는 것을 느낄 것이다. 어쩌면 자신을 한결 편안하게, 현실적으로 느끼는 자신을 알아차릴 수도 있다.

거울에 비치는 당신의 모든 면을 좋아하거나 즐길 수는 없을지라도, 당신은 이렇게 말할 수 있다. "바로 지금, 저것이 나야. 그리고 나는 그 사실을 부정하지 않아. 나는 그 사실을 받아들여." 이것이 바로 현실을 존중하는 것이다.

매일 아침저녁으로 2주일 동안 2분씩 이 연습을 한 내담자들은 이내 자기 수용과 자존감의 관계를 경험하기 시작했다. 다시 말해 존경이 존경을 부른다는 그런 사고방식을 체험하게 되는 것이다. 그러나 그 이상의 의미가 있다. 자신의 존재 자체와 관계 맺기를 거부하는데 자존감이 상처 입지 않을 도리가 있겠는가? 거울에 보이는 자신을 경멸하면서 자신을 사랑할 수 있다고 생각하는 것이 과연 현실적인가?

그들은 또 다른 중요한 발견을 한다. 자신과 더욱 조화로운 관계를 맺게 되고 자기 효능감과 자기 존중이 성장하게 된다. 또한 마음에 들지 않는 자기의 어떤 모습이 변화의 동력이 된다면, 그들이 현재의 모습을 받아들이자마자 변화를 향한 동기가 더욱 강하게 생겨나게 된다.

자신의 실제 모습을 부정한다면 변화로 나아갈 수 없다.

그리고 자기가 바꿀 수 없는 것들을 있는 그대로 받아들일 때 우리는 더욱 강해지고 집중할 수 있게 된다. 반면에 그것들에 저주를

퍼붓고 못마땅해하면 우리는 스스로 자신의 힘을 박탈하는 것이다.

감정에 귀 기울이기

받아들임과 부인하기는 모두 정신적인 과정과 육체적인 과정이 결합하여 이루어진다.

자신의 감정을 느끼고 받아들이는 행위는 다음 과정으로 이루어진다. (1) 기분이나 감정에 집중하기. (2) 부드럽게 심호흡하여 근육을 이완시켜 기분을 느낄 수 있게 하기. (3) 이것이 내 기분이라는 사실 깨닫기.

반대로, 감정을 부정하고 부인할 때에는 (1) 실제 감정을 인식하지 않으려고 회피한다. (2) 호흡이 부자연스럽고 근육이 경직되어 차단된 느낌이나 마비된 느낌이 든다. (3) 자신의 경험과 자신을 (대개 자신의 기분을 인식할 수 없는 상태에서) 분리한다.

자신의 감정을 경험하고 그것을 받아들이게끔 허용하면 이따금 중요한 정보가 나타나는 더 깊은 인식 단계로 옮겨 가기도 한다.

하루는 한 내담자가 2주 동안 출장을 떠난 남편에게 분노를 느끼는 자신을 탓하기 시작했다. 그녀는 자신이 비합리적이고 멍청하다고 말했다. 그렇게 느끼는 자신이 어처구니없다고 말하면서도 분노는 여전했다. 그녀에게 욕을 하거나 도덕적인 훈계를 늘어놓으면서 원치 않는 감정을 느끼지 말라고 설득하는 사람은 아무도 없었다.

나는 그녀에게 분노의 감정을 설명해보고, 몸의 어느 부분에서 그 감정을 느꼈는지, 그리고 정확히 어떤 기분이었는지 설명해보라고 했다. 내 목표는 그녀가 분노를 더 깊이 있게 느끼게 하려는 것이었다. 그녀는 내 요구에 분노하며 짜증 섞인 말투로 쏘아붙였다. "그렇게 하면 뭐가 나아지는데요? 나는 화를 내고 싶은 것이 아니라, 화를 없애고 싶다고요!" 그러나 나는 의견을 굽히지 않았고, 마침내 그녀는 가슴에 느껴지는 긴장과 위장을 옥죄는 느낌을 설명하기 시작했다. 그러고는 소리쳤다. "화가 나고 분노에 가득 차 있어요. 나는 생각해요. 어떻게 남편이 나한테 이럴 수 있지?"

그다음 순간 그녀는 분노가 풀리기 시작하는 대신에 다른 감정이 그 자리에 나타난 사실에 크게 놀랐다. 바로 불안이었다. 나는 그녀에게 불안 속으로 들어가서 그것을 설명해보라고 요구했다. 또다시 그녀는 거부 반응을 보였고, 그것이 무슨 효과가 있느냐고 따져 물었다. 나는 그녀가 불안을 느껴보고, 스스로 거기에 몰입해보도록 이끌었다. 그러면서 감지할 수 있는 모든 것을 설명해보고, 아마도 그 감정이 그녀에게 말하는 것이 있을 텐데 그렇다면 그것이 무엇인지 알아내라고 했다. "세상에!" 그녀는 소리쳤다. "나는 혼자 남을 것이 두려웠던 거예요!" 다시금 그녀는 자신을 비난하기 시작했다. "나란 인간은 대체 뭐죠, 어린애인가요? 고작 2주를 혼자서 보내지 못하는 건가요?" 나는 그녀에게 혼자 남는 것에 대한 두려움 속으로 더 깊이 들어가보라고 요구했다. 그녀가 불현듯 말했다. "그가 가버렸을 때 내가 무슨 짓을 할지 몰라 두려워요. 그러니까, 다른 사람 말이에요. 나는 다른 남자랑 바람을 피울지도 몰라요. 나 자신을 믿을 수 없어요."

이제 그녀의 분노는 사라지고, 불안감은 해소되었고, 혼자 남는 것에 대한 두려움은 희미해졌다. 풀어야 할 문제는 분명히 남아있지만, 의식적 자각 수준에서 그 문제를 인정했으므로 이제는 **풀 수 있는** 문제가 되었다.

내가 원하지 않는 감정 받아들이기

십 대 시절에 나는 원치 않는 감정을 '정복하지' 않고 다루는 기술에 대해서 거의 알지 못했다. 종종 '부정'과 '부인'을 구별할 때에는 '힘'을 기준으로 삼았다.

이따금 나를 몹시 괴롭혔던 외로움과 내 생각, 관심사, 감정을 나눌 사람을 기다리던 갈망이 생각난다. 열여섯 살이던 나는 외로움은 약점을 의미하며, 인간적 친밀함을 갈망하는 것은 자립하는 데 실패한 것을 의미한다고 생각했다. 내내 그렇게 생각한 것은 아니었지만, 이따금 그런 생각에 사로잡혔다. 그럴 때면 그 생각에 맞서 몸을 긴장시키고, 가쁘게 숨을 내쉬며, 스스로 책망하고, 다른 관심사를 찾는 것 외에 고통을 멈출 방법이 없었다. 나는 그 고통이 신경 쓰이지 않는다고 나 자신에게 확신을 주고자 했다. 실제로 나는 소외를 미덕으로 삼아 거기에 매달렸다.

나는 다른 사람에게 그리 많은 기회를 주지 않았다. 모든 사람과 내가 다르다고 느꼈고, 그들과 나 사이에 놓인 심연을 보았다. 내가 충분히 자립적이라면 내 생각과 나의 책들만으로 충분하다고, 아니 충분해야 한다고 혼잣말로 중얼거렸다.

인간적 교류를 향한 나의 욕구를 당연한 것으로 받아들였더라면 나와 타인을 잇는 '이해'라는 다리를 발견했을지도 모른다. 고립의 고통을 온전히 느꼈더라면 자책하지 않고 이성 친구와 동성 친구를 사귈 수 있었을 것이며, 이따금 나에게 다가온 사람들의 관심과 선의를 알아차렸을 것이다. 내가 나에게 평범한 발달 단계에 따라 사춘기를 지나가게끔 자유를 주었더라면, 그래서 자기 소외라는 감옥에서 나오게 했더라면, 불행한 결혼 생활을 하도록 나를 버려 두지 않았을 것이다. 또한 진정으로 나와 같은 관심사를 나누는 것처럼 보였던 첫 번째 여자 친구에게 그토록 쉽게 상처받지 않았을 것이다.

그러나 여기서 말하려는 핵심은 그런 것들을 부인하는 것이 내 자존감에 끼친 영향이다. 자기 수용을 하지 않았던 데 '이유'가 있던 것은 분명한 사실이지만 이 대목에서 중요한 것은 그것이 아니다. 내가 그것을 받아들였는지 여부와는 상관없이 내가 느낀 것이 내가 느낀 것이다. 타인과의 교류를 애타게 바라는 나 자신의 일부를 경멸하고 거부했던 기억이 나의 뇌 어딘가에 남아 있다는 것을 안다. 당시 나는 내 자신의 일부와 대립하고 있었다. 비록 자신감과 행복이라는 다른 영역에서 즐길 수 있었을지 몰라도 나는 스스로 자존감에 상처를 입히고 있었다.

같은 논리로, 내가 부정했던 나의 일부를 뒤늦게나마 받아들이자 자존감이 자라나기 시작했다.

심리치료사로서 나는 거부당한 자기(self)의 일부를 의식하고 받아들이는 것만큼 개인의 자존감에서 중요한 것은 없다는 사실을 알게 되었다. 치유와 성장의 첫 단계는 자각과 수용, 즉 의식과 통합이다. 이것이야말로 개인의 성장의 원천이다.

감정 들여다보기 실험

내담자들이 자기 수용을 더 깊이 이해하는 데 다음과 같은 실험을 권하는 것이 유용하다는 사실을 나는 종종 확인한다.

몇 분 동안 자신의 특정한 기분이나 감정을 찬찬히 들여다보라. 물론 불안, 고통, 질투, 분노, 슬픔, 수치심, 두려움을 마주하기란 쉽지 않다.

느낌을 분리한 다음에는 대개 그 느낌이 연상시키는 것이 무엇이든 그것을 생각하거나 상상하면서 거기에 더 명료하게 초점을 맞출 수 있는지 살펴보라. 그리고 그 감정으로 호흡한다. 즉, 자신이 공기의 흐름을 제어한다고 상상하며 감정에 집중하며 숨을 쉬는 것이다. 감정에 저항하지 않고 전적으로 받아들인다고 생각하라. 서두르지 말고 그 경험을 탐구하라.

자신에게 이렇게 말하는 법을 연습하라. "이제 이러이러한 감정(어떤 기분이든 간에)을 느끼며 완전히 그 감정을 받아들인다." 처음에는 힘들지도 모른다. 반항의 표시로 몸이 긴장되기도 할 것이다. 하지만 참아라. 호흡에 집중하라. 근육의 긴장을 풀고 있다고 생각하라. 스스로에게 상기시켜라. "사실은 사실이다. 이것이 현실이다.

그런 감정이 존재한다면, 존재하는 것이다." 계속해서 찬찬히 감정을 들여다보라. 존재하는 감정이 사라지길 바라거나 그 감정을 없애려고 하기보다 그대로 존재하게 **놔두는 것**을 생각하라. 내가 그러했듯 혼잣말의 유용함을 알게 될 것이다. "지금 나는 두려움, 고통, 질투, 혼란(또는 그것이 무엇이든)의 세계를 탐색하는 중이다."

자기 수용을 실행하게 된 것을 환영한다.

내가 저항한다는 사실을 받아들여라

이제 다음의 질문을 생각해보자. 특정 경험에 대한 부정적 반응이 너무도 강력해서 그 경험을 받아들이는 것이 **불가능**하다면?

다시 말해 이 경우 감정이나 생각, 기억이 너무나 고통스럽고 격렬해서 우리는 자기 수용이 소용없다고 생각하게 된다. 무기력해져서 그 감정/경험을 차단하지도 않고, 교류하지도 않는다. 저항에 저항하려는 시도는 해답이 아니다. 차단을 차단하고자 하는 시도도 도움이 안 된다. 그 대신 더 교묘해야 한다. 문제가 되는 감정(또는 생각이나 기억)을 받아들일 수 없다면, **자신의 저항을 받아들여야 한다.** 즉, 지금 자기가 있는 곳을 받아들이면서 시작하는 것이다. 현재에 충실히 임하고 그것을 완전히 경험하라. 의식 단계에 머무는 저항이라면 **대부분은 해소될 것이다.**

우리는 예컨대 질투, 분노, 고통, 열망을 느낀다는 사실을 받아들이지 **않으려 한다.** 우리는 과거에 했던 행동이나 생각을 인정하지 **않으려 한다.** 지금 이 순간 사실을 받아들인다면, 그리고 그런 사실에 저항하려는 자신을 인식하고 경험하고 받아들인다면 가장 중요한 역설을 발견할 것이다. 저항이 무너지기 시작하는 것이다. 장애물에 맞설수록 장애물은 더욱 강해진다. 장애물을 인식하고 경험하고 받아들여야 끝없이 대립하던 장애물이 사라지기 시작한다.

심리 치료 중인 내담자가 자신의 감정을 받아들이기 힘들어할 때, 나는 내담자에게 감정을 받아들이지 않고 있다는 사실은 기꺼이 인정하겠느냐고 종종 묻는다. 한번은 성직자와 심리 치료를 진행하다가, 자신의 분노를 인정하거나 느끼는 것을 매우 힘들어하는 그에게 질문한 적이 있다. 그때도 그 성직자는 매우 화가 난 상태였는데, 내 질문에 무척 혼란스러워했다. "제가 느끼는 분노를 받아들이지 않고 있다는 사실을 인정하겠느냐고요?" 그가 물었다. 내가 "맞아요."라고 대답하자, 그는 큰 소리로 말했다. "아뇨, 나는 내가 느끼는 분노를 받아들이지 않는다고 생각하지 않아요. 그러한 거부를 인정하는 것도 거부합니다!" 내가 다시 물었다. "그렇다면 거부를 인정하는 것을 거부한다는 것은 인정하겠습니까? 자, 여기서 시작해보죠."

나는 그에게 여러 사람 앞에서 "나는 화가 난다."라고 반복해서 말하도록 요청했다. 그는 곧 정말로 화를 내며 그렇게 말하고 있었다.

다음에는 "나는 내가 느끼는 분노를 받아들이지 않는다."라고 말하게 했고, 그는 점점 더 큰 소리로 그 말을 외쳤다.

"나는 내가 느끼는 분노를 받아들이지 않는다는 사실을 받아들이지 않는다."라고 말하게 하자, 그는 격앙되어 몰입했다.

그러고 나서 나는 그에게 "그렇지만 나는 내가 거부한다는 사실을 받아들이지 않고 있다는 것을 기꺼이 인정할 것이다."라고 말하게 했다. 그는 같은 말을 반복하다가 마침내 바닥에 주저앉아 사람들과 함께 웃음을 터뜨렸다.

"만약 그 감정을 받아들일 수 없다면, 저항을 받아들이라는 거죠?"라는 그 사람의 말에 내가 다시 말했다. "맞아요. 그리고 저항을 받아들일 수 없으면, 저항을 받아들이는 일에 저항한다는 사실을 인정하면 됩니다. 결국에는 자신이 받아들일 수 있는 지점에 다다를 것입니다. 그리고 거기서부터 앞으로 나갈 수 있는 거죠. 그래서 당신은 화가 나나요?"

"단단히 화가 납니다."

"그 사실을 인정할 수 있습니까?"

"인정하고 싶지 않아요."

"인정하고 싶지 않다는 그 사실은 인정할 수 있습니까?"

"인정할 수 있습니다."

"좋아요. 이제 화가 나는 이유를 알아볼 수 있겠군요."

자기 수용이라는 개념을 이해하는 데 어려움을 느끼는 사람들의 특징은 두 가지 잘못된 가정을 한다는 것이다. 하나는 자신이 누구이고 어떤 사람인지 받아들일 경우, 자신에 관한 것을 모조리 받아들여야 한다고 믿는 생각이다. 다른 하나는 자신이 누구이고 어떤 사람인지 받아들일 경우, 변화나 발전에 무관심해진다고 믿는 생각이다. "난 나 자신을 받아들이고 싶지 않아! 난 나 자신과 달라지는 방법을 배우고 싶을 뿐이야!"

그러나 여기에는 몇 가지 당연한 질문이 뒤따른다. 자신이 누군지 받아들일 수 없다면, 어디서 개선의 동기를 찾을 것인가? 자신이 누구인지 부정하고 부인한다면, 어떻게 성장의 영감을 얻을 것인가?

무언가를 받아들이는 것은 변화의 전제 조건이다. 여기에 역설(모순이 아니라 역설이다)이 있다. 무언가를 부정하면 그대로 정체된다.

자기 수용을 돕는 문장 완성 연습

다음은 자기 수용을 촉진할 목적으로 고안된 5주 문장 완성 프로그램이다. 여섯 기둥 가운데 가장 상세한 연습 프로그램이다. 몇 년 동안 여섯 기둥에 대해 가르치면서, 사람들이 내가 권하는 어떤 실천보다 자기 수용을 완전히 이해하는 것을 더 어려워한다는 사실을 알았기 때문이다.

갈등을 받아들이거나 흥분을 받아들이는 것과 같이, 명백하게 논의하지 않은 쟁점을 다루는 문장 줄기가 들어가 있는 것을 눈여겨보라. 자신의 갈등을 받아들일 수 있을 때, 갈등을 다루고 해소하기 위해 나아갈 수 있다. 그것을 받아들일 수 없으면 불가능하다. 자신의 흥분을 받아들일 수 있을 때, 그것을 유지할 수 있고 자신만의 출구를 찾을 수 있다. 흥분이 두려워 없애려는 행위는 자신이 지닌 최상의 부분을 죽이려는 것일 수도 있다. 문장 줄기는 매우 복잡한 개념들을 품고 있다. 그 덕분에 연구하고 생각할 거리가 생기고, 여기서 살펴볼 수 있는 것 이상의 많은 의미를 찾을 수 있다.

1주차

아침

나에게 자기 수용이 의미하는 것은, _____

내가 나의 몸을 좀 더 받아들인다면, _____

내가 나의 몸을 부정하고 부인할 때, _____

내가 나의 갈등을 좀 더 받아들인다면, _____

저녁

내가 나의 갈등을 부정하고 부인할 때, _____

내가 나의 감정을 좀 더 받아들인다면, _____

내가 나의 감정을 부정하고 부인할 때, _____

내가 나의 생각을 좀 더 받아들인다면, _____

내가 나의 생각을 부정하고 부인할 때, _____

주말마다 자기가 쓴 것을 읽고 '내가 쓴 것 중에 어떤 것이 진실이라면, 내가 ~하는 데 도움이 될 것이다.'라는 문장의 빈칸을 채워 6~10개의 문장을 완성한다. 훈련 기간 내내 주말마다 이 방법을 반복한다.

2주차

아침

내가 나의 행동을 좀 더 받아들인다면, _____

내가 나의 행동을 부정하거나 부인할 때, _____

내가 인식하게 된 것은, _____

저녁
내가 기꺼이 나의 자질과 단점에 대해 현실적이 된다면, _____
내가 나의 두려움을 더 받아들인다면, _____
내가 나의 두려움을 부정하고 부인할 때, _____

3주차
아침
내가 나의 고통을 좀 더 받아들인다면, _____
내가 나의 고통을 부정하고 부인할 때, _____
내가 나의 화를 좀 더 받아들인다면, _____
내가 나의 화를 부정하고 부인할 때, _____

저녁
내가 나의 성적 관심을 좀 더 받아들인다면, _____
내가 나의 성적 관심을 부정하고 부인할 때, _____
내가 나의 흥분을 좀 더 받아들인다면, _____
내가 나의 흥분을 부정하고 부인할 때, _____

4주차
아침
내가 나의 즐거움을 좀 더 받아들인다면, _____

내가 나의 즐거움을 부정하고 부인할 때, _____

내가 기꺼이 보이는 대로 보고 아는 그대로 알고자 한다면,

_____

저녁

내가 나의 두려움을 더 잘 의식한다면, _____

내가 나의 고통을 더 잘 의식한다면, _____

5주차

아침

내가 나의 화를 더 잘 의식한다면, _____

내가 나의 성적 관심을 더 잘 의식한다면, _____

내가 나의 흥분을 더 잘 의식한다면, _____

내가 나의 즐거움을 더 잘 의식한다면, _____

저녁

나 자신을 받아들이지 않았을 때의 결과를 생각해보면, _____

내가 인정하는지 여부와 상관없이 현실은 현실이라는 점을 받아들인다면, _____

내가 알기 시작한 것은, _____

내 안의 영웅 일깨우기

우리가 경험할 가능성이 있는 모든 것은, 지금 당장에든 나중에든 혹은 기억 속에서든, 그것을 부인할 가능성도 있다. 철학자 니체는 이렇게 썼다. "기억이 말한다. '내가 그것을 했어'. 자긍심은 끈질기게 이렇게 말한다. '내가 한 것이 아닐지도 몰라.' 결국 기억은 지고 만다."

나는 나의 기억, 생각, 감정, 행동에 맞서 저항할 수 있다. 실제로 경험이나 자기 표현 행위의 어떤 측면은 받아들이지 않고 거부할 수 있다. 그리고 나서 이렇게 주장할 수 있다. "내가 아니야. 내 것이 아니야."

자신의 성적 욕망을 인정하지 않을 수도 있다. 자신의 영성을 인정하지 않을 수도 있다. 자신의 슬픔을 부인할 수도 있다. 기쁨을 부인할 수도 있다. 부끄러웠던 행동의 기억을 억누를 수도 있다. 자랑스러운 행동의 기억을 억누를 수도 있다. 자신의 무지를 부정할 수도 있다. 자신의 지성을 부정할 수도 있다. 자신의 한계를 인정하지 않을 수도 있다. 자신의 잠재 능력을 인정하지 않을 수도 있다. 자신의 약점을 숨길 수도 있다. 장점을 숨길 수도 있다. 자기 혐오를 부정할 수도 있다. 자기애를 부정할 수도 있다. 실제 자기보다 대단한 척할 수도 있다. 실제 자기보다 별 것 아닌 척할 수도 있다. 자신의 육체를 부인할 수도 있다. 자신의 마음을 부인할 수도 있다.

우리는 자신의 단점에 놀라는 것만큼이나 자신의 장점들에 놀랄 수도 있다. 공허함, 소극성, 우울함, 매력 없음에 놀라는 것처럼 자신의 천재성, 야망, 흥분이나 아름다움에 놀랄 수도 있다.

우리는 자신의 어두운 면은 물론 밝은 면에서도 달아나려 한다. 자신을 돋보이게 하거나 홀로 남겨지게 할 조짐이 보이는 모든 것과 내면의 영웅을 일깨우는 외침, 더 높은 의식 수준으로 나아가라는 요청, 더 높은 차원의 자아 통합에 이르라는 요구에서 도망친다. 자신을 상대로 저지르는 가장 큰 범죄는 자기 결점을 부인하고 부정하는 것이 아니라, 두렵다는 이유로 자신의 위대함을 부인하고 부정하는 것이다. 자기 수용이 충분히 실현되면, 자기 안의 가장 나쁜 부분은 물론이고 최고라고 여기는 부분도 피하지 않고 받아들이게 된다.

자기 수용의 실천은 자존감의 두 번째 기둥이다.

8장

자기 책임지기

세 번째 기둥

·
·
·

    자기 자신이 살아갈 능력이 있고, 행복을 누릴 만한 가치가 있는 사람이라고 느끼려면, 나라는 존재를 다스리는 통제감을 경험해야 한다. 그러려면 자신의 행동과 목표를 달성하는 데 기꺼이 책임을 져야 하는데, 이는 곧 자신의 삶과 행복에 책임지는 것을 의미한다.

    자기 책임은 자존감에 필수적이며, 동시에 자존감의 반영이거나 징표이기도 하다. 자존감과 그것을 받치는 여섯 기둥의 관계는 언제나 상호 보완적이다. 앞으로 논의하겠지만, 자존감을 일으키는 실천들은 자존감의 자연스러운 표출이자 결과이다.

    자기 책임을 실천하려면 다음과 같은 것들을 깨달아야 한다.

    나는 내 욕구를 성취할 책임이 있다.

    나는 내가 한 선택과 행위에 책임이 있다.

나는 의식적으로 일할 책임이 있다.

나는 의식적으로 타인과 관계를 유지할 책임이 있다.

나는 동료, 고객, 배우자, 자녀, 친구를 대하는 내 태도에 책임을 져야 한다.

나는 내 시간의 우선순위를 정할 책임이 있다

나는 내 의사소통의 질을 책임져야 한다.

나는 나의 행복에 책임이 있다.

나는 내가 받아들이고 선택한 삶의 가치에 책임이 있다.

나는 자존감을 높일 책임이 있다.

행동의 측면에서 볼 때 각 항목들은 무엇을 의미하는가?

자기 삶을 책임진다는 것

나는 내 욕구를 성취할 책임이 있다.

내 바람을 대신 이루어줄 책임은 아무에게도 없다. 나는 다른 어떤 사람의 삶이나 에너지를 담보로 잡고 있지 않다. 만약 내가 바라는 것이 있다면, 그 욕구를 만족시킬 방법을 알아내는 것은 오롯이 내 몫이다. 실천 계획을 구상하고 실행할 책임이 나에게 있다는 말이다.

목표를 달성하는 데 다른 사람들의 도움을 받아야 한다면, 그들이 협조하는 대가로 요구하는 바를 알아내는 것과 내가 부담해야 할 합리적 의무가 무엇이든 그 의무를 다하는 것도 나의 책임이다.

다른 사람의 협조나 도움을 바란다면 나도 그들의 이익을 존중한다
는 점을 의식하고 도움을 청해야 한다.

실제 욕구가 아니라 몽상에 불과한 욕구는 책임질 필요가 없다.
하지만 진지하게 공언한 욕구에 관해서는 다음과 같은 질문에 현실
성 있는 답을 준비해야 한다. **원하는 것을 달성하려면 나는 무엇을 기
꺼이 해야 하는가?**

나는 내가 한 선택과 행위에 책임이 있다.

여기서 '책임이 있다'는 말은 도덕적 비난이나 죄책감을 받아들이
라는 것이 아니라, 자신의 삶과 행동의 주체로서 책임이 있다는 뜻
이다. 어떤 선택과 행동이 **나**에게서 비롯된 것이라면, 나 자신이 바
로 그 선택과 행동의 근원이다. 이 점을 인정해야 한다. 선택과 행동
을 할 때 바로 나 자신의 문제로 생각해야 한다. 이렇게 했을 때 무
엇이 달라지는가? 스스로 그 대답을 발견하고 싶다면 다음 문장 줄
기로, 가능한 한 빠르게, 여섯 개의 문장을 완성해보자.

내가 내 선택과 행동을 온전히 책임진다면, _____

나는 의식적으로 일할 책임이 있다.

이 항목은 내가 선택에 관해 주장하는 요점의 하나이다. 일상생활
에서 나의 의식 수준을 책임질 수 있는 사람은 나밖에 없다. 나는 할
수 있는 한 최선을 다해 일하거나 가능한 한 낮은 의식 수준으로 달
아나려고 애쓰거나 아니면 둘 사이 어디쯤에 머물 수도 있다. 맡은 일

에서 책임감을 잃지 않는 사람이라면 의식 수준이 높을 확률이 크다.

나는 의식적으로 타인과 관계를 유지할 책임이 있다.

바로 앞에서 말한 원리를 타인과의 상호 작용에 똑같이 적용해보자. 여기에는 배우자를 선택하는 것에서부터 다양한 관계에 대한 인식에도 적용할 수 있다. 나는 다른 사람을 마주할 때 온전히 그 순간에 머무는가? 대화하는 그 순간에 존재하는가? 내가 한 말의 영향력을 생각하는가? 나의 말과 행동이 타인에게 어떤 영향을 끼치는지 의식하고 있는가?

나는 동료, 고객, 배우자, 자녀, 친구를 대하는 내 태도에 책임을 져야 한다.

나는 말하거나 듣는 방식과, 지키거나 지키지 못한 약속에 책임이 있다. 합리적이거나 비합리적인 태도 역시 나의 책임이다. 자기가 한 일을 두고 다른 사람을 탓하는 사람은 책임을 회피하는 것이다. "그 여자 때문에 미치겠어요.", "그 사람이 절 열 받게 했어요.", "그 여자가 그렇게만 하지 않았더라도 이성적으로 행동했을 텐데." 대개 이런 식이다.

나는 내 시간의 우선순위를 정할 책임이 있다.

시간과 에너지를 배분하는 방식이 내가 공언한 가치를 반영하거나 그 가치와 조화를 이루게 하는 것은 순전히 내가 책임져야 할 일이다. 가족이 가장 소중하다는 사람이 정작 가족을 내팽개치고 여가 시간의 대부분을 카드 게임이나 골프, 친구들과 만나는 데 쏟는다면, 자기 안의 모순을 직시하고 그로 인해 발생할 결과를 생각해봐야 한다. 자신의 가장 중요한 업무가 회사에 필요한 신규 고객을 찾는 일인데 수익성이 제로에 가까운 잔업에 매달리느라 업무 시간의 90퍼센트를 보낸다면, 자신의 에너지를 어떻게 쓰고 있는지 다시 생각해봐야 한다.

전에 회사 경영진들과 상담하면서 '내가 내 시간의 우선순위를 정하는 데 책임을 진다면,'이라는 문장 줄기를 제시했다. 그 결과로 나온 말꼬리들은 다음과 같다. "그렇게 자주 지시하지 않아도 되었을 텐데.", "지금 하는 일의 30퍼센트 정도를 줄일 수 있었을 텐데.", "훨씬 생산적으로 일할 수 있었을 텐데.", "지금보다 재미있게 일할 수 있었을 텐데.", "그때까지 얼마나 원칙 없이 일해 왔는지 깨닫고 깜짝 놀랐을 텐데.", "잠재 능력을 더 많이 발휘할 수 있었을 텐데."

나는 내 의사소통의 질을 책임져야 한다.

상대방이 내 말을 제대로 이해했는가? 상대방에게 들릴 만큼 크고 또렷한 목소리로 말했는가? 의견을 전달하는 과정에서 상대방을 존중하는 태도를 보였는가, 아니면 무례하게 굴었는가? 나는 이런 점들을 내가 알 수 있을 만큼 분명히 행동해야 할 책임이 있다.

나는 나의 행복에 책임이 있다.

자신의 행복이 타인의 손에 달려 있다고 생각하는 사람들이 있다. 이는 미성숙한 인간이 보이는 특징이다. 내가 살아갈 수 있도록 해주는 게 부모의 일이라고 여기던 어린 시절의 생각과 별반 다르지 않은 사고방식이다. 이런 사람은 타인에게 사랑을 받아야 비로소 자신을 사랑할 수 있다. 타인이 자신을 돌봐줄 때에 만족감을 느낀다. 타인이 대신 결정을 내려주고, 타인이 나를 행복하게 해주어야 불안이 사라진다.

이런 사람에게는 다음과 같이 간단하지만 효과적인 문장 줄기로 현실을 일깨워줄 수 있다.

내가 나 자신의 행복에 온전히 책임을 진다면, _____

자신의 행복을 책임진다는 뜻은 곧 자신에게 권한을 준다는 말이다. 내 삶을 나의 것으로 되돌린다는 뜻이다. 이런 책임감을 받아들이기 전에는 그것을 짐이라 여길 수도 있다. 그러나 내가 발견한 바로는, 책임이 나를 자유롭게 한다.

나는 내가 받아들이고 선택한 삶의 가치에 책임이 있다.

수동적이고 경솔하게 특정한 가치를 수용하고 선택하며 살아가는 경우도 있다. 그리하여 그것이 '나의 본성' 혹은 '나 자신'이라 생각하고, 선택이 필요한 현실을 외면하기 십상이다. 가치를 결정하는 과정에서 선택과 판단의 중요성을 기꺼이 인정하라. 그러면 새로운 시각으로 내 가치를 평가하거나 내 가치에 의문을 품을 수도 있고, 필요하다면 그것을 수정할 수도 있다. 여기에서도 역시 책임이 나를 자유롭게 한다.

나는 자존감을 높일 책임이 있다.

자존감은 다른 사람에게서 받는 선물이 아니다. 자존감은 내면에서 만들어진다. 그런 자존감을 높여줄 다른 누군가를 소극적으로 기다리는 자세는 스스로 자신에게 절망적인 인생을 선고하는 것과 다름없다. 자존감의 여섯 기둥을 주제로 삼아 심리치료사들에게 강의를 하던 중에 누군가에게 이런 질문을 받았다. "자존감을 키우는 데 개인의 역할을 강조하는 이유가 뭡니까? 우리가 하느님의 자녀라는 사실이야말로 자존감의 근원 아닙니까?" 그동안 여러 차례 받아 온 질문이다.

자존감이 요구하는 것과 신앙심은 관계가 없다. 그들의 주장대로 하느님이 있고, 우리 모두가 하느님의 자녀라 생각해보자. 이런 관점에서 우리는 모두 동등한 존재다. 그러면 자존감의 수준 역시 모두 같거나, 그래야만 하는가? 의식 수준이나 책임감의 정도, 정직함 여부는 아무런 상관이 없는가? 이 책의 앞 부분에서 그런 일은 불가능하다는 점을 살펴보았다. 우리가 하는 선택이 우리 정신에 새겨지지 않도록 할 방법은 없다. 또 그 선택에 자기 감각이 아무런 영향을 받지 않을 수도 없다. 설사 우리가 하느님의 자녀라 해도 답해야 할 문제들은 여전히 남아 있다. **자존감과 관련해 우리는 무엇을 해야 하는가? 자존감을 어떻게 생각할 것인가? 우리가 받은 이 선물을 존중할 것인가, 아니면 배신할 것인가?** 우리가 자기 자신과 자신의 힘을 배신한다면, 의식 없이 목적 없이 살아간다면, 진실하지 않게 살아간다면, 그래도 단지 하느님의 자녀라고 주장하는 것만으로 자존감을 얻을 수 있을까?

건강한 자존감이 결여된 사람은 대개 '타인에게 사랑받는 것'을 자존감과 동일시한다. 그러므로 가족의 사랑이 부족하다고 생각하면 하느님의 사랑에서 위안을 찾고, 이것을 자존감과 연결 지으려 한다. 이런 전략은 수동성의 표현이라고밖에 이해할 수 없다.

나는 우리 인간이 도움이 필요한 어린아이에 머물러 있도록 계획되었다고 믿지 않는다. 나는 사람은 누구나 어른으로 성장하도록 되어 있다고 믿는다. 그것은 곧 자기 자신을 책임지게 된다는 뜻이고, 경제적으로는 물론이고 심리적으로도 자립하게 된다는 의미이다. 종교가 우리 삶에서 어떤 역할을 하든지 간에, 분명한 것은 신앙심이 의식적인 삶, 자기 책임, 자아 통합을 제대로 이행하지 않는 것을 정당화해주지는 않는다는 점이다.

어디까지 책임져야 하는가?

나는 자신의 인생과 행복에 책임을 져야 한다고 강조했지만, 그렇다고 해서 우연히 일어난 사고나 타인의 잘못에 괴로워해야 한다거나 일어날 법한 모든 일에 책임을 져야 한다고 주장하는 것은 아니다. '존재의 모든 측면과 벌어진 모든 일에 책임을 진다.'라는 식의 거창한 생각에는 동의하지 않는다. 이 세상에서 벌어지는 일 중에는 자신이 통제할 수 있는 것도 있지만 그럴 수 없는 것도 있다. 통제 불가능한 일에도 책임을 지려 든다면 그것은 자신의 자존감을 위기에 빠뜨리는 것이다. 그 결과가 자신의 기대를 만족시키지 못할 것이 분명하기 때문이다. 반면에 통제할 수 있는 일을 책임지지 않으려는 태도도 자존감에 부정적인 영향을 끼친다. 책임 소재를 명확하게 구분할 줄 알아야 한다. 어떤 것이 자발적 통제가 가능한 일인지 식별하는 것 또한 내 몫이다.

업무에서는 자기 책임을 실천하는 사람과 그렇지 않은 사람의 차이를 쉽게 파악할 수 있다. **수동적인** 사람보다 **적극적인** 사람이 일(과 인생)에서 더 높은 자기 책임감을 보인다.

자기 책임을 이행하는 사람은 문제가 발생했을 때 이렇게 생각한다. '이 문제에 대해 내가 할 수 있는 일이 무엇일까? 내가 취할 수 있는 행동 방안이 무엇인가?' 상황이 잘못되었다면 이렇게 자문한다. '내가 뭘 빠뜨렸지? 어디서 잘못 계산한 거지? 어떻게 하면 이 상황을 바로잡을 수 있을까?' 이런 사람들은 다음과 같이 주장하는 경우가 없다. "그렇지만 아무도 나에게 무엇을 해야 할지 말해주지 않았다고!" 또는 "하지만 그건 내 일이 아닌걸?" 자기 책임을 실천하는 사람들은 습관적으로 변명하거나 비난하지 않는다. 그들은 대체로 문제 해결을 지향한다.

어느 조직에나 두 가지 유형이 있다. 누군가 해결책을 알려주기를 기다리는 사람과 책임지고 해결책을 찾으려는 사람. 후자는 조직이 효율적으로 작동하는 데 기여한다.

다음은 문장 완성 연습 덕분에 문제를 분명히 밝힐 수 있었던 개별 사례들이다.

"내 불행을 부모님 탓으로 돌리지 않았더라면," 마흔여섯 살 난

'어린아이'가 말했다. "내 행동에 책임을 졌을 거예요. 항상 나 자신을 불쌍하게 여기면서 그것을 즐기고 있었다는 진실을 알았을 거예요. 여전히 아버지가 나를 구해줄 거라는 몽상에 빠져 있다는 것도 깨달았을 겁니다. 나 자신을 희생자로 보았다는 사실을 인정하고, 이전과 다른 방식으로 행동했을 테지요. 집에서 나와 일자리를 찾았을 것이고, 그랬더라면 이렇게 괴롭지는 않았겠지요."

"내 행복에 책임을 져야 한다는 점을 인정했더라면," 술독에 빠진 노인이 말했다. "마누라 때문에 술을 마시는 거라고 불평하지 않았을 거요. 술집에도 발길을 끊었겠지. 텔레비전 앞에 앉아 이 사회의 '시스템'을 비판하느라 시간을 낭비하지도 않았을 것이고, 체육관에 가서 운동을 시작했겠지. 그리고 아마 고용주의 마음에 드는 직원이었을 테지. 그랬더라면 자기 연민도 그쳤을 거고, 지금처럼 내 몸을 혹사하지 않았을 것 같아. 지금과는 다른 사람이 되었을 거요. 나를 더 존중했을 테고, 내 인생을 다시 살아갈 수 있었을 테지."

"내 감정에 책임을 졌더라면," 불평불만으로 가족과 친구들을 지치게 만든 여성이 말했다. "그렇게까지 우울해하지 않았겠죠. 내가 내 자신을 얼마나 자주 비참하게 만드는지 알아차렸을 거예요. 내가 부정했던 분노의 크기가 얼마나 큰지 알았을 테고, 숱한 불행으로 느낀 괴로움의 크기도 인정할 수 있었을 거예요.

인생의 좋은 면에 주로 집중했을 테지요. 나 때문에 다른 사람들이 얼마나 마음이 불편했는지도 깨달았을 것이고, 행복감을 자주 느낄 수 있다는 사실도 알았겠지요."

책임을 회피할수록 자존감은 훼손된다

내 인생을 전체적으로 보자면, 나는 대체로 높은 수준으로 자기 책임을 실천한 편이었다. 타인이 내 욕구나 바람을 채워주기를 기대한 적이 없었다. 그러나 내가 고수하던 원칙이 고통스럽고 참담한 결과를 낳은 적도 있었다.

20대 때 나는 소설가이자 철학자인 에인 랜드와 가까운 사이가 되었다. 이후 18년이라는 세월 동안 우리의 관계는 생각할 수 있는 거의 모든 형태로 발전했다. 사제 관계에서 친구와 동료 관계로, 다시 연인 관계로 발전했다. 그러다가 결국에는 적이 되고 말았다. 초기 몇 년 동안은 많은 면에서 유익하고 서로 용기를 불어넣는 값진 관계였다. 덕분에 나는 엄청나게 많은 것을 배우고 성장할 수 있었다. 그러나 시간이 지나면서 나에게 압박감을 주고 해를 끼치는 파괴적인 관계로 변모했다. 결과적으로 우리 관계는 내가 지적으로나 심리적으로 발전하는 것을 가로막는 장애물이 되었다.

하지만 나는 주도적으로 행동하지 않았고, 다른 기준에 따라 관계를 재정의하고 재구성하자고 제안하지 않았다. 고통을 원하지 않았기 때문이었다. 그녀 쪽에서 먼저 내 생각을 알아주기를 기다렸다. 그녀의 합리성과 지혜가 양쪽 모두에게 올바른 방향으로 결정을 내릴 수 있으리라 생각했다. 실제로 내가 관계를 맺은 에인 랜드는 현실의 여성이 아니라 《파운틴헤드》와 《아틀라스》의 저자인 추상적 인간이었다. 나는 우리 두 사람이 전혀 다른 문제를 생각하고 있으며, 그녀가 자신에게 절실한 욕구에 완전히 몰입해 있다는 사실을 인정하려 들지 않았다. 나는 내가 변하지 않으면 아무것도 변하지 않는다는 사실을 인정하지 않고 유보했다. 그렇게 미루고 미룬 탓에 우리는 둘 다 고통과 수치심을 느껴야 했다. 나는 마땅히 이행해야 할 책임도 회피했다. 자신을 어떻게 납득시키든, 이런 상황에서 자존감이 멀쩡할 리는 없었다. 결국 나는 자발적인 행동을 하기로 결단을 내리고 나서야 비로소 잃어버린 것들을 다시 찾기 위한 여정을 시작할 수 있었다.

이런 양상은 결혼한 부부들에게 자주 나타난다. 관계의 종말을 먼저 감지하는 쪽이 있다. 그 남자, 또는 그 여자에게는 먼저 결혼 생활에 종지부를 찍음으로써 '나쁜 사람'이 되고 싶은 생각이 없다. 그러므로 스스로 나서서 조치를 취하기보다는 상대방이 먼저 행동하도록 조종한다. 이런 행동은 잔인하고 비열한 데다가 품위라고는 찾아볼 수 없는 행동이다. 더구나 두 사람에게 다 상처를 안겨줄 뿐 아니라, 자기 자신의 위신과 명예를 해친다.

책임을 회피할수록 자존감은 훼손된다. 책임을 받아들여야만 자존감을 쌓을 수 있다.

자기 책임의 기초 — 생산성·독립성·도덕성

생산적 목표가 없다면 자기 삶을 책임진다고 할 수 없다. 사람은 일을 통해 자신의 존재를 증명해 보인다. 실용적인 목적을 달성하는 데 지적 능력을 발휘하는 과정에서 더 온전한 인간이 될 수 있다. 생산적인 목표와 생산적인 노력이 없다면 언제까지고 어린아이로 살아갈 뿐이다.

주어진 장소와 시간에 따라 기회는 제한적일 수밖에 없다. 그러나 어떤 상황에 직면했을 때 자립적이고 책임감이 강한 사람이라면 이런 식으로 자문할 것이다. "내가 할 수 있는 행동이 뭘까?", "어떤 욕구를 충족시켜야 할까?", "지금 이 상황을 어떻게 개선할 수 있을까?", "지금의 부조화를 극복할 방법은 무엇일까?", "이 상황에서 내 능력을 활용하는 최선의 방법은 무엇일까?"

자기 책임은 삶을 대하는 적극적인 성향으로 표현된다. 이 세상에 자립의 필요성을 피할 수 있는 사람은 없으며, 일하지 않으면 자립할 수 없다는 사실을 이해하는 데서도 드러난다.

적극적 삶에는 독립적 사고가 뒤따른다. 이는 다른 사람의 생각을 따르는 수동적 사고와는 대조적이다.

독립적 사고는 의식적인 삶과 자기 책임의 당연한 귀결이다. 의식적 삶이란 뚜렷한 자기 생각을 지니는 훈련을 하면서 살아가는 삶을 뜻한다. 자기 책임을 실천하는 것은 스스로 사고한다는 것이다.

인간은 다른 사람의 정신을 통해 생각할 수 없다. 물론 타인에게 무언가를 배우기도 하지만 지식은 단순한 모방이나 반복이 아니라 이해를 뜻한다. 인간은 스스로 생각할 수도 있고, 아니면 지식과 판단의 책임을 타인에게 떠넘기고 다소 무비판적 태도로 타인의 생각을 받아들일 수도 있다. 자기 선택은 스스로 꾸려 가게 될 인생의 모습과 자신을 평가하는 방식에도 영향을 끼친다.

우리는 이따금 자기도 모르는 사이에 타인에게 영향을 받는다. 그렇더라도 스스로 만사를 이해하고 생각하고 판단하려는 사람과, 그럴 확률이 전혀 없는 사람의 심리에는 차이가 있다. 여기서 중요한 것은 개인이 지닌 목표의 특징과 의도이다.

'독립적 사고'는 백번을 강조하더라도 지나치지 않다. 대개 '사고'라고 할 때는 그저 타인의 견해를 재활용하는 것을 뜻한다. 그러므로 우리는 일이나 인간 관계, 삶의 지표가 되는 가치, 목표에 대한 독립적 사고가 자존감을 튼튼하게 만든다고 말할 수 있다. 그리고 건강한 자존감을 지닌 사람은 필연적으로 독립적으로 사고하는 경향을 보인다.

단순히 개인의 성향이 아니라 철학적 원리에 따라 자기 책임을 받아들이려면 중요한 도덕 개념에 대한 충분한 논의가 뒤따라야 한다.

자기 존재에 책임을 지다 보면 타인이 자신의 종이 아니며, 자신의 욕구를 충족시키기 위한 존재가 아니라는 사실을 은연중에 깨닫게 된다. 도덕적으로 볼 때, 인간에게는 자신의 목적을 이루는 데 타인을 도구로 이용할 권리가 없다. 마찬가지로 타인 역시 나를 방편으로 삼을 수 없다. 앞서 말했듯 자기 책임이라는 원칙을 공평하게 적용하려면 인간 관계에서도 다음과 같은 규칙을 지켜야 한다. **타인에게 그 자신이 이해하는 자기 이익에 반하는 행동을 절대 요구하지 마라.** 만약 상대방에게 특정한 행동이나 가치를 제공받고 싶다면, 나는 그 사람의 이익과 목표를 고려해 유의미하고 설득력 있는 근거를 제시할 의무가 있다. 이러한 방침은 사람들 사이의 상호 존중과, 선의와 관용의 도덕적 기반이다. 또 다른 이들의 목표를 이루는 데 몇몇 사람을 제물로 삼아도 된다는, 모든 독재 정권과 여러 정치 체제에서 내세우는 근본적 전제를 거부한다.

자기 책임을 키우는 문장 완성 연습

실제로 나는 개별 심리 치료와 자존감 집단 활동에서 다양한 문장 줄기를 사용해 자기 책임을 생각해보게끔 한다. 그중 대표적인 예문 몇 가지를 들어보자. 이런 식으로 문장 완성 연습 과제를 매주 제공할 수 있다.

1주차

내가 생각하는 자기 책임은, _____
나의 존재를 책임진다는 것에 대해 생각해보면, _____
나의 존재를 책임진다는 의미는, _____
나의 존재에 대한 책임을 회피할 때, _____

2주차

목표를 달성하는 데 5퍼센트 더 책임감을 발휘한다면, _____

목표를 달성하는 데 필요한 책임을 회피할 때, _____

성공적인 인간 관계를 맺으려고 지금보다 더 책임감을 발휘한다면,

_____

가끔 내가 수동적이게 되는 이유는, _____

3주차

어머니의 메시지가 계기가 되어 내 행동에 책임을 지게 된다면,

_____

아버지의 메시지가 계기가 되어 내 행동에 책임을 지게 된다면,

_____

내가 받아들이거나 거부한 생각에 책임을 진다면, _____

내게 동기를 부여하는 생각을 좀 더 강하게 의식한다면, _____

4주차

내 행복을 위해 5퍼센트 더 책임감을 발휘한다면, _____

내 행복에 필요한 책임을 회피한다면, _____

배우자를 선택하는 데 5퍼센트 더 책임감을 발휘한다면, _____

배우자를 선택하는 데 필요한 책임을 회피할 때, _____

5주차

내가 뱉은 말에 5퍼센트 더 책임감을 발휘한다면, _____

내가 한 말에 대한 책임을 회피할 때, _____

내가 스스로 다짐한 일을 더 강하게 의식한다면, _____

내가 스스로 다짐한 일에 책임을 진다면, _____

6주차

내가 무기력해지는 경우는, _____

내가 우울해지는 경우는, _____

내가 불안감을 느끼는 경우는, _____

내 무기력에 책임을 진다면, _____

7주차

내 우울함에 책임을 진다면, _____

내 불안감에 책임을 진다면, _____

내가 쓴 내용을 이해할 준비가 되었을 때, _____

내가 인정하기 힘든 것은, _____

지금 내 삶의 기준에 책임을 진다면, _____

8주차

내 책임감이 가장 높아지는 경우는, _____

내 책임감이 가장 낮아지는 경우는, _____

지금 내가 다른 사람의 기대에 부응하기 위해 사는 게 아니라면,

_____

내 인생이 내 것이라면, _____

바꿀 수 없다는 그런 자기 기만을 내던진다면, _____

내가 지금 이 시점부터 앞으로 내 삶을 책임진다면, _____

아무도 나를 구해줄 수 없다면, _____

내가 알게 된 것은, _____

지루한 '토론'이나 '분석'을 하지 않고도 개인의 의식과 진로를 바꿀 수 있다는 것이 이 방법의 효과이다. 대개 답은 자기 안에 있다.

일기장을 만든 다음 이런 식의 미완성 문장 줄기마다 6~10가지 말꼬리를 날마다 적어보자. 많은 것을 깨달을 뿐 아니라 자연스럽게 자기 책임감을 키울 수 있다. 가장 좋은 방법은 월요일부터 금요일까지 하루도 빠짐없이 평일용 문장 줄기를 완성해보고, 토요일과 일요일에는 '내가 쓴 문장 중에 어떤 것이 진실이라면, 내가 ~하는 데 도움이 될 것이다.'라는 주말용 문장을 채워보는 것이다. 그다음 주월요일이 되면 다시 새로운 평일용 문장 줄기를 완성해본다.

나를 구하러 올 사람은 없다

나는 오랫동안 많은 사람들과 자존감을 쌓기 위한 일을 해 왔다. 심리 치료를 진행하다 보면 결정적인 순간임을 알게 되는 때가 있다. 이를테면 내담자의 정신에서 '딸깍' 하는 소리가 나면서 새로운 움직임이 시작되는 것 같은 순간 말이다.

이런 순간 가운데서도 가장 중요한 순간은, 내담자가 **아무도 오지**

않는다는 사실을 완전히 이해하는 때이다. 나를 구하러 올 사람은 없다. 나에게 존재할 권리를 줄 수 있는 사람은 없다. 아무도 내 문제를 대신 해결해주지 않는다. 내가 행동하지 않으면 **나아지는 것은 아무것도 없다.**

구원자가 나타나 우리를 데려가주리라는 꿈은 일종의 위안을 줄 수는 있겠지만, 우리를 수동적이고 무력하게 만든다. **나는 충분히 오랜 시간 고통받았다고, 그러니 필사적으로 갈구한다면 어쩌면 기적이 일어날지도 모른다고** 생각할 수도 있다. 하지만 이런 생각은 일종의 자기 기만이며, 그 대가는 바로 자신의 삶으로 치르게 된다. 그의 삶은 되살 수 없는 가능성들과 며칠, 몇 달, 심지어 수십 년에 이르는 돌이킬 수 없는 시간의 깊은 구렁에 빠지게 되는 것이다.

몇 년 전, 나는 집단 심리 치료실에 도움이 되리라 생각한 문구들을 벽에 걸어 두었다. 그러자 내담자 한 명이 그중 몇 가지 문구를 골라 자수로 새긴 다음 액자를 만들어 나에게 선물로 주었다. '다른 사람은 생각해주지 않는다. 그것을 아는 것은 나 자신이다.', '아무도 오지 않는다.' 같은 문구였다.

하루는 유머 감각이 뛰어난 내담자 하나가 '아무도 오지 않는다.'라는 문구에 이의를 제기했다.

"그건 사실이 아니에요. 우리에겐 **당신**이 왔잖아요."

"그렇죠." 나는 인정했다. "하지만 전 여러분에게 아무도 오지 않는다는 말을 하러 온 겁니다."

자기 책임의 실천은 자존감을 받치는 세 번째 기둥이다.

9장

자기 주장하기

네 번째 기둥

⋮

몇 년 전, 심리학과 대학원 학생들에게 강연을 하던 중이었다. 나는 자기 주장을 할 때 나타날 수 있는 알아차리기 힘든 수준의 두려움을 학생들이 이해하기를 바랐다.

나는 학생들에게 자기 자신이 존재할 권리가 있다고 믿는지 물었다. 그러자 한 명도 빠짐없이 손을 들었다. 나는 입증 과정을 도와줄 지원자를 받았다. 젊은 남성 한 명이 강의실 앞쪽으로 걸어 나왔다. 나는 그에게 말했다. "사람들을 마주보고 선 채로 이렇게 말해주시겠습니까? 여러 번, 큰 소리로요. '나는 존재할 권리가 있다.' 자, 천천히 말하면서 이 말을 할 때 어떤 기분이 드는지 느껴보세요. 그리고 나는 다른 학생들에게 깊이 생각해보라고 할 겁니다. '당신은 이 사람의 말을 믿습니까? 그가 자신의 말을 진실로 느낀다고 생각합니까?'"

청년은 허리춤에 손을 얹고 호전적으로 선언했다. "나는 존재할 권리가 있다." 흡사 전투를 준비하는 듯했다. 그 말을 되풀이하면 할수록 그의 목소리는 더 공격적으로 변했다.

"당신과 싸우는 사람은 없어요." 내가 지적했다. "당신에게 도전하는 사람도 없어요. 반항적이거나 방어적인 태도를 버리고 말할 수 있나요?"

청년은 내가 말한 대로 할 수 없었다. 그의 목소리는 매 순간 공격에 대비하는 듯했다. 그가 자신의 말을 확신한다고 믿는 사람은 아무도 없었다.

이번에는 젊은 여성이 앞으로 나와 용서를 구하듯 미소 지으며 애원하는 목소리로 말했다. "나는 존재할 권리가 있다." 역시나 아무도 그녀의 말을 믿지 않았다.

또 다른 사람이 앞으로 나왔다. 그의 목소리는 거만하고 남을 얕보는 듯하며 부자연스럽게 들렸다. 마치 혼란스럽고 부조리한 역할을 연기하는 배우 같았다.

한 학생이 반론을 제기했다. "하지만 이건 공정한 실험이 아닙니다. 수줍음이 많고 사람들 앞에서 말하는 것이 익숙하지 않으면 목소리가 경직될 수밖에 없으니까요." 나는 그 학생에게 강의실 앞으로 나와 이렇게 말해보라고 했다. "2 더하기 2는 4이다." 느긋하고 자신만만한 목소리였다. 이번에는 앞서 다른 사람이 했던 말을 반복하게 했다. "나는 존재할 권리가 있다." 그의 목소리는 날카롭고 건방졌으며 설득력도 없었다.

학생들은 웃음을 터뜨렸다. 이제 그들은 이해했다. 사람들 앞에서서 "2 더하기 2는 4이다." 따위의 말을 하는 것은 어렵지 않지만, 자신이 존재할 권리를 주장하기란 어려운 일이다.

내가 물었다. "'나는 존재할 권리가 있다.' 이 말은 여러분에게 어떤 의미입니까? 지금 이 상황에서 이 말을 독립선언문의 일부처럼 정치적 성명으로 받아들이는 사람은 분명히 없을 겁니다. 그보다 심리학적인 무언가를 뜻하겠지요. 그렇다면 어떤 의미일까요?"

한 학생이 말했다. "나의 인생이 내 것이라는 의미입니다." 다른 학생이 대답했다. "나 자신의 삶을 살 수 있다는 뜻입니다." 또 다른 학생들이 연이어 답했다. "나를 향한 부모님의 기대에 맞추어 사는 것이 아니라 내가 원하는 것을 실현할 수 있다는 의미입니다.", "원치 않을 때 거절할 수 있다는 의미입니다.", "나의 이익을 존중할 권리가 있다는 의미입니다.", "내가 바라는 것이 중요하다는 의미입니다.", "내가 옳다고 생각하는 대로 말하고 행동할 수 있다는 의미입니다.", "내 운명에 따를 수 있다는 의미입니다.", "아버지가 내 인생을 이래라저래라 할 수 없다는 의미입니다.", "어머니를 속상하지 않게 하는 데 맞추어 내 인생을 설계할 필요가 없다는 의미입니다."

"나는 존재할 권리가 있다."라는 말에는 각자 나름의 의미가 담겨 있었다. 그래서 학생들은 강의실을 가득 채운 동료들 앞에서 자신감 있는 태도로 평온하게 주장할 수 없었던 것이다. 이 점을 분명히 하고서, 나는 학생들에게 자기 주장과 자존감에 관해 이야기하기 시작했다.

자기 주장, 나 자신을 존중하겠다는 의지

자기 주장이란 자신의 바람과 욕구와 가치를 존중하고, 현실에서 그것들을 드러낼 적절한 방법을 찾는 것이다.

자기 주장의 반대는, 영원히 지속될 지하 세계에 자기 자신을 맡기는 소심함에 굴복하는 것이다. 그 지하 세계에는 자신이 감추었거나 이루지 못한 모든 것이 있다. 이는 자신과 가치관이 다른 사람과 대면하는 것을 피하려는 마음, 또는 다른 사람의 기분에 맞추거나 달래려는 마음, 누군가를 조종하려는 마음, 아니면 단순히 어딘가에 '속하려는' 마음에서 비롯한다.

자기 주장은 호전적인 태도나 부적절한 공격성을 뜻하지 않는다. 줄의 맨 앞으로 밀고 나가거나 타인을 넘어뜨리는 행동도 아니다. 자기 권리는 옹호하면서 타인의 권리는 외면하거나 무관심한 태도를 보이는 것도 자기 주장과는 거리가 멀다. 간단히 말해, 기꺼이 혼자 힘으로 서겠다는 의지, 솔직한 사람이 되려는 의지, 모든 인간 관계에서 자기 자신을 존중하겠다는 의지이다. 또한 자기를 그럴싸하게 위장하기를 거부하는 것이다.

자기 주장을 실천한다는 것은 진실하게 사는 것이다. 즉, 내면 가장 깊은 곳의 확신과 느낌을 삶의 방식과 원칙으로 삼고, 그것에 따라 말하고 행동하는 것이다.(하지만 이를테면 길에서 강도를 만났을 때처럼, 특정한 상황에서는 정당한 선택을 하지 못할 수 있다는 것도 분명한 사실이다.)

적절하게 자기 주장을 하는 사람은 맥락에 집중한다. 놀이터에서 아이와 놀 때 어울리는 자기 표현의 방식은 직장에서 회의를 할 때 와는 분명히 다르다. 차이를 존중한다는 것은 '누군가의 진실성을 희생하는 것'이 아니라, 그저 현실에 집중해 머무르는 것이다. 모든 상황에는 거기에 적절하거나 부적절한 자기 표현 방식이 있을 것이 다. 때때로 자기 주장은 스스로 아이디어를 제안하거나 칭찬을 건네 는 방식으로 드러나기도 하고, 반대를 뜻하는 정중한 침묵으로 표현 되기도 하며, 천박한 농담에는 웃어주지 않는 방식으로 나타나기도 한다. 직장에서는 한 사람이 반드시 모두의 생각을 나타낼 수도 없 고, 그렇게 해야 할 필요도 없다. 중요한 것은 자신의 생각이 무엇인 지 아는 것과 **현재**에 머무는 것이다.

적절한 자기 표현은 맥락에 따라 변하므로 모든 상황에는 선택이 존재한다. 진짜와 가짜, 현실적인 것과 비현실적인 것 사이에서. 이 러한 선택과 마주하고 싶지 않은 사람이라면 당연히 그런 선택을 해 야 한다는 것조차 부인하고, 자신은 어찌 할 수 없는 상황이라고 주 장할 것이다. 하지만 선택은 언제나 존재한다.

자기 주장에는 똑똑한 이기심과 용기가 필요하다

1. 계급 사회에서, 상급자와 하급자가 대화를 나눌 때 시선을 아 래로 두는 쪽은 하급자이다. 아래를 보는 쪽은 주인이 아니라 노예 이다. 미국 남부에서는 감히 백인 여성을 똑바로 쳐다보았다는 이유 로 흑인 남성이 두들겨 맞던 때도 있었다. **본다는 것**은 자기를 주장 하는 행위이며, 이제까지 그렇게 여겨져 왔다.

자기 주장에서 가장 기본적이고 중요한 행위는 의식의 주장이다. 여기에는 보고, 생각하고, 인식하고, 밖으로는 세상을 향해, 안으로는 자신의 존재를 향해 의식을 내보이겠다는 선택이 뒤따른다. 질문하거나 권위에 도전하는 것 역시 자기 주장의 한 방법이다. 스스로 생각하고 그 생각을 지키는 것이 자기 주장의 핵심이다. 이런 의무를 제대로 이행하지 않는 것은 가장 기본적 차원의 자기 태만인 셈이다.

  자기 주장과 아무 생각 없는 반항을 혼동해서는 안 된다. 의식하지 않은 '자기 주장'은 자기 주장이라고 할 수 없다. 마치 음주 운전과 흡사하다.

  이따금 기본적으로 의존적이고 소심한 이들이 자기 파괴적인 주장 방식을 선택하기도 한다. 그들은 "예."라고 해야 자기 이익을 극대화할 수 있는 상황에서 반사적으로 "아니오!"라고 말한다. 그것이 받아들여지든 아니든 무조건 반대하고 보는 것이 이들의 유일한 자기 주장 방식이다. 이러한 반응은 대개 십 대나 그보다 높은 의식 수준 이상으로 성숙하지 못한 성인에게서 볼 수 있다. 자신의 영역을 지키려는 의도에 본질적으로 잘못이 있는 것은 아니지만, 그들이 선택한 방법은 다음 발달 단계로 나아갈 수 없게 자기 자신을 꼼짝없이 가둔다.

  물론, 건강하게 자기 주장을 하려면 "아니오."라고 말할 수 있는 능력도 필요하다. 하지만 반대하는 것으로는 건강한 자기 주장임을 입증할 수 없다. 자기 주장의 건강함은 궁극적으로 자신이 원하는 것을 주장할 수 있느냐에 달려 있다. 반대로만 점철된 삶은 헛되고 비극적이다. 자기 주장은 못마땅한 것에 반대하는 것뿐만 아니라 자신이 추구하는 가치를 표현하고 그에 부합하는 대로 사는 것이다. 이런 점에서 자기 주장은 자아 통합이라는 주제와 밀접한 관련이 있다.

자기 주장은 생각하는 데에서 시작되지만 거기에 그쳐서는 안 된다. 세상을 향해 나아가려는 행동이 뒤따라야 한다. 그저 무언가를 바라는 것은 자기 주장이라고 할 수 없는 시작 단계에 불과하다. 원하는 바를 현실로 옮기는 것이야말로 진정한 자기 주장이다. 마찬가지로 특정한 가치를 지향하는 것은 자기 주장이라고 보기 어려운 걸음마 수준의 단계이다. 그 가치를 추구하고, 현실에서도 그 가치를 변함없이 지지하는 것이 자기 주장이다. 스스로 자신을 '가치 평가자'나 '이상주의자'로 생각하면서도 현실에서는 가치를 추구하지 않는 사람도 있는데, 그야말로 엄청난 자기 기만이 아닐 수 없다. 그저 꿈만 꾸며 인생을 흘려보내는 것을 자기 주장이라 할 수는 없다. 생의 마지막 순간에 "나는 사는 동안 그 자리를 지켰으며, 그 자리에서 살았다."라고 말할 수 있어야 한다.

2. 논리적이고 일관되게 자기 주장을 실천하는 것은 곧 내가 존재할 권리에 헌신하는 일이다. 이는 내 인생이 타인의 것이 아니며, 나는 타인의 기대에 부응하기 위해 이 세상에 존재하는 것이 아니라는 인식에서 비롯한다. 많은 사람이 자기 주장을 두렵고 무거운 짐으로 여긴다. 자기 주장은 자신의 삶이 자기 손안에 있다는 것을 의미한다. 부모나 다른 권위 있는 인물이 보호자 노릇을 해줄 수 없으며, 자기 존재를 스스로 책임져야 한다는 뜻이다. 스스로 안정감 있는 상태를 만드는 데에도 책임이 있다. 자존감을 해치는 가장 큰 원

인은 이러한 책임감 때문에 느끼는 두려움이 아니라 **그 두려움에 굴복하는 태도**이다. 자신이 존재할 권리와 자기 삶을 스스로 책임질 권리를 지키지 않는다면, 어떻게 개인의 존엄성이라는 감각을 느끼고, 무슨 수로 건강한 자존감을 경험할 것인가?

일관되게 자기 주장을 실천하려면 자신의 생각과 욕구가 중요하다고 확신해야 한다. 하지만 유감스럽게도 많은 경우에 이런 확신이 부족하다. 아이였을 때 우리는 대부분 자신의 생각이나 감정, 욕구는 중요하지 않다는 신호를 받았다. 그리고 실제로도 그렇게 배웠다. "너의 욕구는 중요하지 않아. 중요한 건 **다른 사람**의 욕구야." 어쩌면 우리는 자기 주장을 하려다가 '이기적'이라고 비난받을까 봐 겁을 먹었는지도 모른다.

자신이 원하는 것을 존중하고 그것을 얻으려 투쟁하려면, 많은 경우에 용기를 내야 한다. 많은 사람이 너무 쉽게 자기를 포기하거나 희생한다. 이들에게는 똑똑한 이기심이 갖추어야 할 자아 통합성과 책임감이 부족하다.

오랫동안 열심히 일하며 아내와 세 아이를 부양해 온 마흔여덟 살의 남성이 있다. 쉰 살이 되면 고되고 스트레스 심한 직장을 그만두고, 돈은 적게 벌더라도 그간 누리지 못한 여가를 즐기며 사는 것이 그의 꿈이었다. 그는 급한 일을 등한시하는 것 같은 압박감 없이 독서와 여행과 사색을 즐기고 싶었다. 어느 날, 가족과 저녁 식사를 하는 자리에서 그가 자신의 생각을 이야기하자 모두가 동요했다. 가족들의 관심사는 오로지 그가 돈을 적게 벌면 각자 자신들의 생활 수준에 어떤 변화가 생길까 하는 것이었다. 아무도 그가 처한 상황과 그의 욕구와 감정에는 관심을 보이지 않았다. '내가 어떻게 가족의 뜻을 거스를 수 있을까?' 그는 자문했다. '훌륭한 부양자가 되는 것이야말로 가장 첫 번째 의무 아닌가?' 남자는 가족에게 좋은 가장이고 싶었고, 그 대가로 자신의 열망을 포기해야 한다면 기꺼이 그렇게 할 참이었다. 깊이 생각할 필요조차 없었다. 이미 인생 전반이 습관적 의무감으로 물들어버린 터였다. 가족과 대화를 나눈 저녁 식사 자리에서 남자는 노년의 시작으로 향하는 문턱을 넘었다. 그는 감출 수 없는 괴로움에 흠뻑 젖은 채로 중얼거렸다. "적어도 난 이기적인 사람은 아니야. 이기심은 나쁜 거잖아, 안 그래?"

높은 직위를 그만두거나 심지어 자신의 깊은 욕구와 소망에 관심을 보이기만 해도, 고결한 의미가 아닌 옹졸한 의미의 이기적인 사람이 되어버리고 만다. 사소한 것을 움켜쥐느라 자신의 근본적인 욕망을 저버렸으면서도, 자기가 자신의 열망을 외면하거나 포기했다는 사실을 좀처럼 알지 못한다는 것은 서글픈 역설이다.

3. 조직 내에서 자기 주장은 그저 좋은 생각을 제시하는 데서 그치지 않는다. 좋은 생각을 계발하려 노력하거나 그것을 발전시키는 것은 물론이거니와 자기 제안을 지지해줄 사람들을 구하고 그 생각이 현실에 옮겨지는 것을 보려면 할 수 있는 모든 것을 해야 한다. 많은 잠재력이 피어나기도 전에 죽어버리는 까닭은 이런 종류의 실

천이 부족한 탓이다.

업무를 효율적으로 처리하지 못해 난항을 겪는 팀이 나에게 자문을 요청해 올 때가 있다. 그런 경우, 알고 보면 문제의 원인은 프로젝트에 진심으로 참여하지 않은 한두 명의 팀원 때문일 때가 많다. 문제가 되는 사람들은 대부분 자신에게는 상황을 변화시킬 힘도 없거니와 자신의 기여가 별로 중요하지 않다고 믿는다. 수동적인 태도는 결국 사보타주로 이어진다. 프로젝트 관리자는 내게 이렇게 말했다. "저는 오히려 극단적으로 자기 중심적이어서 자기 혼자 일을 다 한다고 생각하는 팀원들을 우려했습니다. 재주는 있지만 자기 회의 때문에 확신이 없고 결국 맡은 일에서 성과를 내지 못하는 팀원 문제로 골머리를 앓을 줄은 몰랐죠."

적절한 자기 주장이 따르지 않을 때 우리는 모두 당사자가 아니라 구경꾼이 되어버린다. 건강한 자존감은 힘든 일도 기꺼이 도맡아 하려는 태도를 요구한다.

4. 끝으로, 자기 주장에는 삶에서 부딪치는 도전을 피하기보다 그것에 맞서 이겨내려는 의지가 필요하다. 대처 능력의 한계를 넓혀 나갈수록 자기 효능감과 자기 존중이 확장된다. 새로운 배움의 영역에 자신을 내맡긴다거나 자기 능력을 최대한 발휘할 수 있는 일을 맡았을 때 개인의 능력은 강해진다. 더 넓은 우주로 자기 자신을 떠밀어야 한다. 그렇게 우리는 자기 존재를 주장한다.

무언가를 이해하려고 시도하다가 벽에 부딪혔을 때 끝까지 해낼 수 있게 하는 것이 바로 자기 주장 행위이다. 새로운 기술을 익히거나 지식을 받아들이려고 할 때 우리 정신의 능력은 낯선 세계를 가로질러 뻗어 나간다. 우리가 더 높은 수준의 능력으로 나아가는 일에 헌신할 때 자기 주장을 실천하는 것이다.

자기 감각을 상실하지 않고 긴밀한 관계를 유지하는 법, 자신을 희생하지 않고도 친절할 수 있는 법, 자기 기준과 신념을 배신하지 않고 다른 사람과 협력하는 법을 배울 때 우리는 자기 주장을 실천하고 있는 것이다.

자기 주장을 두려워하는 이유

개인주의는 미국의 전통이다. 그리고 미국은 다른 문화권보다 자기 주장을 관대하게 받아들이는 편이다. 미국에서도 대개는 여성보다 남성의 자기 주장에 관대하다. 인간으로서 당연한 권리지만, 자기 주장을 실천하는 여성이 궁지에 몰리는 경우가 여전히 많다.

미국에서든 다른 사회에서든, 튀는 것보다 조화를 이루는 편을 바람직하다고 여긴다면 자기 주장이라는 미덕은 용인되지 못할 것이다. 만일 종족, 가족, 집단, 지역 사회, 회사, 공동체에 소속됨으로써 안전과 안정을 보장받는 사회라면, 자존감은 심지어 위협과 두려움으로 여겨질 수도 있다. 이때 자존감은 개별화(자기 실현, 정체성 표출), 즉 단절을 의미하기 때문이다.

개별화를 성취하지 못한 사람이나 개별화가 공동체의 적이 아니라 전제 조건이라는 것을 이해하지 못하는 사람에게 개별화는 고립의 두려움을 불러일으킨다. 그러나 건강한 사회는 자기 자신을 존중하는 개개인의 연합이지 서로 얽히고설켜 한 덩어리로 존재하는 덤 불이 아니다.

자기 주장을 올바르게 성취한 남성 또는 여성은 서로 도움을 주고 보완하면서 개별화와 인간 관계라는 두 마리 토끼를 동시에 잡는다. 그런 사람은 한손에는 자율성을, 다른 한손에는 친밀한 유대 관계를 맺을 수 있는 능력을 쥐고 있다.

대개 정체감이 제대로 발달하지 못한 사람은 이렇게 생각한다. '나를 드러냈다가는 거부당할 거야. 내가 나를 사랑하고 긍정한다면 분노를 살 거야. 나 혼자 너무 행복해하면 사람들이 나를 질투할 거야. 나섰다가는 외톨이로 지내야 할 거야.' 이런 일이 실제로 생길 수도 있다고 생각하면 그대로 얼어붙어서 자존감의 상실이라는 끔찍한 대가를 치르고 만다.

이런 식의 두려움은 매우 흔하게 나타나는데, 미국의 심리 치료 연구자들(중 일부)은 이를 미성숙의 근거로 보는 경향이 있다. 우리는 말한다. "자기 자신이 되려면 용기를 내야 한다." 하지만 이런 견해는 상이한 문화적 관점과 충돌하기도 한다. 내가 《자기 존중》에서 개별화 문제를 다루었을 때, 하와이 출신의 한 심리치료사는 책 내용에 반대하며 실제로 이런 조소를 보냈다. "미국인들이란!" 그는 자신의 문화권에서는 개별화보다 '사회적 조화'에 더 큰 가치를 부여한다고 말했다.

'개별화'라는 단어는 현대에 와서 생긴 것이지만, 그 용어가 명시하는 관념은 아리스토텔레스만큼이나 역사가 오래되었다. 온전함과 자기 완성을 위한 인간 존재의 분투와 내면의 자신을 밖으로 드러내 자기 실현이나 자기 완성을 이루려는 행위는 아리스토텔레스의 개념인 엔텔레케이아(entelecheia, 사물의 직접적이고 현실적인 완전 상태)를 연상시킨다. 현대 사회에서 자기 실현은 수백 년간 이어져 온 여러 종류의 노예 상태에서 해방되는 정치적 자유와도 관련이 있다.

어떤 사람들은 자신에게는 어떤 공간을 차지할 아무 권리도 없는 양 서 있거나 움직인다. 또 어떤 사람들은 웅얼거리거나 모깃소리처럼 작게 말하거나, 혹은 그 두 가지 행동을 동시에 하며 다른 사람이 듣지 못하게 하는 것이 마치 자신의 의도인 양 행동하기도 한다. 분명하지만 지극히 미숙한 방식으로 스스로 자기 존재의 정당성을 느끼지 못한다는 것을 드러내는 사람도 있다. 자기 주장의 결핍을 극단적인 형태로 드러내는 이런 사람들은 틀림없이 자존감이 낮을 것이다. 이런 사람들이 심리 치료를 통해 자신감 있는 태도로 말하고 행동하는 법을 배우면, (일부는 초기에 불안 증상을 보인 후) 예외 없이 자존감이 향상되는 모습을 보였다.

자기 주장의 결여가 전부 뚜렷하게 드러나는 것은 아니다. 보통의 삶에서는, 자신의 감정과 신념을 드러내지 못하고 침묵하거나 굴복하거나 포기하거나 잘못 설명하는 일들이 수없이 많지만 기억되지 못한 채 잊히는 것이 특징이다. 그리고 그 결과는 존엄과 자기 존중이 서서히 약해지는 것이다. 자신을 드러내지 않고, 자신의 존재를 주장하지 않고, 당연히 그래야 하는 상황에서 자신의 가치를 지키지 않는다면, 자기 감각은 상처를 입는다. 세상이 나에게 상처를 주는 것이 아니다. 나를 상처 입히는 것은 나 자신이다.

한 젊은이가 어두컴컴한 극장에 홀로 앉아 있다. 눈앞에서 펼쳐진 드라마에 가슴 깊이 감동한 그는 눈물을 흘린다. 일 주일 내로 다시 와서 영화를 한 번 더 봐야겠다고 생각한다. 그는 로비에서 같은 영화를 관람한 친구를 만난다. 둘은 인사를 나눈다. 친구의 얼굴에서 영화를 보고 난 뒤의 느낌을 찾아보려 하지만, 친구는 무표정하다. 친구가 묻는다. "영화 어땠어?" 그는 순간적으로 급습하는 두려움을 느낀다. 친구에게 '쿨하지 않은 사람'으로 보이고 싶지 않았기에 "좋았지, 정말 감동적이었어."라고 사실대로 말할 생각은 없다. 결국 그는 덤덤하게 어깨를 으쓱하며 대꾸한다. "나쁘진 않았어." 젊은이는 지금 막 자기 따귀를 때렸다는 사실을 모른다. 아니, 그 사실을 의식적으로는 모른다. 그러나 상처받은 자존감은 똑똑히 알고 있다.

칵테일 파티에 참석한 한 여성이 누군가의 멍청한 인종 차별적 발언을 듣고 불쾌함을 느낀다. 그녀는 자신의 속마음을 말하고 싶다. "그런 말을 들으니 불쾌하군요." 악에 반대하는 이가 없으면 그 힘이 커질 것을 알지만, 사람들이 자기에게 이의를 제기할까 봐 두렵기도 하다. 그녀는 어쩔 줄 몰라하며 시선을 거둔 다음, 아무 말도 하지 않는다. 그리고 나중에는 혼잣말로 불편한 마음을 달랜다. "내가 그런다고 뭐가 달라지겠어? 그 자식은 멍청이야." 하지만 그녀의 자존감은 어떤 점이 달라질지 잘 알고 있다.

한 대학생이 하늘처럼 존경하는 작가의 강연을 들으러 갔다. 강연이 끝난 뒤에는 작가에게 질문을 던지는 사람들 사이에 섞여 있었다. 그 여성 작가의 책이 자신에게 얼마나 의미 있는지, 어떤 영향을 주었는지, 그 덕분에 자신의 인생이 어떻게 바뀌었는지를 말하고 싶었다. 그러나 그는 아무 말도 하지 못하고 혼잣말로 중얼거렸다. "유명 작가에게 고작 나 같은 사람의 반응이 중요하겠어?" 작가가 무언가 기대하는 시선으로 자기 쪽을 바라보지만, 그는 어색하게 침묵을 지킬 뿐이다. 그의 속마음은 이렇게 속삭인다. '내가 말하더라도 아무도 신경 쓰지 않을 거야. 관심 있는 사람은 작가 한 사람이야.' 하지만 결국 두려움이 승리하고 만다. 그는 혼잣말을 한다. "억지 부리고 싶지 않아."

남편의 잘못된 생각을 못마땅하게 여기는 여성이 있었다. 그녀는 남편에게 반대하는 자기 생각을 표현하고 싶은 충동을 느꼈다. 그러나 남편의 말에 반대했다가는 결혼 생활에 '풍파를 일으키지 않을까', 부부 사이가 나빠지지 않을까 두려워했다. 그녀의 어머니는 그녀에게 이렇게 말했다. "남편의 말이 맞든 틀리든, 무조건 지지하는 것이 좋은 아내란다." 그녀가 다니는 교회의 목사님은 일요일 설교 시간에 이렇게 말했다. "남편은 하늘, 아내는 땅입니다." 기억의 소리들이 내면에 울려 퍼졌다. 그녀는 이전에도 그랬듯이 침묵을 지켰다. 그녀는 어렴풋하게 느껴지는 죄책감의 근원이 스스로 자신을 배신했다는 사실을 알고 있다는 데에서 시작한다는 사실을 알지 못했다.

자기 주장에 도움이 되는 문장 완성 연습

다음은 자기 주장을 이해하고 실행하는 데 도움이 될 문장 줄기들이다.

1주차
내게 자기 주장이 의미하는 것은, _____
오늘 하루 5퍼센트 더 자기 주장이 강한 사람으로 산다면, _____
다른 누군가가 내 바람이 중요하다고 말한다면, _____
나에게 나의 바람을 소중히 여길 용기가 있다면, _____

2주차
마음 깊은 곳에서 느끼는 욕구와 바람을 더 강하게 의식한다면,
_____
마음 깊은 곳에서 솟구치는 열망을 외면할 때, _____
'예'와 '아니오'를 분명히 말할 수 있다면, _____
내 생각과 의견을 더 자주 드러낸다면, _____

3주차
내 생각과 의견을 억누를 때, _____
내가 바라는 것을 요구한다면, _____
내가 바라는 것에 침묵할 때, _____
내 안의 목소리를 다른 사람에게도 전한다면, _____

4주차

내 안의 목소리에 귀 기울인다면, _____

오늘 하루 5퍼센트 더 나를 표현한다면, _____

진정한 나의 모습을 숨긴다면, _____

더 진실한 삶을 원한다면, _____

그리고 매주 자기가 쓴 말꼬리를 다시 읽어보고 다음 문장 줄기 뒤에 6~10개의 말꼬리를 만들어보자.

내가 쓴 문장 중에 어떤 것이 진실이라면, 내가 _____ 하는 데 도움이 될 것이다.

물론 이런 말꼬리를 달리 활용할 방법도 있다. 나 같은 경우에는 자존감을 주제로 삼아 집단 심리 치료를 진행하면서, 세 시간에 걸쳐 앞서 말한 문장 줄기들을 활용했다. 먼저 문장 줄기를 큰 소리로 말한 다음 그 뒤에 이어지는 말꼬리와, 그 문장을 실행했을 때 어떤 결과가 벌어질지 이야기했다.

자기 주장은 자존감의 기초이자 표현이다

우리는 건강한 자존감을 지탱하는 행동은 동시에 건강한 자존감을 표현하는 것이라는 사실을 다시 한 번 확인했다. 자기 주장이란 자존감을 지탱하는 것이자 표현하는 것이다.

자신감 넘치는 사람에게 이런 말은 잘못된 표현이다. "저 사람에게는 자기 주장이 쉬운 일이잖아요. 자존감이 높은가 봐요." 자존감을 쌓는 방법 하나는 자기 주장이 곤란한 상황에서도 그것을 관철하는 것이다. 자기 주장에는 늘 용기가 필요하다.

자기 주장의 실천은 자존감을 받치는 네 번째 기둥이다.

10장

목적에 집중하기

다섯 번째 기둥

∴

　내게는 미국에서 최고의 주가를 올리며 경영 분야의 뛰어난 강사로 손꼽히는 60대 후반의 친구가 있다. 몇 년 전에 그는 아주 오래전에 사랑했던 여성과 재회했다. 그는 지난 30년 동안 그녀와 연락한 적이 없었다. 그와 마찬가지로 그녀도 지금은 60대였다. 둘은 격정적인 사랑에 빠졌다.

　어느 날 함께한 저녁 자리에서 친구는 그 이야기를 나에게 털어놓았다. 그는 더없이 행복해 보였다. 친구와 함께한 것은 물론이고 환희에 찬 친구의 얼굴을 보는 것은 아주 근사한 일이었다. 그러다 그는 지난날 겪은 두 차례의 이혼이 떠올랐는지 애석하고도 간절하게 말했다. "제발, 난 지금 이 상황에 제대로 대처하고 싶다네. 우리 관계가 정말로 잘 풀렸으면 좋겠어. 내가 바라는 건, 그러니까 내가 원하고 소망하는 건, 자네도 알다시피, 우리 관계를 망치고 싶지 않다는 걸세." 내가 아무런 말이 없자 그가 다시 물었다. "나한테 해줄 조언 없나?"

나는 이렇게 말했다. "음, 있지, 내 생각엔 말이야. 자네가 그렇게 하고 싶다면 하고 싶은 바를 이루는 것을 **의식적인 목적**으로 삼아야만 해." 친구는 몸을 앞으로 기울여 집중했고, 나는 계속 말을 이어갔다. "가령, IBM의 경영진이 자네에게 이런 말을 했다고 해보세. '난 우리가 이번 신제품 홍보를 제대로 하길 기대하고 있어요. 정말 성공하면 좋겠습니다. 그리고 내가 바라는 건……' 그러면 자네는 어떤 반응을 보일까? 아마 곧바로 이렇게 받아치겠지. '기대라니요, 그게 뭡니까? 바란다는 건 대체 무슨 말입니까?' 그러니까 내 조언은, 목적의 중요성과 실행 계획에 대해 자네가 알고 있는 것을 개인 생활에도 그대로 적용하라는 걸세. '기대'나 '바람'은 아이들을 위해 남겨두자고."

환하게 미소 짓는 친구를 보아하니 내 말뜻을 제대로 이해한 것 같았다. 이 일을 계기로 나는 '목적 있는 삶'이라는 주제를 생각해보게 되었다.

목적 없는 삶은 우연에 휘둘리는 삶이다. 어떤 것의 가치를 판단할 기준이 없기 때문에 우연한 사건, 우연히 걸려 온 전화, 우연한 만남에 삶이 좌지우지되고 만다. 자신만의 분명한 방향을 결정할 결단력이 없다면, 마치 물 위에 떠 있는 코르크 마개처럼 외부의 힘에 흔들리게 마련이다. 우리는 주도적 삶보다 환경에 반응하는 삶을 사는 경향이 있다. 우리는 표류자들이다.

목적이 있는 삶을 살려면 스스로 선택한 목표를 달성하는 데 자기 능력을 활용해야 한다. 학업, 가족 부양, 생계 유지, 새로운 사업, 신제품 출시, 과학의 난제 해결, 별장 신축, 연인과 행복한 관계 유지까지 무엇이든 목표가 될 수 있다. 우리를 계속해서 나아가게 하고, 능력을 발휘하게 하고, 생활에 활력을 불어넣는 것이 바로 목표이다.

내 능력을 발휘하겠다는 결심

목적 있는 삶이란 특히 생산적인 삶을 의미하는데, 생산성은 자기 삶을 만족스럽게 만드는 데 필수적이다. 생산성은 자신의 생각을 현실에 옮겨 자기 삶을 뒷받침하는 행위이며, 목표를 정하고 그 목표를 성취하기 위해 일하는 행위, 생활에 필요한 지식과 상품, 서비스를 얻는 행위도 포함된다.

자기를 책임지는 사람은, 삶의 짐을 다른 사람에게 떠넘기지 않는다. 여기서 중요한 것은 개인의 생산력이 아니라, 자신이 자기 삶의 주인으로서 능력을 발휘하겠다는 선택이다. 본질적으로 정상적인 삶에 반하는 것만 아니라면, 어떤 종류의 일을 선택하느냐는 중요하지 않다. 그러나 선택할 기회가 있다면 지적 능력을 발휘할 만한 일을 찾아야 한다.

목적이 있는 사람은 자신의 능력에 적합한 생산적 목표를 세우고, 그것에 도전한다. 어떤 목표를 세웠는지 살펴보면 그 사람의 자기 개념을 알 수 있다. 물론 사람마다 복잡한 전후 상황이 있으므로 일부는 상황을 확실히 알아볼 필요가 있다는 점을 인정해야 한다. 개인이 선택한 목표를 안다면 그 사람이 바라고 꾀하는 바가 가능하고 합당한지 더 정확히 판단할 수 있다.

성취는 능력을 키운다

자존감이 능력(또는 효능감)의 경험을 필요로 한다면, 능력을 특정한 영역에 제한하고 집중하는 이유는 무엇일까?

인간은 특정한 과업을 달성하는 과정에서 특정한 능력을 습득하면서 근본적인 효능감을 쌓는다.

근본적인 효능감은 무(無)에서 생겨나는 것이 아니라 특정한 과업을 성공적으로 해냈을 때 형성되고 표현된다. 성취가 곧 자신의 가치를 '증명'하는 것이라기보다 성취하는 과정 자체가 효능감과 삶의 능력을 발전시키는 수단이 되는 것이다. 개별적인 영역에서 효능감을 느끼지 못한다면 추상적 영역에서도 효능감을 느낄 수 없다. 따라서 생산적인 일에는 자존감을 쌓을 수 있는 강력한 잠재력이 있다.

우리를 움직이는 목표는 구체적이어야 한다. 실현할 수 있으려면 그래야 한다. 단지 '최선을 다하는 것'이 목표라면 최선의 실행안을 구상할 수 없다. 과제가 너무 모호하기 때문이다. 목표는 이를테면 이런 식이어야 한다. 일 주일에 네 번, 30분씩 러닝머신 달리기, (구체적으로 명시된) 과제 열흘 안에 끝내기, 다음 회의 때는 프로젝트 진행에 필요한 것을 팀원들에게 정확하게 전달하기, 연말까지 (구체적인 액수) 만큼의 돈을 벌기, (특정 날짜)까지 (구체적인 수단)으로 (특정) 틈새시장 장악하기. 이런 식으로 목표를 세우면 진행 상황을 관찰할 수 있고, 계획과 결과를 비교할 수 있다. 또한 새로운 정보에 걸맞게 전략이나 방침을 수정할 수 있으며, 자신이 산출한 결과를 책임질 수 있다.

목적 있는 삶을 살려면 다음의 질문들을 고려해야 한다. 내가 성취하려는 것은 무엇인가? 그것을 성취하기 위해 어떤 노력을 하고 있는가? 그 방법이 적절하다고 판단한 이유는 무엇인가? 나의 성공이나 실패에 대해 외부로부터 피드백을 받고 있는가? 참고해야 할 새로운 정보가 있는가? 방향이나 전략, 실천 방법을 조정할 필요는 없는가? 목표와 목적을 재고할 필요는 없는가? 이렇듯, 목적 있는 삶이란 곧 고도로 의식적인 삶을 뜻한다.

이런 생각은 아무래도 개인적인 관계보다는 업무상의 문제에 적용할 때 한결 이해하기 쉽다. 어쩌면 결혼 생활보다 일에서 성공하는 사람이 상대적으로 많은 것도 이런 이유 때문일 것이다. "나는 내 일을 좋아한다."라고 말하는 것만으로 부족하다는 사실 정도는 누구나 안다. 사무실로 출근해서 무언가를 하지 않으면, 사업은 존재하지 않는 쪽에 가까워질 것이다.

하지만 친밀한 관계에서는 '사랑'만으로 충분하고 행복이 저절로 찾아오리라고 생각하기 쉽다. 그러다 관계가 기대한 대로 흘러가지 않으면 서로 맞지 않는다고 생각해버린다. "관계를 잘 맺는 게 내 목표라면, 나는 무엇을 해야 할까? 신뢰감, 친밀감, 지속적인 자기표출, 자극, 성장을 만들어내고 유지하려면 어떤 행동이 필요한가?"라고 자문하는 사람은 극히 드물다.

이제 막 결혼해 행복에 겨운 부부에게는 이런 질문이 유용하다. "지금의 감정을 유지하기 위한 당신의 행동 전략은 무엇입니까?"

다투고 난 뒤 해결책을 원하는 커플에게 도움이 되는 질문도 있다. "관계 회복이 목표라면, 그 목표를 위해 당신이 준비한 실행 방안은 무엇입니까? 배우자에게 바라는 행동은 어떤 것입니까? 관계를 개선하려면 서로 어떻게 해야 한다고 생각합니까?"

실행 계획과 무관한 목적은 실현할 수 없다. 이런 경우 목적은 그저 좌절된 동경으로 남을 뿐이다. 백일몽으로는 효능감을 얻을 수 없다.

자기 훈련과 자기 통제감

목적이 있고 생산적인 삶을 살려면 자기 훈련 능력을 키워야 한다. 자기 훈련이란, 특정한 과업을 수행해 나가면서 차츰 자신의 행동을 체계화하는 것을 말한다. 자기 훈련 능력이 결여된 사람은 삶의 도전에 부딪쳤을 때 자신의 위기 대처 능력을 못 미더워한다. 자기 훈련에는 멀리 떨어진 목표를 위해 눈앞의 만족감에 거리를 둘 수 있는 능력도 포함된다. 이는 앞으로 닥칠 결과를 예상해 장기적으로 생각하고 계획하고 살아갈 수 있는 능력이다. 개인이든 기업이든 이 훈련을 하지 않는다면, 성장은 고사하고 제 기능도 제대로 할 수 없다.

자존감을 지탱하는 덕목이나 실천이 모두 그러하듯, 자기 훈련 역시 생존을 위한 덕목이다. 또한 성공적인 삶에 필요조건이기도 하다. 효율적인 양육이나 교육에서 어려운 점은 미래와 현재 어느 한 쪽도 무시하지 않고 똑같이 존중하는 것이다. 현재와 미래 사이의 균형은 우리 모두의 과제이며, 자기 통제감을 누리려면 이는 반드시 필요하다.

여기서 한 가지 짚고 넘어갈 점은, 목적 의식이 있고 자기 훈련에 철저한 삶이 곧 휴식이나 휴양, 오락, 돌발적이거나 사소한 활동에 시간과 공간을 할애할 여유가 없는 삶을 의미하는 것은 아니라는 것이다. 그런 종류의 활동에 참여하는 것이 안전하고 타당하다고 생각한다면 그런 활동을 의식적으로 선택할 수도 있다. 어쨌든 의도적이든 아니든, 목적을 일시적으로 포기하는 행위도 회복이라는 목적에 도움이 된다.

목적 있는 삶의 실천 방안

사회적인 맥락에서 목적 의식 있는 삶을 실천하는 데에는 다음과 같은 핵심 쟁점이 뒤따른다.

책임감 있는 태도로 자신의 목표와 목적을 의식적으로 구체화하기

만약 자신의 삶을 통제하려면 원하는 것과 가고자 하는 곳을 알아야 한다. 다음 질문들을 생각해보자. 5년, 10년, 20년 후의 나에게 바라는 것은 무엇인가? 내 삶에 추가했으면 하는 것은 무엇인가? 직업에서 성공하는 데 필요한 것은 무엇인가? 대인 관계에서 필요한 것은 무엇인가? 결혼하고 싶다면, 그 이유와 목적은 무엇인가? 특별한 관계 속에서 내가 추구하는 목표는 무엇인가? 아이들과 관련해서, 나의 목표는 무엇인가? 지적으로나 정신적으로 염원하는 것이 있다면 무엇인가? 내가 추구하는 목표는 초점이 뚜렷한가? 아니면 모호하고 설명하기 힘든가?

행동이 자신의 목표를 성취하는 데 필요한 것인지 확인하기

우리의 목적이 백일몽이 아니라 이루어야 할 것이라면 다음의 질문들을 생각해보자. 어떻게 지금 여기에서 거기까지 갈 수 있는가? 어떤 행동을 해야 하는가? 최종 목적을 이루는 길에서 완수해야 할 하위 목적들은 무엇인가? 새로운 지식이 필요하다면, 그것을 어떻게 얻을 것인가? 새로운 자원이 필요하다면, 그것을 어떻게 얻을 것인가? 만약 목표가 장기적인 것이라면, 거의 틀림없이 하위 목적을 달성하기 위한 하위 실천 계획이 필요할 것이다.

책임감 있는 태도로 이 단계들을 고려할 수 있겠는가?

삶의 성공은 그렇게 하는 사람들의 것이다.

행동이 자신의 목표에 어긋나지 않는지 계속해서 관찰하기

우리는 목적을 분명히 정하고 실천 계획을 구상할 수 있다. 그러나 집중을 방해하는 것, 예상치 못한 문제, 다른 가치의 영향, 우선순위의 무의식적인 재정렬, 집중력 부족 때문에, 또는 뭔가 하겠다고 결심을 하고는 거기에 저항하느라 경로에서 이탈할 수도 있다. 정해진 목적을 감안해 의식적으로 행동을 관찰하는 방침은 이런 종류의 문제를 다루는 데 도움이 된다. 때로는 본래 의도에 전념하는 것이 해결책일 수 있고, 때로는 자기 목표가 실제로 가장 중요한 것인지 재고하거나 어쩌면 목적을 다시 수립해야 할 수도 있다.

행동의 결과에 주목하고, 그 결과가 바라던 곳으로 이끌었는지 확인하기

목표가 뚜렷하고 행동이 적절했더라도 애초에 옳다고 생각했던 단계가 잘못된 것으로 판명될 수도 있다. 어쩌면 미처 고려하지 못한 사실들이 있었는지도 모른다. 진행 단계에서 상황이 바뀌었을 수도 있다. 그렇다면 계속해서 자문해보자. 내가 세운 전략과 전술이 제대로 작동하는가? 내가 원한 방향으로 가고 있는가? 내 행동이 내가 기대했던 결과로 이어지고 있는가?

이런 원칙들을 무시한 채 "예나 지금이나 우리는 변함없이 일하고 있습니다."라고 맹목적으로 읊어대는 사업가들을 흔히 볼 수 있다. 역동적인 경제 상황에서 어제의 전략과 전술이 오늘도 적합하리라는 보장은 없다.

한 가지 예를 들어보자. 제너럴모터스(GM)는 회사의 문제가 공공연하게 불거지기 전까지, 수십 년 동안 변함없이 성공의 길을 달리는 중이었다. 경영 자문인 피터 드러커(Peter Drucker)는 과거의 방침이 몇 년 뒤에도 효과적이리라는 법은 없으므로 경영 방침을 재고하지 않으면 위기 상황에 처할 것이라고 경고했다. 그러나 제너럴모터스의 경영진은 그의 충고를 비웃으며 적대적인 태도를 보였다. 지금의 현실은 피터 드러커가 옳았다는 것을 입증한다.

우리의 행동은 의도한 결과로 이어지지 않거나 예상하지 못했고 바라지도 않았던 결과를 낳을 수도 있다. 어느 단계에서는 잘 들어

맞지만 다른 단계에서는 바람직하지 않을 수도 있다. 한 예로, 줄기차게 잔소리하고 목청을 높이면 단기적인 성과는 낼 수 있을지 몰라도 장기적으로는 분노와 반항심을 불러일으킨다. 조악한 물건을 판매한 회사는 빠르게 수익을 낼 수는 있겠지만, 고객이 점차 떠나가 1년이 채 지나기도 전에 무너지고 만다. 결과에 주목하면 목표 달성 여부도 물론 알 수 있지만, 자신의 의도나 바람과는 무관한 결과가 나타날 수 있다는 것도 알 수 있다.

다시 한 번 강조하지만, 목적 있는 삶과 의식적인 삶은 분리할 수 없다.

높은 성과가 높은 자존감은 아니다

1. 심리치료사인 어빈 D. 얄롬(Irvin D. Yalom)이 쓴 《실존주의 심리 치료》에서 목적 있는 삶이라는 주제를 둘러싼 혼란의 한 예를 찾아볼 수 있다. 그의 견해를 살펴보자. "목표를 달성하지 못한 삶이 불완전하다는 생각은 인간 존재의 비극적 현실이 아니라 서구의 신화이며 문화적 유물이다."

우리는 목표를 성취하지 않고서 삶을 이어가는 것이 **불가능**하다는 사실을 알고 있다. 아메바에서부터 인간에 이르기까지, 진화의 모든 단계를 통틀어 보더라도 그렇다. 이것은 '인간 존재의 비극적 현실'도, '서구의 신화'도 아니며 오히려 삶의 단순한 본질로서 보통은 삶에 활력을 주는 것이다.

삶의 지향으로서 '목표 성취'가 아닌 다른 선택지는 수동성과 목적 없음이다. 이러한 상태에서는 성취의 기쁨과 같은 기쁨을 느낄 수 없다. 얼마나 비극적인 일인가?

나아가 '목표 성취'가 '세속적'인 데 국한되지 않는다는 사실을 기억하자. 공부나 명상을 하는 삶도 그 자체로 목적성이 있거나, 있을 수 있다. 하지만 목적 없는 삶을 인간적이라고 말하기는 어렵다.

2. 목적 있는 삶이 자존감을 온전히 실현하는 데 필수 불가결하다는 말이, 한 사람의 가치를 외적인 성과로 평가할 수 있다는 뜻은 아니다. 다른 사람과 자신의 성과를 존중하는 것은 당연하고, 또 타당하다. 그러나 성과를 자존감의 평가 기준이나 기반으로 이해해서는 안 된다. 자존감의 근원은 성취가 아니다. 자존감은 우리가 내적으로 기량을 발휘하면서 **목표를 성취할 수 있게 한다**. 이 점이야말로 이 책에서 이야기하려고 하는 자존감의 가장 중요한 미덕이다.

철강왕 앤드루 카네기(Andrew Carnegie)는 이런 말을 남겼다. "당신은 우리 공장과 영업, 운송과 자금 모두를 우리 조직만 남긴 채 앗아갈 수도 있다. 그래도 우리는 스스로 4년 안에 재건할 수 있다." 카네기 말의 요점은 힘은 부 자체가 아니라 부의 근원에 있다는 뜻이다. 힘은 결과가 아니라 원인에 있다는 뜻이다. 자존감과 외적 성과의 관계에도 같은 원리가 적용된다.

3. 높은 성과가 높은 자존감의 표현일 수는 있어도, 자존감의 주요한 근원은 아니다. 비범한 재능 덕분에 일에서는 큰 성공을 거두었지만, 사적인 삶에서는 비합리적이고 무책임한 사람이 있다고 해

보자. 그에게는 생산성이야말로 미덕을 판가름하는 유일한 기준이며, 도덕성이나 자존감의 차원에서 볼 때 다른 행동 영역은 그리 중요하지 않다고 믿고 **싶을지도** 모르겠다. 이런 사람은 일을 방패막이로 내세워 삶의 다른 영역(이나 고통스러운 유년기의 기억)에서 느끼는 수치심과 죄책감을 회피하려 들 수도 있다. 그렇게 되면 아무리 생산적인 일도 건강한 열정의 근원이 아니라 회피 전략, 즉 대면하기 두려운 현실에서 달아나 숨는 도피처가 되어버린다.

성과, 성공, 소득, 번듯하게 가족을 부양하는 것 따위를 자존감과 근본적으로 관련짓는 사람도 있다. 이런 사람에게는 일이 곧 자기의 상징인 셈이다. 그런데 일에서 실수를 하거나 통제 불능의 경제 상황으로 사업 실패나 실직을 겪게 되면 우울증이나 극심한 혼란에 빠질 수 있다. 실제로 한 도시에서 대형 항공사가 운영하던 공장이 문을 닫자, 자살 상담 전화가 폭주했다.

몇 년 전, 같은 주제로 디트로이트에서 자동차 업계 종사자들을 대상으로 강연을 한 적이 있었다. 나는 말을 이어나갔다. "정부는 대규모 공채를 발행해 크라이슬러를 구제할 것인지 결정하려는 참입니다. 그것이 정부의 마땅한 기능인지 판단하는 일은 잠시 미뤄 둡시다. 개인적으로는 그 방법이 타당하지 않다고 생각하지만, 제 견해는 중요하지 않습니다. 여러분이 크라이슬러에서 일하고 있으며, 회사에서 좋은 성과를 올리거나 올해 돈을 많이 버는 것이 자존감에 영향을 끼친다고 해봅시다. 그러니까, 그 말은 여러분의 마음을 손아귀에 쥐고 여러분의 가치감을 완전히 장악한 미국의 누군가에게 감사하며 살아야 한다는 말입니다. 생각만 해도 불쾌하지 않습니까? 전 기분이 안 좋은데요."

가계나 가족의 행복과 미래가 걱정스러운 경제 불황기에, 자신의 효능과 가치는 돈 버는 데 있다고 생각하는 것만으로 충분히 나쁘며, 그 과정에서 자존감의 기반을 점차 약화시키는 것은 더욱 좋지 않다.

때때로 나이 든 분들을 상담한다. 특정 직업에서 자기들보다 능력을 갖추지 못했거나 혹은 능력이 뛰어난 다수의 젊은이들에게 자리를 내어주고 직업이 없는 상태로 지내는 이들이다. 마찬가지로 나이에 대한 편견 때문에 역으로 고충을 겪는 뛰어난 젊은이들도 나를 찾아온다. 연장자가 아랫사람을 차별하는 곳에서는 객관적 자격과 능력을 기준으로 삼지 않는다. 그런 상황에 처한 젊은이들은 대개 효능감을 상실하는데, 자존감이 점점 희미해지는 경우도 빈번하다. 이런 잘못된 함정에 빠지지 않는 사람은 흔치 않은데, 바로 뛰어난 집중력을 지닌 데다가, 어떤 힘들은 개인이 통제할 수 없는 영역에 있다는 사실, 엄밀히 말하자면 자존감과 관련이 없다는(또는 없어야 한다는) 사실을 아는 사람이다. 그렇기 때문에 그들은 미래에 대한 걱정으로 괴로워하거나 불안해하지 않고, 특정한 문제와 개인의 가치를 같은 맥락에서 해석하지도 않는다.

자존감의 문제가 개입한다면 다음과 같은 질문들을 해봐야 한다. 이 문제는 내가 직접, 내 의지로 통제할 수 있는 범위 안에 있는가? 아니면 적어도 내가 직접, 내 의지로 통제했을 때 문제의 인과 관계에 영향을 끼칠 수 있는가? 만일 그렇지 않다면 고통이나 슬픔을 안겨주는 이 문제가 내 자존감과는 무관하며, 그 원인은 다른 것일 수 있다는 점을 인식해야 한다.

이 원리는 합리적인 자녀 양육을 위해 부모가 배워야 할 지식에도 포함될 것이다. 그리고 언젠가는 학교에서도 배울 날이 올 것이다.

4. 예순이 다 된 기업가 친구에게 여생의 목표를 물었더니 이렇게 대답했다. "목표 따위는 없네. 난 평생 미래를 위해 현재를 희생하며 살았어. 가족과 자연, 이 세상의 아름다움을 누리기 위해 멈춘 적이 없었지. 이제는 미래를 생각하거나 계획하지 않아. 물론 여전히 돈을 관리하고 가끔은 거래를 하기도 하지. 하지만 가장 중요한 목표는 가능한 모든 것에 감사하며 하루하루를 즐기는 걸세. 그런 의미에서 보면 나는 여전히 자네가 이야기한 목적 있는 삶을 사는 것이 아니겠는가."

나는 친구의 말이 그가 미래를 위해 목표를 계획하는 법과 현재에 충실하며 감사하게 사는 법 사이의 균형을 유지하는 방법을 모르는 것처럼 들린다고 말했다. "그것이 나에게 항상 문제였다네." 친구도 인정했다.

자신을 '증명'하는 것이나 실패의 두려움을 피하는 것을 목표로 삼았다면, 이 둘 사이의 균형을 잡기는 어렵다. 미래와 현재는 우열을 가리기 힘들기 때문에 우리의 경험과 지각에서 둘을 통합해야 한다. 우리는 너무 달린다. 그때 동력은 즐거움이 아니라 불안감이다.

반면에 자기 정당화가 아니라 자기 표현을 목표로 삼는다면, 한층 자연스럽게 균형을 이룰 수 있다. 그러한 목표를 일상생활에서 어떻게 실현할 수 있을지는 여전히 생각해봐야 할 문제이다. 그렇더라도 현재와 미래를 동등하게 여긴다면, 상처 입은 자존감이 불러오는 불안 때문에 아무것도 못하는 상황에 처할 일은 없을 것이다.

잭은 평생 작가가 되고 싶어 했다. 타자기 앞에 앉은 자신의 모습을 그려보기도 하고, 완성된 원고 뭉치가 점점 늘어나는 광경을 상상해보기도 했다. 자기 사진이 〈타임〉 표지를 장식하는 날을 꿈꾸기도 했다. 하지만 자신이 무엇에 관해 쓰고 싶은지는 모호했다. 표현하고 싶은 것이 무엇인지도 제대로 말하지 못했다. 물론 이런 문제들이 그의 즐거운 환상을 가로막을 수는 없었다. 그는 어떻게 글쓰기를 배워야 하는지 생각해본 적이 없었다. 아니, 아무것도 쓰지 않았다. 그저 글을 쓰는 꿈만 꾸었을 뿐이었다. 잭은 내내 벌이가 적은 직장을 전전했다. 그러면서 내심 자신의 '진짜' 직업은 작가이므로 무언가에 얽매이거나 방해받고 싶지 않다고 생각했다. 시간이 갈수록 그의 삶은 공허해졌다. 이제 마흔이 된 그는 좀 더 일찍 글을 썼어야 했다는 것을 깨달았다. 하지만 어떻게 글을 시작해야 할지, 두려운 마음만 점점 커져 갔다. 그는 "언젠가는, 준비가 되면 쓸 겁니다."라고 말했다. 그리고 자신과 비교했을 때 주변인들의 삶은 지극히 세속적이라고 생각했다. "저들에게는 원대한 꿈이 없어. 큰 꿈이라고는 전혀 꾸지 않아. 내가 품은 열망은 저들의 것보다 훨씬 더 크다고."

메리는 광고 대행사의 중역이다. 주요 업무는 홍보를 해서 새로운 고객을 확보하는 것이다. 성격이 상냥한 그녀는 사람들을 돕는 일에서 큰 기쁨을 느꼈다. 동료들에게는 자기 사무실에 찾아와 고민을 털어놓으라고 권했다. 업무뿐만 아니라 사생활 문제도 상담의 대상이었다. 메리는 직원들이 농담 삼아 자신을 '사무실의 상담가'라고 부르는 게 좋았다. 자신이 업무가 아닌 일에 많은 시간을 쏟고 있다는 사실은 자각하지 못했다. 그러다 업무 평가에서 낮은 점수를 받고서 메리는 동요했다. 하지만 동시에 자신의 패턴을 바꾸기 어렵다는 사실도 알고 있었다. 그녀는 '남에게 도움을 주는 행위'에서 느끼는 쾌감에 중독되어 갔다. 메리는 회사에서 정한 목표를 달성하기 위해 시간을 제대로 분배하지 못했다. 결국 자신이 자각하고 있던 업무 목표와 그에 따른 행동 사이의 조화를 이루지 못한 셈이었다. 그리하여 무의식적으로 선택한 목표가 의식적으로 선택한 목표보다 중요해졌다. 그렇게 될 가능성을 염두에 두고 자신의 행동을 규칙적으로 관찰하지 않은 그녀는 실제로 해고되는 순간까지도 자신의 실수를 자각하지 못했다.

마크는 아들의 자기 존중과 자기 책임감을 길러주는 유능한 아버지가 되고 싶었다. 그렇게 할 수 있는 최선책은 훈계라는 것이 그의 생각이었다. 하지만 훈계를 늘어놓을수록 아들이 겁에 질리고 자신감을 잃는다는 사실은 미처 몰랐다. 아들이 두려워할수록 그는 말했다. "겁내지 마!" 아버지에게 책망받을까 봐 아들이 감정을 숨기면 그는 이렇게 말했다. "말을 해보라고! 할 말이 있으면 하면 되지 않니!" 갈수록 혼자 지내는 아들에게 또다시 비난을 퍼부었다. "사나이라면 힘이 넘쳐야지!" 마크는 도무지 알 수 없었다. '아들 녀석의 문제가 뭘까? 어째서 내 말을 안 듣는 거지?' 직장에서 마크는 현재의 방법이 효과가 없으면 고객이나 업계 탓을 하기보다 다른 방법을 시도해서 효과 있는 방법을 찾아냈다. 자신의 행동이 낳을 결과에도 더 주의를 기울였다. 그런데 집에서는 훈계, 질책, 고함 모두가 소용이 없는데도 그는 전보다 자주 그리고 한층 열심히 그 방법들을 시도했다. 그는 집에서는 행동에 따른 결과를 돌이켜 생각해보지 않았다. 그는 직장에서 인지하고 있던 원칙을 사생활에서는 망각하고 말았다. 무용한 방법을 계속한들 효과가 있을 리 없었다.

어떤 것이든 하지 않으면 아무것도 바뀌지 않는다

내가 개인적으로 생각하는 목적 있는 삶이란, 우선 책임감 있는 태도로 목표 달성에 필요한 행동을 실행에 옮기는 것을 뜻한다. 목적 있는 삶과 자기 책임은 상당히 많이 겹친다.

내 생활력으로는 가질 수 없지만, 분명히 나의 삶의 방식을 개선해줄 무언가를 바란 적이 있었다. 그것을 손에 넣자면 큰 지출이 필요했는데, 나는 그 비용을 확보할 방법을 찾는 일에 나답지 않게 몇 년 동안이나 수동적인 태도로 일관했다. 그러다 어느 날, 익히 알고 있었지만 신선한 충격을 안겨주는 생각에 이르렀다. 내가 무언가를 하지 않으면 아무것도 바뀌지 않는다. 오랜 세월 어렴풋이 알고 있던 이 사실이 지지부진하던 나를 구렁텅이에서 꺼내주었다.

나는 자극적이고 도전적이며 만족스럽고 가치 있는 계획을 구상하고 실행에 옮기기 위해 나아갔고, 결국 바라던 만큼의 추가 수입을 벌어들일 수 있었다.

원칙적으로 보면 이미 몇 년 전에 실행에 옮길 수 있는 계획이었다. 미루기만 하는 나의 습관이 지겹고 짜증스러웠더라면, '몇 주 동안 방법을 찾아보겠다.'고 마음먹었더라면, 목적 있는 삶에 대한 개인적 견해를 나의 상황에 적용했더라면, 그리하여 계획을 실행하고 해결책을 향해 전진했더라면 아마 훨씬 일찍 답을 찾았을 것이다.

이 일을 실행한 후 나는 전보다 행복해진 것은 물론이고, 자존감 역시 향상되었다.

내가 지도하는 자존감 그룹 한 곳에서 이 이야기를 들려주자 누군가가 이렇게 항의했다. "선생님은 그러실 수 있었겠죠. 하지만 누구나 새로운 일을 벌일 수 있는 건 아니잖아요. 그러지 못하는 우리 같은 사람들은 어떻게 해야 합니까?" 나는 그에게 무언가를 미루는 습관과, 그리고 그 습관 때문에 이루지 못한 바람이 있었다면 이야기해 달라고 청했다. **"의식적 목적**을 정하고 그 열망을 이루려 했다면, 어떤 행동을 할 수 있었을까요?" 나의 상냥한 말투에 힘입은 그는 입을 열기 시작했다.

자기 훈련에 얽힌 나의 경험담 하나를 더 이야기해보자.

내 아내 디버스는 다른 사람에 비해 특별히 관대하고 상냥하고 친절했다. 그녀는 이런 점들에서 매우 의식적이고 일관된 태도를 보였다. 나 역시 보편적인 선행을 목표로 삼았지만, 아내의 자기 훈련에는 비할 바가 아니었다. 나의 아량은 좀 더 충동적이었다. 의도한 것도 아니고, 실은 그런 사실조차 몰랐지만, 다른 일에 정신이 팔려 있을 때는 나도 모르게 불친절하고 편협한 태도를 보였다는 말이다.

어느 날 디버스가 내게 매우 인상적인 말을 했다. "당신은 정말 친절하고 상냥해요. 세심하고요. 단, 하던 일을 오랫동안 멈추고 있다가 그럴 마음이 들 때에만 말이에요. 당신이 모르는 것이 하나 있어요. 상냥함 역시 몸에 밴 습관이라는 거예요. 그러니까 내 말은, 그저 기분이나 편의에 따라 상냥한 태도를 보이는 것은 잘못이라는 거예요. 선행은 기본적으로 자신의 역할을 다하는 방법이라는 거죠. 친절은 자기 안에 잠재되어 있지만 의식과 훈련이 없다면 발현되지 않을 거예요. 당신은 아마 한 번도 이런 생각을 하지 않았겠죠."

우리 둘은 이 주제에 대해 몇 번이고 다시 이야기했다. **친절을 단순히 성향이 아니라 의식적 목표로 삼아야 한다**는 대화 내용을 목적 있는 삶이라는 원칙에 반영한 덕분에 나는 의미 있는 성장을 이룰 수 있었다.

의도적으로 꾸준히 친절을 베푸는 사람과 충동적으로 상냥한 태도를 취하는 사람의 자존감은 매우 다르다.

목적에 집중하기 위한 문장 완성 연습

내담자에게 제시한 다음의 몇 가지 문장 줄기들은 앞서 논의한 개념을 더 자세히 이해하는 데 도움이 된다.

내가 생각하는 목적 있는 삶이란, _____
오늘 하루 5퍼센트 더 목적 있는 삶을 살아간다면, _____

오늘 하루 5퍼센트 더 목적 의식을 분명히 하고 일한다면, _____

오늘 하루 5퍼센트 더 목적 의식을 분명히 하고 타인과 소통한다면, _____

직장 내 인간 관계에서 5퍼센트 더 목적 의식을 분명히 한다면, _____

5퍼센트 더 목적 의식을 분명히 하고 결혼 생활을 꾸려 간다면, _____

5퍼센트 더 목적 의식을 분명히 하고 자녀를 양육한다면, _____

5퍼센트 더 목적 의식을 분명히 하고 친구를 대한다면, _____

내면 깊은 곳의 열망에 대해 5퍼센트 더 목적 의식을 분명히 한다면, _____

나의 욕구를 살피는 데 5퍼센트 더 목적 의식을 분명히 한다면, _____

나의 바람을 실현하는 데 지금보다 더 책임감을 발휘한다면, _____

내가 쓴 것 중에 어떤 것이 진실이라면, 내가 _____ 하는 데 도움이 될 것이다.

목적 있는 삶은 존재의 모든 측면에 적용되는 기본 방침이다. 이는 인간의 삶과 행동이 **의도에 따른 것**이라는 뜻이기도 하다. 이것은 자기 삶을 높은 수준으로 통제하는 것을 즐기는 이들에게서 보이는 독특한 특징이다.

목적 있는 삶의 실천은 자존감을 받치는 다섯 번째 기둥이다.

11장

자아 통합하기

여섯 번째 기둥

⋮

　사람이 성숙해지고 자신의 가치와 기준을 개발하면서(혹은 다른 사람의 것을 흡수하면서), 자아 통합(integrity)의 문제가 자기 평가에서 점점 더 중요해진다.

　자아 통합이란 이상, 신념, 기준, 믿음과 행동이 하나가 되는 것이다. 우리의 행동이 우리가 공언한 가치와 맞아떨어질 때, 이상과 실천이 일치할 때, 우리는 자아가 통합된 사람이다.

　그런데 자아 통합이란 주제를 거론하려면 먼저 행동의 원칙, 즉 도덕적으로 적절한 행동과 부적절한 행동에 대한 확신, 올바른 행동과 잘못된 행동에 대한 판단이 필요하다. 만일 아직 이러한 판단의 기준조차 세우지 못했다면, 위선적이라는 비난을 듣기에도 너무 낮은 발달 단계에 머물러 있는 것이다. 이런 경우는 단순히 자아 통합이 결여되어 있다고 표현하기 어려울 정도로 문제가 심각하다. 자아 통합은 오로지 나름의 기준과 가치를 세운 사람들에게 생기는 문제이다. 물론, 자아 통합은 대다수 사람들에게 중요하다.

자신이 적절하다고 판단한 것과 모순되는 행동을 한다면 자기 자신에게 면목이 없을 것이다. 그렇게 되면 자신을 존중하는 마음 역시 작아진다. 생각과 행동의 불일치가 습관이 되면 자신을 덜 믿게 되거나 아예 전혀 신뢰할 수 없게 된다.

물론 그렇다고 해서 앞서 설명한 자기 수용을 실천할 권리마저 없어지는 것은 아니다. 우리는 이미 자기 수용이 변화나 개선의 전제 조건이라는 것을 알고 있다. 그렇지만 자아 통합을 저버리면 자존감은 필연적으로 고통을 받는다. 이 상처를 치유하는 길은 오로지 자아 통합을 실천하는 것 말고는 없다.

가장 단순한 수준에서, 개인의 자아 통합에는 다음과 같은 질문이 뒤따른다. '나는 정직하고 믿을 수 있는 사람인가?' '나는 약속을 잘 지키는가?' '나는 내가 높이 평가한다고 말하는 일을 그대로 실천하고, 내가 비판하는 일을 하지 않도록 삼가는가?' '나는 공명정대한 태도로 다른 사람을 대하는가?'

이따금 우리는 특정한 맥락에서 상충하는 서로 다른 가치들 사이에서 갈등하는 자신을 보게 될지 모른다. 이런 경우에 자명한 해결책을 찾기 어려울 수 있다. 물론 자아 통합이 최선의 선택을 하게끔 보장해주지는 않는다. 자아 통합은 그저 최선을 찾기 위해 진실로 노력하라고 요구할 뿐이다. 다시 말해, **계속해서 의식적으로 살면서** 자신이 아는 것을 활용하며, 합리적 명확성을 갖추라고 요청한다. 혼미한 정신 속으로 달아나려 하지 말고 자신이 선택한 것과 그에 따른 결과를 책임지라고 말한다.

자아 통합이란 무엇인가

자아 통합은 일치를 의미한다. 즉 말과 행동의 일치이다. 믿을 수 있는 사람과 믿을 수 없는 사람이 있다는 걸 우리는 안다. 그리고 우리 스스로 물어보면, 상대방의 언행 일치 여부가 판단의 기본 근거라는 것을 알 수 있다. 우리는 대개 말과 행동이 일치하는 사람을 믿고 그렇지 못한 사람은 의심한다.

연구 결과에 따르면 조직에 속한 많은 사람들이 상급자를 믿지 않는다고 한다. 왜 그럴까? 조직에서 선언한 사명이 실천으로 옮겨지지 않기 때문이다. 개인을 존중한다는 방침을 내세우지만 행동은 그렇지 않다. 실제 일상 업무는 벽에 붙인 고객 서비스 구호를 따라가지 못한다. 정직함에 대한 설교는 자신이 저지르는 속임수 때문에 조롱감이 된다. 공정하겠다는 약속은 편파적인 태도에 배신당한다.

그러나 거의 대부분의 조직에 다른 사람에게 신뢰를 받는 사람들이 있다. 무엇 때문일까? 자신이 한 말을 지키기 때문이다. 그런 사람들은 약속을 중요하게 여긴다. 함께 일하는 사람들을 지켜주겠다고 약속만 하는 것이 아니라 실제로 그렇게 한다. 공정해야 한다고 말로만 떠드는 것이 아니라 실행에 옮긴다. 정직하고 진실해야 한다고 조언만 하는 게 아니라 바로 자신들이 그렇게 행동한다. 한번은 어떤 기업의 경영진에게 다음과 같은 문장 줄기를 제시한 적이 있다.

사람들이 나를 믿을 만한 사람이라고 여기게 하려면, _____

일반적으로 내놓은 말꼬리는 이런 것들이었다. "내가 한 말을 지켜야 한다.", "모두를 공평하게 대해야 한다.", "말한 것을 실천해야 한다.", "약속을 이행해야 한다.", "윗사람들에게서 내 부하 직원을 지켜줘야 한다.", "일관성이 있어야 한다." 신뢰받는 경영진이 되고 싶다면 어떻게 해야 할지는 너무나 분명하다.

자녀에게 신뢰받는 부모가 있는가 하면, 그렇지 못한 부모도 있다. 무엇 때문일까? 원칙은 앞서 말한 내용과 같다. 바로 언행일치이다. 자신이 아는 것을 말로써 똑똑하게 표현하지 못하는 아이라 해도 이 문제와 관련해 부모가 어떻게 행동하는지는 분명히 알고 있다.

자기 기만이 자존감을 죽이는 이유

자아 통합을 실천하지 않는 것이 왜 자존감에 해로운지 이해하려면 그 결과를 생각해보면 된다. 만일 내가 나 자신이 아닌 다른 사람이 세운 도덕적 가치에 어긋나는 행동을 한다면 어떨까? 이 경우에 나는 잘못했을 수도 있고 아닐 수도 있지만, 어쨌든 누구도 나더러 자신의 신념을 저버렸다고 비난할 수는 없다. 하지만 만일 내가 스스로 옳다고 생각하는 바를 거슬러 행동한다면, 내가 말해 온 가치들과 충돌하는 행동을 한다면, 그것은 **내 판단에 어긋나게 행동하는 것이며, 내 정신을 배신하는 것이다.** 위선이란 본질적으로 자신이 틀렸음을 스스로 입증하는 것이고, 나의 정신이 스스로를 부인하는 것이다. 자아 통합을 이행하지 않는 것은 나를 약화시키고 나의 자기 감각을 오염시킨다. 외부의 어떤 비난이나 거부도 이것만큼 내게 피해를 끼치지는 못한다.

자녀에게 정직하게 살아야 한다고 설교를 늘어놓으면서 친구와 이웃에게는 거짓말을 하는 사람, 다른 사람이 약속을 어겼을 때는 분개하면서 정작 자신은 다른 사람과 한 약속을 소홀히 하는 사람, 품질에 신경 쓰라고 훈계하고서 고객에게는 태연하게 조잡한 제품을 파는 사람, 자신을 믿는 고객이 손해 본다는 것을 알면서도 채권을 처분하는 사람, 이미 마음을 정한 상태이면서 직원들의 아이디어에 관심 있는 척하는 사람, 술수를 부려 동료의 성과를 가로채는 사람, 솔직한 의견을 구한다고 하고서는 자기 의견에 반대하는 직원에게 불이익을 주는 사람, 어려운 시기라는 이유를 들어 직원들에게는 희생을 요구하면서 자기는 엄청난 보너스를 챙기는 사람⋯⋯. 이 같은 위선적인 행동을 스스로 외면하거나 합리화할 수도 있다. 그러나 자기 존중에 쏟아지는 맹렬한 공격은 어떠한 합리화로도 물리칠 수 없다.

만일 지금 내가 자존감을 높일 수 있는 특별한 상황에 있다면, 그것은 한편으로 자존감을 끌어내릴 수도 있는 특별한 상황이라는 뜻이다.

'나밖에 모를 거야.'라고 자신에게 말하는 것은 심각한 자기 기만이다. 내가 거짓말쟁이라는 건 나밖에 모를 거야, 내가 나를 믿는 사람들을 비윤리적으로 대한다는 건 나밖에 모를 거야, 애초에 약속을 지킬 마음이 조금도 없었다는 건 나밖에 모를 거야. 이것은 곧 **자신**

의 판단은 중요하지 않고 오로지 다른 사람들의 판단만 중요하다는 의미이다.

그러나 자존감의 측면에서는 다른 사람들의 판단보다 자신의 판단이 더 두려운 것이다. 내 정신에 있는 내면의 법정에서는 **나의 판단만이 중요하다.** 나의 자아, 내 의식의 중심에 있는 '나'라는 재판관에게서 달아날 곳은 어디에도 없다. 나는 나의 수치스러운 진실을 아는 사람들에게서 도망칠 수 있다. 하지만 나 자신을 피할 수는 없다.

몇 년 전에 읽은 신문 기사가 떠오른다. 의학계에서 명성이 자자한 연구자 한 명이 오랫동안 자료를 조작해 왔다는 내용이었다. 그러는 동안 그는 많은 연구비를 챙겼고 명예까지 얻었다. 하지만 그러한 사기 행위가 드러나기 전부터 그의 자존감은 자신이 행한 사기의 피해자였을 것이었다. 자신의 성취와 지위가 허상임을 알면서도 비현실의 세계에서 살기를 선택한 것은 그였다. 다른 사람이 알아차리기 오래전부터 그는 알고 있었다. 이런 부류의 사기꾼들은 타인의 마음속에 있는 환상을 좇으며 살아간다. 그들은 자신이 아는 진실보다 다른 사람의 환상이 중요하다고 여기기 때문에 건강한 자존감을 누릴 수 없다.

우리가 평소에 마주치는 자아 통합과 관련된 문제는 대부분 소소한 것들이지만, 선택의 무게가 쌓이면서 자기 감각에 영향을 끼치게 된다. 나는 매주 자존감 집단 모임을 계속 진행하고 있다. 이 집단에는 자기 효능감과 자기 존중을 높이려는 특별한 목표를 지닌 사람들이 참여한다. 어느 날 저녁 나는 이런 문장 줄기를 제시했다. "내가 5퍼센트만 더 자아 통합성을 내 삶에 반영한다면, _____" 한

바퀴를 도는 동안 이런 말꼬리들이 나왔다.

"사람들이 귀찮게 굴 때 분명하게 이야기할 것이다."

"지출 내역을 부풀리지 않을 것이다."

"남편에게 내 옷의 가격을 솔직히 말할 것이다."

"부모님에게 하느님을 믿지 않는다고 고백할 것이다."

"바람 피운 사실을 인정할 것이다."

"싫어하는 사람의 비위를 맞추려 하지 않을 것이다."

"멍청하고 저속한 농담에 웃지 않을 것이다."

"직장에서 더 열심히 일할 것이다."

"약속한 대로 아내를 도와 집안일을 더 많이 할 것이다."

"고객이 사려고 하는 제품에 대해 솔직하게 말해줄 것이다."

"상대방이 듣고 싶어 하는 대로 이야기하지 않을 것이다."

"인기를 얻으려고 내 영혼을 팔지 않을 것이다."

"거절하고 싶을 때에는 거절할 것이다."

"내게 상처받은 사람들에게 내 책임이라고 인정할 것이다."

"변상을 해줄 것이다."

"약속을 지킬 것이다."

"동의하는 척하지 않을 것이다."

"화가 났을 때 그 사실을 부정하지 않을 것이다."

"자제력을 잃지 않고 더 공정하려고 노력할 것이다."

"다른 사람의 도움을 받았을 때 그 사실을 인정할 것이다."

"내 아이들에게 내가 틀렸다는 사실을 인정할 것이다."

"사무실 비품을 집에 가져오지 않을 것이다."

사람들이 문장을 뜯들이지 않고 쉽게 완성했다는 것은, 비록 그들에게 자아 통합에 관련된 문제들을 회피하려고 하는 이해할 만한 동기가 있다고 해도, 이 문제들이 의식의 표면에서 그리 멀리 떨어져 있지 않다는 점을 암시한다.(개인적으로 문장 완성 연습이 효과적이라고 생각하는 이유는 이 연습이 대부분의 차단과 회피를 건너뛰는 힘이 있기 때문이다.) 위선과 부정직을 택했을 때 거기에 따르는 결과와 자존감이 치르는 대가를 지나치게 과소평가하는 데서 수많은 삶의 비극이 벌어진다. 그들은 최악의 경우라 해도 가장 문제가 되는 것은 어떤 불쾌함 정도일 거라고 생각한다. 하지만 오염되는 것은 바로 정신 자체이다.

부당한 죄책감을 다루는 방법

중대한 것이든 사소한 것이든, 죄책감은 본질적으로 도덕적 자기 비난이다.

달리 행동할 수 있었는데도 그러지 않았으므로 잘못했다는 것이다. 의식하든 의식하지 못하든 간에, 죄책감에는 언제나 선택과 책임의 의미가 담겨 있다. 이런 이유 때문에 어떤 일이 자신의 권한에 속하는 일인지 아닌지, 자아 통합을 파괴하는 일인지 아닌지를 명확히 해둘 필요가 있다. 달리 말하면, 부당한 죄책감을 받아들일 위험이 있다는 것이다.

남편이나 아내, 아이 같은 사랑하는 사람을 사고로 잃었다고 가정해보자. 비합리적인 생각이라는 걸 알면서도 우리는 자신에게 이렇게 말한다. "어떻게든 내가 그 일을 막았어야 했어." 어쩌면 이러한 죄책감은 부분적으로는 그 사람이 살아 있을 때 했거나 하지 못했던 행동에 대한 후회일 것이다. 부주의한 운전자 때문에 일어난 교통사고나 가벼운 수술 도중에 닥친 죽음처럼 무의미해 보이는 죽음 앞에서, 남은 사람은 아무것도 통제할 수 없다는 참기 힘든 느낌, 합리적으로 아무 의미도 없는 일에 휘둘리고 있다는 느낌을 경험한다. 이런 경우 자기 비난이나 자책이 비통함과 무력감을 줄여줄 수도 있다. 남은 사람은 생각한다. '진작 이런저런 것들을 달리 했더라면 이 끔찍한 사고는 일어나지 않았을 텐데.' 이렇듯 '죄책감'은 효능의 **환상**을 제공해 효능에 대한 욕망을 채우는 데 도움을 줄 수 있다. 부모의 잘못을 자기 탓으로 돌리는 아이들의 행동도 같은 원리로 볼 수 있다.('내가 나쁜 아이가 아니었다면 아빠가 엄마를 때리지 않았을 텐데.', '내가 나쁜 아이가 아니었다면 엄마가 술에 취해 집에 불을 지르지 않았을 텐데.')

자존감을 지키려면 개인의 책임 한계를 명확하게 파악해야 한다. 권한이 없다면 책임이 따르지 않으며, 책임이 없다면 자기 비난을 할 합당한 이유가 없는 것이다. 후회할 수는 있다. 하지만 죄책감은 느끼지 않아도 된다.

무죄일 가능성은 물론이고 선택의 자유도 없고 가능한 대안조차 없는 원죄라는 개념은, 바로 그 본질 때문에 자존감을 거스른다. 자유 의지나 책임이 배제된 죄책감의 개념은 도덕성만이 아니라 이성에 대한 공격이기도 하다.

죄책감에 대해, 그리고 개인적으로 책임이 있는 상황에서 죄책감을 해결할 방법을 생각해보자. 일반적으로 말하면, 어떤 특정한 상황에서 부서진 자아 통합의 감각을 회복하려면 다섯 단계가 필요하다.

1. 그 특정 행동을 한 사람이 바로 '나'라는 사실을 인정한다. 자신이 한 행동의 실상 전부를 부정하거나 회피하지 않고, 직시하고 받아들여야 한다. 내 책임이며, 내가 인정하고 떠안아야 하는 일이다.

2. 내가 왜 그런 일을 했는지 동기를 이해하려고 애써야 한다. 연민을 품고 이 일을 행하되, 상황을 모면하려는 변명은 안 된다.

3. 대부분 경우에 그렇지만, 다른 사람이 관련되어 있다면 관계있는 사람이나 내가 피해를 준 사람이 누구인지 분명하게 확인해야 한다. 내가 스스로 한 행동의 결과를 인지했음을 알리고, 그들에게 피해를 입힌 사실을 인정한다. 그들이 느끼는 감정을 이해한다는 것도 전한다.

4. 내 행동이 초래한 피해를 바로잡거나 최소화할 수 있는 모든 조치를 취한다.

5. 앞으로는 다르게 행동하겠다고 스스로 굳게 약속한다.

이 단계를 모두 거치지 않으면 잘못된 행동에 대해 계속해서 죄책감을 느낄 수 있다. 몇 년이 지난 일이라 해도, 심리치료사가 누구나 실수를 하게 마련이라고 말해주어도, 설령 피해자가 용서해준다 해도 죄책감은 사라지지 않는다. 이중 어떤 것도 죄책감을 지울 만큼 충분하지 않다. 자존감 또한 미진한 상태로 남는다.

가끔 자신의 행동을 인정하거나 직시하지 않은 채 상황을 바로잡으려 할 때도 있다. 또는 "죄송합니다."라고 같은 말만 반복하거나, 자기가 저지른 잘못을 분명하게 이야기하지 않고 피해를 준 사람에게 잘해주려고 특별히 애를 쓴다. 자신이 끼친 손해를 회복할 구체적인 방법이 있는데도 이를 모른 척하기도 한다. 물론 피해를 없던 것으로 되돌릴 방법이 없는 경우도 있다. 이런 때에는 사실을 인정하고 그 사실과 화해해야 한다. 불가능한 일을 할 수는 없다. 그러나 충분히 할 수 있고 적절한 방법이 있는데도 하지 않으면 죄책감은 사라지지 않는다.

자아 통합에 실패해서 벌어진 일 때문에 죄책감을 느낀다면, 자아 통합을 실천하는 것만이 잘못을 바로잡을 수 있는 유일한 방법이다.

나의 가치가 잘못된 것이라면?

자존감과 자아 통합의 관계는 상식 수준에서 쉽게 이해할 수 있지만, 자신이 세운 가치에 부응해 살아간다는 것은 항상 간단한 문제가 아니다. 만약 나의 가치가 비합리적이거나 잘못된 것이라면?

우리는 본성과 욕구를 거스르는 가치 규범을 받아들이거나 거기에 몰두할 수 있다. 예를 들어 특정 종교에서는 암암리에 혹은 노골적으로 섹스, 쾌락, 육체, 야망, 물질적 성공, (사실상 모든) 삶의 즐거움을 나쁜 것이라고 가르친다. 이런 종교적 가르침을 주입당한 아이에게 '자아 통합'을 실천한다는 것은 어떤 의미가 될까? 어쩌면

'위선'만이 그들에게 계속 살아갈 힘을 주는지도 모른다.

자신의 가치를 따르는 삶이 자기 파괴라는 결과로 나타난다는 것을 일단 알면, 단순히 자아 통합 없는 삶을 받아들이기보다 그 가치들에 의문을 품을 때가 된 것이다. 지금껏 선이라고 배워 온 것과 관련해 깊이 자리 잡은 가정들에 도전하려면 용기를 내야 한다. 용기를 내는 데 필요한 것이 무엇인지는 다음의 문장 완성 연습에서 드러난다. 이러한 문장 줄기 실험에 관심이 있는 심리치료사라면 누구나 다음과 같은 말꼬리들이 얼마나 전형적인지 알 수 있을 것이다.

부모님의 가치관에 맞선다고 생각하면, _____
"두렵다."
"어찌할 바를 모르겠다."
"버림받은 사람이 된 것 같다."
"이제 더는 가족의 일원이 아니다."
"외롭다."
"혼자 힘으로 생각해야 한다."
"나 자신의 정신에 의지해야 한다."
"그럼 나는 무엇을 할 수 있는가?"
"부모님의 사랑을 잃을 것이다."
"어른이 되어야 한다."

내 삶의 지표로 삼을 가치들을 스스로 생각해낸다면, _____
"어머니가 심장마비로 쓰러지실 것이다."

"나는 자유로워질 것이다."

"많은 면에서 부모님이 틀렸다고 생각한다는 것을 그분들께 말씀드려야 할 것이다."

"이것이 어른의 행동일까?"

"두둑한 배짱이 필요할 것이다."

"건방진 행동이 아닐까?"

"자립해야 할 것이다."

"더는 '아빠의 귀여운 딸'이 아닐 것이다."

일상에서 자아 통합을 실천하면서 혼란과 갈등을 빚는 사례로 다음과 같은 경우를 들 수 있다.

피임과 낙태를 금지하는 가톨릭 교회 때문에 도덕적 딜레마와 싸우는 여성들.

직장 동료와 상사들 사이에 만연한 관료주의적 부패에 놀란 공무원들. 그들은 애국심과 훌륭한 시민 의식에 대한 자신의 생각과 개인적인 양심의 요구 사이에 갇혀 어찌할 바를 모른다.

사업을 시작할 때부터 줄곧 생산적이고 부지런해야 한다고 격려받은 근면하고 야심찬 기업가가, "부자가 하느님 나라에 들어가는 것보다 낙타가 바늘귀로 지나가는 것이 더 쉽다."라는 성경 구절을 마주하고는 결국 성공이라는 죄악을 저질렀다는 생각에 혼란스러워하는 경우.

'남자는 하늘, 여자는 땅'이라는 전통적인 관념을 자기 소멸(self-annihilation)의 도덕이라고 느끼는 아내들.

군대 징병에 응할 것인지 도망칠 것인지를 두고 딜레마와 싸우는 젊은이들.

헌신하며 섬기던 종교 제도에 환멸을 느끼고, 더는 인정할 수 없는 교리에서 벗어나 자신의 가치를 규정하려는 전직 수녀와 성직자들, 그리고 같은 상황에 놓인 랍비 또는 랍비였던 사람들.

부모의 가치를 거스르고 반항하지만 달리 그것을 대체할 이상이 없는 젊은이들.

이런 갈등 상황에서는 자아 통합을 위해 의식적인 삶과 자기 책임 같은 다른 기둥들의 실천이 반드시 필요하다는 것을 우리는 이미 알고 있다. 지적 공백 상태에서는 자아 통합을 실천할 수 없다.

앞서 열거한 갈등 상황이나 그와 비슷한 많은 문제를 해결하려면, 내면 깊은 곳에서 자신이 추구하는 가치와 책무, 우선순위를 다시 생각해야 한다. 어쩌면 이런 생각을 하는 것이 처음일지도 모른다. 그리고 필요하다면 기꺼이 모든 권위에 도전해야 한다.

의식적인 삶과 자아 통합이 분명히 교차하는 영역에서는 우리가 배운 가치들과, 가족이나 자신이 속한 문화와 공유하는 가정들, 자신에게 부여되었을지 모르는 역할들을 되돌아볼 필요가 있다. 그리고 그것들이 우리가 지각한 것과 이해한 것에 들어맞는지, 또 우리 내면 가장 깊은 곳에 있으며 종종 '우리의 진정한 본성'이라 불리는 것에 해를 끼치지는 않는지 의문을 제기해볼 필요가 있다. 내가 볼 때 여성 운동의 긍정적인 측면 중 하나는, 여성들이 (다른 사람이 자신에게 바라는 것이 아니라) 자신이 누구인지, 그리고 자신이 할 수 있는 일과 자신에게 적합한 것이 무엇인지 스스로 생각해야 한다고 주장하는 것이다. 물론 남성도 여성 못지않게 이런 독립적 사고를 배워야 한다. 남성이든 여성이든 무의식적으로 사는 사람이 받는 벌칙 중 하나는, 자기가 의식적으로 검토하거나 선택한 적이 없고 스스로를 쓸모없게 만드는 일에 봉사하면서 보람 없는 삶을 견뎌야 한다는 것이다.

의식 수준이 높을수록 더 명확하게 자신의 **선택**에 따라 살며, 그 결과 한층 더 자연스럽게 자아 통합을 실천할 수 있다.

어떤 강연에서 도덕적 판단의 복잡성을 논하던 때였다. "내면의 기쁨을 따르라."고 한 조지프 캠벨(Joseph Campbell)의 조언을 어떻게 생각하느냐는 질문을 받았다. 그 조언이 윤리적으로 적절하다고 믿느냐는 것이었다. 나는 그 말에 담긴 캠벨의 기본적인 의도(라고 내가 믿는 것)를 좋아하지만, 이성과 분리된 상황에서는 자칫 위험할 수도 있다고 답했다. 그리고 도덕성에 대한 개인적인 견해를 한 문장에 담아 캠벨의 말을 수정해보았다. "의식적으로 살고, 자신의 선택과 행동을 책임지고, 타인의 권리를 존중하고, 그러고 나서 자기 내면의 기쁨을 따르라." 나는 평소 좋아하는 에스파냐 속담에서 한 부분을 덧붙였다. "신이 말씀하셨다. '원하는 바를 취하라. 그리고 그 대가를 치러라.'" 이처럼 단순한 진술이 이따금 유용할 수도 있다. 하지만 도덕적으로 복잡한 결정을 내릴 때에는 기준으로 삼을 수 없다. 도덕적인 삶을 살려면 진지한 반성이 필요하다.

필립은 어떤 유명 배우와 절친한 친구 사이다. 때때로 친구가 한밤중에 전화해 사생활과 일에서 겪는 고충을 이야기할 때 필립은 몇 시간이고 열심히 들어준다. 이렇게 유명한 사람과 친밀한 관계라는 사실이 필립의 자기 가치감을 높여준다. 다른 친구들과 있을 때 필립은 이따금 그와 친분을 강조하는 말을 한마디씩 하지 않을 수 없었다. "그 친구를 숭배하는 여자들은 정말 셀 수 없이 많아. 그렇지만 항상 불안해하더군. 늘 이렇게 물어보거든. '여자들이 원하는 게 나일까, 아니면 내 명성일까?'", "자기가 사기꾼이 된 것 같아 비참하다더군. 슬픈 일 아닌가? 그렇게 멋진 남자가 말이야.", "이건 당연히 비밀인데, 가끔 발기가 안 돼서 걱정이래." 필립은 자기가 친구를 사랑하고 그에게 정말 충실하다고 주장한다. 하지만 어느 새벽녘에, 다른 친구들의 부러움을 사려고 수없이 친구를 배신했다는 사실을 돌아볼 때 필립은 어떤 생각이 들까? 그런 식으로 친구를 배신할 때마다 자신의 자존감이 높아지는 게 아니라 오히려 낮아진다는 사실을 그가 알까? 그렇게 연관 지어 생각할 수 있을까?

샐리는 매달 열리는 여성 독서 모임에 열정적으로 참여하고 있다. 이 모임은 교양 있는 사람이 되고 싶은 샐리의 욕망을 채워준다. 모임을 이끄는 회장은 카리스마 있고 박학다식한 사람인데 모든 회원들에게 존경을 받는다. 회원들은 대부분 회장과 문학적으로 의견이 같을 때 스스로 자랑스러워한다. 그리고 그녀의 '호평'을 원한다. 자기 가치감을 높여주기 때문이다. 어느 날,

회장과 한 회원의 관계가 틀어지는 일이 생겼다. 그 회원은 샐리가 몇 년간 알고 지낸 좋은 친구였다. 두 사람이 무엇 때문에 논쟁을 벌였는지는 아무도 몰랐다. 회장은 자세한 내막은 공개하지 않기로 했지만, 모임에서 중도 하차한 그 사람을 '기피 인물'로 분류하고 모든 회원이 알도록 했다. 그러자 누구도 그 사람과 가까이 지냈다는 사실이 알려지는 것을 달가워하지 않았다. 문제가 된 회원은 샐리에게 전화해 이 상황에 대해 의논하고 싶어 했지만, 샐리는 그녀와 통화하기를 꺼렸다. 친구의 이야기를 듣고 마음이 흔들려 난감한 갈등 상황에 말려들고 싶지 않았다. 다른 친구나 회장과 관계를 망가뜨리고 싶지 않았다. 샐리는 친구에게 다시 전화하지 않았다. 그리고 마음속으로 친구의 잘못을 하나씩 들추어냈다. 곧 샐리는 이전에 한 번도 입 밖에 내지 않았던 불만까지 말하기 시작했다. 그런 행동으로 샐리가 얻은 보상은 그녀에게 동의한다는 의미로 회장이 보인 미소와, 회장과의 돈독한 친분이었다. 샐리는 얻은 것만 알았지, 그 대가는 미처 몰랐다. 그녀의 자존감이 훼손되었다.

전자 제품 회사를 운영하는 어빙은 외국 기업과 경쟁해야 하는 어려운 상황에 놓이기 전까지 늘 자유 무역을 지지하는 입장이었다. 그는 특권이나 호의, 혹은 다양한 보호 조치를 받으려고 정부에 도움을 요청하는 기업들을 경멸했다. 그는 "그건 진정한 자본주의가 아니지."라고 분명히 말하기도 했다. 그러나 이제는 두려워지기 시작했다. 어빙은 외국 기업 제품과 비교해 자사 제품이 그다지 뛰어나지 않다는 현실을 깨달았다. 경쟁사들은 시장 내에서 끊임없이 혁신을 꾀하고 있었다. 어빙은 자사를 위협하는 수입품에 대한 정부 규제를 옹호하는 문구를 광고 회사에 의뢰했다. 입법 관련 로비 활동을 할 만한 대행사도 고용했다. 동료들은 역사적으로 정부의 보호를 받은 산업은 영구히 부실해졌다는 점을 지적하려 했지만, 어빙은 그들의 의견에 귀를 기울이지 않았다. 그런 것은 생각하고 싶지 않았다. 지금 같은 상황에서 '생각'은 짜증나는 일이었다. 어빙은 아무런 설명 없이 "이건 달라."라고 딱 잘라 말했다. 누구든 형편에 맞춰 가장 좋은 물건을 자유로이 구입할 수 있어야 한다는 주장에는, 옳기는 하지만 이 문제와 상관없는 대답을 했다. "자본주의는 공익과 조화를 이루어야 합니다." 정작 그는 국산품보다 품질이 나은 외국 제품을 구입하면서, 이 사실을 지적하는 사람들에게 이렇게 반문했다. "누구나 자기 돈으로 좋은 물건을 살 권리가 있지 않습니까?" 그런 어빙이 모교 입학 연설에서 주제로 삼은 것은 '진실한 삶'이었다.

자아 통합을 북돋는 문장 완성 연습

삶을 돌아볼 때, 자신의 자아 통합 실천에 일관성이 없음을 알게 될 수도 있다. 더 많이 실천하는 영역이 있고, 더 적게 실천하는 영역이 있다. 이러한 현실은 회피하지 않고 탐색하는 편이 도움이 된다. 다음은 충분히 생각해볼 만한 가치가 있는 문제이다. '삶의 모

든 영역에서 자아 통합을 실천하는 데 방해가 되는 것은 무엇인가?'
'만일 내가 꾸준히 나의 가치에 따라 살아간다면 어떤 일이 벌어질
까?' 다음은 이 문제를 탐사하는 과정에서 도움이 될 만한 문장 줄
기들이다.

　내가 생각하는 자아 통합이란, _____
　내가 생각할 때 자아 통합을 온전히 실천하기 어려운 영역은,

_____
　자아 통합을 완전히 실천하기 어려운 영역에서 더 높은 수준으로 의
식한다면, _____
　살면서 자아 통합을 5퍼센트 더 실천한다면, _____
　일할 때 자아 통합을 5퍼센트 더 실천한다면, _____
　인간 관계에서 자아 통합을 5퍼센트 더 실천한다면, _____
　진심으로 옳다고 생각하는 가치를 충실히 따른다면, _____
　내가 존중하지 않는 가치를 따르는 삶을 거부한다면, _____
　만일 내가 자존감을 우선순위로 대한다면, _____

　첫 번째 주에는 처음 4개의 문장 줄기로 문장 완성 연습을 해보
고, 두 번째 주에는 그다음 4개로 문장 완성 연습을 해보자. 그리고
주말마다 다음 문장을 완성해보자.

　지금까지 쓴 것 중 어떤 것이 진실이라면, 내가 _____ 하는 데 도
움이 될 것이다.

완성한 문장을 의식할수록 자아 통합을 실천하면서 살 가능성이 높아진다는 사실을 알게 될 것이다.

"지출 내역을 부풀리는 게 정말로 그렇게 나쁜 일일까요? 누구나 그렇게 하는걸요."

한 내담자가 내게 물었다. 나는 그에게 말했다.

"제 생각에는 뭔가 불편하거나 아직 끝내지 못한 문제가 있는 것 같군요."

"전 '살면서 자아 통합을 5퍼센트 더 많이 실천한다면'이라는 문장 줄기로 문장 완성 연습을 했어요. 그런 다음부터 지출 내역을 거짓으로 채우고 나면, 모르겠어요. 마음이 편치 않았어요. 뭔가 잘못됐다는 느낌이 들었어요."

"거짓말하면 기분이 나쁘죠." 내가 말했다.

"맞아요. 그래서 지출 내역을 정직하게 작성했는데, 그러고 나니 저 자신이 남한테 너무 쉽게 속아 넘어가는 봉이 아닌가 싶었어요."

"그러니까, 다른 사람들은 자아 통합 같은 데 신경도 안 쓰는데 혼자만 신경 써야 하는 이유를 모르겠다는 거죠?"

"아뇨, 그건 아니에요. 그런 식으로 생각했더라면 저는……"

그는 말을 멈추더니 생각에 잠겨 허공을 응시했다.

"뭔가요?"

"사실 방금 선생님이 말씀하신 그대로네요, 아닌가요?"

"만약 그렇다고 한다면, 자연스럽게 이런 의문이 드는군요. 수용할 수 있는 행동이라고 부르는 것을 두고 지금 저를 상대로 여론 조사를 하고 있는 건가요?"

"그렇지만 전 지출을 가지고 거짓말하는 건 **잘못이라고** 생각해요!"

그는 완전히 당황한 상태였다.

"그럼 묻고 싶은 건 뭔가요?"

"제가 스스로 잘못이라고 생각하는 행동을 하면, 음, 선생님도 알겠지만 입맛이 쓰다고요."

"앞으로 어떤 방침을 선택할지 궁금하군요."

"정직하게 행동했을 때 제가 더 깨끗해진 기분이 들어요."

"그럼, 자존감의 관점에서 볼 때 정직함이야말로 최선의 방침이라는 뜻인가요?"

"그런 것 같아요."

"그건 아주 중요한 생각인 것 같습니다."

타락한 세상에서 진실하게 산다는 것

내가 나의 행동에 스스로 책임을 질 뿐 아니라 다른 사람들도 나를 책임감 있는 사람으로 보아주는 곳에서라면 자아 통합을 실천하는 일이 더 쉬울 것이다. 개인의 책임이라는 원칙이 부재하는 곳과 비교해볼 때 말이다. 책임을 중요하게 여기는 문화는 도덕적 포부를 뒷받침하는 경향이 있다.

만일 우리가 동료, 기업 대표, 정치가, 종교 지도자, 그밖의 공인들이 도덕적으로 높은 기준을 유지하는 사회에서 산다면, 보통 사람도 부패와 냉소주의가 판을 치고 도덕 관념이 없는 사회에서보다 훨씬 자아 통합을 실천하기가 쉬울 것이다. 타락하고 냉소적이며 도덕 관념이 없는 상태가 보통인 사회에서는 특별히 독립적이고 자율적인 사람이 아닌 한 자아 통합을 위한 탐색이 쓸데없고 비현실적이라고 느끼기 쉽다.

오늘날 우리는 도덕적으로 시궁창 같은 곳에 살고 있다고 느끼면서도 개인적으로 높은 기준을 유지해야 하는 도전을 마주하고 있다. 이것은 결코 쉽지 않은 일이다. 공인들의 행동이나 세계 곳곳에서 벌어지는 끔찍한 사건들, 이른바 예술과 연예계라 불리는 분야에서 타락, 잔인성, 어리석은 폭력을 찬양하는 것을 보면 세상이 시궁창 같다고 느끼지 않을 수 없다. 이런 상황에서 자아 통합을 실천하려는 개인의 모든 노력은 고독하고 영웅적인 일이다.

자아 통합이 자존감의 원천이라면, 그 어느 때보다 오늘날에는 자존감을 드러내는 방법이기도 하다.

자존감과 여섯 기둥의 역학 관계

이제 중요한 질문이 남았다. 자존감의 여섯 기둥에 대해 모두 같은 질문을 던질 수 있다. "그것을 실천한다는 것은 벌써 자존감을 지니고 있다는 뜻이 아닌가요? 그렇다면 어떻게 그것이 자존감의 기반이 될 수 있다는 거죠?"

여기에 답을 해보자면, 먼저 내가 **상호 인과 관계의 원칙**이라고 부르는 것부터 소개해야겠다. 이것은 건강한 자존감을 촉진하는 행동은 한편으로 건강한 자존감이 겉으로 표현된 것이기도 하다는 뜻이다. '의식적으로 살기'는 자기 효능감과 자기 존중을 가능하게 하는 원인이면서 그 결과이기도 하다. 자기 수용이나 자기 책임을 비롯해 다른 기둥들의 실천도 마찬가지로 설명할 수 있다.

더 의식적으로 살수록 자신의 정신을 더 믿게 되고 자신의 가치를 더 존중하게 된다. 그리고 만일 내가 나의 정신을 믿고 나의 가치를 존중한다면, 의식적으로 사는 일이 자연스럽게 느껴진다. 살면서 자아 통합을 더 많이 실천할수록 건강한 자존감을 더 많이 누릴 수 있다. 그리고 만일 건강한 자존감을 누린다면, 일상에서 자아 통합을 실천하는 일이 자연스럽게 느껴질 것이다.

이 역학 관계에서 짚고 넘어갈 부분이 또 하나 있다. 이러한 미덕을 실천할수록 그것들에 대한 욕구가 더 커지는 경향이 있다는 것이다. 만일 내가 습관적으로 높은 의식 수준을 유지하며 산다면, 불명확하고 흐릿한 인식이 불편해질 것이고 그 어둠을 쫓아버리고 싶은 충동을 느낄 것이다. 만일 내가 자기 책임을 제2의 본성으로 만든다면, 자신의 수동성과 의존성이 거추장스럽게 느껴질 것이다. 나는 오직 자율성이 있어야만 존재할 수 있는 '나' 자신에 대한 통제력을 거듭 확인하고 싶은 내적인 압력을 느낄 것이다. 만일 내가 계속 자아 통합을 유지한다면 자신의 부정직함이 불쾌하게 느껴질 것이다. 따라서 그러한 부조화를 해소하고 스스로 도덕적으로 깨끗하다는 내적 감각을 회복하고 싶은 욕구를 느낄 것이다.

이 책에서 제시한 실천 방법들을 이해하고 나면, 그것들을 (적어도 어느 정도까지는) 선택할 수 있는 힘이 생긴다. 선택할 수 있는 힘이야말로 자신의 자존감을 높일 수 있는 힘이다. 어느 지점에서 시작하든, 초기 단계에서 어떤 어려움을 겪든 간에 이것은 가능한 일이다.

몸을 움직이는 운동에 비유하는 것이 이해하는 데 도움이 될 것이다. 일반적으로 몸 상태가 안 좋으면 운동하기가 힘들다. 상태가 좋아질수록 운동이 쉬워지고 재미도 붙는다. 현재 상태에서 시작해 조금씩 체력을 쌓아 나간다. 자존감을 기르는 일도 같은 원리를 따른다.

여섯 가지 실천은 우리를 이끌어주는 이상(理想)이다. 그렇지만 자신의 삶을 더 이롭게 할 생각으로 지금 당장 '완벽하게' 실천할 필요는 없다. 이 점은 아무리 강조해도 지나치지 않다. '천릿길도 한 걸음부터'라는 말이 있지 않은가.

자존감을 높이는 실천 방법들을 가만히 생각해보면 마치 윤리 규범이나 그런 규범의 일부처럼 느껴질 수도 있다. 그것은 사실이다. 자존감에 필요한 미덕은 곧 삶이 우리에게 요구하는 미덕이기도 하다.

개인의 자아 통합을 실천하는 것이 자존감을 받치는 여섯 번째 기둥이다.

12장

자존감과 신념

⋮

　여섯 기둥을 실천하는 일이 일상에 자연스럽게 녹아들 때 비로소 자존감을 북돋고 강화할 수 있다. 그렇지 못할 때 자존감은 손상을 입고 파괴된다. 이것은 2부에서 중점적으로 다룬 주제이기도 하다. 그런데 개인의 신념, 전제, 생각은 어떤가? 자존감을 북돋는 일에서는 오직 실천만 중요한가? 아니면 신념도 한몫을 하는가?

　답은 신념도 중요하다는 것이다. 왜냐하면 신념이 감정과 행동(실천)을 유발하기 때문이다. 감정과 행동은 개인의 자존감이 발달하는 데 결정적인 요인이다. 어떤 사람이 생각하는 것, 믿는 것, 자신에게 건네는 말은 모두 그가 느끼는 것과 행하는 것에 영향을 끼친다. 그리고 결국 그는 자신의 감정과 행동을 통해 자신이 어떤 사람인지 알게 된다.

　행동 없이는 어떤 살아 있는 가치도 얻을 수 없고 유지할 수도 없다. 그런 점에서 행동은 결정적이다. 외부와 단절된 신념, 행동과 유리된 신념은 아무 의미도 없다. 하지만 신념이야말로 행동에 진정으로 영향을 끼치는 것이며 행동에 내포된 것이므로, 우리는 마땅히 신념 자체를 따로 탐색해보아야 한다.

앞서 내가 언급했듯이 실천으로 이끄는 신념이 있는가 하면 실천에서 멀어지게 만드는 신념도 있다. 이 책에서 내가 말하는 '신념'은 입에 발린 말로 흔하게 내뱉는 그런 의미가 아니다. 동기 부여의 불꽃을 당겨주기를 바라는 마음에서 스스로 다짐하며 말하는 그런 신념도 아니다. 내가 말하는 신념은, 감정을 일으키는 힘과 행동을 자극하고 이끄는 힘을 지닌 전제들을 가리킨다.

늘 자신의 신념을 확실히 의식하는 사람은 없다. 신념은 우리 정신 속에서 뚜렷한 명제의 형태로 존재하지 않는다. 신념은 우리가 알아차리기 어려울 정도로 혹은 아예 알 수 없게 우리의 생각 속에 암시되어 있을 수 있다. 하지만 우리 행동 뒤에는 분명히 신념이 숨어 있다.

이런 견해들을 '자존감의 철학'이라고 생각할 수도 있다. 강력한 효능감과 자기 가치감을 낳는 행동을 고무하는, 서로 밀접하게 연관된 일련의 전제들에 관한 생각이다.

나는 신념을 자존감과 관계가 있는 두 개의 카테고리로 나누어 본다. 즉 자기에 관한 신념과 현실에 관한 신념이다. 이 두 가지 모두 자존감과 관련이 있다는 것은 분명한 사실이다.

자존감을 뒷받침하는 자기에 관한 신념

일반 원칙

나는 존재할 권리가 있다.

나는 나 자신에게 가치 있는 사람이다.

나에게는 내 욕구와 바람을 존중하고, 중요하게 대할 권리가 있다.

나는 다른 사람의 기대에 부응하려고 이 지구에 존재하는 것이 아니다. 내 삶은 나의 것이다.(다른 사람도 모두 마찬가지다. 모든 사람은 저마다 자기 삶의 주인이며, 나의 기대를 채워주기 위해 존재하는 사람은 아무도 없다.)

나는 나 자신을 다른 사람의 소유물로 여기지 않으며, 반대로 다른 누군가를 나의 소유물로 여기지 않는다.

나는 매력적이다.

나는 훌륭하다.

내가 좋아하고 존중하는 사람들은 대체로 나를 좋아하고 존중할 것이다.

타인을 대할 때 공명정대해야 하며, 상대 역시 나를 공명정대하게 대해야 한다.

나는 모든 사람으로부터 예의 바르게 대우받고, 존중받을 만한 가치가 있다.

사람들이 나를 무례하게 대한다면 그것은 내가 아닌 그들의 문제이다. 그러나 스스로 그런 취급을 당연하게 여긴다면, 그것은 나의 문제이다.

좋아하는 사람이 내 마음에 응답하지 않는다면 실망스럽거나 고통스러울 수는 있지만, 이것은 나 자신의 가치와 아무런 상관이 없다.

내 생각과 감정을 결정할 힘을 지닌 사람이나 집단은 없다.

나는 내 정신을 신뢰한다.

나는 내가 무엇을 이해하는지 이해하고, 무엇을 아는지 안다.

진실을 희생해 자기 자신을 '정당한' 사람으로 만들기보다 무엇이 진실인지 알 때 더 나은 사람이 될 수 있다.

포기하지 않고 견딘다면, 내가 이해해야 할 것들을 이해하게 된다.

중간에 포기하지 않는다면, 그리고 나의 목표가 현실적이라면, 충분히 그 목표를 달성할 수 있다.

삶에서 마주하는 근본적 도전에 대처할 능력이 있다.

나는 행복할 가치가 있다.

나는 '충분하다.'(더 배우지 않아도 된다거나 더 성장할 필요가 없다는 뜻이 아니다. 앞서 설명했듯, 기본적으로 자기를 수용할 권리가 있다는 말이다.)

나는 실패를 딛고 다시 일어설 수 있다.

나는 실수할 권리가 있다. 실수는 배움의 한 방법이다. 실수는 자기 비난의 근거가 될 수 없다.

내 판단을 무시하지 않는다. 사람들에게 인기를 끌고 인정받고 싶어서 남들과 의견이 같은 척하지 않는다.

'그들'의 생각이 중요한 게 아니라 내가 알고 있는 것이 중요하다. 내게는 내가 아는 것이 다른 누군가의 잘못된 신념보다 중요하다.

내 생각과 가치를 다른 사람에게 강요할 권리가 없는 것처럼, 내가 인정할 수 없는 생각과 가치를 받아들이라고 내게 강요할 수 있는 사람도 없다.

합리적인 목표를 세웠다면, 그 시도는 성공적이라고 할 만하다.

행복과 성공은 현실의 질서에서 벗어난 일시적인 일탈이 아니라, 마치 건강처럼 내 삶의 자연스러운 상태이다. 질병과 마찬가지로 재앙은 비일상적인 것이다.

자기 개발과 자기 성취는 도덕적으로 바람직한 목표이다.

행복과 자기 실현은 숭고한 목적이다.

의식하며 살기

나의 이익과 가치, 욕구, 목표를 더 의식할수록 나는 더 나은 삶을 살 수 있다.

정신을 단련하는 일은 즐겁다.

실수하지 않은 척하는 것보다 실수를 바로잡을 때 더 나은 사람이 될 수 있다.

무의식적이 아니라 의식적으로 자신의 가치를 고수하고, 그 가치들이 당연한 '원리'라 여기고 무비판적으로 고수하기보다는 다시 살펴볼 때에 더 나은 사람이 될 수 있다.

불편한 사실을 피하고 싶은 유혹에 빠지지 않는다. 충동적인 회피에 휘둘리지 말고 그것을 다스려야 한다.

나의 삶과 행동을 넓은 맥락에서 이해하면 더 유능해질 것이다. 나를 둘러싼 환경과 더 넓은 세상을 이해하려는 시도는 그럴 만한 가치가 있다.

계속 유능하려면 꾸준히 지식을 넓혀 나가야 한다. 배움은 필수적인 삶의 방식이다.

자신에 대해 더 많이 알고 더 많이 이해할수록 더 좋은 삶을 창조할 수 있다. 자기 성찰은 자기 실현에 필수적이다.

자기 수용

가장 근본적인 수준에서 나는 나 자신이다.

가장 근본적인 수준에서, 나는 나 자신을 받아들인다.

설사 내 생각에 동의할 수 없고 그에 따라 행동할 생각이 없다 하더라도, 내 생각의 진실성을 받아들일 수 있다. 그 생각들을 부정하거나 거부하지 않는다.

반드시 좋아하고 찬성하거나, 그것들에 지배당하지 않고 나의 기분과 감정을 받아들일 수 있다. 기분과 감정을 부정하거나 거부하지 않는다.

내가 한 행동을 후회하거나 자책한다 하더라도, 그 행동의 주체가 나 자신이라는 사실은 받아들일 수 있다. 나는 나의 행동을 부정하거나 거부하지 않는다.

나의 생각과 느낌, 행동이 적어도 발현되는 순간에는 나 자신의 표현이라는 점을 받아들인다. 나조차 장담할 수 없는 생각이나 느낌, 행동에 얽매이지 않는 동시에, 없다고 외면하거나 내 것이 아닌 척하지 않는다.

나의 문제를 받아들이지만, 그 문제에 나를 가두지 않는다. 문제가 곧 나 자신은 아니다. 두려움, 고통, 혼란, 실수는 나의 본질이 아니다.

자기 책임

나는 내 존재에 책임이 있다.

나는 내 욕구를 성취할 책임이 있다.

나는 내 선택과 행동에 책임이 있다.

나는 일과 그밖의 활동에서 내가 보인 의식 수준에 책임이 있다.

나는 인간 관계에서 내가 보인 의식 수준에 책임이 있다.

나는 동료, 고객, 배우자, 자녀, 친구를 비롯한 타인을 대하는 행동에 책임이 있다.

나는 내 시간에 우선순위를 정하는 데 책임이 있다.

나는 의사소통의 질에 책임이 있다.

나는 나 자신의 행복에 책임이 있다.

나는 스스로 삶의 방식으로 선택하거나 받아들인 가치에 책임이 있다.

나는 내 자존감을 높일 책임이 있다. 내게 자존감을 줄 수 있는 사람은 아무도 없다.

궁극적인 의미에서, 나는 '혼자'임을 받아들인다. 즉, 내 인생을 바로잡거나 나를 구원하거나, 나의 어린 시절을 되돌려주거나, 나의 선택과 행동으로 인한 결과에서 나를 구제해줄 사람은 없다는 사실을 받아들인다. 특정한 문제에서 도움을 받을 수는 있다. 그러나 내 존재에 근본적으로 책임을 져줄 사람은 없다. 나를 위해 대신 숨을 쉬어주는 사람이 없는 것처럼, 이를테면 자기 효능감과 자부심을 느끼는 일 같은 기본적인 삶의 기능을 대신해줄 사람은 없다.

자기 책임 욕구는 당연하다. 나는 그것을 비극적으로 보지 않는다.

자기 주장

일반적으로 나의 생각, 확신, 느낌을 표현하는 것은 타당하다. 단, 객관적으로 볼 때 그런 것들이 바람직하지 않은 상황이라면 예외로 한다.

나는 적합한 상황에서 적합한 방법으로 나를 표현할 권리가 있다.

나는 자기 확신을 옹호할 권리가 있다.

나의 가치와 기분을 중요하게 여길 권리가 있다.

다른 사람에 대한 관심은 내가 어떤 사람인지를 아는 데 도움이 된다.

목적에 집중하기

내 인생의 목표와 목적을 올바르게 선택할 수 있는 사람은 나뿐이다. 다른 누구도 내 삶을 올바르게 설계할 수 없다.

성공하려면 목표와 목적을 달성하는 방법을 배워야 한다. 행동 계획을 세우고 실행해야 한다.

성공하려면 행위의 결과에 집중해야 한다.

끊임없는 현실 확인은 매우 중요하다. 즉, 현실 속에서 자신의 신념, 행동, 목적에 관련된 정보와 반응을 찾아야 한다.

자기 훈련은 '희생'이 아니라 욕구를 실현하기 위한 당연한 전제 조건이 되어야 한다.

자아 통합

스스로 늘어놓은 말은 나부터 실천해야 한다.

내가 한 약속을 지켜야 한다.

나 자신과 한 약속을 존중해야 한다.

공명정대하고 관대하며, 공감하는 마음으로 타인을 대해야 한다.

도덕적 일관성을 지켜야 한다.

나는 선에 관한 내면적 전망을 삶에 반영하는 데 힘써야 한다.

자존감은 자존감을 배신했을 때 일시적으로 얻는 보상보다 값지다.

자존감을 뒷받침하는 현실에 관한 신념

존재하는 것은 존재하는 것이니 사실은 사실이다.

스스로 눈을 감는다고 해도 그것 때문에 현실이 비현실로 바뀌거나 비현실이 현실로 바뀌는 일은 없다.

실제로 (자신이 이해하는 대로) 현실을 존중한다면, 현실을 모른 척할 때보다 만족스러운 결과를 얻을 수 있다.

생존과 행복은 적절하게 의식을 실천하느냐에 달려 있다. 인식의 책임을 회피하는 것은 적응하는 것이 아니다.

원칙적으로 의식은 믿을 수 있고, 지식은 획득할 수 있고, 현실은 이해할 수 있는 것이다.

개인의 삶과 성취를 저해하고 위협하는 가치보다 개인의 삶과 성취를 지지하고 키워주는 가치가 우월하다.

인간은 다른 사람이 아닌, 자기 자신인 채로 죽음을 맞아야 한다.

그리고 마땅히 그렇게 여겨져야 한다. 개인은 가족, 공동체, 교회, 정부, 사회, 세상 어디에도 속하지 않는다. 인간은 소유물이 아니다.

성숙한 사람들과 맺는 모든 연대는 자의적인 선택에 따른 것이어야 한다.

다른 사람 때문에 자신을 희생하거나, 자신 때문에 다른 사람을 희생하지 말아야 한다. 인간적 희생을 도덕적 이상으로 생각해서는 안 된다.

가치 교환에 토대를 둔 관계는 일방적 희생에 토대를 둔 관계보다 우월하다.

자기 자신과 다른 사람의 선택과 행동에 따른 의무를 부정하는 곳보다는, 그것을 인정하는 곳이 낫다.

개인의 책임을 부정하는 것은 누구에게도, 특히 그것을 부정하는 당사자의 자존감에 좋지 않다.

도덕적이고 합리적이라고 알려진 것이 실용적이다.

자존감의 연료는 '신념'이다

이런 개념들을 접한 사람이 "나도 그렇게 생각해."라는 말을 했다고 해서, 이 개념들이 곧 그의 신념 체계와 일치하리라는 법은 없다. 앞서 말했듯, 여기서 신념이라 할 만한 개념들은 오로지 내면 깊은 곳에서 그 정당성을 경험하고 행동으로 표현하는 것을 말한다.

내가 제시한 신념 목록이 전부는 아니다. 아마도 자존감에 긍정적인 영향을 끼치는 다른 신념들도 무궁무진할 것이다. 이 책에서 제시한 신념들은 여섯 기둥을 실천하는 데 분명히 도움이 된다고 여겨지는 것들이다. 실제로 정도에 따라 다르지만, 이런 개념들은 의식, 자기 수용, 자기 책임, 자기 주장, 목적성, 자기 통합을 고취하는 경향이 있다.

나는 이런 신념들이 충분히 합리적인 것으로 증명되었다고 믿는다. 그저 그때그때 생각나서 만든 '가정들'이 아니다. 하지만 지금이 대목에서는 각각의 신념들에 대한 탄탄한 논의를 펼치기에 준비가 미흡하다. 그런 이유로, 이러한 신념들이 정신적 행복에 도움이될 만한 행동을 효율적으로 촉진한다는 주장만으로 만족하고자 한다. 여섯 기둥을 생각할 때, 이 신념들은 분명히 유용한 기능을 한다. 상황에 맞춰 조정이 가능한 자존감의 연료들이다.

여섯 가지 기둥은 신념이라 여기는 개념들의 준거 틀이 되며, 마찬가지로 자녀 양육과 교육, 조직의 정책, 다양한 문화권의 가치 체계, 심리치료사들의 활동에도 기준을 제시한다. 각각의 상황에서 우리는 스스로 이런 질문을 던져볼 수 있다. 지금 이 실천 방안과 방침, 가치, 교육은 여섯 기둥을 지지하고 장려하는가, 아니면 자존감을 해치고 손상시키는가? 그로 인해 자존감은 점진적으로 강해질까, 아니면 약해질까?

자존감이 특정 상황을 판단하는 유일한 기준이라는 주장을 하려는 것이 아니다. 하지만 자존감을 살찌우는 것이 우리의 목적이라면 다양한 방침과 교육이 자존감에 끼치는 영향을 파악하는 것이 마땅하다.

앞에서 이야기한 실천과 신념은 자존감의 '내적' 요소와 관계가 있다. 즉, 그런 것들은 내면에 존재하거나, 내면에서부터 나온다. 3부에서는 초점을 바꿔서 '외부적' 요소, 즉, 환경에서 기인하는 것들을 살펴보고자 한다.

다른 사람의 역할과 영향력은 어떨까? 부모, 교사, 경영자, 심리치료사, 자기 자신이 속한 문화권은 잠재적으로 어떤 영향을 끼치는가? 3부에서는 이러한 질문들을 다룰 것이다.

자존감의 외부 요인

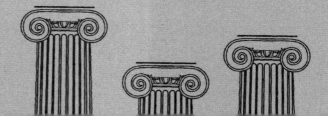

13장

아이의 자존감

⋮

　자녀 양육에서 적절한 목표는 아이가 성인이 되었을 때 독립적으로 생존할 수 있도록 준비시키는 것이다. 갓난아이는 완전한 의존 상태에서 출발한다. 양육이 성공적일 경우, 아이는 그러한 의존 상태에서 벗어나 자신을 존중하고 스스로를 책임질 수 있는 사람으로 성장할 것이다. 삶에서 만나는 여러 도전들에 적절히 그리고 열정적으로 응답할 수 있는 사람으로 말이다. 그런 사람은 경제적인 면뿐 아니라 지적 · 심리적으로 자립이 가능할 것이다.

　갓난아기는 개인적 정체성을 감지하지 못한다. 또 분리에 대해서도 전혀 알지 못한다. 적어도 우리 어른들이 경험하는 것과 같은 종류의 분리는 알지 못한다. 자아(selfhood)를 발달시키는 것은 모든 인간에게 주어지는 첫 번째 과제이다. 한편으로 이 과제는 성공이 보장되지 않는다는 점에서 인간이 마주하는 최초의 도전이기도 하다. 어떤 단계에서든 이 과정은 방해받거나 좌절당하거나 가로막히거나 궤도를 벗어날 수 있다. 그러면 정신적·정서적 성숙의 어떤 단계에서 파편화되고 분열되고 소외되고 꼼짝할 수 없는 상황에 빠지게 된다. 많은 사람들이 이 길 어딘가에서 발이 묶이는 것을 어렵지 않게 볼 수 있다. 그런 어려움이 있더라도, 한 인간이 성숙하는 과정에서 핵심 목표는 자율성을 향한 성장이다.

오래전부터 전해 오는 멋진 격언이 있다. 효과적인 양육이란 먼저 (자랄 수 있도록) 뿌리를 만들어주고 그런 다음에 (날아갈 수 있도록) 날개를 달아주는 것이라는 격언이다. 아이에게 굳건한 기반이 주는 안정감과 언젠가 둥지를 떠나 자립할 수 있도록 자기 신뢰를 심어주어야 한다는 것이다. 아이들은 진공 상태에서 자라지 않는다. 아이들은 사회적 맥락 안에서 자란다. 서서히 펼쳐지는 개별화와 자율성의 드라마는 오직 다른 사람들과 맺는 관계 속에서, 그러한 관계를 통해서만 일어나고 또 일어날 수 있다. 어린 시절에 겪는 첫 번째 만남(관계)에서 아이는 자기를 드러낼 수 있도록 해주는 안전과 안정감을 경험할 수도 있고, 아니면 온전히 형성되기도 전에 자기를 파열시키는 공포와 불안정을 경험할 수도 있다. 이어지는 만남들 속에서 아이는 타인에게 받아들여지고 존중받는 경험을 할 수도 있고, 거부당하거나 비하당하는 경험을 할 수도 있다. 아이는 적절히 균형 잡힌 보호와 자유를 경험하며 자랄 수도 있지만, 마냥 어린애 취급을 하는 과잉보호를 받거나 보호가 부족해 미처 갖추지 못한 자질을 발휘해야 하는 상태에서 자랄 수도 있다. 이런 경험들은, 앞으로 우리가 다룰 다른 요인들과 마찬가지로, 시간이 흐르면서 발달하는 자기와 자존감에 영향을 끼친다.

아이의 자존감을 키우는 다섯 가지 조건

자존감과 관련해 심리학자들이 거둔 가장 뛰어난 성과는 아이와 부모의 관계에 대한 연구에서 나왔다. 한 예로 스탠리 쿠퍼스미스의 기념비적인 저서 《자존감의 선행 요인》을 들 수 있다. 쿠퍼스미스는 부모의 어떤 행동이 자녀를 건강한 자존감을 지닌 아이로 자라게 하는지 밝혀내고자 했다. 논의를 이어가기 전에 쿠퍼스미스 연구의 핵심을 살펴보자.

쿠퍼스미스는 가족의 부, 교육 수준, 지리적 생활 환경, 사회 계급, 아버지의 직업이나 어머니가 전업 주부로서 늘 집에 있는지 여부가 아이의 자존감과 유의미한 상관 관계가 없다는 점을 밝혀냈다. 그는 아이와 그 아이의 삶에 중요한 영향을 끼치는 어른이 맺는 관계의 질이 중요하다는 점을 발견했다. 쿠퍼스미스는 아이의 높은 자존감과 관련된 다섯 가지 조건을 찾았다.

1. 아이가 자신의 생각과 감정, 그리고 자기 자신이 가치 있는 존재로서 온전히 받아들여지는 경험을 했을 때.
2. 아이가 명확하게 규정되고 실행되는 한계 안에서 자랄 때. 이때 아이에게 제시되는 한계는 공정하고 억압적이지 않으며 협상의 여지가 있는 것들이다. 아이에게는 제한 없는 '자유'가 주어지지 않는다. 결과적으로, 자기 행동을 평가하는 확실한 근거가 있기 때문에 아이

는 안정감을 느낀다. 나아가, 한계를 지켰을 때 아이는 흔히 한계에 따르는 높은 기준을 충족시킴으로써 자신감을 얻을 수 있다.

3. 아이가 한 인간으로서 존엄성을 존중받았을 때. 부모는 아이를 통제하거나 조종하려고 폭력을 휘두르거나 창피를 주거나 조롱하지 않는다. 경우에 따라 응할 수도 있고 응할 수 없기도 하지만 그 결과와 상관없이 부모는 언제나 아이의 욕구와 소망을 진지하게 받아들인다. 이런 부모는 신중하게 그어진 한계 안에서 기꺼이 가족의 규칙을 두고 협상한다. 달리 말하면, 이런 가정에서는 권위주의가 아니라 권위가 늘 살아 있다. 전반적으로 이런 태도를 지닌 부모는 징벌적 훈육에 덜 의존하고(그리고 징벌적 훈육의 필요성이 덜하다.) 긍정적 행동에 대한 보상과 강화를 강조하는 경향이 있다. 이런 부모들은 자신들이 원하지 않는 것보다 원하는 것에 초점을 맞춘다. 그러니까 부정보다 긍정에 중점을 두는 것이다. 부모는 아이의 사회생활과 학업에 관심을 보이고, 아이들이 원할 때는 언제든 함께 논의를 하려고 한다.

4. 부모가 행동과 실행의 측면에서 높은 기준과 높은 기대를 지지할 때. 이런 부모의 태도는 '무엇이든 괜찮다'는 것이 아니다. 그들은 윤리적이면서 현실적인 기대를 품고서 이러한 기대를 정중하고 너그러우며 억압적이지 않은 태도에 실어 전달한다. 아이들은 자신이 할 수 있는 최선을 다해야 한다는 도전을 받는다.

5. 부모 스스로 높은 자존감을 즐기는 경향이 있을 때. 그들은 (내가 부르는 것처럼) 자기 효능감과 자기 존중의 본보기가 된다. 아이는 살아 있는 사례에서 자신이 배워야 할 것들을 본다. 연구에서 밝혀

진 자존감의 선행 조건들을 신중하게 설명한 뒤에 쿠퍼스미스는 이어서 이렇게 말한다. "아이가 높은 자존감을 지닌 경우, 그 부모들에게서 모두 공통적으로 발견되는 양육 태도나 관련 행동은 없었다. 우리는 이 점에 주목해야 한다."

쿠퍼스미스의 마지막 논평은 부모의 행동이 아이의 심리적 발달을 결정짓는 유일한 요소가 아니라는 점을 다시 한 번 확인해준다. 때때로 아이의 삶에 가장 중요한 영향을 끼치는 사람이 교사이거나 조부모이거나 이웃이라는 사실과는 별도로, 내가 거듭 강조했듯이 아이의 성장에서 외적 요인은 전체가 아니라 일부일 뿐이다. 우리는 결과일 뿐 아니라 원인이기도 하다. 자기 의지에 따라 사고하는 존재로서, 우리는 어린 시절부터 시작해 평생 동안 자신이 어떤 사람이 될지, 그리고 어느 수준의 자존감을 성취할지 스스로 선택한다.

아이가 건강한 자존감을 발달시키는 일을 부모가 더 쉽게 만들거나 더 힘들게 만들 수 있다고 말하는 것은, 곧 아이가 자존감의 여섯 가지 실천을 배우고 그것을 자기 삶의 자연스럽고 필수적인 일부로 만드는 과정을 부모가 더 쉽게 만들거나 더 힘들게 만들 수 있다는 뜻이다. 여섯 가지 실천은 부모의 양육 방식을 판단하는 기준이 된다. 부모의 양육 방식이 의식, 자기 수용, 자기 책임, 자기 주장, 목적 의식, 자아 통합을 북돋는가, 아니면 저해하는가? 부모의 양육 방식이 아이가 자존감에 도움이 될 행동을 익힐 가능성을 높이는가, 낮추는가?

어린 시절의 공포는 무력감을 낳는다

전적인 의존 상태에서 삶을 시작하는 갓난아이에게, 부모의 행동과 관련해, 안전과 안정감을 얻는 것보다 더 기본적인 필요조건은 없다. 여기에는 생리적 욕구 충족, 위험으로부터 보호, 전반적인 면에서 기본적인 돌봄이 포함된다. 또 아이가 자신이 보살핌을 받고 있으며 안전하다고 느낄 만한 환경을 만드는 일도 포함된다.

이러한 상황에서 분리와 개별화 과정이 진행될 수 있다. 또 훗날 스스로 신뢰하는 법을 배울 수 있는 정신이 자라기 시작한다. 이럴 때 아이는 제대로 된 경계감을 갖춘 사람으로 성장할 수 있다.

만약 아이가 다른 사람을 믿는 법을 배워야 한다면, 그리고 실제로 삶이 적대적이지 않다고 확신해야 한다면, 그 토대는 바로 이 단계에서 만들어진다.

물론 안전과 안정감의 욕구가 유년기에만 한정되는 것은 아니다. 자아 형성은 청소년기에도 계속되는데, 혼란스럽고 불안한 가정 생활이 십 대의 정상적인 발달 과정을 가로막는 심각한 장애물이 되기도 한다.

성인들과 함께 작업하면서 나는 이 욕구가 좌절된 데서 비롯된 트라우마가 장기간 영향을 끼치는 것을 자주 보았다. 아이가 어른들에 의해 반복적으로 공포를 경험한 경우가 그랬다. 어떤 내담자들은 태어난 직후 몇 달로 되돌아간 것처럼 보이거나 정신의 가장 깊은 곳을 침범당한 것처럼 보이는 두려움이나 불안을 드러낸다. 그런 내담자들은 불안의 강렬함이나 넓은 범위뿐만 아니라, 어른이 아니라 어른 몸 안에 있는 갓난아기나 어린아이로서 불안을 느낀다는 사실로도 구분된다. 아니, 더 정확하게 말하자면 어른의 내면에 있는 아이로서 불안을 경험한다. 이런 내담자들은 기억할 수 있는 가장 먼 과거에 근본적인 두려움을 느꼈다고 보고한다.

출생 트라우마*의 가능성을 제외하고, 두 가지 요인을 고려해볼 수 있다. 첫 번째는 그들이 자란 환경과 어린아이로서 받은 대우라는 객관적인 상황이다. 두 번째는 타고난 기질에 따라 불안을 다르게 경험할 수 있다는 점이다. 즉 어떤 사람들은 다른 사람들보다 거의 확실히 역치가 낮다. 그래서 어떤 아이에겐 전혀 트라우마를 초래하지 않는 상황이 다른 아이에겐 트라우마를 초래한다.

물리적으로 폭력을 휘두르는 아버지, 우울하고 예측할 수 없으며 정서적으로 불안한 어머니, 노려보는 눈빛만으로도 극심한 고통을 느끼게 하는 위협적인 가족 구성원은 그 자체로 공포일 수 있다. 막다른 곳에서 느끼는 공포, 견딜 수 없는 무력감으로 아이를 밀어 넣는 그런 공포 말이다.

서른여덟 살의 간호사 소냐는 내가 무심코 목소리를 아주 약간만 높여도, 특히 내가 의자에서 자세를 바꾸기만 해도 자신도 모르게 몸을 움찔했다. 소냐는 자신의 가장 오랜 기억이 어머니와 아버지가 서로 소리를 지르며 싸우는 장면이라고 말했다. 요람

출생 트라우마(birth trauma) 분만시 외상. 아기가 산도를 거쳐 태어나는 과정에서 입는 상해를 말한다. 정신분석학에서는 출생 트라우마를 인간이 가장 안락한 태내에서 벗어나 세상으로 나오면서 기온 변화, 온갖 위험, 배고픔 따위의 피할 수 없는 불쾌한 경험을 하면서 입는 심리적 상처로 설명한다. (옮긴이)

안에서 아기(소녀)가 울고 있었지만 아무도 아기를 돌보지 않았다. 소녀는 이 세상이 적대적이며 위험한 장소라고, 거의 몸속 세포 수준에서 느꼈다. 소녀가 하는 선택과 행동은 거의 모두 두려움 때문이었고, 그것은 낮은 자존감이 낳은 부정적인 결과였다. 추측컨대 소녀는 평균보다 훨씬 민감하게 불안을 느끼는 성향을 타고난 데다 비합리적인 부모의 지배를 받으며 자란 것이 상황을 더 악화한 듯했다.

서른네 살 난 철학 교수 에드거는 자신의 가장 오랜 기억이 아버지가 가죽 띠로 자신을 난폭하게 때리는 동안 침대 위에 강제로 서 있어야 했던 것이라고 말했다. 에드거의 아버지는 의학계에서 존경받는 능력 있는 의사였다. "아무리 울어도 아버지는 멈추지 않았어요. 꼭 미친 사람 같았습니다. 아버지는 나를 죽일 수 있었고 난 아무것도 할 수 없었어요. 그 느낌을 떨쳐버릴 수가 없어요. 이제 서른네 살이나 되었지만 여전히 스스로를 방어할 수 없는 어떤 위험에 노출되어 있다는 느낌이 들어요. 두렵습니다. 항상 두려웠어요. 두려움을 느끼지 않는 나를 상상할 수조차 없습니다."

아이가 느끼는 공포가 클수록, 그리고 더 이른 시기에 경험할수록, 튼튼하고 건강한 자기 감각을 세우는 과업은 더 어려워진다. 사람을 소진시키는 무력감, 트라우마를 초래하는 무력감을 느끼는 상황에서 여섯 가지 실천을 배우기는 몹시 어려운 일이다. 이런 파괴적인 감정은 아이를 보호한다는 바람직한 양육 목적에 어긋나는 것이다.

신체 접촉과 자존감

오늘날 우리는 아이가 건강하게 자라려면 신체 접촉이 반드시 필요하다는 사실을 안다. 다른 욕구들이 충족되었더라도 신체 접촉이 없으면 아이는 죽을 수도 있다.

신체 접촉은 갓난아기의 두뇌 발달을 돕는 감각적 자극을 전달한다. 신체 접촉으로 우리는 사랑, 관심, 위안, 지지, 보살핌을 전한다. 연구에 따르면, 마사지 같은 신체 접촉은 건강에 깊은 영향을 끼칠 수 있다. 비서구권에서 아기 마사지가 매우 일반적으로 이루어져 왔음을 볼 때, 신체 접촉의 힘은 대체로 직관적으로 알려진 사실이다. 서구권이 다른 지역과 달랐던 한 가지 이유로 기독교에서 볼 수 있는 육체에 대한 편견을 꼽을 수 있을 것이다.

부모가 아이에게 사랑을 전하는 아주 효과적인 방법이 바로 신체 접촉이다. 아이는 단어를 이해하기 한참 전부터 신체 접촉의 의미를 이해할 수 있다. 접촉 없이 사랑한다고 말로만 표현하는 것은 설득력이 없고 공허하다. 우리의 몸은 물리적 실체를 갈구한다. 실체 없는 관념이 아니라, 개별적 존재로서 사랑받고 소중하게 여겨지고 받아들여지는 경험을 원한다.

신체 접촉을 거의 경험하지 못하고 자란 아이는 내면 깊은 곳에서 아픔을 느끼며 살아가는 경우가 많다. 그 아픔은 결코 깨끗이 사라지지 않는다. 그들의 자존감에는 구멍이 뚫려 있다. 나를 찾아온 내 담자들은 이렇게 말한다. "왜 저는 아버지 무릎에 앉아본 적이 없을까요?", "우리 어머니는 왜 신체 접촉을 꺼리고 심지어 역겨워하는 태도를 보였을까요?" 그들이 차마 입 밖에 내지 못한 말은 아마 이런 것이 아니었을까. "어째서 부모님은 절 꼭 끌어안고 싶을 정도로 사랑하지 않았을까요?", "부모님조차 절 만지고 싶어 하지 않았는데, 다른 누군가가 그렇게 하리라고 어떻게 기대할 수 있겠어요?"

이처럼 유년기의 박탈감에서 비롯된 고통은 견디기 힘들다. 이런 고통은 대부분 억압된다. 자기 존재를 참을 만하게 만들기 위해, 일종의 생존 전략으로서 의식을 축소하고 정신적 마비 상태를 유발한다. 자기 인식은 회피한다. 이런 전략은 종종 평생 지속되는 행동 패턴의 출발점이 된다.

신체 접촉이 박탈된 경우에 그밖의 다른 심리적 요인들에 따라 이후 삶에서 두 가지 서로 다른 반응이 나타날 수 있다. 어떤 면에서 두 반응은 정반대로 보이지만, 둘 다 소외를 표현하는 것이고 둘 다 자존감에 해롭다. 하나는 다른 사람들과 친밀한 접촉을 피하는 경우이다. 이런 성인들은 두려움과 함께 자신은 자격이 없다는 생각을 내보이면서 다른 사람과의 만남에서 뒤로 물러선다. 특히 이들은 자기 주장을 하지 못한다. 다른 하나는, 신체 접촉에 굶주렸던 상처를 치유하려는 무의식적인 노력에서 강박적인 성적 문란을 보이는 경우이다. 그러나 이러한 행동은 아무것도 해결하지 못하고 굴욕감을 남길 뿐이다. 결국 자아 통합과 자기 존중이 이 전투에서 희생된다. 두 경우 모두 인간 관계에서 개인을 고립시킨다.

진짜 사랑, 아이를 조종하는 사랑

사랑받고 자란 아이는 그 감정을 내면화하고 자신을 매력적인 사람이라고 생각하기 쉽다. 사랑은 말로 하는 표현, 보살피는 행동, 아이의 존재 자체에 우리가 보이는 순전한 기쁨과 즐거움을 통해 아이에게 전해진다.

유능한 부모는 아이가 여전히 사랑받고 있다고 느끼게 하면서 분노나 실망감을 전할 수 있다. 유능한 부모는 거부에 의지하지 않고도 아이를 가르칠 수 있다. 한 인간으로서 아이의 가치는 시험받지 않는다.

사랑이 언제나 성과와 결부될 때, 어머니 또는 아버지의 기대를 충족시켜야 한다는 조건이 붙을 때 아이는 진짜로 사랑받는다고 느끼지 못한다. 시간이 갈수록 사랑은 복종과 순응을 조종하는 수단으로 전락한다. 어떤 식으로든 '넌 충분하지 않아.'라는 뜻이 담긴 메시지를 받았을 때 아이는 진짜로 사랑받는다고 느끼지 못한다.

불행히도, 우리는 대부분 그런 메시지를 받아보았다. '넌 잠재력이 있어, 하지만 지금 그대로는 받아들여지기 어려워. 좀 더 바로잡을 필요가 있어. 언젠가는 충분해지겠지만, 아직은 아니야. 우리의 기대를 채울 때 비로소 충분해질 거야.'

'난 충분해.'라는 말은 '나는 더 배울 것이 없고, 더 성장할 필요가 없다.'는 뜻이 아니다. 그것은 '나는 나 자신을 있는 그대로 받아들인다.'는 뜻이다. '나는 충분하지 않아.'라고 생각하면서 자존감을 기를 수는 없다. 아이에게 '넌 충분하지 않아.'라는 메시지를 전하는 것은 아이의 자존감을 밑바닥에서부터 완전히 뒤엎어버리는 것이다. 그런 메시지를 받고도 사랑받는다고 느끼는 아이는 없다.

감정을 받아줄 때 자존감이 자란다

자신의 생각과 감정이 받아들여지는 경험을 한 아이는 그 반응을 내면화하고 자기 수용을 배우기 쉽다. 아이의 생각과 감정에 귀를 기울이고 인정할 때 아이는 자신이 받아들여졌다고 느낀다. 받아들임은 의견이 같다고 (의견이 같지 않을 때에도) 동의하는 것이 아니다. 꾸짖음이나 논쟁, 잔소리, 심리 분석이나 모욕 또한 받아들임과는 거리가 멀다.

이렇게 느끼거나 저렇게 느끼면 안 된다는 말을 반복해서 듣는다면, 그 아이는 부모를 기쁘게 하거나 회유하기 위해 자신의 느낌과 감정을 부인하거나 아예 느끼지 말아야 한다고 부추김을 받는 셈이다. 흥분, 분노, 행복, 성적인 느낌, 갈망, 두려움을 평범하게 표현하는 것이 부모에게 받아들여질 수 없는 행동이고 잘못된 것이며 나쁜 행동이거나 불쾌한 일로 취급받는다면, 아이는 속하기 위해, 사랑받기 위해, 버림받는 공포에서 벗어나기 위해 점점 더 자기를 거부하고 자신과 분리될 것이다. 사랑의 대가로 아이가 자기를 부인하게 만드는 것은 아이의 성장에 도움이 되지 않는다.

아이가 자신의 본성, 기질, 관심사, 열망이 받아들여지는 경험을 할 때 부모가 보이는 몇 가지 태도는 아이의 건강한 발달에 도움이 된다. **부모가 아이와 똑같이 느끼고 생각하는지 아닌지는 상관이 없다.**

아이의 모든 자기 표현 행위에 부모가 늘 즐거워하거나 달가워하리라는 생각은 지극히 비현실적이다. 이 책에서 말하는 받아들임은 그런 의미가 아니다.

부모는 운동 신경이 뛰어난데 아이는 그렇지 않을 수 있다. 부모는 예술가 기질이 있는데 아이는 그렇지 않을 수 있다. 아이와 부모가 타고난 리듬감이 다를 수도 있다. 부모는 차분한데 아이는 요란한 장난꾸러기일 수 있다. 부모는 외향적인데 아이는 내향적일 수도 있다. 부모는 매우 '사회적'인데 아이는 사회성이 없을 수도 있다. 경쟁심의 경우도 마찬가지다. 이 모든 경우에 정반대 상황일 수도 있다. **차이를 받아들일 때 자존감이 자랄 수 있다.**

어른 대하듯 아이를 존중하라

어른에게 존중받은 아이는 자기를 존중하는 법을 배우기 쉽다. 일반적으로 어른을 대할 때처럼 아이에게 정중하게 말하면 아이는 존중받는다고 느낀다.(아동심리학자인 하임 G. 기너트Haim G. Ginott가 말했듯이, 손님이 음료수를 엎질렀을 때 이렇게 말하지는 않는다. "이런, 칠칠맞지 못하게! 넌 대체 뭐가 문제니?" 그런데 왜 우리는 자기 아이에게는 그런 식으로 말해도 된다고 생각하는 걸까? 내 아이가 손님보다 훨씬 더 중요한 사람인데도 말이다. 이렇게 말하는 것이 분명히 더 낫다. "음료수를 엎질렀구나. 부엌에서 키친타올 좀 가져다줄래?")

한번은 어떤 내담자가 이렇게 말했다. "아버지는 저보다 식당 아르바이트생에게 훨씬 더 정중하게 말합니다." '부탁합니다'라든가

'고맙습니다' 같은 말은 듣는 사람은 물론이고 말하는 사람까지 높여준다.

부모들은 다음 이야기를 알아 둘 필요가 있다. "아이에게 말할 때 늘 주의하라. 아이들은 당신이 말하는 대로 자랄 것이다." 아이를 가리켜 '멍청하다'거나 '꼴사납다' '못됐다' '실망스럽다'라고 말하기 전에, 이 질문을 한 번쯤 되새겨보라. 정말 내 아이가 스스로를 이렇게 생각하기를 바라는가?

다른 사람들을 자연스럽고 정중한 태도로 대하는 가정에서 자란 아이는 모두에게 적용되는 원칙을 배운다. 자기와 타인을 존중하는 것이 세상의 이치이며 당연한 일처럼 느껴질 것이다.

아이를 사랑한다고 해서 저절로 아이를 존중하게 되지는 않는다. 얼마나 사랑하는지와 상관없이 언제든 잘못 판단할 수 있다. 내 손녀딸 애슐리가 다섯 살 때 일이다. 아이를 들어올려 빙글빙글 돌리자 애슐리는 무척 재미있어 했다. 나는 너무 즐거운 나머지, 애슐리가 "이제 그만 내려주세요, 할아버지."라고 말했을 때에도 멈추지 않았다. 그러자 애슐리가 진지하게 말했다. "할아버지, 제 말을 안 듣고 계시잖아요." 나는 곧바로 멈추고서 애슐리에게 사과했다. "미안하다, 아가."

아이의 행동에 적절히 반응하기

아이의 자존감을 길러주는 데 특히 중요한 것이 내가 '심리적 가시성'이라 부르는 경험이다. 이 경험은 모든 인간 관계에 해당하는 문제이다. 여기서는 아이와 부모의 상호 작용과 관련해 몇 가지 기본적인 내용만 다루고자 한다. 그러나 그전에 먼저 가시성이란 무엇인지 간략히 이야기해보겠다.

내가 무언가 말하거나 어떤 일을 했을 때 상대가 내 행동에 들어맞는 반응을 보일 때가 있다. 그러니까 내가 장난을 걸었을 때 상대가 다시 장난으로 받아주는 경우, 내가 기뻐할 때 상대가 내 기분을 충분히 이해해주거나 내가 슬퍼할 때 상대가 공감해주는 경우, 내가 스스로 자랑스러워할 만한 일을 했을 때 상대가 그 일에 감탄하며 같이 웃어주는 경우를 말한다. 이럴 때 나는 상대가 나를 보고 있고 이해하고 있다고 느낀다. 스스로 보이는 존재로 느끼는 것이다.

반대로, 내가 무언가 말하거나 어떤 일을 했을 때 상대가 이해할 수 없는 반응을 보일 때가 있다. 그러니까 내가 장난을 걸었을 때 상대가 마치 내가 적대감을 품고 일부러 못되게 군다는 식으로 반응하는 경우, 내가 기뻐할 때 상대가 짜증을 내며 바보처럼 굴지 말라고 말하거나 내가 슬퍼할 때 가식적이라고 비난하는 경우, 내가 스스로 자랑스러워할 만한 일을 했을 때 상대가 트집 잡고 나쁘게 말하는 경우가 그렇다. 이럴 때 우리는 자신이 상대에게 보이지 않는 존재이고 이해받지 못한다고 느낀다.

상대가 내 의견에 동의해야만 내가 그 사람에게 보인다고 느낄 수 있는 것은 아니다. 철학적이거나 정치적인 사안으로 논쟁을 벌일 수도 있고 서로 견해가 다를 수도 있다. 그렇더라도 상대의 말에 이해를 표하고 적절한 반응을 보여준다면, 심지어 언쟁을 벌이는 중에도 둘 다 상대가 자신을 보고 있다고 느낄 수 있고 함께 즐거운 시간을 보낼 수 있다.

가시성을 느낄 때, 우리는 비유적으로 말해서 다른 사람과 내가 같은 현실, 같은 우주에 살고 있다고 느낀다. 가시성을 느끼지 못할 때, 우리는 서로 다른 현실을 사는 것이나 다름없다. 그런데 모든 만족스러운 상호 작용에는 같은 현실에 살고 있다는 일치감이 필요하다. 그렇지 못하다면 우리는 서로 만족스러운 관계를 맺을 수 없다.

가시성에 대한 욕망은 일종의 객관적 형식에 대한 욕망이다. 나는 나 자신을, 내 존재를 '객관적으로' 인지할 수 없다. 오로지 내적으로만, 개인의 고유한 관점에서만 알 수 있을 뿐이다. 그런데 만약 상대가 보이는 반응이 나의 내적 인식에 들어맞는다면, 그 상대는 내 존재를 객관적으로 경험하게 해주는 거울이 된다. 나는 너의 (적절한) 반응에 비친 나 자신을 본다.

가시성은 정도의 문제이다. 어린 시절부터 우리는 다른 사람들로부터 많든 적든 어느 정도 적절한 피드백을 받는다. 피드백이 없었더라면 우리는 살아남지 못했을 것이다. 우리가 평생 동안 만나는 사람들 중에는 상대방에게 피상적으로만 가시성을 느끼게 해주는 사람들도 있을 것이다. 그러나 운이 좋다면 더 깊게 가시성을 느끼게 해주는 사람들도 만날 수 있다.

여담이지만, 낭만적 사랑이 한창 무르익었을 때 심리적 가시성이 가장 완벽하게 실현되는 경향이 있다. 열정적으로 사랑하는 사람은 상대를 어느 누구보다도 더 잘 알고 깊이 이해하고 싶은 의욕으로 가득 찬다. 아마 사랑에 빠진 사람이 이렇게 말하는 것을 자주 들어 보았을 것이다. "이제까지 그 사람만큼 나를 잘 **이해하는** 사람은 없었어."

다른 사람이 자신을 봐주고, 자기 말에 귀 기울여주고, 자신을 이해해주고, 자신에게 적절한 반응을 보여주기를 바라는 것은 아이의 자연스러운 욕망이다. 한창 자아가 형성 중인 시기에는 더욱 절박한 욕구이다. 아이가 어떤 행동을 한 뒤에 부모가 반응을 보여주기를 기대하는 것도 이런 이유 때문이다. 신나는 기분을 좋은 것, 가치 있는 것으로 경험한 아이가 그것 때문에 어른들에게 꾸지람을 듣거나 벌을 받는다면 아이는 비가시성과 방향 감각 상실로 혼란을 겪게 된다. 어른들에게 자신이 보이지 않는 존재가 된 듯 느껴지고 어찌해야 할지 갈피를 잡기 어렵다. '언제나 천사처럼 착하다'고 칭찬받지만 그것이 사실이 아님을 아는 아이도 마찬가지 혼란을 겪는다.

심리 치료에서 만난 성인들과 함께하는 동안, 나는 어린 시절에 가정에서 겪은 비가시성의 고통이야말로 발달 과정에 문제를 일으키고 어른이 된 뒤에는 타인과 제대로 된 관계를 맺지 못하게 만드는 핵심 원인이라는 것을 알았다. 이런 어려움을 겪는 성인 내담자에게 도움이 될 문장 줄기를 제시하고 문장을 완성하게 했더니 다음 문장들이 나왔다.

만약 내가 부모에게 보이는 존재라고 생각했다면, _____
"지금 이렇게 소외감을 느끼지 않을 것이다."
"남들과 똑같은 사람이라고 느꼈을 것이다. "
"안전하다고 느꼈을 것이다. "
"나 자신에게 보이는 존재였을 것이다."

"사랑받고 있다고 느꼈을 것이다."

"희망이 있다고 느꼈을 것이다."

"가족의 일원으로 느꼈을 것이다."

"연결되어 있다고 느꼈을 것이다."

"제정신일 것이다."

"나 자신을 이해하는 데 도움이 되었을 것이다."

"내게 집이 있다고 느꼈을 것이다."

"소속감을 느꼈을 것이다."

아이가 슬픈 목소리로 말한다. "학예회에서 역할을 하나도 맡지 못했어요." 이때 어머니가 충분히 공감하며 이렇게 말해준다. "저런, 그래서 속상했겠구나." 이럴 때 아이는 자신이 어머니에게 보이는 존재라고 느낀다. 이때 만약 어머니가 이렇게 모질게 대꾸한다면 아이는 어떤 기분이 들까? "살면서 네가 원하는 걸 다 가질 수 있을 것 같니?"

아이가 한껏 들뜨고 설렌 표정으로 집으로 달려 들어왔을 때, 어머니가 미소를 지으며 이렇게 말한다. "오늘은 기분이 좋구나." 이럴 때 아이는 가시성을 느낀다. 이때 만약 어머니가 이렇게 소리를 지른다면 아이는 어떤 기분이 들까? "꼭 그렇게 시끄럽게 굴어야겠니? 너란 애는 정말이지 이기적이고 남을 배려하는 마음이 없구나! 대체 무슨 일이니?"

뒷마당에서 나무 위에 비밀 기지를 짓느라 씨름 중인 아이에게 아버지가 감탄하며 말한다. "힘들 텐데 잘하고 있구나." 이럴 때 아이는 가시성을 느낀다. 이때 만약 아버지가 짜증 섞인 목소리로 이렇게 말한다면 아이는 어떤 기분이 들까? "맙소사, 제대로 좀 못 하겠니?"

아버지와 산책하던 아이가 눈앞에 펼쳐진 다양한 풍경에 대해 이야기하자 아버지가 "정말 많은 것을 보았구나."라고 말한다. 이때 아이는 가시성을 느낀다. 만약 아버지가 귀찮다는 듯이 "그만 좀 떠들 수 없겠니?"라고 말한다면 아이는 어떤 기분이 들까?

우리가 사랑, 감사, 공감, 받아들임, 존중의 마음을 전하면 아이는 '보이는' 존재가 된다. 반대로 아이에게 무관심, 냉소, 비난, 조롱을 보내면, 아이의 자아는 비가시성이라는 외로운 지하로 내몰려 '보이지 않는' 존재가 되고 만다.

자존감을 뒷받침하는 유년기 요인들을 연구한 대부분의 심리학자들과 교육학자들은 아이의 개성을 인정해주고, 친밀감과 소속감을 느끼게 해주는 것이 중요하다고 주장한다. 아이에게 가시성을 느끼게 해줄 때 이 두 가지 목표를 이룰 수 있다.

가시성을 칭찬과 동일시해서는 안 된다. 과제 때문에 씨름하는 아이에게 부모가 "수학이 어려운가 보구나."라고 말할 때, 이 말은 칭찬이 아니다. 마찬가지로 "기분이 별로인 것 같구나. 엄마한테 이야기하고 싶니?", "치과에 가지 않았으면 하는구나.", "화학이 정말 재미있나 보네." 이런 말은 칭찬이 아니다. 하지만 이런 말은 아이로 하여금 부모가 자신을 보고 있으며 이해하고 있다고 느끼게끔 한다.

아이든, 배우자든, 친구든, 어떤 대상에게 진실한 애정을 주고 싶다면 상대에게 가시성을 느끼게 해주는 능력이 필수적이다. 이 능력은 '보는' 능력과 의식의 훈련을 전제로 한다.

아이에게 가시성을 느끼게 해주는 과정에서 우리는 아이가 따라하며 배울 수 있는 실천의 본보기가 된다.

나이에 적합한 양육

아이에게는 분명 돌봄이 필요하다. 그러나 연령대에 적합한 양육, 더 정확하게는 아이의 발달 단계에 걸맞은 양육에 무엇이 필요한지는 이따금 분명치 않다.

3개월 된 아기에게 맞는 양육 방식은 여섯 살 난 아이에겐 분명히 부적합하다. 어른 옷을 걸친 아기를 보는 것 같다. 여섯 살 아이에게는 그 나이에 맞는 옷을 입혀주어야 한다. 여섯 살 아이에게 맞는 양육 방식은 한창 자율성을 획득해 가는 열여섯 살짜리에겐 성장을 가로막는 장애물이 된다. 여섯 살 난 아이가 질문을 할 때는 진지하게 질문을 받아들이고 답을 주는 것이 올바른 양육 방식일 수 있다. 그러나 십 대가 질문을 해올 때는 그 주제에 대한 아이 자신의 생각을 끌어내주거나 아니면 아이에게 책을 읽거나 도서관에 가서 직접 조사해보라고 권하는 것이 더 낫다.

위기 상황에 처해 나를 찾아왔던 스물여섯 살 난 여성이 떠오른다. 그녀는 남편이 집을 나갔고 혼자서는 장을 볼 수 없다고 말했다. 열아홉 살에 결혼하기 전까지 그녀는 어머니가 사다주는 옷을 입었다. 결혼한 뒤에는 남편이 모든 책임을 고스란히 떠맡았다. 아내의 옷뿐 아니라 식료품을 포함한 모든 살림살이를 남편이 사야 했다. 정서적으로 그녀는 자신이 자급자족 능력에서 어린아이 수준이라고 느꼈다. 아무리 단순하고 일상적인 문제라 해도 독립적으로 선택하고 결정한다는 것은 생각만 해도 두려운 일이었다.

아이가 자립할 수 있도록 지원하는 것이 부모의 목표라면, 발달 정도에 따라 아이에게 선택지를 제시하는 것도 자립성을 길러주는 한 방법이다. 다섯 살 난 아이에게 스웨터를 입고 싶은지 묻는 것이 그다지 바람직하지 않다고 생각하는 어머니도 있을 것이다. 하지만 이런 경우에는 아이에게 스웨터 두 벌을 보여주고 둘 중 하나를 고르게 할 수도 있다. 딱히 필요하지 않은 상황에서도 어른들에게 조언을 구하는 아이도 있다. 그럴 땐 이렇게 대응하는 것이 효과적이다. "넌 어떻게 생각하니?"

한편으로, 가능한 한 빨리 아이가 선택과 의사 결정을 편하게 다룰 수 있도록 아이에게 선택과 결정권을 넘기고 싶어 하는 부모도 있다. 이 문제는 개인의 판단에 달려 있으며, 어른의 의식과 세심함이 필요하다. 가장 중요한 점은 궁극적인 목표가 무엇인지를 아는 것이다.

부적절한 칭찬은 비난만큼 해롭다

아이의 자존감을 키우는 데 관심이 있는 다정한 부모라면 칭찬이 답이라고 믿을지도 모른다. 그러나 부적절한 칭찬은 부적절한 비난만큼이나 자존감에 해롭다.

오래전에 나는 하임 G. 기너트에게서 평가하는 칭찬과 인정하는 칭찬의 중요한 차이점을 배웠다. 평가하는 칭찬은 아이에게 이롭지 않다. 반대로 인정하는 칭찬은 자존감을 키우고 바람직한 행동을 강화하는 데 모두 효과적이다. 기너트의 《교사와 학생 사이》의 한 부분을 보자.

심리 치료 과정에서 아이에게 절대로 이런 말을 하지 않는다. "넌 정말 착한 아이구나." "아주 잘하고 있어." "계속 그렇게 하면 된단다." 평가하는 칭찬은 피한다. 왜냐고? 도움이 되지 않기 때문이다. 평가하는 칭찬은 불안을 만들어내고, 의존성을 불러오며, 수동성을 일깨운다. 평가하는 칭찬은 자립 정신, 자기 주도성, 자제심으로 이어지지 않는다. 이런 자질들은 외부의 평가에서 자유로울 때 만들어진다. 또 내면의 동기와 평가를 신뢰해야 한다. 진정한 자신이 되려면 평가하는 칭찬의 압박감에서 벗어나야 한다.

만약 아이의 행동과 아이가 이룬 성과를 두고 당신이 좋아하는 부분과 인정하는 부분을 말하고 싶다면, 사실에 근거해 있는 그대로 말해야 한다. 평가는 아이의 몫으로 남겨 두어야 한다. 이와 관련해 기너트는 다음과 같은 예를 들었다.

마르시아(12세)는 학교 도서관에서 선생님을 도와 책을 다시 정리하는 일을 했다. 선생님은 마르시아에게 개인적인 칭찬을 하지 않았다.("넌 일을 잘하는구나. 너는 참 열심히 하는구나. 넌 정말 훌룽한 사서야.") 그 대신 선생님은 마르시아가 한 일을 구체적으로 묘사했다. "이제 책이 모두 제자리를 찾았구나. 아이들이 자기가 원하는 책을 찾기 쉬워졌어. 힘든 일이었는데 해냈구나. 고맙다." 마르시아는 선생님의 인정을 근거로 삼아 다음과 같이 추론할 수 있었다. "선생님이 내가 해낸 일을 좋아하시는구나. 난 훌륭한 일꾼이야."

필리스(10세)는 올해 내린 첫눈을 보고 느낀 점을 시로 표현했다. 시를 읽고 선생님은 이렇게 말했다. "시가 내 마음과 꼭 같네. 겨울에 대한 내 생각이 시로 표현된 것을 보니 기쁘구나." 어린 시인의 얼굴에 웃음이 번졌다. 필리스는 친구에게 몸을 돌려 이렇게 말했다. "선생님은 내가 쓴 시를 정말 좋아하셔. 선생님은 내가 멋지다고 생각해."

루벤(7세)은 글씨를 단정하게 쓰려고 애를 써 왔다. 글씨를 줄에 맞춰 똑바로 쓰는 일은 정말 어려웠다. 마침내 루벤은 깔끔하게 정돈된 편지 한 장을 쓸 수 있었다. 편지를 읽은 선생님은 이런 글을 적어주었다. "글씨가 단정하구나. 네 편지를 받아서 무척 기뻤단다." 편지를 돌려받은 아이는 선생님이 쓴 글귀를 열심히 읽었다. 갑자기 선생님의 귀에 쪽 하는 소리가 들린다. 루벤이 편지에 입을 맞춘 것이다! "난 글씨를 잘 써." 루벤은 의기양양하게 말했다.

칭찬의 대상이 구체적일수록, 아이에게 칭찬은 더욱 뜻깊다. 추상적이고 뭉뚱그려진 칭찬을 들으면 아이는 정확히 무엇을 칭찬받았는지 알 수 없다. 이런 칭찬은 전혀 도움이 안 된다.

칭찬은 구체적이어야 할 뿐 아니라, 칭찬받는 대상에 어울려야 한다. 지나치게 부풀려지거나 거창한 칭찬은 아이를 압도하고 불안을 불러일으키기 쉽다. 아이의 자기 인식에 비추어볼 때 아이도 그 칭찬이 어울리지 않는다는 것을 알기 때문이다.(아이의 행동을 구체적으로 묘사하고 인정하는 바를 표현하는 과정에서 현실과 동떨어진 칭찬을 생략하면 해결될 문제이다.)

아이의 자존감을 키우는 데 열심이지만 지나치게 폭넓고 무분별하고 과장되게 칭찬을 하는 부모들도 있다. 이런 칭찬은 잘해야 효과가 없는 정도이고, 최악의 경우에는 역효과를 낳는다. 아이가 자신을 보이지 않는 존재라고 느끼고 불안해하는 것이다. 덧붙여 말하자면, 이런 방식은 '인정 중독'을 낳기 쉽다. 인정 중독에 빠진 아이들은 칭찬을 받으리라는 기대 없이는 앞으로 나아가지 못하거나, 당장 칭찬을 들을 수 없는 일은 시시하게 느낀다. 최선의 의도를 품고 있지만 적절한 양육 기술을 갖추지 못한 많은 헌신적인 부모들이 집안을 온통 '애정 어린' 평가로 물들여 아이들을 인정 중독 상태로 만든다.

자율성을 길러주고 싶다면, 아이의 행동을 묘사한 다음에 항상 아이가 스스로 자신을 평가할 수 있는 여지를 남겨 두어야 한다. 부모의 평가가 주는 압박감에서 아이가 자유로워지도록 하라. 독립적인 사고가 가능하도록 상황을 만들라.

아이가 질문을 하거나 자기 의견을 내거나 사려 깊은 태도를 보일 때 부모는 그 모습에 기뻐하고 아이의 행동을 인정함으로써 곧 아이가 의식적으로 사고하도록 격려할 수 있다. 아이가 자기 표현을 하려고 애쓰는 모습에 부모가 긍정적이고 존중하는 태도를 보일 때, 부모는 아이가 자기 주장을 할 수 있도록 격려하는 것이다. 아이의 정직함을 부모가 알아차리고 인정해줄 때 아이는 진실한 삶을 살도록 격려받는 것이다. 아이가 올바른 행동을 할 때 그것을 알아차리고 그런 모습을 볼 수 있어서 기쁘다고 표현하라. 아이 스스로 적절한 결론을 이끌어낼 수 있다고 믿어라. 이것이야말로 자존감을 효과적으로 강화하는 가장 단순한 방법이다.

아이를 나무랄 때에도 아이 자체가 아니라 오직 아이의 행동을 들어 꾸짖어야 한다. 원칙은 이렇다. 아이의 행동을 설명하고(형제를 때렸다거나 약속을 어겼다거나), 그래서 부모가 어떻게 느꼈는지를 설명하고(화, 실망감), 부모가 원하는 바를 설명한다(있다면). 단, 이때 **인신공격은 반드시 피한다.**[1]

감정을 설명하라는 말은 '실망했다' 또는 '깜짝 놀랐다' '화가 났다'고 말하라는 뜻이다. "내 평생에 너처럼 형편없는 애는 처음 본 것 같구나."라고 말하라는 뜻이 아니다. 이런 말은 감정을 설명하는 것이 아니라, 감정의 언어를 이용해 간접적으로 생각과 평가, 판단을 전달하는 것이다. "내 평생에 너처럼 형편없는 아이는 처음이다." 같은 감정은 없다. 이 말 속에 숨은 진짜 감정은 분노이며 아이에게 고통을 안겨주고 싶은 욕망이다.

아무리 의도가 좋다고 해도 아이의 자존감을 공격하는 것으로는 어떤 목적도 이룰 수 없다. 이것이 효과적인 비판의 첫 번째 규칙이다. 아이의 가치, 지적 능력, 도덕성, 성격, 의도, 심리를 의심하는 것으로는 더 나은 행동을 하도록 이끌 수 없다. '나쁜 아이'라는 말을 듣고 '착한 아이'가 되는 경우는 없다.(이런 말을 듣는 경우도 마찬가지다. "넌 꼭 그 사람[진작에 비난받아 마땅한 그 누군가와] 같구나.") 자존감을 공격하면 아이가 바람직하지 않은 행동을 다시 저지를 확률이 높아진다. "난 나쁜 아이니까, 나쁜 짓을 할 거야."

심리 치료를 받는 성인 중 많은 사람들이 어른이 된 지금도 내면화된 아버지나 어머니의 목소리가 '나쁜', '못된', '바보 같은', '쓸모없는' 같은 말을 한다고 호소한다. 대개 그들은 자신을 모욕하는 말의 내리누르는 무게에 맞서 더 나은 삶을 향해 몸부림치고, 자신에 대한 부모의 부정적 평가에 굴복하지 않으려고 저항한다. 하지만 이런 시도가 늘 성공하는 것은 아니다. 자기 개념은 자기 충족적 예언을 통해 운명으로 바뀌는 경향이 있으므로, 우리는 자신이 추구하는 자기 개념이 어떤 것인지 곰곰이 생각해야 한다.

아이의 존엄성을 침해하거나 비하하지 않고 나무랄 수 있다면, 머리끝까지 화가 치민 상황에서도 아이의 자존감을 존중할 수 있다면, 바람직한 양육에서 가장 힘들고 중요한 부분을 정복한 셈이다.

지나치게 높은 기대가 자존감을 낮춘다

앞서 나는 부모의 기대에 관한 쿠퍼스미스의 연구에 관해 내 의견을 밝혔다. 아무것도 기대하지 않는 것은 아이에게 조금도 도움이 되지 않는다. 합리적인 부모는 아이가 책임을 질 수 있을 정도의 도덕적 기준을 세운다. 또 합리적인 부모는 성과의 기준을 세운다. 부모는 아이가 지식과 기술을 익히고 습득하기를 바라고 더 성숙한 어른이 되기를 기대한다.

그러한 기대는 아이의 발달 정도와 고유한 특성을 감안해 조정되어야 한다. 아이가 처한 상황이나 아이의 욕구를 전혀 고려하지 않은 지나친 기대로 아이를 억눌러선 안 된다. 순전히 충동적인 감정에 이끌려, 자기 아이가 '당연히' 언제나 뛰어난 능력을 발휘하리라고 가정해서도 안 된다.

부모가 자기에게 무엇을 기대하는지 정말로 알고 싶어 하는 아이에게 부모가 "아무것도 기대하지 않는다."라고 답하면 아이는 불안해한다.

자녀 양육에 관한 책들 가운데 개인적으로 매우 유용하다고 생각하는 여섯 권이 있다. 내가 추천하려는 책들은 평범한 가정에서 일어날 수 있는 '기본적인' 문제들을 지혜롭고도 명쾌하게 다루고 있다. 물론 이 가운데 자존감을 다루는 책은 없지만, 모두 아이의 자존감을 키우는 데 매우 효과적인 지침을 준다. 이 책들은 아이를 키우는 과정에서 나타날 수 있는 무수히 많은 문제에 효과가 있는 애정, 긍정, 존중, 칭찬이나 비난에 관한 적절한 예시를 정교하고도 창의적으로 소개하고 있다. 내가 이 책들을 소개하려는 이유도 바로 그 때문이다.

먼저 세 권은 하임 G. 기너트의 저서인 《부모와 아이 사이》, 《부모와 교사 사이》,《교사와 학생 사이》*이다. 나머지 세 권은 하임 기너트의 두 제자 아델 페이버(Adele Faber)와 일레인 마즐리시(Elaine Mazlish)가 쓴《자유로운 부모, 자유로운 아이》,《십 대와 통하는 대화 기술》,《천사 같은 우리 애들 왜 이렇게 싸울까?》이다.

그밖에 눈에 띄는 책 한 권은 토머스 고든(Thomas Gordon)의《부모 역할 훈련》이다. 이 책의 여러 가지 장점 중 하나는 양육 문제를 해결할 구체적인 방법과 기술을 결합한 원칙을 매우 세밀하게 제시한다는 점이다. 고든의 방법은 상당 부분 기너트의 방법과 맥을 같이 한다. 물론 다른 점도 있다. 예컨대, 기너트는 특정 환경에서는 부모가 제한을 두고 규칙을 정해야 한다고 주장하는 반면에 고든은 이 주장에 반대하며 모든 갈등을 '민주적으로' 해결해야 한다고 주장하는 듯하다. 둘 중 어떤 것이 현실적인지 확신할 수 없지만, 나는 이 문제에서는 기너트의 손을 들어주고 싶다. 고든이라면 아이가 자기 재량에 따라 길에서 놀 수 있게 허용하지 않을 것 같기 때문이다. (페이버와 마즐리시와 마찬가지로) 두 저자 모두 체벌을 이용한 훈육에는 강한 반감을 보인다. 나도 이 주장에 동의한다. 체벌에서 느끼는 두려움은 분명 아이의 자존감을 해치기 때문이다.

* 이중 앞의 두 권에 대한 개인적 의견은 이렇다. 먼저, 기너트의 일부 발언에서 드러나는 심리 치료적 방향 제시에는 동의할 수 없다. 둘째, 기너트는 자위 문제를 회피하고 있다. 셋째, 성 역할에 관해 시대 착오적이고 전통적인 관점을 보인다. 그러나 이런 문제점들은 전반적인 내용에 비추어보면 그다지 중요치 않다.

아이의 실수를 받아주는 기술

아이가 실수했을 때 부모가 보이는 반응이 아이의 자존감에 치명적인 영향을 끼칠 수 있다.

아이는 잇따른 실수를 통해 걷는 법을 배운다. 걸음과 관련 없는 군더더기 동작들은 서서히 사라지고, 걷는 동작만 남는다. 아이가 걸음을 배우는 과정에서 일어나는 실수는 필연적이다. 걸음마뿐 아니라 수많은 다른 학습 과정에서도 실수는 반드시 일어난다.

아이가 실수했다고 꾸짖거나 비웃거나 창피를 주거나 벌을 주거나, 아니면 부모가 성급하게 끼어들어 "이리 줘 봐, 엄마가 해줄게."라고 말한다면 아이는 마음껏 노력하고 배울 수 없다. 자연스러운 성장 과정이 방해를 받는다. 그리하여 아이에게는 새로운 도전을 극복하는 것보다 실수를 피하는 것이 우선순위가 된다.

아이가 실수를 했을 때 부모에게 받아들여지지 않는다고 느끼면, 아이는 실수에 대한 반응으로 자기 거부를 배울 수도 있다. 의식은 희미해지고, 자기 수용은 허물어지며, 자기 책임과 자기 주장은 억눌린다.

기회가 주어지면 아이들은 보통 자연스럽게, 그리고 자발적으로 자신의 실수에서 배울 것이다. 나무라거나 아는 척하는 대신에 가끔은 이런 질문을 던지는 편이 도움이 된다. "뭘 배웠니? 다음번에 다시 실수하지 않으려면 어떻게 해야 할까?"

아이에게 답을 제시하는 것보다는 아이 스스로 답을 찾을 수 있도록 힘을 주는 것이 더 바람직하다. 아이의 마음을 북돋우려면 부모는 이미 정해진 답안을 제시하기보다 항상 높은 의식 수준(과 인내심)을 유지해야 한다. 대개 조급한 태도는 효과적인 양육을 저해하는 요소이다.

유년기에 실수를 저질렀을 때 부모에게서 파괴적인 메시지를 받은 성인들을 상담할 때, 내가 자주 쓰는 문장 줄기들이 있다. 일반적으로 나타나는 연쇄 작용과 말꼬리는 다음과 같다.

어머니는 내 실수를 알고는, _____

"짜증을 냈다."

"나를 가망 없는 녀석이라고 생각한다는 티를 냈다."

"나를 덩치만 큰 어린애라고 불렀다."

"화가 나서 '이리 내, 엄마가 할게!'라고 말했다."

"나를 비웃고 경멸의 눈초리를 보냈다."

"아버지를 불렀다."

아버지는 내 실수를 알고는, _____

"화를 냈다."

"훈계를 늘어놓았다."

"욕을 퍼부었다."

"우수한 형과 나를 비교했다."

"나를 비웃었다."

"30분 동안 잔소리를 했다."

"자신은 얼마나 훌륭하게 그 일을 해냈는지 이야기했다."

"'정말이지 누가 네 엄마 자식 아니랄까 봐!'라고 말했다."
"방에서 나가버렸다."

나는 내 실수를 알고, _____
"내가 얼마나 멍청한지 자책했다."
"나는 얼간이라고 생각했다."
"패배자가 된 기분이었다."
"겁이 났다."
"앞으로 어떻게 될지 궁금했다."
"노력하는 게 무의미하다고 생각했다."
"나 자신을 용서할 수 없다고 중얼거렸다."
"나 자신이 경멸스러웠다."

누군가 내게 실수해도 괜찮다고 말해주었더라면, _____
"지금과 다른 사람이 되었을 것이다."
"그렇게 많은 실수를 하지 않았을 것이다."
"무언가 시도하는 것을 두려워하지 않았을 것이다."
"자기 비판적인 사람이 되지 않았을 것이다."
"지금보다 더 솔직한 사람이 되었을 것이다."
"지금보다 대담한 사람이 되었을 것이다."
"지금보다 더 많은 것을 성취했을 것이다."

나의 속마음이 하는 말을 듣는다면, _____

"언젠가 부모님이 내게 해주었던 대로 나는 지금 자신을 위해 모든 것을 하고 있다."

"부모님은 여전히 내 머릿속에 있다."

"아버지가 나를 측은히 여기지 않았던 것처럼, 나 역시 자신에게 관대하지 않다."

"나는 어머니가 내게 그랬던 것보다 더 심하게 나를 꾸짖는다."

"나 자신을 억누르고 있다."

"실수 때문에 내 자존감은 황폐해졌다."

나 자신에게 실수를 허용할 용기가 있었더라면, _____

"그렇게 많은 실수를 하지 않았을 것이다."

"신중하지만 더 편안했을 것이다."

"즐기면서 일할 수 있었을 것이다."

"새로운 아이디어 덕분에 지금보다 많은 기회를 누렸을 것이다."

"지금보다 아이디어가 많았을 것이다."

"지금보다 창의적이었을 것이다."

"지금보다 행복했을 것이다."

"무책임한 사람이 되지 않았을 것이다."

내 실수에 좀 더 관대했더라면, _____

"운이 없다고 생각하지 않고 열심히 노력했을 것이다."

"지금보다 더 많이 베풀었을 것이다."

"나 자신을 더 좋아했을 것이다."

"우울해하지 않았을 것이다."

"의식적으로 살았을 것이다."

"이 모든 두려움 때문에 괴로워하지 않았을 것이다."

"부모님의 어린 자식이 아니라 나 자신으로서 살았을 것이다."

실수를 대하는 더 나은 태도를 배운다면, _____

"덜 긴장할 것이다."

"일을 더 잘할 수 있을 것이다."

"새로운 일에 도전할 거라고 생각한다."

"낡은 대본에 작별을 고할 것이다."

"나 자신에게 더 나은 부모가 될 것이다."

"나는 열심히 찾을 것이다."

"실수를 인정하는 것이 곧 방종이 아님을 배워야 할 것이다."

"실행에 옮겨야 할 것이다."

"익숙해지려면 시간이 걸릴 것이다."

"희망이 있다고 느낄 것이다."

"신이 날 것이다."

앞에 열거한 문장 줄기 가운데 마지막 여섯 개는 부정적으로 설정된 인식을 되돌릴 수 있는 한 가지 방법이다. 심리 치료를 요청하는 사람들에게 이들 중 몇 개의 문장 줄기를 제시하고, 2~3주 동안 하루도 빠짐없이 각각의 문장 줄기를 6~10개의 다른 문장으로 완성하라는 과제를 내줄 수도 있다. 재교육을 위한 강력한 장치인 셈이다. 고도로 의식을 집중해 파괴적인 생각을 끊임없이 '밖으로 내뿜는' 것이 원칙이다.(이것은 그러한 생각 때문에 걱정하거나 '마음을 졸이거나' 사로잡히거나 불평하는 것과는 전혀 다르다.)

말과 행동의 일치

자신이 경험하지 못한 것을 이해해야 하는 것보다 아이들에게 더 중요한 일은 아마 없을 것이다. 실제로, 아이들은 세계가 합리적이라는 것과, 인간이란 이해할 수 있고 예측 가능하며 안정적인 존재라는 사실을 알아야 한다. 그러한 기반 위에서 아이들은 효능감을 키울 수 있다. 그러한 앎이 없다면, 이 과업은 훨씬 더 어려워진다.

물리적 현실은 대부분의 사람들보다 훨씬 '믿을 만'하다. 따라서 인간 관계에서 무능함을 느낀 아이들은 흔히 자연, 기계, 공학, 물리학, 수학 같은 영역에 기대어 자신의 힘을 느끼고 싶어 한다. 이것들은 모두 어느 정도 지속성이 있으며, 사람들에게서는 보기 어려운 '건실함(sanity)'의 영역에 속한다.

하지만 아이가 건강하게 발달하려면 가정에서 '건실함'을 찾는 것이 아주 시급하다.

여기서 '건실함'이란 무슨 뜻인가? 이 말은 대부분의 경우에 어른들이 하는 말과 그 말이 뜻하는 바가 일치하는 경우를 가리킨다. 납득할 수 있고, 일관성 있으며, 공정한 규칙을 의미한다. 어제는 아무렇지도 않은 일이었거나 심지어 보상을 받았던 행동이 오늘은 벌을 받아야 할 행동이 되지 않는 것이다. 정서적인 면에서 어느 정도 이해할 수 있고 예측할 수 있는 부모에게서 자란다는 의미이다. 반대 상황은 부모가 뚜렷한 원인이나 패턴 없이 간혹 가다 불안이나 분노나 도취감을 한바탕 쏟아내는 경우이다. '건실한' 가정에서는 현실을 적절하게 인식한다. 예를 들어 술에 취한 아버지가 의자에서 미끄러져 바닥에 굴러 떨어졌는데도 어머니는 아무 일도 없다는 듯이 계속 말하고 식사를 하는 집과는 정반대이다. '건실함'은 부모가 자신들이 가르치는 대로 실천한다는 뜻이다. 이러한 부모는 자신들이 실수를 저질렀음을 기꺼이 인정하고, 불공평하거나 불합리한 행동을 했음을 알았을 때 곧바로 사과한다. 이들은 고통을 피하고 싶어 하는 아이의 마음보다 이해하고 싶어 하는 마음에 호소한다. 아이가 생각하는 것을 가로막거나 그것을 이유로 벌을 주지 않고, 보상을 하거나 힘을 준다.

만일 아이가 복종하는 대신 협력하기를 원한다면, 순응하는 대신 자기 책임을 실행하기를 바란다면, 부모는 아이의 정신을 지지하는 가정 환경을 만듦으로써 목적을 이룰 수 있다. 정신을 훈련하는 일에 적대적인 환경에서는 이 과제를 결코 이룰 수 없다.

아이들이 바라는 것은 '무한한 자유'가 아니다

안정과 성장을 향한 아이의 욕구는 적절한 체계가 존재하는 것만으로도 어느 정도 충족된다. 여기서 말하는 '체계'는 암묵적이든 명시적이든 가정에서 적용되는 규칙과 관련이 있다. 받아들여질 수 있는 것과 받아들여질 수 없는 것, 허용되는 것과 허용되지 않는 것,

기대하는 바, 여러 가지 행동에 대처하는 방안, 각자에게 주어지는 자유의 범위, 가족 구성원에게 영향을 끼치는 결정을 하는 방법, 인정되는 가치의 종류와 관련된 규칙들이다.

좋은 체계는 가족 구성원의 욕구, 개성, 지적 능력을 존중하며, 자유로운 의사소통을 높이 평가한다. 이런 체계는 엄격하기보다 유연하다. 폐쇄적이거나 권위주의적이지 않고, 개방적이며 자유롭게 논의할 수 있다. 이러한 체계에서 부모는 아이에게 명령하기보다 이유를 설명하며, 공포를 심어주기보다 믿음을 호소한다. 아이의 자기표현을 격려하며, 개별화와 자율성에 영향을 끼치는 가치들을 지지한다. 이러한 부모가 세운 기준은 아이를 겁주기보다 아이의 용기를 북돋는다.

아이들이 바라는 것은 무한한 '자유'가 아니다. 대부분 아이들은 체계가 없을 때보다 어느 정도 엄격한 체계 안에서 안전하다고 느끼며 안정감을 얻는다. 아이에게는 한계가 필요하다. 한계가 없으면 불안해한다. 아이가 한계를 시험하는 것은 그것이 존재하는지를 확실히 알기 위해서이기도 하다. 아이는 **누가 비행기를 조종하고 있는지**를 알아야 한다.

지나치게 '허용적인' 부모 밑에서 자란 아이는 불안이 높은 경향이 있다. 여기서 말하는 허용적인 부모란 이끄는 역할을 전혀 맡지 않으려는 부모, 존중이 아닌 지식과 권위로 무장한 채 가족을 대하는 부모, 아이에게 부모 자신의 '편견'을 '강요'하게 될까 두려워 어떤 가치도 가르치지 않고 어떤 기준도 옹호하지 않으려고 노력하는 부모이다. 한 내담자는 이렇게 말했다. "우리 엄만 '열세 살에 임신하는 건 좋은 생각이 아니야.'라는 말이 민주적이지 않다고 생각했을 거예요. 뭐가 옳고 그른지 아는 것처럼 행동하는 사람이 아무도 없는 집에서 자라는 게 얼마나 무서운 일인지 아세요?"

합리적인 가치와 기준이 주어질 때 아이의 자존감은 자랄 수 있다. 그렇지 않은 경우에 아이의 자존감은 쪼그라들고 만다.

가족이 함께하는 저녁 식사

맞벌이인 데다가 때때로 야근까지 하는 부모는 마음과 달리 늘 아이와 함께 시간을 보내기 힘들다. 가끔은 부모와 아이가 함께 식사조차 하지 못하기도 있다. 이 사안의 복잡성과 현대인의 생활 방식에서 문제가 되는 점들을 거론하는 대신에, 나는 한 가지 간단한 방법을 제안하고 싶다. 내담자들을 통해 이 방법이 도움이 된다는 것을 확인할 수 있었다.

나는 내게 찾아온 부모들에게 적어도 일 주일에 한 번은 온 가족이 둘러앉아 식사를 해보라고 권했다. 식사는 천천히 느긋하게 해야 하며, 한 사람도 빠짐없이 하는 일과 관심사를 이야기할 수 있는 자리여야 한다. 잔소리, 설교, 과시는 금물이다. 그저 있었던 일을 이야기하고, 서로를 애정과 존중으로 대하는 자리여야 한다. 이때 중요한 것은 자기 표현, 자기 노출, 관계의 지속이다.

원칙적으로 이 제안에 동의한 많은 부모들은 이 방법을 실행에 옮기는 데 상당한 훈련이 필요하다는 사실을 알게 된다. 거들먹거리고 싶고, 가르치고 싶은 충동이 강하게 일어날 수도 있다. 아니면, 자기 표현이 필요한 순간에 그것을 억누를 수도 있다. 하지만 부모가 '권위'를 내보이고 싶은 충동을 이겨낸다면, 아이와 더불어 소박하고 자연스럽게 자신의 생각과 감정을 표현하고 가족 모두에게 차례대로 자기 표현의 기회를 준다면, 아이는 물론이고 부모 자신에게도 심리적으로 엄청난 선물을 주는 셈이다. 이런 부모는 가장 바람직한 의미에서 '소속감'을 만드는 데 도움이 된다. 다시 말해, 그들은 아이에게 가족이라는 느낌을 주는 것이다. 또 그들은 자존감이 자랄 수 있는 환경을 조성한다.

자존감을 죽이는 심리적 학대

아동 학대라고 하면 신체적으로 학대받거나 성폭력 피해를 당하는 아이를 떠올리기 쉽다. 그런 식의 학대가 아이의 자존감에 치명적일 수 있다는 사실은 누구나 알고 있다. 트라우마로 남을 만큼 충격적인 무력감, 자신이 자기 몸의 주인이 아니라는 느낌, 무방비 상태라는 고통스러운 느낌은 생의 마지막 순간까지 지워지지 않을 수도 있다.

그러나 아동 학대로 여겨지는 상황을 좀 더 종합적으로 살펴보려면 다음 항목을 포함해야 할 것이다. 하나같이 아이의 자존감 성장에 심각한 장애물이 되는 상황들이다.

다음과 같은 부모의 행동은 아동 학대이다.

아이에게 '(너는) 충분하지 않다'는 생각을 전한다.

'받아들일 수 없는' 감정을 드러냈다는 이유로 아이를 꾸짖는다.

아이를 조롱하거나 창피를 준다.

아이의 생각이나 감정은 아무런 가치가 없고, 중요하지 않다는 생각을 전한다.

수치심이나 죄책감을 이용해 아이를 통제하려고 한다.

아이를 과잉보호해 정상적인 배움과 자립 의지를 방해한다.

아이를 방임해 아이의 정상적인 자아 발달을 방해한다.

아무런 규칙이나 지지 구조 없이 아이를 키우거나, 또는 모순되고 혼란스러우며 논의가 불가능하고 억압적인 규칙에 따라 아이를 키운다. 두 가지 모두 정상적인 성장을 저해한다.

아이의 현실 인식을 부정하고, 암묵적으로 아이가 자신의 정신을 불신하게끔 부추긴다.

신체적 폭력이나 위협을 가해 아이를 공포에 떨게 만들어, 아이의 내면에 오래 지속되는 극심한 두려움을 심어준다.

아이를 성적 대상으로 다룬다.

아이는 본래 못되고 무가치한 존재 또는 죄 많은 존재라고 가르친다.

기본적인 욕구가 좌절되었을 때, 언제나 앞서 열거한 것과 같은 일들을 당했을 때, 아이는 극심한 고통을 겪게 된다. 그 고통에는 종종 이러한 느낌이 따라붙는다. '난 어딘가 이상해. 내게 뭔가 결함이 있어.' 그리하여 파괴적인 자기 충족적 예언의 비극이 막을 올린다.

낮은 자존감의 원인을 찾아내는 질문들

앞서 말했듯, 이 장에서 나는 자녀 양육 방침을 제공하려는 것이 아니다. 심리치료사로서 내가 한 경험을 바탕으로 삼아 아이의 자존감에 치명적인 영향을 끼치는 특정 문제들을 따로 나누어 살펴보는 것이 목표이다.

성인 내담자들의 이야기를 들을 때, 비극적인 결정을 내리게 만든 개인사적 상황에 주목함으로써 유년기에 잃어버린 것과 필요했던 것을 알기란 어려운 일이 아니다. 상처들로부터 추론함으로써, 어떻게 하면 상처를 방지할 수 있을지 더 깊이 이해할 수 있다.

나는 20년 전에 《자유로워지기》라는 저서에서 빈약한 자존감의 뿌리를 유년기에서 찾아내는 데 유용한 질문 목록을 공개했다. 실제로 내가 심리 치료 과정에서 활용한 질문들이었다. 여기서 소개하는 목록은 그 질문 목록을 부분적으로 수정하고 확장한 것이다. 지금까지 우리가 다룬 모든 문제들을 다 포함한 것은 아니고 일종의 축약본이라 할 수 있다. 부모에게는 좋은 지침이 될 뿐 아니라, 이 책을 읽는 모든 이들에게 자신을 돌아보게 해주는 효과적인 자극제가 될 것이다.

1. 어린 시절에 부모님의 행동 방식과 당신을 대하는 태도에서 이 세상이 합리적이고 예측 가능하며, 이해할 수 있는 곳이라는 인상을 받았습니까? 아니면 모순되고 혼란스러우며 도무지 알 수 없는 곳이라 느꼈습니까? **가정에서 당신은 분명한 사실을 인정하고 존중한다**

는 느낌을 받았습니까? 아니면 회피하고 부정한다는 느낌을 받았습니까?

2. 당신은 생각하는 법을 배우고 지적인 능력을 기르는 일이 중요하다는 점을 배웠습니까? 부모님이 당신에게 지적 자극을 제공하고, 머리를 쓰는 일이 신나는 모험일 수 있다는 점을 알려주었습니까? 만약 암묵적으로 그것을 알게 되었다면, 가정 생활의 어떤 측면 덕분에 그런 생각을 하게 되었나요? **생각하는 것을 중요하게 평가하는 가정이었나요?**

3. 독자적으로 생각하고 비판 능력을 키울 수 있게 격려받았습니까? 아니면 지적 활동에 힘을 쏟고 질문을 던지기보다 순종하는 태도를 지니도록 요구받았습니까? (추가 질문: 부모님은 진실을 찾는 것보다 남들이 믿는 대로 따르는 것이 더 중요하다고 가르쳤습니까? 부모님이 당신이 어떤 일을 하기를 바랐을 때, 가능한 경우마다 적절하게 당신의 이해를 구하거나 타당한 근거를 제시했습니까? 아니면 사실상 "내가 말한 대로 할 거지?"라는 의미를 전달했습니까?) **당신에게 복종을 권했습니까? 아니면 자기 책임을 장려했습니까?**

4. 당신은 혼날지도 모른다는 두려움 없이 자기 의견을 마음껏 표현할 수 있었습니까? **마음 놓고 자기 표현과 자기 주장을 할 수 있었습니까?**

5. 부모님이 당신의 생각, 바람, 또는 행동을 농담거리로 삼거나 짓궂게 놀리거나 빈정거리면서 자신의 못마땅한 심정을 드러냈습니까? **당신은 자기 표현을 하면 창피를 당하게 될지 모른다고 배웠습니까?**

6. 부모님은 당신을 존중했습니까? (추가 질문: 부모님은 당신의 생각, 욕구, 감정을 배려했습니까? 한 인간으로서 당신의 존엄성을 인정했습니까? 당신이 새로운 발상이나 의견을 말했을 때 진지하게 받아들였습니까? 부모님 자신들이 동의하는지 여부와 상관없이, 당신이 좋아하는 것과 싫어하는 것을 존중했습니까? 당신의 바람을 사려 깊게 대하고 존중해주었습니까?) **당신이 자기 자신을 존중하고, 자신의 생각을 진지하게 고려하고, 정신 활동을 중요하게 여기도록 전적으로 격려해주었습니까?**

7. 당신은 자신이 부모님에게 심리적으로 '보인다'고, 이해받는다고 느꼈습니까? 부모님 앞에서 존재감을 느꼈습니까? (추가 질문: 부모님은 당신을 이해하려고 진심으로 노력하는 것처럼 보였습니까? 부모님은 한 사람으로서 당신에게 진정으로 관심을 기울이는 것처럼 보였습니까? 당신은 부모님에게 중요한 문제를 털어놓고 부모님으로부터 걱정 어린 관심과 이해를 받을 수 있었습니까?) **당신이 생각하는 자신의 모습과 부모님이 이야기하는 당신의 모습이 일치했습니까?**

8. 당신은 자신이 부모님에게 그 자체로 기쁨을 주는 존재라는 점에서, 부모님이 당신을 사랑하고 소중히 여긴다고 느꼈습니까? 아니면 원치 않는 존재, 어쩌면 부담스러운 존재일지도 모른다고 느꼈습니까? 부모님이 당신을 싫어한다고 느꼈습니까? 아니면 단순히 무관심하다고 느꼈습니까? **당신은 스스로 사랑받을 만한 사람이라고 느끼도록 은연중에 격려를 받았습니까?**

9. 부모님이 정직하고 공정한 태도로 당신을 대했습니까? (추가 질문: 부모님은 위협을 써서 당신의 행동을 통제하려 했습니까? 여기에는 즉시 처벌하는 방식을 취하거나, 당신의 삶에 장기적으로 영향을 끼치는 위

협을 가하거나, 지옥에 떨어질 거라는 식으로 초자연적 처벌로 위협하는 것이 모두 포함됩니다. 잘했을 때 부모님에게 제대로 인정받았습니까? 아니면 그런 경험은 없이 그저 잘하지 못했을 때 비난만 받았습니까? 부모님은 자신의 잘못을 기꺼이 인정했습니까? 아니면 자신이 틀렸다는 사실을 결코 인정하지 않는 쪽이었습니까?) **당신은 합리적이고 공정하며 '건실한' 환경에서 살고 있다고 느꼈습니까?**

10. 부모님이 폭행이나 매질로 당신을 처벌하거나 훈육했습니까? **당신을 조종하거나 통제하기 위해 의도적으로 두려움이나 공포를 느끼게 만들었습니까?**

11. 부모님이 당신이 지닌 기본적인 자질과 선량함을 믿는다는 것을 보여주었습니까? 아니면 당신이 실망스럽고 무능하고 쓸모없거나 사악한 아이라고 생각했습니까? **당신은 부모님이 당신 편이고, 당신의 장점을 지지한다고 느꼈습니까?**

12. 당신은 부모님이 당신의 지적·창의적 잠재력을 신뢰한다는 것을 느꼈습니까? 아니면 그저 당신을 평범하거나 어리석거나 모자란 존재로 보았습니까? **당신은 자신의 정신과 능력이 제대로 평가받고 있다고 느꼈습니까?**

13. 부모님이 당신의 행동이나 성취에 기대를 걸 때, 당신의 지식이나 욕구, 관심사, 상황을 고려했습니까? 아니면 당신의 능력을 넘어서는 지나친 기대와 요구를 했습니까? **당신은 스스로 자신의 바람과 욕구를 중요하게 여기도록 격려를 받았습니까?**

14. 당신을 대하는 부모님의 행동과 태도 때문에 죄책감을 느꼈습니까? **부모님이 암묵적으로 (또는 노골적으로) 당신이 스스로 나쁜 아**

이라고 생각하게끔 부추겼습니까?

15. 당신을 대하는 부모님의 행동과 태도 때문에 두려움을 느꼈습니까? **부모님이 가치나 만족을 얻기보다 고통이나 반대를 피하는 쪽으로 생각하게끔 부추겼습니까?**

16. 부모님은 지적·신체적으로 당신의 사적 자유를 존중했습니까? **당신의 존엄성과 권리를 존중해주었습니까?**

17. 부모님이 당신이 자기 자신을 긍정적으로 생각하는 것, 다시 말해 자존감을 지니는 것이 바람직하다고 표현했습니까? 아니면 자신을 자랑스럽게 여기는 당신에게 경고하며 '겸손'해지라고 했습니까? **자존감을 가치 있게 생각하는 가정이었습니까?**

18. 부모님이 누구나 자기 삶에서 무언가를 이루는 것, 특히 당신이 무언가를 이루는 것이 중요하다는 생각을 표현했습니까? (추가 질문: 부모님이 누구나 위대한 일을 할 수 있으며, 특히 당신도 위대한 일을 할 수 있다는 생각을 드러내보였습니까? 부모님이 당신에게 삶이란 흥미진진하고 도전할 만한 것이며 가치 있는 모험이라는 인상을 심어주었습니까?) **부모님이 삶에서 가능한 것들에 대해 희망 찬 전망을 제시해주었습니까?**

19. 부모님이 당신에게 이 세상과 타인에 대한 두려움을 불어넣었습니까? **당신은 세상이 악의로 가득한 곳이라는 느낌을 받았습니까?**

20. 당신은 자신의 감정과 욕구를 스스럼없이 표현하도록 권유받았습니까? 아니면 당신을 대하는 부모님의 태도 때문에 감정적인 자기 주장과 솔직함을 두려워하거나 부적절한 것으로 여기게 되었습니까? **당신은 감정에 솔직한 것, 자기 표현과 자기 수용을 지지받았**

습니까?

21. 실수를 했을 때 배움의 과정에서 보통 일어나는 일로 받아들여졌습니까? 아니면 실수를 하면 경멸, 조롱, 처벌이 뒤따른다고 배웠습니까? **부모님은 당신이 새로운 도전과 배움의 기회 앞에서 두려움을 느끼지 않도록 용기를 북돋아주었습니까?**

22. 부모님이 당신이 성(性)과 자신의 몸에 대해 건강하고 긍정적인 태도를 지닐 수 있게 이끌어주었습니까? 아니면 부정적인 태도를 지니도록 부추겼습니까? 아니면 이와 관련된 모든 문제를 아예 존재하지 않는 것처럼 대했습니까? **당신은 자신의 몸과 성적인 발달을 행복하고 긍정적인 태도로 지지받는다고 느꼈습니까?**

23. 부모님이 당신을 대하는 태도가 당신이 지닌 자신의 남성성 또는 여성성에 대한 감각을 발전시키고 강화하는 경향이 있었습니까? 아니면 방해하고 약화시켰습니까? **부모님은 당신이 남자/여자로서 바람직하다는 뜻을 전달했습니까?**

24. 부모님이 당신에게 자신의 삶은 자기 것이라고 느끼도록 격려해주었습니까? 아니면 당신은 그저 가족의 일부일 뿐이며, 당신이 이룬 성취는 오직 부모님에게 영광을 가져다주는 한에서만 의미가 있다고 믿도록 했습니까? (추가 질문: 부모님은 당신을 가족의 부속품으로서 대했습니까? 아니면 한 개인으로서 대했습니까?) **부모님은 당신이 타인의 기대를 만족시키기 위해 세상에 존재하는 것이 아니라는 사실을 이해시키려 했습니까?**

유년기의 불행을 이겨내는 아이들의 심리 전략

자존감이 자라는 과정에서 많은 아이들이 거대한 벽에 가로막히는 경험을 한다. 이 사실을 모르는 사람은 없다. 아이가 부모를 비롯한 어른들의 세계는 이해할 수 없으며 위협적인 곳이라고 생각하게 될 수도 있다. 이 경우에 자아는 성장하는 것이 아니라 공격을 받는다. 의식적이고 능력 있는 사람이 되려는 의지는 폭행을 당한다. 어른들의 방침과 말과 행동을 이해하려는 시도가 몇 번이고 실패로 끝나면 많은 아이들은 아예 포기해버린다. 그리고 자신이 느끼는 무력감에 대해 스스로 책임을 뒤집어쓴다.

이런 아이들은 비참하고 절망적인 심정으로, 또 막연하게 종종 손윗사람들이나 자기 자신 아니면 다른 무언가가 끔찍하게 잘못되었다고 느낀다. 그들은 자주 이렇게 느낀다. "나는 절대로 다른 사람을 이해할 수 없을 거야. 다른 사람들이 내게 기대하는 걸 할 수 있을 리 없어. 난 무엇이 옳고 그른지도 모르고, 앞으로도 결코 알 수 없을 거야."

그러나 세계와 타인을 이해하려는 노력을 포기하지 않는 영웅적인 아이라면 설사 그 과정에서 어떤 괴로움과 혼란을 겪더라도 (내면의) 강력한 힘의 근원을 키워 나간다. 고통스럽고 불만족스러우며 비합리적인 상황에 놓이면, 틀림없이 아이는 곧바로 주변 사람들로부터 소외되어 있다고 느낄 것이다. 그런 생각이 드는 것도 당연하다. 그러나 노력을 포기하지 않는 아이라면, 현실로부터 소외되었다고 느끼지 않을 것이다. 가장 깊은 수준에서는 자신이 삶에서 무능하다고 느끼지 않을 것이다. 최소한 아이에게는 그런 운명을 피할 좋은 기회가 있다. 장애물에 맞서 세계와 타인을 이해하려는 의지를 굽히지 않는 것이 의식의 영웅적 성격이다.

지독하게 불운한 유년기를 견딘 아이들은 종종 특별한 생존 전략을 터득한다. 나는 이것을 가리켜 '전략적 분리'라고 부른다. 전략적 분리는 심리적 장애로 이어지는 현실 도피가 아니다. 이것은 아이가 가정이나 자신을 둘러싼 세계의 유해한 측면으로부터 직관적으로 조정된 이탈을 하는 것을 말한다. 어쩐지 아이들은 자신이 있는 이 세상이 전부가 아니라는 것을 안다. 그들은 어딘가에 더 나은 대안이 있다고 믿으며, 언젠가 그곳에 가는 길을 찾아낼 것이라고 굳게 믿는다. 끈기 있게 계속 그렇게 생각한다. 어찌된 일인지 몰라도 아이들은 이 세상에 엄마 같은 여자, 아빠 같은 남자만 있는 것은 아니며, 이 가족에게서 보는 것이 인간 관계의 전부가 아니라는 것을 안다. 또 주변을 벗어나면 다른 삶이 있다는 것도 안다. 이런 생각이 현재의 고통을 벗어나게 해주지는 않지만, 아이들이 무너지지 않도록 해준다. 전략적 분리가 아이들이 결코 무력감을 느끼지 않게 보장해주는 것은 아니지만, 무력감에 빠지지 않게 도와줄 수는 있다.

우리는 이런 아이들에게 감탄한다. 그러나 부모로서 우리는 자식들에게 더 나은 선택지를 줄 수 있기를 바란다.

아이와 함께 자라는 부모

결과적으로, 어른의 실천이 본보기가 될 뿐 아니라 그런 개념을 놓고 서로 이야기를 나누는 가정에서라면 아이는 자존감을 키울 수 있다. 이런 환경에서 자라는 아이는 발달 면에서 매우 유리한 위치에 있는 것이다. 그렇더라도 생각과 가치는 대부분 가정 생활에 녹아들어 있을 때, 부모의 내면에 뿌리를 내리고 있을 때 가장 강력하게 전달된다. 부모가 자신이 무엇을 가르치고 있다고 생각하든 상관없이 아이들은 부모의 존재 자체에서 배운다.

이 사실은 다른 시각에서도 볼 수 있다.

거의 모든 중요한 과업은 개인의 발전을 위한 수단으로 쓸 수 있다. 일이 우리를 성장과 발전으로 이끄는 길이 될 수도 있다. 결혼이나 자녀 양육도 마찬가지다. 우리는 그중 어느 것이라도 자신의 발전을 위한 정신적 수련의 도구로 삼을 수 있다. 우리는 자존감을 키우는 원칙들을 일터에서 일을 하면서 적용해볼 수 있다. 그러면 일의 성과와 자존감 모두 향상될 것이다. 같은 원칙들을 결혼 생활에도 적용할 수 있는데, 그 결과 (다른 특별한 조건이 없는 한) 관계가 좋아지고 자존감도 높아질 것이다. 우리 자신의 자존감을 높여주는 원칙들을 찾아서 그것을 아이들과의 상호 작용에 적용할 수도 있다.

자녀들 앞에서 '완벽한' 척할 필요는 없다. 부모라 해도 자신의 힘겨운 노력을 인정하고 실수를 받아들일 수 있다. 그러면 가족 모두의 자존감에 도움이 될 가능성이 크다.

우리가 아이를 대할 때 자신의 말과 행동을 (5퍼센트만!) 더 높은 수준에서 의식한다면, 우리의 행동은 어떻게 달라질까?

우리가 삶에서 좀 더 높은 수준의 자기 수용을 실천한다면, 아이들은 자기 수용을 어떻게 생각하게 될까?

우리가 양육에서 (늘 배우자나 아이를 탓하기보다) 더 높은 수준의 자기 책임을 적용한다면, 우리는 아이들에게 어떤 본보기가 될 수 있을까?

우리가 좀 더 자기 주장이 뚜렷하고 좀 더 진실하다면, 아이들은 진실한 삶에 대해 무엇을 배울까?

우리가 좀 더 높은 수준의 목적 의식을 품고 살아간다면, 아이들은 목적 달성과 삶을 대하는 능동적인 태도에 대해 어떤 것을 배울 수 있을까?

우리가 아이를 키우는 과정에서 좀 더 높은 수준의 자아 통합을 보인다면, 아이에게는 어떤 점에서 이로울까?

위의 모든 사항을 실행한다면, **우리에게는** 어떤 점에서 도움이 될까?

마지막 질문의 답은 간단하다. 아이들의 자존감을 뒷받침하고 키워 나가면서 우리 자신의 자존감 역시 뒷받침하고 키워 나가는 것이다.

14장

학교와 자존감

:

　많은 아이들에게 학교는 '두 번째 기회', 즉 집에서 얻은 것보다 더 나은 삶의 전망과 더 나은 자기 감각을 얻을 기회를 의미한다. 어떤 가족은 아이의 재능과 장점을 믿지 않을뿐더러 그런 생각을 아이에게 전달해 아이의 성장을 가로막는다. 이런 아이들에게 교사는 유독한 가족의 그늘을 벗어나게 해주는 강력한 해독제가 될 수 있다. 모든 학생을 존중하는 교사는 그러한 존중이 아예 존재하지 않는 가정에서 자란 탓에 인간 관계를 이해하려고 애쓰는 아이에게 깨우침을 줄 수 있다. 아이의 부정적인 자기 개념을 받아들이기를 거부하고, 끊임없이 아이의 잠재력에 더 높은 기대치를 보이는 교사에게는 (때로) 생명을 구할 힘이 있다. 언젠가 한 내담자는 내게 이렇게 말했다. "이 세상에 제 가족과 다른 부류의 사람이 있다는 사실을 일깨워준 분은 4학년 때 담임 선생님이셨어요. 그분의 격려 덕분에 저는 희망을 품을 수 있었어요."

그러나 어떤 아이들에게는, 학교란 교사로서 일하기에 자존감이 부족하거나 자존감 훈련을 받지 않았거나 또는 두 가지 문제가 다 있는 교사들에 의해 합법적으로 감금되는 곳이다.

이런 교사들은 아이에게 분발하도록 힘을 주는 대신 굴욕을 안겨준다. 이들은 존중이 담긴 말이 아니라, 조롱하고 야유하는 말을 내뱉는다. 이들은 차별적으로 비교해서 한 아이를 희생양 삼아 다른 아이를 치켜세운다. 자신의 조바심을 다스리지 못하는 이런 교사들 때문에 아이들은 실수를 할까 봐 더 심하게 공포를 느끼게 된다. 이런 교사들은 아이에게 고통을 주는 위협이 아닌 다른 훈육은 알지 못한다. 이들은 가치를 통해서가 아니라 오로지 두려움을 통해서만 동기를 부여한다. 이들은 아이의 가능성을 믿지 않는다. 오직 눈에 보이는 한계를 믿을 뿐이다. 이들은 아이들의 정신에 불을 밝히기는커녕 불을 꺼버린다. 누구나 학창 시절에 이런 선생님을 적어도 한 명쯤 만난 기억이 있을 것이다.

대부분의 교사는 자신이 보호를 맡은 아이들에게 긍정적으로 기여하고 싶어 한다. 가끔은 해를 끼칠 수도 있지만 의도한 것은 아니다. 그리고 오늘날에는 많은 교사가 학생의 자존감을 길러주는 것이야말로 자신들이 기여할 수 있는 한 가지 방법이라는 사실을 알고 있다. 스스로 자기를 신뢰하는 학생, 자신의 잠재력을 긍정적으로 보아주는 교사에게서 배우는 학생일수록 그런 혜택을 누리지 못하는 학생과 비교했을 때 학교 생활을 더 잘 꾸려 나간다는 사실을 교사들은 잘 안다. 실제로도 자존감의 중요성을 가장 잘 이해하는 전문가 집단이 바로 교사들이다. 하지만 교실에서 자존감을 키우는 요인이 무엇인지는 자명하지 않다.

앞서 강조했듯이, '자기 만족'은 도움이 되기는커녕 오히려 해롭다. 그런데도 학생의 자존감을 높이는 방법이라고 교사들에게 권장되는 방안을 살펴보면, 대다수는 오히려 자존감을 땅에 떨어뜨리는 진부하고 터무니없는 방법이다. 이를테면 학생이 하는 거의 모든 행동을 추켜올리고 칭찬한다거나, 객관적 성취의 중요성을 무시한다거나, 가능한 모든 경우에 별('칭찬 스티커')을 나누어준다거나, 자존감에 '자격'을 부여함으로써 아이의 행동, 성격과 분리하는 식이다. 이러한 접근법 때문에 학교에서 자존감을 높이려는 모든 교육 활동이 조롱의 대상이 된다. 한 예로, 〈타임(Time)〉(1990년 2월 5일자)에 실린 기사를 살펴보자.

지난해, 여섯 나라의 13세 학생들을 대상으로 하여 표준화된 수학 시험을 실시했다. 한국 학생들이 성적이 가장 좋았고, 미국 학생들은 에스파냐, 아일랜드, 캐나다의 뒤에 있었으며 최하위였다. 나쁜 소식은 이제부터다. 삼각형과 방정식 문제 옆에 '나는 수학을 잘한다.'라는 문장이 함께 제시되었다. 이 문장에 '그렇다'고 답한 학생은 미국이 가장 많아서 68퍼센트라는 인상적인 수치를 보였다. 미국 학생들은 자신의 수학 실력을 잘 모르는 것 같다. 하지만 그들은 최근 유행하는 자존감 교육 과정, 즉 자기 자신에 만족하도록 가르치는 교육은 확실히 받아들인 듯하다.

미국의 몇몇 교육자들은 이 수치에 오해의 여지가 있다고 주장했다. 다른 나라에서는 상위 10퍼센트 학생들의 성적을 측정한 데 비해, 미국은 훨씬 넓은 범위에서 표본 집단을 선정했기 때문에 평균 성적이 낮아졌다는 것이다. 그리고 그들은 한국 문화에서는 미국 문화에서보다 스스로 자신을 칭찬하는 말을 하는 것이 훨씬 덜 용인되는 분위기라고 주장했다. 그렇다 하더라도 이 기사를 쓴 사람이 자존감을 순진하고 원초적으로 이해하고 있다는 한계를 감안하고 보면 '자존감 교육 과정'에 대한 그의 비판은 전적으로 타당하다. 실제로 그는 '자기 만족을 주는' 교육 방식을 공격하고 있으며, 거기에는 그럴 만한 이유가 있다.

그러므로 내가 이 책에서 자기 효능감이나 자기 존중을 다룰 때 현실의 맥락에서 접근했다는 점을 다시 한 번 강조하고자 한다. 소망이나 자기 확인, 보여주기식 보상인 별점이 만들어내는 감정을 말한 것이 아니다. 교사들과 이야기할 때, 나는 **현실에 기반을 둔** 자존감에 관해 말한다. 덧붙여 말한다면, 건강한 자존감을 지닌 사람들의 특징 중 하나는 자신의 능력과 성취를 부인하거나 과장하지 않고 현실적으로 파악하는 경향이 있다는 것이다.

학업 성적이 낮은 학생도 자존감이 높을 수 있을까? 물론이다. 성별과 상관없이, 학업 성적이 좋지 않은 데에는 난독증부터 적절한 도전과 자극이 부족한 것까지 다양한 이유가 있다. 성적은 개인의 자기 효능감과 자기 존중을 파악하는 지표로서는 거의 믿을 수 없다. 하지만 합리적으로 자신을 평가하는 학생들은 성적이 낮을 때 잘하고 있다고 스스로 속이지 않는다.

아이들의 건강한 발달을 도우려면, 날마다 "나는 특별해."라고 되뇌거나, "(나는 나를) 사랑해."라고 말하면서 자기 얼굴을 어루만진다거나, 개성을 지닌 한 사람으로서가 아니라 (예를 들어 '민족적 자긍심'처럼) 어떤 특정한 집단의 구성원으로서 자기 가치를 확인함으로써 자존감을 얻을 수 있다고 전달해선 안 된다. 기억해 두자. 자존감은 **자기 의지에 따른 선택을 받아들이는 것**과 관련이 있다. 태어날 때부터 속한 가족이나 인종, 피부색, 자기 조상이 이룬 성취 덕분에 자존감을 얻을 수는 없다. 사람들은 이따금 진정한 자존감을 쌓을 책임을 회피하려고 이런 가치들에 매달린다. 이런 가치들은 가짜 자존감의 뿌리다. 이런 가치들 중 어느 것에서라도 정당한 즐거움을 느낄 수 있을까? 물론 가능하다. 이런 가치들이 부서지기 쉬운, 아직 성장하는 자아를 일시적으로나마 뒷받침해줄 수 있을까? 아마 가능할 것이다. 그러나 이 가치들은 의식, 책임감, 자아 통합의 대체제가 될 수 없다. 이런 가치들은 자기 효능감과 자기 존중의 뿌리가 아니라, 자기 기만의 뿌리가 된다.

다른 한편으로, 자기 수용의 원칙이 여기서 중요하게 적용될 수 있다. 다른 인종적 배경을 지녔지만 '어울리기를' 갈망하는 아이라면 실제로 자신의 남다른 인종적 배경을 부인하거나 부정하기도 한다. 이런 경우에는 그들의 유산을 비현실적이거나 부끄러운 것으로 다루지 않고, 아이가 자신의 인종이나 문화의 독특한 측면을 제대로 알도록, 그리하여 말하자면 그들 자신의 역사를 '인정하도록' 도와주는 것이 의심의 여지 없이 바람직한 일이다.

오늘날 아이의 자존감을 북돋는 일이 시급한 이유는 많은 아이들이 정신적 고통을 겪는 상태에서 학교에 오기 때문이다. 이런 학생들은 배움에 집중하기가 특히 어렵다. 캘리포니아 모얼랜드 지역에서 교육감을 지낸 로버트 리즈너(Robert Reasoner)는 다음과 같이 말한다.

현재 캘리포니아에서 학교에 입학하는 학생 가운데 68퍼센트는 맞벌이 부모의 자녀이다. 이것은 곧 부모와 보내는 시간이 상대적으로 적다는 뜻이다. 학생 중 50퍼센트 이상은 이미 별거나 이혼, 재혼에 따르는 가족 구조의 변화를 겪었다. 고등학생의 68퍼센트는 생물학적 부모와 함께 살고 있지 않다. 그중 24퍼센트는 혼외 자녀이며, 생물학적 아버지가 누군지 모른다. 24퍼센트는 어머니가 마약을 남용한 탓에, 잔여 약물에 영향 속에서 태어났다. 캘리포니아 주민 가운데 25퍼센트는 고등학교를 졸업하기 전에 성적 학대 또는 신체적 학대를 받은 경험이 있다. 주민의 25퍼센트는 알코올 중독이나 마약 문제가 있는 가정 출신이다. 30퍼센트는 열악한 환경에서 지내고 있다. 15퍼센트는 최근에 이주한 경험이 있어 낯선 문화와 언어에 적응하는 중이다. 1890년대만 하더라도 90퍼센트의 아이들이 조부모와 한집에서 살았지만, 1950년대에는 40퍼센트로 떨어졌다. 지금은 7퍼센트도 안 되는 수준이다. 그 결과 지원 체계도 훨씬 약해졌다. 다음은 청소년의 정서적 삶과 관련한 수치들이다. 30~50퍼센트의 학생들이 자살을 진지하게 고려한 적이 있으며, 15퍼센트는 실제로 자살을 시도한 경험이 있다. 41퍼센트는 매주 2~3회 폭음을 한다. 여자

청소년의 10퍼센트는 고등학교 졸업 전에 임신을 한 경험이 있다. 남자와 여자를 통틀어 모든 청소년 가운데 30퍼센트는 18살이 되기 전에 자퇴한다.[1]

학생이 겪는 모든 문제에 학교가 해결책을 제시해주리라 기대할 수는 없다. 하지만 좋은 학교, 다시 말해 좋은 교사는 엄청난 차이를 만들어낼 수 있다. 교실에서 학생의 자존감을 높이려고 할 때 주된 문제는 무엇인가? 이번 장에서는 반드시 고려해야 할 기본 원칙을 다루고자 한다.

교육의 목표를 무엇으로 삼을 것인가

아마도 교사가 교육의 목표를 어떻게 설정하는가 하는 데서 시작해야 할 것이다.

청소년들을 '훌륭한 시민'이 되도록 훈련하는 것이 기본 목표인가? 그렇다면 자율성을 길러주거나 독립적 사고를 격려하기보다 공통의 지식과 신념을 외우고, 사회의 '규칙'을 받아들이고, 권위에 복종하는 법을 배우는 데 높은 가치를 둘지 모른다. 이것은 분명 과거에 우리 공교육 제도의 목표였다.

조지 랜드(George Land)와 베스 자먼(Beth Jarman)은 공저《중지점과 그 너머(Breakpoint and Beyond)》에서 눈여겨볼 만한 흥미로운 주장을 펼쳤다.

1989년 10월 말, 전통적인 관점에 따라 운영되는 캘리포니아 교육행정가협회는 이렇게 선언했다. "학교 제도의 목적은 학생들에게 교육을 제공하는 것이 아니다." 개인 교육은 "성공적인 사회 질서를 창출한다는 교육의 진정한 목적을 달성하기 위한 수단이다." 여기 세계 최대의 학교 제도 가운데 하나를 이끄는 지도자들이 교육이 핵심 목표가 아닌 학교에서 양성된 학생들이 21세기를 열어 나갈 것이라고 선언한 것이다![2]

나는 1930년대와 1940년대에 초등학교와 중고등학교에서 경험한 일들을 지금도 생생하게 기억한다. 그때 내가 배운 세상에서 가장 중요한 두 가지 가치는, 오랜 시간 동안 입 다물고 가만히 앉아 있는 능력과 반 친구들과 질서 정연하게 줄지어 한 교실에서 다른 교실로 이동할 수 있는 능력이었다. 학교는 독립적으로 생각하는 법을 배우는 곳이 아니었다. 학교는 자기 주장을 격려하는 곳이 아니었고, 자율성을 키우고 강화하는 곳이 아니었다. 학교는 몇몇 이름 모를 사람들이 만들어낸 이름 모를 제도에 자신을 맞추는 법을 배우는 곳이었다. 그 제도는 '세계' '사회' '삶(의 방식)'이라 불렸다. '삶(의 방식)'에는 의문의 여지가 없었다. 나는 세상 모든 것이 궁금한 아이였고 도저히 침묵을 지키며 가만히 있을 수 없었기에, 곧 학교에서 문제아가 되었다.

많은 탁월한 지성들이 자신이 학교에서 겪은 우울한 경험을 이야기했다. 지루함, 적절한 지적 자극과 마음의 양식을 얻지 못한 것, 교육 제도가 만들어진 궁극적인 목적인 정신의 계발이 뒷전으로 밀

려난 느낌을 토로했다. 학교의 관심사는 자율성이 아니라, 누군가의 주장처럼 '훌륭한 시민'을 양산해내는 데 있었다.

칼 로저스는 《진정한 사람 되기(On Becoming a Person)》에서 이렇게 말했다. "우리는 교육을 통해 자유롭게 독창적으로 사고하는 사람이 되기보다 순응주의자, 정형화된 사람, 교육을 '끝마친' 인간이 되곤 한다."

복종과 순응을 일차적 가치로서 요구하고, 자율성을 향한 정상적이고 건강한 발전을 지지하기보다 오히려 열의를 꺾는 교사들(과 부모들)의 성향을 언급하면서, 장 피아제(Jean Piaget)는 《아동의 도덕적 판단(The Moral Judgement of the Child)》에서 이렇게 썼다. "권위주의적인 방식에 맞서는 사람들의 체계적인 저항과, 엄격한 규율과 통제에서 벗어나려는 전 세계 어린이들이 보이는 감탄할 만한 재치를 생각하면, 그토록 많은 노력들을 협력하는 데 쓰지 못하고 낭비하게 만드는 이 체제에 결함이 있다고 볼 수밖에 없다."

다행히 이러한 경향이 바뀔 것이라고 기대할 만한 이유가 있다. 제조업 중심 사회에서 정보화 사회로 바뀌고 지식 노동이 육체 노동을 상당 부분 대체하면서, 공장의 조립 라인은 이미 오래전에 일터의 상징으로서 의미를 잃었다. 지식 노동자의 시대가 필요로 하고 요구하는 사람은 로봇처럼 복종하는 사람이 아니라 스스로 생각할 줄 아는 사람이다. 혁신하고, 창안하며, 자기 관리를 할 줄 알고 스스로 책임감 있게 움직이는 사람, 팀의 일원으로서 효율적으로 일하면서도 여전히 자기 자신으로 있을 수 있는 사람, 자신의 힘과 능력이 도움이 된다는 자신감을 품은 사람이 필요하다. 오늘날 일터에서 원하는 능력은 머지않아 학교에서 해결해야 할 안건이 될 것이다.

과거의 산업 조직에서는 많은 업무가 반복적이고 거의 머리를 쓸 필요가 없는 것들이었으며, 복종이 최고의 가치였다. 오늘날 경영자들은 거의 원하지 않는 특질이다. 교사들을 훈련시키는 훌륭한 교육자이자 자율성 강화를 지원하는 교육공학 분야의 전문가인 제인 블루스틴(Jane Bluestein)은 자신의 저서 《21세기 규율(21st Century Discipline)》에서 다음과 같이 주장한다. "너무 순종적인 아이는 오늘날의 직업 세계에서 어려움을 겪을 수 있음을 보여주는 증거가 있다."[3] 오늘날에는 주도성과 자기 책임을 높이 평가한다. 주도성과 자기 책임이야말로 빠르게 변화하고 치열하게 경쟁하는 경제 체제에서 요구하는 것이기 때문이다.

학교가 이러한 요구에 부응하려면, 시험을 통해 습득 여부를 확인하는 특정 지식 체계를 학생들에게 가르치는 것 이상을 교육의 목표로 삼아야 한다. 아이들에게 생각하는 법, 논리적 오류를 알아차리는 법, 창의적인 사람이 되는 법, **배우는 법**을 가르치는 것을 목표로 삼아야 한다. 여기서 마지막 항목을 강조한 데는 이유가 있다. 어제의 새로운 지식이 오늘 낡은 것이 되어버리는 변화의 속도 때문이다. 오늘날 대부분의 직업은 평생 학습이 필요하다.

오늘날 학교는, 논리적으로 한 단락의 글을 못 써도, 식당에서 얼마를 내야 하는지 계산을 못해도 고등학교를 졸업할 수 있다는 것 때문에 비난을 받는다. 그러나 간단한 작문이나 산수 능력은 기본이기는 하지만, 오늘날 아주 단순한 허드렛일 이상의 일을 하는 사람이 반드시 숙달해야 하는 것은 아니다.

학교 교과 과정에 자존감 육성을 포함해야 하는 이유는 최소한 두 가지가 있다. 하나는 청소년들이 공부를 계속하고, 약물을 멀리하고, 임신을 예방하고, 필요한 교육을 받도록 지원하기 위해서이다. 또 하나는 **정신**이 가장 중요한 자산이 되는 세상에 대비해 청소년들을 심리적으로 준비시키려는 것이다.

고백하건대, 언젠가 자존감/교육 분야에서 일하는 내 동료들이 교사는 학생이 자신의 '직관'을 믿도록 도와주어야 한다고 주장하는 것을 듣고 당황했던 적이 있다. 그들은 학생들에게 생각하는 법이나 논리를 이해하도록 가르쳐야 한다거나 이성(理性)을 존중하도록 가르쳐야 한다는 말은 단 한마디도 하지 않았다. 결국 그들이 한 말은 학생들에게는 오직 '직관'만 있으면 된다는 뜻이었다. 직관은 전체적으로 볼 때 당연히 중요하지만, 합리성이 결여된 상태에서 '직관'을 믿는 것은 위험하다. 아무리 낙관적으로 보아도 직관만으로는 부족하다. 어린 학생들에게 직관을 따르라고 가르치는 것은 무책임한 일이다. 연쇄 살인범 찰스 맨슨이 '직관적으로' 행동했다는 것은 누구나 아는 사실이다.

현대 사회에서 효율적으로 맡은 역할을 해내는 데 필요한 기본 요건을 제공하는 것이 교육의 적절한 목표라면, 모든 학교의 교육 과정에 비판적 사고를 가르치는 교과를 개설하는 것보다 중요한 일은 없다. 그리고 자존감이 삶에서 맞닥뜨리는 도전들에 대처할 수 있는 자신감을 의미하는 것이라면, 자신의 정신을 어떻게 활용할지 배우는 것보다 중요한 일이 어디에 있겠는가?

우리는 생각하는 존재이고, 창조하는 존재이다. 이 사실을 인식하는 것이 어떤 교육 철학에서든 핵심이 되어야 한다. 교육 과정에서 생각하고 창조하는 능력의 가치를 가장 중요하게 고려한다면, 우리는 학생들의 자존감을 기를 수 있다.

교사와 교육 과정 입안자는 스스로 이렇게 물어야 한다. 내가 하는 일이 학생들을 생각할 줄 알고 혁신적이고 창의적인 사람으로 키우는 데 어떻게 기여하고 있는가?

자존감이 낮은 교사, 자존감이 높은 교사

부모의 경우와 마찬가지로, 교사가 스스로 건강하고 긍정적인 자기 감각의 본보기가 될 수 있다면, 학생들에게 자존감을 불어넣는 일이 훨씬 쉬워진다. 실제로 몇몇 연구에서 교사의 자존감은 학생의 자존감 향상에 기여할 수 있는 교사의 능력 가운데 가장 중요한 요소로 나타났다.[4]

자존감이 낮은 교사는 더 처벌적이고 성급하며 권위주의적인 경향을 보인다. 이런 교사들은 아이의 강점보다 약점에 주목한다. 그들은 두려움을 불러일으키고 아이를 방어적으로 만들며 의존성을 부추기는 경향이 있다.[5]

자존감이 낮은 교사는 타인의 인정에 지나칠 정도로 매달리며, 자신의 '자존감'이 타인에게 달려 있다고 생각한다. 따라서 이런 교사들은 자존감이 주로 자기 내면에서 만들어진다고 가르칠 만한 처지가 아닌 셈이다. 자존감이 낮은 교사는 인정과 비난을 이용해 학생들을 복종하고 순응하게끔 조종하려 든다. 다른 사람이 자신을 그렇게 대했을 때 효과적이었음을 보았기 때문이다. 이런 교사들은 '어른과 또래 집단의 인정'을 받을 때 자존감이 생긴다고 가르친다. 그들은 자존감에 내적으로 접근하기보다 외적으로 접근하도록 전달하는데, 그 때문에 학생들이 이미 겪고 있던 자존감 문제가 더욱 심각해진다.

게다가, 자존감이 낮은 교사들은 대체로 불만이 많다. 이런 교사들은 교실을 통제하는 데 모욕적이고 파괴적인 전술을 즐겨 쓴다.

아이들은 성인으로서 적절하게 행동하는 법을 배우기 위해 교사들을 주시한다. 교사가 조롱하고 빈정대는 태도를 보이면 아이는 그런 태도를 배운다. 교사가 무시하는 말, 심지어 잔인한 말을 쓰면, 아이는 말할 때 그대로 따라한다. 반대로, 아이들이 교사에게서 긍정적인 면을 강조하는 태도와 선의를 보면, 아이들의 반응에 그런 태도가 녹아들게 된다. 만일 교사에게서 공정함을 목격한다면, 아이들은 공정한 태도를 익힐 것이다. 만일 교사에게서 공감을 경험하거나 교사가 다른 사람을 공감하는 태도로 대하는 것을 본다면, 아이들은 공감을 내면화하는 법을 배울 것이다. 만일 교사에게서 자존감을 본다면, 아이들은 자존감을 손에 넣을 만한 가치가 있는 것이라고 생각할 수 있다. 로버트 리즈너는 이렇게 말했다.

> 자존감이 높은 교사는 …… 아이가 스스로 문제라고 여기는 것을 무시하거나 조언을 주기보다 스스로 문제 해결 전략을 개발할 수 있도록 돕는 경향이 있다. 이런 교사들은 아이들에게 신뢰감을 준다. 이들은 이해, 협력과 참여, 문제 해결, 보살핌, 상호

존중의 기반 위에서 교실을 통제한다. 이렇듯 긍정적인 관계 속에서 아이는 자신감과 독립적으로 자신의 역할을 수행할 수 있는 능력을 배우고 키워 나간다.[6]

좋은 교사, 좋은 부모, 좋은 심리치료사, 좋은 코치에게는 자신이 관심을 두는 사람의 잠재력을 깊이 신뢰한다는 공통점이 있다. 다시 말해, 그 사람 자체와 그가 할 수 있는 일을 확신한다는 뜻이다. 또 다른 공통점은 이들에게 상호 작용을 통해 자신들의 확신을 그대로 전달할 수 있는 능력이 있다는 것이다. "전 수학 성적이 늘 형편없었어요." 나를 찾아온 한 내담자가 말했다. "전 죽어도 수학은 잘할 수 없을 거라고 생각했어요. 그렇게 믿지 않는 선생님을 만날 때까지는 말이죠. 그 선생님은 제가 수학을 잘할 수 있다고 **확신했어요.** 그 믿음은 도저히 거부할 수 없을 만큼 강력했죠." 자기 자신을 거의 믿지 못하는 교사들에게서는 이처럼 학생을 고무하는 능력을 좀처럼 찾아보기 어렵다.

만약 다른 사람의 자존감을 북돋고 싶다면, 그 사람에게 수용과 존중을 경험하도록 해주고 더불어 자신이 보는 그 사람의 가치를 그 사람 자신과 결부해 이해할 필요가 있다. 높은 자존감을 지닌 교사들은 이 점을 잘 알고 있을 가능성이 많다. 또 이들은 사람들이 대부분 자기 내면의 힘을 과소평가한다는 사실을 알고 그 점을 늘 염두에 둔다. 우리는 대부분 우리 자신이 믿는 것보다 더 능력이 있다. 교사가 이 점을 분명히 이해할 때, 학생들은 마치 전염된 것처럼 저절로 그렇게 생각하게 된다.

자기 자신을 믿지 못하는 사람을 신뢰하기는 어려운 일일 수 있다. 그러나 교사가 학생에게 줄 수 있는 가장 위대한 선물 중 하나는, 비록 아직 잠재적인 수준이라 할지라도 학생 내면에 존재하는 더 깊고 강한 자기를 꿰뚫어봄으로써 현재 그 학생이 지닌 빈약한 자기 개념을 곧이곧대로 받아들이기를 거부하는 것이다.(이것은 학생에게 자신이 미처 깨닫지 못했던 다른 선택지가 있음을 알게 해주거나, 지금 학생 자신이 지닌 능력으로 처리할 수 있을 정도로 문제를 작게 나눔으로써 자존감을 쌓을 기반을 다지게 해주는 것으로 성취된다.) 교사 자신의 자존감이 이러한 과제를 한결 쉽게 해준다.

이런 이유 때문에, 나는 교사들과 만나는 자리에서 종종 학생들의 자존감을 위해 교육자가 할 수 있는 일보다 교육자 자신의 자존감을 높이는 일에 관해 더 자주, 더 많은 시간을 들여 말하곤 한다. 단것을 몹시 좋아하던 인도의 그 구루를 기억하기를.

앞서 말했지만, 아이에게 받아들여지는 경험을 하게 해주는 것은 "난 너에게 아무것도 기대하지 않는다."라는 신호를 보내는 것을 의미하지 않는다. 아이들이 최선을 다하기를 바라는 교사라면 바로 그것이 자신이 원하는 바라고 명확하게 알려주어야 한다.

연구에 따르면, 교사의 기대는 곧 아이의 자기 충족적 예언으로 바뀐다. 만일 교사가 학생이 A를 받기를—혹은 D를 받는 것을—기대한다면, 그 기대는 현실이 되곤 한다. 만일 교사가 "나는 네가 이 과목을 완전히 익힐 수 있다고 굳게 믿는다. 난 네가 그러기를 바라고, 네게 필요한 모든 도움을 줄 거야."라는 뜻을 전할 수 있다면, 아이는 자신이 보살핌과 지지와 격려를 받고 있다고 느낀다.

교사가 학생 개개인이 최선을 다하기를 바라고 기대한다면 그런 교실에서는 배움과 자존감이 모두 발달할 수 있다.

자존감을 키우는 교실의 5가지 원칙

학교에서 아이의 자존감에 영향을 끼치는 요인들 가운데 교육의 주된 목표를 어떻게 설정하는가가 한 요인이라면, 교사의 자존감은 또 다른 요인이다. 그리고 세 번째 요인으로 교실 환경을 들 수 있다. 교실 환경이란 교사가 아이를 대하는 방식, 그리고 아이가 다른 학생들이 어떤 대우를 받는지 보는 것과 관련이 있다.

1. **아이의 존엄성**: 아이라는 사실 때문에 힘든 일 중 하나는 아이를 대하는 어른들의 진지하지 않은 태도이다. 예의 없는 태도로 무시당하든 '귀엽다'고 칭찬받든, 대부분의 아이들은 인간으로서 존중받아야 할 존엄을 지키기 어렵다. 따라서 모든 학생을 예의 바르게 대하고 존중하는 교사는 다음과 같은 신호를 전하는 셈이다. "지금부터 너희들이 속하는 환경은 이전에 익숙했던 규칙과는 다른 규칙이 적용되는 곳이며, 이곳에서는 너희의 존엄성과 감정이 중요하다." 교사는 이처럼 간단한 방법으로 자존감을 북돋는 환경을 만들 수 있다.

오래전 강의 요청을 받아 영재들이 모인 학교에 갔을 때 겪은 일이 생각난다. 나는 발표 도중에 학생들에게 '영재'라는 꼬리표가 붙은 것을 어떻게 생각하는지 말해 달라고 요청했다. 아이들은 좋은 점을 열정적으로 말했지만 나쁜 점도 이야기했다. 어떤 아이들은 '가족의 자산' 취급받는 것이 불편하다고 이야기했다. 또 어떤 아이들은 자신의 관심사나 욕구와는 별로 상관이 없는 부모의 높은 기대가 부담스럽다고 말했다. 아이들은 '평범한 사람처럼' 대해주기를 바란다고도 말했다. 자신을 사랑하는 어른들조차 얼마나 자신을 진지하게 대하지 않는지 말하기도 했다.

그 자리에는 학생들뿐만 아니라 많은 교사와 교감, 심리 상담 교사도 있었다. 발표가 끝난 후, 여러 학생들이 더 질문을 하려고 내 주위로 몰려들었다. 그러자 교감도 끼어들었는데, 교감은 열한 살 남짓으로 보이는 한 남학생에게 몇 가지 질문을 던졌다. 아이가 대답을 다 마치기도 전에 심리 상담 교사가 불쑥 다가와 교감에게 무언가를 이야기했고, 그러자 교감은 아이에게 등을 돌리더니 그대로 자리를 떠났다. 깜짝 놀란 그 학생은 이내 나를 보며 어깨를 으쓱해 보였다. 마치 이렇게 말하는 듯했다. "어른들을 상대로 무엇을 하실 수 있겠어요? 저들은 여전히 이해하지 못하는걸요." 난 이해한다는 뜻으로 미소를 지으며 아이의 몸짓을 따라서 어깨를 으쓱해 보였다. "그러게. 뭘 할 수 있을까?"

만일 교감이 아이가 아니라 어른과 대화하던 중에 그때처럼 동료가 한마디 사과나 설명도 없이 끼어들어 대화가 중단되었다면, 또 교감이 "실례합니다."라고 양해를 구하지도 않고 갑자기 등을 돌려서 가버렸다면, 이 두 사람은 모두 무례하기 짝이 없는 사람으로 여겨졌을 것이다. 그런 상황을 고려하지 않더라도, 어른과 대화하는 중이었다면 분명히 그렇게 행동하지 않았을 것이다. 왜 아이에게는 무례하게 행동해도 된다고 여기는가? 이런 행동에 담긴 메시지는 무엇인가? 나이 든 사람만 존중받을 자격이 있는가?

2. **교실 안의 정의**: 아이들은 공정함에 매우 민감하다. 교사가 일관되게 모두에게 같은 규칙을 적용하는 것을 볼 때, 예컨대 남학생이든 여학생이든, 백인이든 흑인이든 히스패닉이든 동양인이든 상관없이 교사가 똑같은 태도와 방침으로 대하는 것을 볼 때, 아이들은 적절한 교훈을 (마음에) 새기고, 교사를 자아가 통합된 사람이라고 여긴다. 또 학생들이 느끼는 안정감과 안전은 더욱 커진다. 반대로 편애(와 차별)는 교실 분위기에 나쁜 영향을 준다. 학생들은 고립감을 느끼고 거부당하는 느낌을 받으며 이 세상은 자신들이 감당할 수 없는 곳이라고 생각하게 된다. 교사 입장에서 보면 어떤 아이를 다른 아이보다 아끼는 것이 어쩔 수 없는 일일 수도 있겠으나, 능숙한 교사라면 자신의 감정을 잘 다스릴 줄 안다. 교사는 객관적인 기준에 따라 행동할 책임이 있다. 아이들에게 교실에서만큼은 정의가 지배하리라는 믿음을 심어주어야 한다. 교사가 이 점을 제대로 이해하지 못한다면, 이제 여덟 살에 불과한 어린 학생이 더는 최선을 다하려 하지 않는 냉소주의자가 될 수도 있다.

3. **자기 긍정**: 교사가 적절한 반응을 보여 아이가 가시성을 느낄 수 있도록 도울 때, 그는 아이의 자기 인식을 격려하는 것이다. 교사가 자신이 본 것을 판단하지 않고 설명할 때, 그는 아이가 자기 자

신을 볼 수 있도록 돕는 것이다. 교사가 아이가 지닌 강점에 주목할 때, 그는 아이의 자기 긍정을 격려하는 것이다.

그러나 교사들은 종종 아이의 강점이 아니라 약점에 집중하는 경향이 있다. 조니는 영어를 잘하지만 수학에 약하다. 그래서 선생님은 온통 수학 성적에 신경을 쓰고 있다. 수학은 꼭 배워야 하는 것이므로 이해할 수 있는 상황이지만, 그렇더라도 이것은 실수이다. 수학에 좀 더 많이 주의를 기울이라고 말하는 것이 실수가 아니다. 선생님이 저지른 실수는, 조니의 부족한 수학 실력을 뛰어난 영어 실력보다 훨씬 중요하게 다룬 것이다. 만일 조니가 영어를 잘한다면, 그것은 조니에게 **더 많이** 읽고 쓰도록 격려해줄 이유가 된다. 보통 교사들은 아이가 무언가 잘하지 못할 때 부모를 호출한다. 그러나 아이가 잘할 때 부모를 부르는 것이 더 효과적이라고 믿을 만한 이유가 있다. 후자의 경우에도 부정적인 면을 언급할 수 있겠지만, 그것은 이 상황에서 가장 중요한 요소로 다루어지지 않는다. 조니가 자신의 강점을 제대로 알고 평가할 수 있게 도와주라. 그 강점들이 조니가 열정을 쏟을 대상과 앞으로 나아갈 길을 보여줄 것이다.

조니의 약점을 다룰 때 부족한 점을 강조해 자존감에 상처를 입힐 수도 있다. 이를테면 이런 식이다. "이러저러한 것들을 배우지 않으면 삶에서 절대 성공할 수 없어. 넌 대체 뭐가 문제니?" 반대로 조니가 다른 새로운 분야를 익히도록 격려함으로써, 수학을 공부하면서 동시에 자존감을 쌓게 할 수도 있다. "수학이 어려운데도 꾸준히 하는구나." 언제나 긍정적인 면에 초점을 맞춰야 한다.

이따금 아이들은 자신의 자산을 제대로 알지 못한다. 그것을 알

수 있게끔 도와주는 것이 바로 교사가 할 일이다. 가짜 칭찬으로는
아무 도움도 줄 수 없다. 아이들은 모두 저마다 잘하는 것이 있다.
또 아이들은 모두 몇 가지 자산을 가지고 있다. 교사는 그것을 찾아
내고 인정해주고 키워주어야 한다. 교사는 황금을 찾아다니는 탐사
자가 되어야 한다. 과거로 돌아가, 만약 학생의 좋은 점 즉 강점과
미덕을 찾아내고 학생이 그것을 자각하도록 돕는 것을 최우선 과제
로 생각하는 선생님을 만났다면 어땠을까 생각해보라. 그랬다면 내
안에서 최선을 끌어낼 수 있지 않았을까? 그런 환경에서라면 더 성
장하고 더 배우려는 의욕을 품지 않았을까?

  4. **특별한 관심**: 아이들은 모두 관심이 필요하다. 그러나 더 많은
관심이 필요한 아이도 있다. 예를 들어 교실에서 무시당하기 쉬운
학생 부류가 있다. 학업 성적은 뛰어나지만 수줍음이 많고 남과 잘
어울리지 않으며 조용한 아이들이 그렇다. 이런 아이들을 끌어내려
면(능력을 발휘하게 만들려면) 교사가 특별히 노력을 기울여야 한다.
필요할 때마다 이런 질문을 던지는 것이 효과적이다. "클라라, 네 생
각은 어떠니?", "찰리, 그 문제를 어떻게 생각하니?" 이따금 이렇게
질문을 던지면 공부를 어려워하는 다른 학생들에게 도움이 될 뿐 아
니라, 질문을 받은 학생은 다른 사람들 '앞에 나서는' 기회를 얻고
다른 사람에게 도움을 주는 경험을 하게 된다.(여기서 핵심은 이타주
의가 아니라 사회적으로 유능한 존재가 되는 경험이다.) 교육학자 케네스
밀러(Kenneth Miller)가 말했듯, '또래에 의한 촉진'은 "오늘날 학교
에서 볼 수 있는 가장 바람직한 현상 중 하나"[7]이다. 가끔은 수줍음

이 많은 학생에게 수업 후에 몇 분 정도 더 교실에 남아 달라고 요청하는 것도 학생과 관계를 맺는 데 도움이 된다. 이때 학생은 교사가 자기 존재를 알고 있으며 자기에게 마음을 쓰고 있다는 신호를 받게 된다.

이러한 신호는 모든 학생에게 필요하며, 모든 학생이 마땅히 누려야 하는 것이다. 핵심은 아이의 생각과 감정이 **중요하다**는 메시지를 전하는 것이다. 불행히도 어른들에게서 이런 메시지를 받지 못한 많은 아이들은 어떤 시점에 이르면 자신의 생각과 감정을 하찮게 여기게 된다. 이처럼 자신을 중요하게 여기지 않는 아이가 이타적이라고 칭찬을 받을 경우에 문제는 더 심각해진다.

5. **규율의 원칙**: 모든 교실에는 학업 증진과 과업 달성을 위해 지켜져야 하는 규칙이 있다. 교사는 권한을 발휘해 규칙을 **부과**할 수도 있고 학생들의 관심과 이해를 끌어내는 방식으로 규칙을 **설명**할수도 있다. 제인 블루스틴은 다음과 같이 말한다.

우리가 학생들에게 어떤 행동을 요구할 때는 대부분 "내가 그렇게 하라고 말했으니까."보다 나은 이유가 있다. 학생들에게 제한이나 규칙의 현실적·논리적·본질적 이유를 설명하라. 그러면 끝까지 누구도 혼란스럽게 만들지 않고 아무도 걸려 넘어지지 않게 할 수 있다. 심지어 반항적인 학생들에게서도 약속과 협력을 끌어낼 수 있다.[8]

교사는 규칙에 대해 다음 두 가지 방식 중 한쪽으로 생각할 수 있다. 첫째, '어떻게 해야 학생들이 해야 할 일을 하도록 **만들** 수 있을까?' 둘째, '어떻게 해야 학생들이 해야 할 일을 **원해서** 하도록 격려할 수 있을까?'

첫 번째 지향은 언제나 대립적이며, 기껏해야 학생들의 복종을 얻어내는 동시에 의존성을 부추길 뿐이다. 두 번째 지향은 너그럽고 협력을 이끌어내는 동시에 학생의 자기 책임을 장려한다. 첫 번째 접근 방식은 고통으로 위협한다. 두 번째 접근 방식은 학생에게 가치와 더불어 힘을 준다. 교사가 어떤 접근 방식을 더 편하게 느끼는가 하는 것은 그가 개인으로서 지닌 자기 효능감과 많은 관련이 있다.

때때로 교사는, 긍정적인 것을 얻기보다 부정적인 것을 회피하려는 아이의 소망에 기대어 동기를 부여하는 것 말고는 달리 방법이 없다고 느낄 수 있다. 그럴 만하다. 그러나 배타적이거나 지배적인 방침은 학생에게서 심리적으로 힘을 빼앗는다. 그러면 즐거움을 누리는 것보다 고통에서 달아나는 것이 더 중요해지고, 이것은 자기 확장과 자기 발전이 아니라 자기 수축(생각과 감정의 수축)으로 이어진다.

토머스 고든은 《교사 역할 훈련》에서 학생들을 규칙 설정 과정에 참여시킬 것을 제안한다. 학생들에게 효율적인 교실을 만들려면 무엇이 필요한지 충분히 생각하도록 요청하는 것이다. 이 방법은 교실에서 긴밀한 협력을 촉진할 뿐 아니라, 학생들의 자율성을 기른다는 장점이 있다. 또 하임 G. 기너트는 《교사와 학생 사이》에서 이렇게 썼다. "규율의 본질은 처벌을 대신할 효과적인 대안을 찾는 것이다."《교사와 학생 사이》에서 규율을 다룬 장(章)은 자존감을 약화하기보다 높이는 쪽으로 학생들에게 동기를 부여하는 효과적인 전략들을 소개한다.

학교에서 규율 문제는 아이가 가정에서 경험한 것을 근거로 삼아 어른들의 행동에 부정적인 기대를 품고 있을 때 흔히 나타난다. 이런 아이들은 자신의 동기를 미처 의식하지 못한 채, 수업에 지장을 주거나 교실에서 적대적인 태도를 보여 집에서 받았던 것과 같은 처벌을 유발한다. 이 아이들은 일부러 교사의 분노를 불러일으키는데, 분노야말로 자신을 위해 준비된 것임을 알기 때문이다. 아이가 펼치는 이 전략에 '낚이지' 않는 것, 그래서 아이가 지닌 최악의 기대를 충족시켜주지 않는 것이 바로 교사에게 주어진 도전이다. 이런 학생을 대할 때 존중과 공감을 유지하기란 힘든 일이다. 하지만 그럴 수 있을 만큼 충분히 지혜롭고 성숙한 교사는 아이에게 아주 놀라운 영향을 끼칠 수 있다.

여기서 교실에서 규율을 유지하는 전략을 검토하려는 것은 아니다. 그 주제를 훌륭하게 다룬 책으로 기너트의 저서 말고도 제인 블루스틴의 《21세기 규율》이 있다. 블루스틴은 어떻게 교사가 학생의 자율성을 강화하면서 동시에 규율을 유지할 수 있는지를 매우 독창적인 방식으로 보여주었다.

한 예로, 블루스틴은 잘 알려져 있지만 자주 간과되는 원칙을 주장한다. 그릇된 행동을 바로잡는 데는 처벌보다 행동에 따르는 논리적 결과를 경험하게 해주는 편이 낫다는 것이다. 수업을 마쳐야 하는데 학생들이 늑장을 부리며 비협조적으로 구는 일이 반복되자, 어느 날 블루스틴은 이 학급은 수업을 마칠 때까지는 교실 밖으로 나갈 수 없다고 선언했다. 마침내 수업이 끝나고 학생들이 점심을 먹으러 식당에 갔을 때에는 음식이 모두 차갑게 식어 있었고 그나마 남은 음식도 별로 없었다. 다음 날, 학생들은 수업 종료 2분 전에 모든 것을 마무리했고 책상까지 말끔히 치워놓았다. "아이들이 모두 하룻밤 사이에 시계를 볼 줄 알게 되었다니, 여전히 놀라울 뿐이다." 블루스틴은 다음과 같이 썼다.

> (권위가 수직적으로 하향 전달되는) 권위 관계에서 학생의 그릇된 행동은 교사에게 권위와 통제력을 행사하라는 초대장과 같다. 이런 대응 방식에 따르면, 교사들은 즉각적으로 **'어떻게 본때를 보여줄까?'**라는 반응을 보이게 된다. 21세기 교실에서는 학생들이 교사의 권위가 아니라 자신들이 한 그릇된 행동의 결과에서 교훈을 얻어야 한다. 이 (늑장 부리는 학급의) 사례에서 학생들은 처벌 때문에 제때 식사를 하지 못한 게 아니라, 자신들이 안 좋은 선택을 했기 때문에 점심 시간을 놓친 것이었다. 학생들이 스스로 시간에 맞추어 수업을 마칠 준비를 하게 되었을 때 (점심 식사가 늦어지는) 부정적인 결과가 계속될 이유는 없었다.

규율이라는 주제와 관련해 한마디만 덧붙인다. 어떤 교사들은 낮은 자존감 때문에 지나치게 엄격하고 처벌적이며 심지어 가학적인 행동까지 하게 된다. 그런가 하면 또 다른 경우에는 낮은 자존감 때문에 교사가 권위가 전혀 없다는 신호를 주는, 물러터진 '허용'으로 내몰릴 수도 있다. 이렇게 되면 교실은 무정부 상태가 되고 만다. 공감하고 존중한다는 것이 곧 단호함이 부족하다는 의미는 아니다. 교실을 무너뜨리는 요소들에 굴복하는 것은 곧 교사가 자신의 책임을 내버린다는 뜻이다. 유능한 교사들은 교실에서 받아들여질 수 있는 행동의 기준이 필요하다는 것을 이해한다. 한편으로 그들은 거칠게 행동할 필요가 없으며, 누군가의 개인적인 가치감을 깎아내리려는 목적으로 반응하거나 모욕을 주어선 안 된다는 것도 이해한다. 이 도전을 극복하는 것은 뛰어난 교사들의 특징 중 하나이다.

교사는 때때로 자신이 바라는 결과를 얻기 위해 상상력을 동원해야 한다. 어떤 경우에나 들어맞을 공식 전략 목록을 만들어 문제를 줄일 수는 없다. 내가 아는 어떤 교사는 교실에서 가장 덩치가 크고 시끄러운 한 남학생을 따로 불러서, 타고난 리더십을 발휘해 몇몇 학생들이 규율을 좀 더 잘 지키도록 도와줄 수 있을지 진지하게 부탁했다. 그 남학생은 어리둥절해하면서 어떻게 대답해야 할지 모르는 눈치였지만, 얼마 지나지 않아 교실에는 평화가 찾아왔다. 그리고 책임을 맡은 남학생은 스스로 자랑스럽게 여겼다.

감정을 존중하는 법 가르치기

만일 참된 교육이 아이의 생각을 이해하는 것까지 포함하는 것이라면, 감정을 이해하는 것도 교육에 포함되어야 한다.

유감스럽게도 많은 부모가 은연중에 아이의 생각과 감정을 억압하거나 성가시게 여긴다. "그만 울어! 안 그러면 정말로 눈물 쏙 빼

게 해줄 거야!", "감히 어디서 화를 내!", "겁내지 마! 다른 사람들이
널 계집애라고 생각하면 좋겠니?", "제대로 배운 여자애라면 그렇게
생각하지 않아!", "흥분하지 좀 마라! **대체 넌 뭐가 문제니?**"

정서적으로 고립되고 감정 표현을 꺼리는 부모에게서 자란 아이
들은 부모와 같은 성향을 보이기 쉽다. 이것은 공공연한 의사소통은
물론이고 부모의 행동에 따른 결과이기도 하다. 부모의 행동은 아이
에게 무엇이 '올바르고' '적절하고' '사회적으로 용인되는' 것인지 신
호를 보낸다.

게다가 종교의 특정한 가르침을 받아들인 부모들은 '마귀 같은
생각이나 감정'이 있다는 당혹스러운 생각을 전파하는 경향이 있다.
"그렇게 느끼는 건 죄악이야!" 이 경우에 아이는 내적인 삶과 관련
해 도덕적인 공포를 배울 것이다.

감정은 정신의 문제이면서 동시에 신체의 문제이다. 감정은 우리
의 잠재의식에서 우리 자신에게 이롭다고 지각한 일과 해롭다고 지
각한 일을 판단하는 과정에서 자동적으로 나타나는 심리적 반응이
다.* 이 반응에는 정신적인 측면과 생리적인 측면이 모두 포함된다.
감정은 현실의 다양한 측면을 지각하는 사람의 가치 판단을 반영한
다. 이를테면 '내게 우호적인, 혹은 적대적인' '내게 이로운, 혹은 해
로운' '추구해야 할, 혹은 피해야 할' 같은 판단이 반영되는 것이다.

자신의 감정을 알려 하지 않는 것은 곧 세계가 자신에게 어떤 의
미인지 경험하기를 멈추는 것이다. 무의식은 종종 아이들에게서 활

---

* 여기서는 생물학적 원인에 따른 것이며 이러한 정의에 온전히 들어맞지 않을 수도 있는
불안, 우울 장애는 제외한다.

발하게 발현된다. 아이들은 감정이 잠재적으로 위험할 수 있으며, 가끔은 감정을 부인하거나 외면해야 할 때도 있다고 믿게 될 수 있다. 또는 특정한 감정을 아예 차단하거나, 그런 감정을 느끼는 것을 의식적으로 멈추는 법을 익힐 수도 있다. 심리적 차원에서, 아이는 인식을 굴절시켜 특정한 감정을 깨닫거나 인지하는 일을 중단한다. 신체적 차원에서, 아이는 호흡을 억제하고, 몸을 긴장시키고, 근육을 수축시켜서 감정의 자연스러운 흐름을 차단함으로써 부분적으로 감각을 마비시킨다.

나는 유년기 억압의 유일한 원천이 부모라고 암시하려는 게 아니다. 그렇지 않다. 아이는 자신이 느끼는 어떤 감정을 차단함으로써 평형 상태를 유지하는 법을 스스로 터득할 수 있다. 그러나 너무나 많은 부모들이 부모의 인정을 조건으로 내걸어 아이가 감정을 억압하도록 부추긴다는 것은 부인할 수 없는 사실이다.

아이는 자라면서 타인에게 받아들여지고, 사랑받고, 버림받지 않기 위해 점점 더 많은 감정과 점점 더 많은 자기의 일부를 잘라내버릴 수 있다. 아이는 자기 부인을 일종의 생존 전략으로 실천할지도 모른다. 그 일에 따르는 장기적인 불행한 결과를 아이가 이해하고 있을 거라고 기대해선 안 된다.

교사는 감정에 지배당하지 않으면서 감정을 받아들일 수 있다는 것을 알려줌으로써 아이에게 감정을 합리적으로 존중하는 법을 가르칠 수 있다.

우리는 겁이 났을 때 그 사실을 인정하고 받아들이는 법을 배울 수 있다. 그래서 (이를테면) 겁이 나더라도 꼭 필요하다면 치과에 간다. 우리는 화가 났을 때 주먹을 날리는 대신 화가 났음을 시인하고 그것에 관해 이야기하는 법을 배울 수 있다. 우리는 상처를 입었을 때 아무렇지도 않은 척 가장하지 않고, 그 상처를 알아차리고 감정을 인정하는 법을 배울 수 있다. 우리는 조바심과 흥분 같은 감정이 일어났을 때 그 감정들을 똑바로 보고 거기에 생명을 불어넣는 법을 배울 수 있다. 그럼으로써 숙제를 마치기 전에는 나가 놀지 않을 수 있다. 우리는 우리의 성적인 감정을 알아차리고 받아들이면서도 그 감정들에 파괴적인 방식으로 휘둘리지 않는 법을 배울 수 있다. 우리는 **제정신을 잃지 않고도** 감정을 알아차리고 받아들이는 법을 배울 수 있다. 우리는 이렇게 의문을 제기하는 법을 배울 수 있다. 내 감정이 내게 말하려는 게 무엇일까? 나는 이 감정과 관련해 무엇을 고려하고 생각해야 할까?

우리는 직접 대면한 고통이나 공포가 부인된 고통이나 공포보다 훨씬 덜 위험하다는 사실을 배울 수 있다.

우리는 우리가 선택한 일에 책임이 있지만, 우리가 보통 말하는 감정은 도덕적이지도 않고 비도덕적이지도 않다는 점을 배울 수 있다. 감정은 그저 **감정일 뿐이다.**

오늘날 이런 지식은 오로지 심리 치료를 통해 몇몇 사람만 배울 수 있다. 그러나 미래에는 학교에서 이런 지식을 접하지 않고 12학년을 마칠 수 없을 것이다. 인간다운 삶을 누리는 데 분명히 중요한 요소이므로, 모든 사람이 필수적으로 교육받게 될 것이다.

학생들에게 성공적으로 자기 수용을 가르치는 교사라면, 학생들의 감정을 편안하게 받아들일 수 있어야 하고 모든 사람이 그러한 받아들임을 느낄 수 있는 환경을 조성해야 한다는 말을 굳이 덧붙일 필요는 없으리라. 스스로 받아들여진다고 느끼는 아이들은 자기 자신을 받아들이기가 한결 쉽다.

이 점은 앞서 효과적인 양육을 설명하면서 이미 다루었던 부분인데, 여기서 다시금 필수적인 요소로 다루어진다. 사실상 앞선 장들에서 살펴본 모든 원칙들이 교실에도 적용된다. 예를 들어, 학생이 실수를 했을 때 수치스럽게 느끼게 하는 것보다 너그럽게 대하는 것이 낫다. 나는 교사가 학생의 실수에 보이는 반응이 이후 그 학생의 삶에 커다란 영향을 끼칠 수 있다고 믿는다.

오늘날 생각하는 법을 가르치는 학교는 얼마 되지 않고, 내가 감정에 관해 말한 것들을 가르치는 학교는 그보다도 훨씬 적다. 하지만 미래의 학교에서는 반드시 이루어질 것이다.

관계 맺는 기술 훈련

고등학생을 가르치는 경우에는 다른 주제를 하나 더 생각해봐야 한다. 바로 대인 관계 능력이다.

자존감이 삶의 기본적인 도전에 대처할 수 있다는 자신감을 뜻한다면, 이 도전들 가운데 하나는 사실상 다른 사람과 관련이 있다. 다시 말해, 우리가 서로 주고받는 상호 작용이 자주 자기 자신과 다른 사람(들) 양쪽 모두에 긍정적이고 성공적인 경험이 되게 하는 방법과 관련이 있다는 뜻이다. 오늘날 생계를 위해 일하는 사람 가운데 약 95퍼센트가 조직에 속해 일한다는 점을 생각해보라. 그들은 모두 다른 사람들과 함께 일하는 것이다. 만일 다른 사람과 관계를 맺는 기술과 안정감이 부족하다면, 자신이 달성할 수 있는 성과에서 심하게 제한을 받을 것이다. 조직에서 성공하는 데 가장 필요한 네 가지 혹은 다섯 가지 항목을 꼽는 리스트들을 보면 동료들과 협력해 일하는 능력은 반드시 포함된다. 물론 다른 사람과 관계를 맺는 데 서툴러도 성공하는 사람들이 있다. 그러나 아주 드문 경우이며 가능성이 희박하다.

우리는 대인 관계에서 능력을 발휘하는 기술을 많이 알고 있다. 그리고 이 지식은 청소년 교육에 포함되어야 한다.

예를 들어, 우리는 자기 자신을 존중하고 타인을 존중할 때 비로소 최선의 관계를 만들 수 있다는 것을 안다. 우리는 양쪽 모두 가치를 획득하는 (서로 이익이 되는) 윈-윈(win-win) 협상이 한쪽의 손실이 곧 다른 쪽의 이익이 되는 윈-루즈(win-lose) 협상(경제서를 읽다 보면 자주 등장하는 주제다)보다 낫다는 것을 안다. 우리는 다른 사람을 공평하고 정당하게 대하는 것이 상대가 최선을 다하도록 보장하는 길이라는 걸 안다. 우리는 선의, 공감, (자기 희생이 아닌) 상호 협력의 정신이 모두의 이익에 도움이 된다는 걸 안다. 우리는 자신이 한 약속과 헌신을 중시하는 사람이 타인의 신뢰와 협력을 이끌어낸다는 사실을 안다. 우리는 승자는 해결책을 찾고 패자는 자기 대신 비난할 사람을 찾는다는 걸 안다. 우리는 특히 직장에서 말과 글로써 표현하는 의사소통 기술이 매우 중요하며, 직업적 성공을 결정짓는 중요한 요소라는 점을 안다. 경청과 적절한 피드백, 공감의 역할을 잘 알고, 이런 요소들이 없을 때 어떤 일이 벌어지는지도 안다.

우리는 구성원들이 각자 자기 책임을 실천하고 자발성을 발휘할 때 팀에 엄청난 상승 효과를 가져온다는 것을 안다. 우리는 적절한 자기 주장이 팀에 도움이 된다는 것과 자기 주장을 꺼리는 것이 오히려 다른 사람들을 방해할 수 있다는 걸 안다. 우리는 한쪽 또는 양쪽 모두가 정상적인 자기 주장과 자기 표현을 두려워할 때 결코 최선의 성과를 올릴 수 없다는 걸 안다.

이런 지식이 청소년 교육에서 지리학 지식보다 덜 중요한가?

대인 관계와 관련된 효과적인 기술을 훈련시킴으로써 우리는 두 가지 목적을 동시에 이룰 수 있다. 하나는 자존감을 기를 수 있다는 것이고, 다른 하나는 살아가면서 필요한 능력을 얻을 수 있다는 것이다.

도전을 극복하는 경험

우리는 학생들이 자존감을 기르려면 교사에게서 존중, 선의, 긍정적 자극, 필수적인 지식과 기술을 배워야 한다는 것을 안다.

당연히 아이들은 능력 면에서 저마다 큰 차이를 보인다. 유능한 교사는, 학생들은 약점을 강조하기보다 강점을 키워주어야 비로소 배울 수 있다는 사실을 안다. 그러므로 이런 교사들은 학생에게 지금 지닌 능력을 끌어올릴 수 있는 과제를 주어 능력(과 자존감)을 쌓게 한다. 이 접근 방식이 성공을 거두면 학생은 다음 단계로 나아갈 수 있다.

잇단 승리를 맛보게 해주는 것, 그리고 그 승리를 기반으로 삼아 앞으로 나아가게 해주는 것이 교사가 할 일이다.

새로운 도전을 극복하는 경험은 자존감을 기르는 데 필수적이다. 교사는 이러한 진행 과정을 능수능란하게 조정할 줄 알아야 한다.

합리적 평가 기준이 필요하다

오늘날 학교에서 일어나는 일 가운데 특히 유감스러운 일이 학생들을 상대 평가의 틀에 집어넣는 것이다. 이것은 모든 학생들을 대립하는 관계로 만든다. 상대 평가 때문에 자신이 탁월한 학생들이 아니라 이해력이 떨어지는 학생들 사이에 있기를 바라게 된다. 다른 학생의 능력이 곧 나의 성적에 위협이 되기 때문이다. 분명히 학생의 발전과 학업 성취도를 측정하는 기준은 필요하다. 나는 성적 자체를 비판하는 것이 아니다. 그러나 성적의 기준은 객관적이어야 한다. 지식의 수준이나 습득 정도에 대한 객관적인 근거가 없는 기준, 학생들을 모두 서로 적으로 만드는 기준은 자존감에 결코 도움이 되지 않는다.

두 페이지짜리 에세이에서 문법 오류를 대여섯 개 정도 저지른다면, 설사 학급의 다른 모든 학생들이 열 개가 넘는 오류를 저질렀다고 해도 나의 작문 실력을 최고 수준이라고 할 수는 없다. 학생이 자신에게 정말 필요한 것을 배우고 성장하려면, 능력을 평가하는 합리적인 기준이 필요하다. 그런 기준을 제공하는 것은 교육자들의 책임이다. 상대 평가에 기대는 것은 이 책임을 이행하지 않는 것이다.

개개인의 학습 요구에 맞춘 교수법

과거에는 모든 사람이 같은 방식으로 배우고 한 가지 교육 방식이 모두에게 맞는다고 여겨졌다. 오늘날 우리는 사람은 저마다 다른 방식으로 배운다는 것, 저마다 '인지 양식'*이 다르다는 것을 안다. 따라서 최선의 교육은 학생 개개인의 학습 요구에 맞추는 것이어야 한다.[9] 몇몇 학교들에서 이러한 이해를 교수법에 적용하기 시작했다.

인지과학 분야의 선구적 이론가인 하워드 가드너의 말을 인용해 보겠다.

> 모든 사람은 각자 독특한 복합적인 지능, 또는 세상을 이해하는 방식을 지니고 있다. 즉 언어적·논리적·수학적·음악적·(문제를 해결하는 데 몸을 이용하거나 무언가를 만들어내는) 물리적 방식, 다른 사람을 이해하는 방식, 자기를 이해하는 방식 등 여러 방식이 있다.
>
> 또 사람은 각자 배우는 방식이 다르다. 어떤 이들은 시각 정보에 가장 잘 반응하고, 다른 이들은 (강의나 독서 같은) 언어 정보에 반응하며, 무언가를 이해하기 위해선 물질 세계에 직접 관여하거나 반드시 손으로 만져야 하는 사람들도 있다.
>
> 일단 이 사실을 이해하면, 아이들이 마치 모두 똑같은 정신을 지

인지 양식(cognitive style) 인지 행동에서 나타나는 개인차, 즉 제시된 정보를 처리하는 방법과 주어진 과제를 해결할 때 사용하는 전략에서 사람마다 각자 일관성 있게 나타내는 반응 양식을 뜻한다. (옮긴이)

닌 것처럼 대하는 것은 일종의 배임 행위가 된다.[10]

　교육 제도는 발전을 거듭한 끝에 서너 가지 주요 학습 양식을 밝혀냈고, 그리하여 가장 효과적일 것이라 예측되는 교재를 학생들에게 제공하게 되었다. 과거에 학생들은 자신의 인지 양식보다 덜 자연스러운 양식에 적응하려고 애를 써야만 했다. 그러므로 이러한 학습 양식의 변화는 학생들의 자존감에 대단히 중요한 일이 될 것이라고 예상할 수 있다.

순종적인 학생과 책임감 있는 학생

　몇 가지 비교를 통해 자존감을 높이는 교육 방법과 전통적인 교육 방법을 대조해보자. 여기서 비교 대상은 전통적 교육에서 바람직하게 여기는 순종적인 학생과 자존감 교육에서 바람직하게 여기는 책임감 있는 학생들이다. 한편으로 순종적인 학생과 책임감 있는 학생은 통제 위치*가 자기 밖에 있다고 느끼는 경우와 자기 안에 있다고 느끼는 경우이다. 다음은 제인 블루스틴의 《21세기 규율》에서 발췌한 내용을 인용한 것이다.

통제 위치(locus of control) 성격심리학에서 개인이 자신에게 영향을 끼치는 사건들을 통제할 수 있다고 믿는 정도를 뜻한다. (옮긴이)

순종적인 학생의 특징	책임감 있는 학생의 특징
1. 외적 요인, 이를테면 권위자를 기쁘게 하거나 외부의 인정을 받고 싶은 욕구에서 동기를 부여받는다.	1. 내적 요인, 이를테면 선택지를 따져보고 스스로 그 결과를 경험해보고 싶은 욕구에서 동기를 부여받는다.
2. 명령에 따른다.	2. 스스로 선택한다.
3. 권위자가 없는 상황에서 스스로 효과적으로 활동할 수 있다는 자신감이 부족하다. 자립성이 떨어지고, 명령을 기다린다.	3. 권위자가 없는 상황에서 효과적으로 활동할 수 있다는 자신감이 더 크다. 자립성을 발휘한다.
4. 내 자존감이 다른 사람에게 달려 있다. 오로지 타인에게 인정받을 때에 자신이 가치 있다고 느낀다.	4. 내 자존감은 나에게 달려 있다. 타인의 인정 여부와 상관없이 (심지어 반대에 부딪힐 때조차) 자신이 가치 있다고 느낀다.
5. '내 행동이 곧 나 자신'이라고 생각한다. (그리고 다른 누군가가 나를 이렇게 행동하게 만들었으리라고 생각한다.)	5. '내 행동은 나의 책임이기는 하지만, 행동이 곧 나 자신은 아니다.'라는 사실을 안다.
6. 행동과 그에 따른 결과 사이의 인과 관계를 이해하는 데 어려움을 겪는다.	6. 행동과 그에 따른 결과 사이의 인과 관계를 좀 더 잘 이해한다.
7. 선택권이 있다는 것을 이해하는 데 어려움을 겪는다. 결정을 내리기 힘들어한다.	7. 선택권이 있다는 것을 좀 더 잘 이해할 수 있으며, 결정을 내릴 수 있다.
8. 흔히 무력감과 교사에게 의존하는 성향을 보인다.	8. 흔히 자신에게 권한이 있다고 느끼고, 자립심을 내보인다.
9. 개인적으로 자신에게 적합하지도 않고 심지어 해롭기까지 한 외적 가치 체계(대개 자신에게 중요한 다른 사람, 즉 '의미 있는 타인')의 영향을 받는다.	9. 내적 가치 체계(자기 자신에게 가장 좋거나 안전한 것)의 영향을 받으면서 동시에 타인의 욕구와 가치도 고려한다.
10. 생각하는 상황에서도 복종한다.	10. 복종하는 상황에서도 생각한다.
11. 내적 신호에 대한 믿음과 자기 이익에 따라 행동하는 능력이 부족하다.	11. 내적 신호에 대한 믿음과 자기 이익에 따라 행동하는 능력이 있다.
12. 행위의 결과를 예측하는 데 어려움을 느낀다.	12. 행위의 결과를 좀 더 잘 예측할 수 있다.

13. 개인적인 욕구를 이해하거나 표현하는 데 어려움을 느낀다.	13. 개인적인 욕구를 좀 더 잘 이해하고 표현할 수 있다.
14. 자기나 타인에게 상처를 주지 않고 욕구를 충족할 수 있는 능력에 한계가 있다.	14. 자기나 타인에게 상처를 주지 않고도 욕구를 충족할 수 있는 능력 면에서 더 낫다.
15. 협상 기술이 부족하다. '어느 한쪽의 승리는 곧 상대방의 패배'라는 방침을 지향한다.	15. 협상 기술이 좀 더 발달되어 있다. '양쪽 모두에게 이로운 것'을 지향한다.
16. 지시에 순응한다.	16. 다른 사람과 힘을 모은다.
17. 처벌을 피하는 것, '교사의 간섭을 받지 않는 것'이 목적이다.	17. 과제에 참여하는 것, 선택에 따른 긍정적 결과를 경험하는 것이 목적이다.
18. 내적 욕구와 외적 욕구(본인의 바람과 교사의 바람) 사이에서 갈등을 겪을 수 있다. 죄책감이나 반항심을 느끼기도 한다.	18. 내적 욕구와 외적 욕구(본인의 바람과 교사의 바람) 사이의 갈등을 조정하는 능력이 상대적으로 뛰어나다. 죄책감이나 반항심을 느끼는 경우는 적다.
19. (친구들이 나를 조금 더 좋아하게 만들기 위해서) 반감을 사거나 버림받지 않으려고 잘못된 선택을 할 수 있다.	19. 자신의 행동에 따른 결과를 경험하고 호기심을 충족하려고 잘못된 선택을 할 수도 있다.

앞으로 내리게 될 결론들 가운데 하나를 예측하기 위해, '복종'에서 '책임'으로 이상이 바뀌는 일의 도덕적 측면에 주목하려 한다.

순종적인 학생은 다양한 상황에서 자기나 다른 사람들을 희생시킬 것이다.(이것이 바로 인류 역사를 통틀어 순종적인 사람들이 해 온 일이다.) 반면에 책임감 있는 학생은, 이상적으로 말하자면, 희생의 패러다임 밖에서 움직이는 법을 배우게 될 것이다. 이것은 '윈-윈' 철학에 함축되어 있지만, 유감스럽게도 뚜렷하게 드러나 있지는 않다. 책임감 있는 학생은 **자타 구분 없이 인간을 희생시키기를 거부하는** 새로운 인간 관계의 개념을 배우게 될 것이다.

이런 사람은 개인적인 목표를 추구하기 위해 다른 사람을 희생시킬 준비가 덜 되어 있을 것이다. 다른 한편으로, 이런 사람은 더 높은 가치(라고 알려진 것)가 있는 공공의 이익(이라고 알려진 것)을 위해 기꺼이 스스로 희생하려 들지는 않을 것이다. 즉 어떤 다른 사람의 목표를 위해 스스로 희생하지 않는다는 뜻이다. 이런 사람은 회사(또는 어떤 집단)의 이익을 위해 개인의 삶을 희생하려 들지 않을 것이고, 정치 지도자들이 벌인 무의미한 전쟁에서 죽으려(혹은 남을 죽이려) 하지 않을 것이다.

순종적인 학생은 권위에 도전하지 말라고 배웠다. 책임감 있는 학생은 어떤 것에 대해서든 질문을 던질 준비, 필요하다면 도전할 준비가 되어 있다. 다음 장에서 더 분명하게 보겠지만, 이것이 바로 지금 시장에서 요구하는 것이다. 더 넓게는 문명이 요구하는 것이다.

자존감 향상 프로그램

많은 교육자들이 학생들의 자존감 향상을 목적으로 하는 학교 제도를 위해 특별한 프로그램들을 고안했다. 그중에서 내가 개인적으로 잘 알고 찬탄해 마지않는 두 가지 프로그램을 언급하려 한다.

앞에서 이미 로버트 리즈너가 《자존감 쌓기》에서 보여준 프로그램을 인용한 적이 있다. 이 프로그램은 캘리포니아에서 상당수 학교들이 채택했고 인상적인 성공을 거두었다. 성적과 출석률이 올라갔으며, 자퇴와 십 대 임신, 약물 중독이 눈에 띄게 감소했고, 기물 파손 행위 같은 폭력 행동이 대폭 줄었다. 실제로 독립 기관이 평가한

바에 따르면, 이 프로그램을 채택한 대부분의 학교들이 캘리포니아에서 가장 좋은 학교를 가리는 순위에서 상위에 속했다.

또 다른 강력한 프로그램으로 콘스탄스 뎀브로브스키(Constance Dembrowsky)의 '개인의 책임, 사회의 책임'을 꼽을 수 있다.[11] 이 과정의 목표는 명시적으로는 자존감이 아니라, 자기 책임을 기르고 자기 효능감을 경험할 수 있게 해주는 기술을 개발하는 것이다. 이름은 다르지만 모든 면에서 자존감 프로그램이다. 십 대를 위해 고안된 이 프로그램은 특히 위기 상황에 몰린 십 대에게 효과적이다. 자존감 운동에 앞장섰던 뎀브로브스키는 건강한 자존감의 뿌리는 우리 바깥에 있는 것이 아니라 내면에 있다는 것을 이해했다. 그녀는 청소년들이 힘을 얻으려면 반드시 배워야 할 것, 해야 할 일들에 초점을 맞추었다.

나는 이 책이 청소년들이 자존감의 여섯 기둥을 실천할 수 있도록 특별히 계획된 학교들을 위한 새로운 자존감 프로그램을 만드는 데 이바지할 수 있기를 바란다.

교사들은 매일 좌절, 압력, 도전에 직면해 자신의 자존감과 에너지와 헌신을 시험받는다. 교사로서 처음 아이들 앞에 선 그 순간부터 줄곧 원래 자신이 품고 있던 이상과 가치를 유지한다는 것은 그야말로 영웅적인 일이다.

교사가 하는 일보다 더 중요한 일은 없다. 그러나 그 일을 더 잘하려면 (최소한 적당하다 싶은 정도까지는) 자신이 전하고자 하는 바를 구체화해야 한다.

자신의 역할을 적절히 이해하지 못하는 교사는 의식적으로 살아가는 사람이라는, 학생들에게 필요한 역할 모델이 될 수 없다.

자신을 받아들이지 못하는 교사는 학생들에게 자기 수용을 제대로 가르칠 수 없다.

책임을 회피하는 교사는 학생들에게 자기 책임이라는 가치를 납득시키는 과정에서 어려움을 겪게 된다.

자기 주장을 두려워하는 교사는 학생들에게 자기 주장을 실천하라고 권할 수 없다.

목적 없이 사는 교사는 목적 있는 삶의 본보기를 제대로 보여주지 못한다.

자아 통합이 부족한 교사는 학생들에게 자아 통합을 고무하는 과정에서 심각한 한계에 부딪치게 된다.

자신이 맡은 아이들에게 자존감을 길러주는 것이 목표라면, 아이를 가르치는 사람은 먼저 자기 자신부터 돌아봐야 한다. 아이를 가르치는 사람에는 교사는 물론이고 부모, 심리치료사, 그밖의 다양한 사람이 포함될 수 있다. 이런 일이 가능한 곳이라면 그 자체로 하나의 교실인 셈이다. 양육이 개인의 발전을 이끄는 영적 훈련이 될 수 있듯이, 교육도 마찬가지다. 매번 주어지는 도전을 개인의 성장을 위한 수단으로 삼을 수 있다.

15장

일터의 자존감

⋮

 자존감은 언제나 개인의 긴급한 욕구였으나, 21세기가 얼마 남지 않은 시점에 새로 중요한 의미를 얻었다. 달라진 사회적, 경제적 현실이 우리 앞에 자기 자신에 대한 믿음을 시험할 새로운 도전들을 내놓은 것이다.

 자존감의 기본적인 의미를 떠올려보자. 자존감이란 자신이 지닌 정신의 힘과 생각할 수 있는 능력에 대한 확신이다. 좀 더 폭을 넓혀보자면, 배우는 능력, 적절하게 선택하고 판단하는 능력, 변화에 대처하는 능력에 대한 확신이다. 이런 믿음에는 분명 생존가가 있다. 그런 믿음이 사라졌을 때 위험이 닥치기 때문이다. 기업 실패 사례를 연구한 바에 따르면, 경영진이 의사 결정에 두려움을 느낀 것이 공통된 원인이었다. 하지만 자신의 판단을 믿어야 하는 사람은 경영진만이 아니다. 누구나 그러한 믿음이 필요하다. 그리고 지금 이것은 어느 때보다 절실한 문제이다.

지식 노동 시대의 자존감

오늘날 우리는 가치, 종교적 지향이나 철학적 지향, 생활 양식과 관련해 수많은 선택 앞에 놓여 있다. 지금 우리 문화는, 획일적이고 자유가 없으며 거의 모든 사람이 순응하는 문화와 거리가 멀다. 앞서 언급한 것처럼, 의식적으로 선택하고 결정해야 할 일이 점점 더 늘어날 것이며, 그에 따라 자존감 요구도 점점 더 절박해질 것이다. 그러나 여기서 나는 문화 전반이 아니라, 개인과 조직 모두 경제적 적응이라는 도전을 마주한 일(work)의 세계에 초점을 맞추고자 한다.

나는 오늘날 적절한 수준의 자존감을 지닌 이들에 대한 경제적 수요가 전례 없이 늘어났으며, 이것이 곧 우리가 발전 과정에서 전환점을 맞았음을 보여준다고 생각한다. 그 이유를 명확히 하기 위해 먼저 독자들에게 나와 함께 짧은 역사 여행을 떠나보자고 요청하려한다. 그러한 역사적 이해 없이는 지금 우리가 역사상 어떤 시점에 이르러 있는지, 또 자존감과 관련해 얼마나 중요한 시기인지 제대로 인식할 수 없을 것이라고 믿는다.

지난 수십 년 동안 미국 경제와 세계 경제가 엄청난 성장을 이루었다는 사실은 누구나 알고 있다. 이러한 성장 덕분에 기업의 리더부터 신입 사원에 이르기까지, 생산 과정에 참여하는 모든 사람에게 자존감이 절실하게 필요해졌다. 그 배경을 하나씩 간략하게 살펴보자.

1. 제조업 중심 경제에서 정보 경제로 변화가 일어났다. 육체 노동자의 수요는 감소하는 반면, 상대적으로 높은 언어적, 수학적, 사회적 기술을 지닌 지식 노동자의 수요가 빠르게 증가했다.

지금 우리는 과거 어느 때보다 많은 제품을 생산하고 있지만, 노동자의 수는 줄어들었다. 몇십 년 전만 해도 육체 노동자가 전체 노동자 수의 대략 절반을 차지했지만, 오늘날 그 수치는 18퍼센트에도 못 미친다. 머지않아 10퍼센트 정도로 떨어질 전망이다. 제조업의 노동 집약도가 크게 낮아졌으며, 그에 따라 생산 전 과정에서 인건비가 크게 낮아졌고 앞으로 더 낮아질 것이다. 이것은 곧 경쟁 우위 측면에서 값싼 노동력의 공급이 지닌 효용이 갈수록 무의미해질 것이라는 뜻이다. 미국의 경우, 미숙련 노동을 고용하는 시장의 규모가 무서울 정도로 축소되어 왔다. 교육, 훈련, 기본적인 읽기와 쓰기, 산술 능력이 부족한 인력은 기여도가 낮기 때문에 시장에 머물 수 없다. 오늘날에는 **지식**을 갖춘 사람들을 원한다.

교육받지 못하고 훈련받지 못한 사람들, 이른바 '하층 계급'이라 불리는 사람들의 실업 문제를 이해하려면 이러한 현실을 반드시 알아야 한다. 이제는 그저 튼튼한 근육을 갖고 있다거나 수백 년, 혹은 수천 년 동안 이어져 온 다양한 신체적 기능을 터득하는 것만으로는 충분하지 않다. 좋은 일자리를 얻고 싶다면 말이다. 또 배움은 결코 멈출 수 없다는 점을 알아야 한다. 오늘날에는 계속해서 새로운 지식이 나타나기 때문에 하나를 배운다 해도 그 지식이 곧 낡은 것이 되어버리기 때문이다.

산업이 발달하던 초기에는 상황이 전혀 달랐다. 그때는 대표가 기업을 운영하는 데 필요한 모든 것을 알았다. 업무를 수행하는 데 몇몇 다른 사람들의 도움이 필요했을지 몰라도, 그들이 대표가 전혀 모르는 분야의 지식을 습득했기 때문은 아니었다. 산업이 성장하고 기술이 발달하면서 기업들은 대표가 모르는 특정 분야의 숙달된 지식을 갖춘 관리자와 기술자들을 채용하기 시작했다. 하지만 여전히 지식은 극소수에 한정된 일이었다.

생각하고 결정하는 일은 최고위층에서 이루어졌으며 이는 다시 명령의 사슬*을 통해 위에서 아래로 전달되었다.(대규모 조직의 유일한 모델은 군대였다. 최초로 현대적 철강 공장을 설립한 앤드루 카네기는 최측근을 파견해 프로이센 군대의 조직 구조와 의사소통 체계를 연구하게 한 다음, 많은 원칙들을 자신의 회사에 적용했다. 카네기 이전에 최대 규모의 제철소에서 고용한 인력이 600명이었다면, 카네기는 6천 명의 노동자를 통합하고 관리해야 하는 도전에 직면해 있었다.) 소수의 핵심 경영진이 목표를 세우고 조직이 따를 전략과 전술을 마련했다. 몇몇 뛰어난 기술자들이 여기에 힘을 보탰다. 사업이나 경제 상황 전반에 대한 지식이나 정보는 이러한 소수 집단이 누리는 특권이었다.

기업에서 절대 다수를 차지하는 직원들은 성실하게 지시를 이행하는 것이 회사가 직원들에게 기대하는 바이자 직원이 져야 할 유일

명령의 사슬(chain of command) 조직의 명령 전달 계통을 사슬에 비유한 말. '명령의 연쇄(連鎖)'라고도 한다. 상부에서 내린 명령이나 지시가 한 단계씩 차례로 맨 아래 직급에까지 전달되는 체제를 말한다. 예를 들어 국장은 직원이나 주임에게 곧바로 지시하지 않고 항상 바로 아래 직급인 과장에게 지시한다. 보고할 때도 직원이 주임이나 과장을 건너뛰고 국장에게 곧바로 할 수 없다. 반드시 직원 → 주임 → 과장 → 국장 식으로 상향 보고하는 순서를 따라야 한다. (옮긴이)

한 책임이라고 들었다. 기계처럼 일관성 있고 믿음직하게 행동하는 사람이 이상적인 직원이었다. 과학적 관리법의 선구자인 프레더릭 윈즐로 테일러(Frederick Winslow Taylor)는 1909년 하버드대학 연설에서 이러한 생각을 다음 한 문장으로 요약했다. 노동자가 할 일은 "사장이 원하는 바를 알아내고 사장이 원하는 대로 정확히 행하는 것이다." 이 문장에는 노동자는 생산 과정이나 마케팅 과정에 중요하거나 창의적인 기여를 할 수 없다는 가정이 깔려 있었다. 이러한 단계에 있는 경제 체제는 많이 교육받고 고도로 숙련된 인력을 필요로 하지 않았으며, 마찬가지로 확고한 자존감을 지닌 사람들이 그다지 많이 필요하지 않았다.

이른바 '고전적 경영(classical management)'이라고 불리는 것을 오늘날의 관점에서 비판하기란 매우 쉬운 일이다. 그러나 당시 상황을 이해한다면 고전적 경영의 논리와 장점을 인정할 수 있다. 예를 들어 1912년 조립 라인에서 일하던 직원은 영어를 제대로 읽거나 쓰지 못했을지라도(이민자였을 수도 있다) 훈련받은 대로 성실하게 업무를 수행하면 자신과 가족의 생계를 꾸려 나갈 수 있었다. 이전 어느 때보다도 안정적이고 나은 삶이 가능했다. 테일러가 이룬 위대한 혁신은 생산 공정을 단순하고 개별적이며 쉽게 익힐 수 있는 세부 단위로 분석한 것이었다. 이것은 누구도 생각하지 못한 것이었으며, 덕분에 노동자들은 열심히 일하는 것을 넘어 '영리하게' 일하는 것이 가능해졌다. 노동자의 생산성이 올라가면서 임금도 높아졌다. 보통 수준의 자존감을 지닌 육체 노동자들이 자신감과 야심이 더 큰 사람들이 자신들을 위해 만든 환경에서 효율적으로 일하는 법을 배울 수 있었다.

기술이 발달하면서 장비 조작과 관련해 더 숙련된 기술이 필요해졌다. 하지만 더 높은 수준의 교육이나 창의적 사고, 자기 관리, 자율성에 대한 요구는 없었다. 즐거움과 만족도 면에서 볼 때, 이러한 가치들이 평균적인 개인의 삶에 **사적으로는** 상당히 기여했을 수도 있지만 **소득 측면에서는** 그렇지 못했다. 산업 발전이 정점에 이르렀던 1950년대나 1960년대는 육체 노동자들에게 성공의 황금기가 아니었다. 그런데도 성별을 막론하고 대학을 졸업한 대부분의 사람들이, 고교를 중퇴해 지적으로 한계가 있는 숙련된 기계 기술자보다 임금을 적게 받았다. 물론 지금은 이야기가 완전히 달라졌다. 지금은 제대로 된 일자리를 얻으려면 교육과 훈련이 필요하다.

오늘날 재정과 마케팅 분야의 지식과 기술을 조직하고, 판매원과 기술자, 법률가, 시스템 분석가, 수학자, 화학자, 물리학자, 연구 조사원, 컴퓨터 전문가, 디자이너, 건강 관리 전문가를 비롯해 각 분야의 전문가들을 조화시키는 복합적 기업 조직에서는 '관리'와 '직원'을 볼 수 없다. 그 대신 **전문가들의** 통합을 볼 수 있을 뿐이다. 여기서 전문가란 다른 조직 구성원에게는 없는 지식과 전문 기술을 보유한 사람을 말한다. 각자는 생각하고, 창조하고, 혁신을 꾀하고, 조직에 기여하리라는 기대를 받는다. 갈수록 위계가 아닌 협력을 중시하는 분위기가 조성되면서 '직원'은 '동료'가 되었다.

이런 상황에서는 대인 관계 능력이 최우선 순위가 되는데, 대체로 이 능력을 펴는 데 방해가 되는 것이 낮은 자존감이다.

2. 새로운 지식, 새로운 기술, 신제품, 신규 서비스가 계속 폭발적으로 증가함에 따라 경제적 적응의 필요성이 꾸준히 커졌다.

1990년대에 성공을 거둔 기업들은 세계 시장에서 경쟁력을 유지하려면 제품, 서비스, 내부 체제의 꾸준한 혁신이 필요하다는 사실과 이것이 기업 운영에서 일상화되도록 계획해야 한다는 것을 알았다. 의식적으로 생각하는 사람들은 어제의 지식과 기술만으로는 경력을 쌓을 수 없다는 사실을 안다. 이미 알려진 것과 익숙한 것에 얽매이면 비용 부담과 위험이 커지고, 조직과 개인 모두를 쇠퇴의 위기로 몰아넣게 된다.

3. 전례 없이 경쟁적인 세계 경제의 출현이 우리의 독창성과 신념을 위협하는 또 다른 도전으로 떠올랐다.

2차 세계대전 이후 몇십 년 동안 미국이 세계 산업의 선두주자였다는 데는 논란의 여지가 없다. 이 시기에 미국의 경제력은 정점에 있었다. 다른 산업 국가들이 전쟁의 폐허에서 회복하려고 고투하고 있었기 때문에 미국은 경쟁자가 없었다. 미국 노동자들은 가장 높은 수준의 임금을 받았다. 미국인들의 생활 수준은 전 세계가 부러워할 정도는 아니더라도 그들이 상상하던 수준을 넘어섰다. 공산주의 국가들과 사회주의 국가들은 언젠가 미국을 뛰어넘으리라고 장담했지만, 그것은 단지 미래에 대한 약속에 불과했다. 한때 미국의 많은 지식인들이 그 약속을 믿고 널리 알렸지만 적어도 지금까지는 실현되지 못했다.

대기업을 비롯해 기업 내부에서 관료주의가 심해지면서 경영의 여러 단계에 무리가 갔다. 기업은 경제적 우위를 유지하기 위해 혁신보다 '규모의 경제'에 의존했고, 미처 밝혀지지 않은 엄청난 재정적 낭비에 빠져들었다. 또 초기의 기업가 정신(entrepreneurship)으로부터 갈수록 더 멀어졌다.(물론 이러한 과정에 정부 정책도 중요한 역할을 했지만, 그것은 또 다른 이야기이다.) 제너럴모터스(GM)의 회장이었던 앨프리드 슬론(Alfred Sloan)이 언젠가 자동차 제조업자의 전략을 이렇게 요약한 적이 있다. "반드시 기술 설계에서 선두에 나서거나, 위험을 무릅쓰고 한 번도 해보지 않은 경험에 도전해야 할 필요는 없다. 적어도 수준이 비슷한 경쟁사 중 제일가는 곳과 비슷한 정도로 설계를 할 수 있으면 된다."[1] 미국 자동차 산업이 이룬 위대한 혁신 가운데 가장 최근 것이 1939년에 도입된 자동 변속 장치이다.

1950년대와 1960년대는 '조직인(organization man)'의 시대였다. 성공하려면 독립적으로 생각하기보다 규칙을 충실히 따라야 했다. 승진하려면 혼자 돋보이기보다 전체와 조화를 이루어야 했다. 기업의 기본적인 가치나 방침에 도전할 정도로 높은 자존감은 필요하지 않았다. 그저 기존 틀 안에서 적당한 능력을 유지할 수 있을 정도의 자존감이면 충분했다. 그 대가로 기업이 약속한 것은 평생에 걸친 보호와 안전이었다. "회사의 사람이 된다면 회사는 당신을 보살펴줄 것입니다."라는 것이 그들의 약속이었다.

회사의 이익을 위해 자기를 부정하는 것이 가치 있는 일이라는 생각은 쉽게 받아들여질 수 있었다. 수천 년 동안 우리는 자기 부정이 도덕의 핵심이라고 배워 왔기 때문이다. 부족을 위해, 신을 위해, 왕을 위해, 나라를 위해, 고향을 위해, 사회를 위해 자기를 부정하는

것이 가치 있는 일이었다.[2]

노동조합의 영향력과 힘이 정점에 이르렀다. 노조 지도자들 가운데 곧 다가올 변화를 걱정하는 사람은 거의 없었다. 사실상 그들은 자신들이 세운 목표를 거의 다 이루었기 때문에, 1980년대까지만 해도 그러한 변화를 예측하지 못했다. 그들은 곧 경제와 무관한 일 때문에 위협을 받게 될 것이고, 출혈이 시작되면 멎지 않는 혈우병 환자처럼 구성원들이 계속해서 줄어드는 광경을 목격하게 될 것이었다.

"미국의 산업은 근육의 힘으로 돌아갑니다." 비행기에서 옆자리에 앉아 있던 한 노조 집행위원이 내게 말했다. 1962년이었다. 그는 새로 도입된 기계들 때문에 노동자 수천 명이 영영 일자리를 잃을지도 모르므로 "뭔가 조치가 필요하다."라고 주장하며 자동화라는 '재앙'을 비난했다. 나는 그러한 주장은 역사적으로 종종 불거지곤 했던 잘못된 생각이며, 새로운 기계와 새로운 기술의 도입은 노동 수요의 **증가**에 따른 결과일 뿐 아니라 일반적인 생활 수준을 높여준다고 말했다. 또 나는 자동화가 비숙련 노동에 비해 숙련 노동의 수요를 증가시킬 것이며, 의심할 여지 없이 많은 노동자들이 새로운 기술을 배워야 할 것이고 기업들은 그들을 훈련시켜야 한다고 분명히 말했다. 그러자 그가 화를 내며 말했다. "하지만 새로운 기술을 배우고 **싫어 하지** 않는 사람들은 어쩌란 말입니까? 그들도 보호받을 권리가 있지 않나요?" 이 말은 곧 '충분히 생각하고' '충분히 배운' 이들, 그래서 더 나아가기를 강요받고 싶지 않거나 자신의 일자리가 무엇에 의해 결정되는지 생각하기를 원치 않는 사람들을 위해 창의적인 사람들의 야망, 선견지명, 더 나아지려는 욕구, 활력을 억누른다는 의미였다. 이것이 그가 원하는 바일까? 노조 위원은 침묵했다. 나는 자유란 변화를 의미하고, 변화에 대처하는 능력은 적어도 부분적으로 자존감의 역할에 속한다고 생각했다. 머지않아 모든 길은 자존감으로 통할 것이다.

그러나 누군가의 자존감이 준비되었는지 여부와 상관없이, 변화는 다가오고 있었다.

처음에는 일본을 진지하게 생각하는 사람이 아무도 없었다. 오랫동안 일본 제품이라고 하면 낮은 품질, 조악한 모조품, 전혀 믿을 수 없는 제품을 떠올렸다. 1950년대나 1960년대만 하더라도 일본이 언젠가 자동차, 초전도체, 가전제품 분야에서 미국을 앞지르거나, 스위스를 대신해 최고의 시계 생산국이 되리라고는 상상조차 할 수 없었다.

전후 재건을 마친 1953년 이후로 일본은 20년간 연평균 9.7퍼센트라는 경이로운 경제 성장률을 보였다. 이 폭발적인 성장을 이끈 것은 일본 자동차 산업이었다. 1950년대부터 1970년대 사이에 일본의 자동차 생산은 무려 100배나 증가해 1979년에 미국을 따라잡았고, 이후에는 앞지르기 시작했다. 1960년대에는 라디오 제조에서, 1970년대에는 텔레비전 제조에서 선두를 달렸다. 일본 제품들은 과거의 오명을 완전히 씻어버리고 고품질, 믿을 수 있는 제품으로 거듭났다. 특히 일본은 제트기, 공작 기계, 로봇, 반도체, 계산기와 복사기, 컴퓨터와 전기 통신, 핵에너지와 로켓 공학을 포함하여 차세대 에너지 시스템 같은 첨단 기술 분야에서 가장 두각을 드러내는 나라가 되었다. 다른 무엇보다도, 우월한 경영 전략이 거둔 승리였다. 역설적이게도 그 전략의 상당 부분은 미국에서 배운 것이었으나 정작 미국에서는 거의 실현되지 않은 것들이었다.

1980년대에 미국은 일본뿐 아니라 한국, 싱가포르, 대만, 홍콩 같은 동쪽의 환태평양 지역 국가들과 경쟁에 직면했다. 서쪽에는 특히 산업적으로 강력하고 성장 속도가 빨랐던 서독을 포함해 새로 태어나 재건된 유럽이 있었다.

초반에 미국 기업 쪽에서 보인 반응은 놀라움, 불신, 부정이었다. 이렇게 치열한 세계 경쟁은 낯설고 혼란스러운 경험이었다. 물론 미국의 '3대' 자동차 제조업체 사이에 경쟁이 있었던 것은 사실이지만, 제너럴모터스와 포드와 크라이슬러는 같은 규칙에 따라 움직였고 기본적으로 같은 가정을 공유했다. 다른 회사 때문에 자신들의 기본 전제를 다시 생각할 일은 없었다. 하지만 일본과 독일은 달랐다.

국내 경쟁보다 국제 경쟁이 혁신을 자극하는 데는 훨씬 강력하다. 서로 다른 문화는 서로 다른 전망과 관점을 지니고 있다. 다양한 문화의 견해들을 받아들이면 기업 경영에 필요한 사고를 훨씬 풍요롭게 만들 수 있다. 그러나 바로 이런 이유 때문에 세계 경쟁에서 활약하려면 더 높은 자존감과 능력이 필요하다. 처음에, 미국 기업의 노동자들과 경영진은 일본이 추구하는 원칙들이 본받을 만한 가치가 있다고 생각하지 않았다. 일본인들에게 무언가를 배운다는 생각은 그 자체로 품위가 떨어지는 일이라고 여겨졌다. 그 대신에 미국인들이 처음 보인 반응은 요지부동으로 자신들에게 익숙한 방식에 더 고집스럽게 매달리는 것이었다.[3] 때때로 여기에 그치지 않고 일본 제품을 공공연히 비난하거나 일본 제품에 맞서 정치적 보호를 요구하기도 했다. 이 반응은 심리 치료 상황에서 스스로를 믿지 못하고 불안정한 내담자가 역효과를 낳는 행동을 맹목적으로 고집하는 모습과 정확히 일치한다. 이런 사람은 강박적으로 불변성을 추구하여 환상에 불과한 안정에 매달리고, 모든 불운을 다른 사람 탓으로 돌린다.

자기 만족이라는 단잠에 빠져 있던 미국의 자동차 업계는 일본과 독일을 상대로 한 경쟁에서 엄청난 충격을 받으며 비로소 깨어났다. 그러한 자각이 제때 이루어진 것이었는지는 알려지지 않았다. 수십 년 동안 스스로 의미 있는 혁신을 단행한 적이 없는 상태에서, 미국 자동차 업계는 유럽에서 경주용 자동차에 처음 장착된 레이디얼 타이어(고속 주행용 타이어)와 디스크 브레이크, 연료 분사 장치 같은 기술들을 거부했다. 지금은 유럽 자동차에 강력히 맞서면서 미국 자동차의 품질이 크게 향상되었지만, 여전히 혁신 면에서 뒤떨어져 있다.

미국의 산업은 상황이 변했다는 사실과 새로운 방침이 필요하다는 것을 깨닫기까지 유별나다고 할 수 있을 정도로 시간이 너무 오래 걸린다. 스위스에서 처음으로 디지털 시계를 선보였을 때, 미국이 보인 반응은 이랬다. "이건 시계가 아니야. 시계라면 태엽과 톱니바퀴가 있어야지." 미국이 정신을 차렸을 때는 이미 선두 자리를 빼앗긴 뒤였다.

물론 미국은 전 세계를 통틀어 여전히 가장 강력한 산업 국가다. 식견 있는 사람 중에 2차 세계대전 이후 몇 년간 다른 나라의 경제가 황폐한 상황에서 미국이 세계 생산에서 차지한 비중을 계속 유지하리라고 상상한 사람은 아무도 없었다. 그것이 바람직하다고 생각하지도 않았다. 미국은 다른 나라가 스스로 되살아나기를 **바랐고**,

그렇게 되도록 도와주었다. 미국의 재화와 용역 생산량은 전반적으로 어느 때보다 높았고, 국민총생산(GNP) 비율로 따졌을 때 그 비율은 이후 40년간이나 꾸준히 유지되었다. 달라지는 상황에 발맞추어 미국은 벌써 산업 구조에 커다란 변화를 도입했다. 그 변화에는 품질과 고객 서비스에 더욱 집중하기 위해 구조 조정과 '군살 빼기'(예를 들어 불필요한 관리자들을 줄이는 방식)를 시행하는 것부터 혁신을 더 잘 지원하고 빠르게 변화하는 환경에 더 잘 적응할 수 있도록 조직과 경영에 새로운 체제를 도입하는 것이 있었다.

미국은 중대한 지각 변동에 해당하는 문제들에 직면해 있다. 불충분한 경제 성장률, 필요를 충족시키지 못하는 교육 제도, 갈수록 나빠지는 기반 시설, 생활 수준의 하락이 그런 문제들이다. 이런 문제들이 다음 10년간 어느 정도까지 해소될지, 아니면 악화될지는 지켜볼 일이다.

지금 중요한 건 미국이 돌이킬 수 없는 하락세에 들어섰다는 점이 아니다. 요점은 간단하다. 지금 우리는 **끊임없이 도전이 확대되는 상황**에서 일하고 있으며 그것이 전반적인 사업 환경과 개인의 자존감 욕구에 영향을 끼치고 있다는 것이다. 이것은 세계에서 일어나고 있는 거대한 변화 중 하나이다. 그리하여 지금 우리가 마주한 도전은 우리의 창의성, 유연성, 반응의 속도, 변화를 다루는 능력, 정해진 틀 밖에서 사고하는 능력, 사람들에게서 최선을 이끌어내는 능력에 관한 것이다. 경제적으로 우리는 혁신성과 그것을 뒷받침하는 경영 능력이라는 도전에 대처해야 하고, 심리적으로는 자존감에 대한 도전에 대처해야 한다.

4. 기업에서 대표뿐 아니라 모든 직급의 개인들에게 요구되는 바가 늘어났다. 자기 관리, 개인적인 책임감, 자기 주도성, 높은 수준의 의식, 혁신과 기여에 대한 헌신을 최우선 과제로 삼는 것이 여기에 속한다.

군대를 본뜬 낡은 관료주의적 지휘-통제 피라미드가 (관리의 단계가 더 적은) 수평 구조, 유연한 관계망, 특정 프로젝트를 위해 각 부서에서 다양한 능력을 지닌 사람들을 차출해 한시적으로 운영하는 다기능 팀(cross-functional team, CFT)에 계속해서 자리를 내주고 있다. 오늘날에는 사전에 만들어진 기계적인 권위의 단계들보다 지식과 정보의 흐름에 대한 요구가 조직을 결정한다.

중간 관리자 층이 빠르게 줄어든 까닭은 단순히 비용 절감을 위한 전략 때문만이 아니었다. 시스템 전반에 걸쳐 관리자들이 맡았던 정보 전달의 중간 기착지 역할을 컴퓨터가 대체했기 때문이었다. 지식이 더 널리 전파되고 이전보다 훨씬 자유롭게 이용할 수 있게 되면서, 더 높은 의식 수준에서 일하기가 쉬워졌고 그 결과 생산성이 높아졌다.

오래되고 익숙한 명령의 사슬이 없는 상황에서 많은 관리자들이 자존감 위기라 부를 수도 있는 위기를 겪고 있다. 권한과 힘의 한계가 더는 명확하지 않은 상황에서 관리자들은 자신의 역할을 새롭게 정의해야 하는 도전에 직면해 있다. 지금 그들에게 필요한 것은, 기존의 지위 유형 또는 특정한 업무 수행을 통해 느꼈던 자기 가치감을 떼어내고, 그 대신 생각하는 능력과 배우는 능력, 새로운 활동 방식을 습득하고 변화에 적절히 대응하는 능력을 기반으로 삼는 것이다. 회의실부터 공장의 작업 현장까지, 일은 점점 더 분명하게 생각의 표현으로서 이해된다. 장비와 기계가 갈수록 정교해짐에 따라 그것들을 다루는 지식과 기술도 맞춰서 키워 나가야 한다. 기업은 직원들이 그러한 장비들을 관찰하고 관리하고 필요한 경우에는 수리하기를 기대하고, 필요를 예측하고 문제를 해결하기를 기대한다. 즉 자기 존중과 자기 책임을 지닌 전문가로서 일하기를 기대하는 것이다.

현장에서 일하는 직원이 현장에서 거리가 먼 '높은 분'보다 상품, 서비스, 내부 체계와 관련해 어떤 점이 개선이 필요하고 또 가능한지 더 잘 알고 있으며 즉각 실행하기도 쉽다. 이 점은 더 뛰어난 조직일수록 잘 아는 사실이다. 기업과 경영을 다룬 책들에는 생산 과정과 서비스, 제품 향상에 기여한 노동자들의 이야기가 많이 실려 있다. 예기치 못한 문제가 발생했을 때 책임지고 해결하고 직무 설명서에 명시된 내용을 뛰어넘는 일을 하는 사람들에 관한 이야기가 있다. 이제 진취성과 자발성은 소수의 '특별한 사람들'의 전유물이 아니라 누구나 갖출 수 있고 또 필요한 특성으로 여겨진다.

아직까지는 모든 사람이 이러한 특성을 보이는 것은 아니다. 우리는 아직 지식 혁명의 초기 단계에 있기 때문이다. 그러나 기업에서는 갈수록 직원들에게 진취성과 자발성을 발휘할 기회를 주고 또 직원들이 그렇게 해주기를 바라고 있다. 이것은 그 자체로 더 높은 자존감을 요구하는 것이다.

현대 사회의 기업들은 최고의 수완을 발휘해 팀워크를 실행하도록 고취하면서 동시에 구성원 각자에게 개인주의의 핵심을 요구한다. 왜냐하면 **생각**은 물론이고 **자기 신뢰, 인내**, 그리고 성취를 가능하게 하는 그밖의 다른 정신적 특성들은 모두 개인의 정신 활동이기 때문이다.

《최고(Second to None)》는 찰스 가필드(Charles Garfield)가 독보적으로 앞서 나가는 몇몇 기업의 새로운 방침과 철학을 연구한 책이다. 여기에 일부를 옮겨본다.

> (다각도로) 협력이 필요한 분야에서는 협동하려는 노력을 강조해야 하는 시기이지만, 역설적으로 개인의 중요성이 훨씬 더 커진 때이기도 하다. 소수의 '책임자들'이 조직의 맨 위에서 모든 것을 생각하고 다수의 '고용인들'을 충분히 활용하지 않는다면 이제 그런 기업은 제대로 작동할 수 없다. …… 지속적인 혁신이 필요한 시대에 경쟁을 하려면 조직에 속한 모든 개인의 지적 능력을 활용해야 한다.[4]

경쟁력을 유지해야 한다는 압박은 기업 활동의 모든 내적 측면을 다시 생각하게 한다. 기업의 구조, 방침, 보상 체계, 책임 분담, 관리 실행(정신 노동을 육체 노동처럼 관리할 수는 없다), 그리고 생산 목표 달성에 관여하는 모든 사람들 간의 관계를 재고하는 것이다.

기업이 반드시 배워야 하는 교훈들 중 하나는 기업가 정신의 중요성이다. 이것은 새로운 분야에서건 안정된 사업 분야에서건 마찬가지다.

5. 경제적 적응과 관련해 기업가 모델과 기업가적 사고방식이 중요해졌다.

기업가 정신을 생각할 때 가장 먼저 떠오르는 것은, 새 사업을 시작하거나 새로운 산업을 개척하는 독립적인 기업가들이다. 그러나 한편으로 기업가 정신은 '대기업'이 지속적인 성공을 유지하는 데 필수적이다. 이것은 1980년대에 얻은 교훈이었다. 수년간 존재해 온 거대 기업 조직에 필요한 '기업가적 사고방식'이 무엇인지 알려면 미국 산업의 초창기와 미국이란 나라를 일약 성장으로 이끈 혁신가들을 되돌아보는 것이 유용하다.

자본주의의 도래와 초창기 미국 기업가들의 출현을 통해 사람들의 의식에 많은 변화가 일어났다. 이 모든 것이 자존감의 욕구와 직접 관련이 있다는 점은 주목할 만하다. 당시에 일어난 변화들을 간략히 살펴보자.

"당신의 태생이 당신을 어떤 사람으로 만들었습니까?"라는 질문은 다음 질문으로 대체되었다. "당신은 어떻게 지금 당신의 모습을 만들었습니까?" 달리 말하면 정체성은 이제 더는 물려받는 무엇이 아니라 개인이 만들어내는 것이 되었다.

진보(progress)라는 개념이 사람들의 상상력을 자극했다. 그 전제는 지적 능력, 독창성, 진취성이 생활 수준을 끊임없이 향상시킬 수 있다는 것이었다. 새로운 발견들, 새로운 상품들, 창의성의 새로운 표현들이 제한 없이 계속해서 삶의 질을 높일 수 있다는 것이었다. '정신'이 사람이 가진 최고의 고정 자산이라는 점이 아직 온전히 이해되지는 못했지만, 배경에 머물러 있던 정신은 '실력' 또는 '능력'이라는 이름으로 전면에 나서기 시작했다.

과거 부족 사회에서는 순응과 복종이 가치 있는 일로 여겨졌다. 그러나 이와 대조적으로 자기 신뢰와 자기 책임이 이 새로운 시대의 질서에 가장 적합한 것으로 여겨졌다. 독립성은 경제적 적응력이라는 면에서 미덕이 되었다.

영리 추구에 이용할 수 있는 새로운 지식들이 높이 평가되었다. 새로운 부를 창출할 가능성을 인식하고 실현할 수 있는 능력도 높이 평가되었다. 기업가적 사고방식은 보상을 받았다.

물론 모든 사람이 똑같이 이런 관점을 이해하고 받아들인 것은 아니었다. 전혀 그렇지 않았다. 심지어 뛰어난 혁신가들 중에서도 과거로부터 전해 온 권위주의적 사고방식에서 완전히 벗어나지 못한 이들이 있었다. 해묵은 관점과 사고방식이 하룻밤 사이에 없어지거나 아무런 저항 없이 사라지지는 않는다. 새로운 전망을 완전히 받아들이기 위한 싸움은 지금도 진행 중이다.

새로운 경제 체제는 낡은 질서를 무너뜨렸다. 권위를 따지지 않았으며, 자주 전통을 무시했다. 변화를 두려워하지 않고 오히려 속도를 한껏 높였다. 자유는 도취할 수도, 두려워할 수도 있었다.

기업가 정신은 본질적으로 반(反)권위주의이며, 현 상태를 타파하는 것이며, 언제나 기존의 것들을 더는 쓸모없게 만들어버리는 방향으로 나아간다. 20세기 초에 경제학자 조지프 슘페터(Joseph Schumpeter)는 기업가 정신이 발현되는 것을 '창조적 파괴'라 부르기도 했다.

기업가 활동의 핵심은 자원에 새로운 부를 창출할 수 있는 능력을 부여하는 것이며, 이전에는 미처 발견되거나 실현되지 않았던 생산적 가능성을 알아보고 현실로 만드는 것이다. 여기에는 먼저 스스로 생각하는 능력, 자기 자신의 눈으로 세상을 바라볼 수 있는 능력이 필요하다. 이때 적어도 어떤 면에서는, 다른 사람들에 의해 인식된 세계를 지나치게 고려하지는 않아야 한다.

자본주의 초기에는 가진 것이라고는 머리와 야심밖에 없는 사람들이 산업을 일구고 돈을 벌어 갑자기 출세한 경우가 있었다. 이런 사람들은 거의 대부분 노동자로 출발했고, 고등학교를 졸업한 이도 거의 없었다.(고등학교에 입학했던 사람도 적었다.) 존재 자체로 이들은 봉건적 귀족주의의 잔재인 '올드 머니'*에 대한 도전이자 비난이었다. 사회적 지위에 기반을 두었고 노동을 멸시했던 올드 머니는 이 새로운 부의 생산자들을 경멸과 분노의 눈으로 바라보았다. 그들은 기업가를 파렴치한 졸부라고 불렀으며, 기업가들의 활동이 사회적 불균형을 초래할 것이라고 주장했다. 사실상 기업가는 올드 머니의 사회적 지위만이 아니라 그들의 자존감도 위협했다. 물려받은 지위가 아니라, 시장 원리에 따라 개인의 장점과 성취로 평가받는 체제에서 그들에겐 과연 어떤 일이 벌어지겠는가?

자본주의는 자존감을 위해 이전 어느 때보다 넓은 무대를 마련해주었지만, 한편으로 사람들에게 부족 사회에서나 과거에는 볼 수 없었던 도전을 안겨주기도 했다. 바로 자기 신뢰, 자기 주장, 자기 책

올드 머니(Old Money) 일반적으로 몇 세대 넘게 부를 유지해 온 세습 부자들을 말한다. 특히, 공식적으로 귀족 계급이 존재하지 않았던 미국에서 사실상 사회적으로 귀족으로 여겨진 부자들을 가리키는 말이다. 19세기 미국의 올드 머니는 주로 농장주와 대상인 가문 출신이었다. (옮긴이)

임이라는 도전이었다. 자본주의는 독립적인 정신을 요구하는 시장을 만들어냈다.

우리가 근대 자본주의와 관련해 떠올리는 대기업이 미국에서 출현한 것은 남북 전쟁(1860~1865) 이후였고, 유럽에서는 프랑스-프로이센 전쟁(1870년) 이후였다. 겨우 130여 년 정도 된 이야기이다. 19세기 내내 사람들은 대부분 농업 경제에 종사했다. 수천 년 동안 그랬듯이, 사람들은 농장에서 일해서 생계를 유지했고, 토지가 부의 주된 원천이었다. 미국은 소상인과 농부의 나라로 출발했다. 그때까지만 해도 아무도 19세기의 마지막 사반세기 동안 미국에 대기업들과 이례적인 경제 성장이 나타나기 시작할 것이라고 상상하지 못했다. 그 변화는 철도 산업과 함께 일어날 것이었다.

평범한 농부나 상인은 혁신가가 아니었다. 일반적으로 혁신가는 선조들에 비해 훨씬 자립적이었고, 확실히 더 독립적이고 더 지략이 풍부했다. 그는 아마 아메리카에서 새로운 삶을 살기 위해 유럽의 고향을 떠나왔을 것이다. 신세계의 더 느슨한 사회 구조와 더 큰 자유 속에서 그는 더욱 자기 자신에게 의지했으며 더 주도성을 발휘하고 더 높은 자존감을 지니도록 요구받았을 것이다. 하지만 당시 상황에 대해 우리가 아는 바에 따르면, 경제적 적응을 위해 수준 높은 교육이나 혁신성이 요구되지는 않았다. 그의 정신, 학습 능력, 의사 결정 능력은 지속적인 도전을 받지 않았다.

따라서 스스로 도전받고 있다고 생각하거나 도전에 대처해야 한다는 자극을 받은 사람들—기업가들과 발명가들—은 거의 극소수였다. 이들이 바로 미국을 농업 사회에서 제조업 중심 사회로 이끈 사람들이었다. 그리하여 미국은 철강, 전기, 전화와 전신, 농업 시설과 농경학, 사무용 설비, 초창기 가전제품, 나중에는 자동차와 항공기 분야에서 선두를 달릴 수 있었다.

20세기에 성공의 정점에 이르렀을 때 미국 기업들은 외국과 경쟁하며 안일함에서 깨어났다. 그리고 기업 내부에 깊이 뿌리박힌 관료주의의 저항에 부딪치면서 기업가 정신의 변치 않는 중요성을 다시 생각하게 되었다. 작은 기업들이 이룬 성취가 부분적으로 이러한 생각의 전환을 자극했으며 미래로 향하는 길을 일러주었다.

지난 20년 동안 중소 기업체 전반에 걸쳐 기업가 정신이 폭발적으로 나타났다. 1980년대 후반에 새로 사업을 시작한 기업은 매년 60만 개에서 70만 개에 이르렀다. 그에 비해 1950년대와 1960년대 호황기에 신생 기업의 숫자는 이 수치의 6분의 1 또는 7분의 1에 불과했다. 1970년대 초반부터 〈포천(Fortune)〉 선정 500대 기업이 꾸준히 인력을 감축하면서 생존을 위해 분투하는 동안, 중소기업들은 어림잡아 180만 개에 이르는 새로운 일자리를 창출해냈다. 이 일자리들은 대부분 직원 수가 20명에 못 미치는 기업들이 제공한 것이었다. 중소기업들은 시장에 나타난 변화와 기회에 재빨리 대응하는 능력, 그러니까 혁신성과 유연성을 드러냈다. 규모가 크고 절차가 번거로운 기업들은 종종 이런 능력이 너무 부족하다.

대기업은 중소기업들로부터 경쟁력을 잃지 않는 방법을 배울 수 있었다. 전통적이고 행정적인 경영과 기업가 정신에 따르는 경영 사이에서 균형을 잡는 문제를 두고 많은 회사들이 여전히 애를 쓰고 있다. 전자는 기존의 것들을 지키고 키워 나가는 데 초점을 맞추는 방식이며, 후자는 기존의 것들을 낡고 쓸모없는 것으로 만드는 방식이다. 기업가 정신이 작은 기업이나 신생 기업의 전유물이 아니라는 점은 갈수록 분명해지고 있다.

대기업 상황에서 기업가 정신을 발휘하는 것은 규모가 작은 기업들처럼 창의적이고 공격적으로 생각하는 법을 배우는 것을 말한다. 이것은 더 기민하게 움직이고, 방해 요소를 줄여 나가고, 신속하게 반응하며, 새로운 기회를 암시하는 발전에 꾸준히 관심을 기울여야 한다는 뜻이다. 그러려면 다른 무엇보다 관료주의를 근절하고 구성원 각자가 기업가 정신을 발휘할 수 있도록 자유를 주어야 한다.

이러한 요구에 부응해, 점점 더 많은 대기업들이 내부에 자율적인, 또는 반(半)자율적인 단위들을 만들었다. 복합적 문제, 변화에 대한 거부, 관료주의적 경영이라는 방해물로부터 혁신가들을 해방시키려는 의도였다.

더 넓게 보면, 기업들은 정상적인 기업 운영의 한 부분이자 정상적인 기업 운영을 위해 계획된 혁신을 실행하는 데 전념하고 있다. 기업들은 배울 수 있고 조직할 수 있으며 실행할 수 있는 일종의 규율로서 혁신을 다루는 법을 배우는 중이다.•

만일 낮은 자존감이 변화에 대한 저항, 잘 알고 익숙한 것을 고수하려는 태도와 관련이 있다면, 인류 역사상 오늘날처럼 낮은 자존감이 경제적으로 불이익을 주는 때는 없었다. 높은 자존감이 변화를 편안하게 다루고 과거에 집착했던 것들을 버리는 태도와 관련이 있다

• 피터 드러커는 이 일이 어떻게 이루어지는지를 《혁신과 기업가 정신(Innovation and Entrepreneurship)》에서 밝혔다.

면, 오늘날 자존감이 높은 사람은 경쟁에서 우위를 차지하기 쉽다.

여기서 분명히 확인할 수 있는 원칙이 있다. 미국 산업 초창기에, 경제가 상당히 안정적이고 변화의 속도가 비교적 느렸던 시기에는 기업의 관료주의적 스타일이 꽤 효율적이었다. 경제가 덜 안정적이 되고 변화의 속도가 빨라지면서, 관료주의적인 기업은 갈수록 적응력이 떨어졌고 새로운 발전에 재빨리 대응하지 못하게 되었다. 이런 사실을 자존감의 필요와 관련지어 생각해보자. 경제가 안정될수록 그리고 변화의 속도가 느릴수록, 건강한 자존감을 지닌 사람들이 시급히 많이 필요하지는 않다. **경제가 불안정해질수록 그리고 변화의 속도가 빠를수록, 자존감이 높은 개인들에 대한 수요가 커진다. 이것은 분명 우리의 현재와 미래의 모습이다.**

6. 모든 경제 활동에서 정신이 핵심 요인이자 지배적인 요인으로 떠올랐다.

이 문장의 의미는 앞서 다룬 내용들에 모두 담겨 있으나, 몇 가지만 더 차례로 살펴본다.

농업 경제에서는 토지가 곧 부를 의미한다. 제조업 중심 경제에서 부는 고정 자산과 설비, 산업 생산에 필요한 기계와 여러 재료들 같은 무언가를 만들어내는 능력을 의미한다. 농업 사회에서나 제조업 중심 사회에서나 부는 정신이 아니라 물질의 측면에서 이해된다. 지식과 정보가 아니라 물리적 자산이 부의 척도가 되는 것이다.

제조업 중심 사회에서 지적 능력이 경제 발전을 배후에서 이끄는 힘인 것은 분명하다. 하지만 사람들이 부를 생각할 때는 대개 니켈이나 구리 같은 원자재나, 제강 공장이나 방직기 같은 물리적 소유물을 떠올린다.

부는 자연의 원료를 인간의 목적에 맞게 변형함으로써 창출된다. 이를테면 씨앗을 수확물로 바꾸고, 폭포를 전력 공급원으로 바꾸고, 철광석과 석회암, 석탄을 철로 바꾸고, 철을 아파트 대들보로 바꾸는 식이다. 만일 모든 부가 정신과 노동의 산물, 사고에 따르는 행동의 산물이라고 한다면, 농업 사회에서 산업 사회로의 이행은 말하자면 정신과 신체 활동 사이의 균형이 크게 변화한 것이라고 이해할 수도 있다. 육체 노동의 중요성이 하향 곡선을 그리며 떨어지기 시작한 반면에 정신의 중요성은 상승세를 그리기 시작했다.

인간의 지적 능력이 확대됨에 따라, 기계가 근육의 힘을 대체했다. 육체 노동이 덜 필요해졌지만 생산성은 더 높아졌다. 기술 발전이 진화를 거듭할수록 정신 노동에 비중이 쏠리고 있다. 정신 노동이 중요해질수록 자존감도 더 중요해진다.

정보 경제(information economy)가 등장하면서 이러한 발전 과정은 정점에 이르렀다. 물적 자원이 점점 덜 중요해지고, 지식과 새로운 생각이 거의 가장 중요한 것이 되었다.

예를 들어 컴퓨터의 가치는 물리적 구성 요소가 아니라 컴퓨터가 구현하는 생각과 지식에 있고, 또 인간이 들여야 하는 엄청난 노력을 덜어주는 데 있다. 모래의 주성분인 규소로 만들어지는 마이크로칩의 가치는 그 안에 부호화되어 담긴 정보에 있다. 통신용으로 쓰는 광케이블은 기존 구리선보다 정보 전달 양이 1만 5천~1만 6천 배가량 많고 속도도 훨씬 빠르다. 그러면서도 구리선보다 저렴하고 효율적이며, 생산하는 데 에너지가 훨씬 덜 든다.

1979년 이후 미국은 매년 전년보다 더 적은 에너지로 더 많이 생산해 왔다. 세계적인 원자재 가격 하락은 경제 생활에서 정신이 지배적인 위치를 차지하게 된 결과라고도 할 수 있다.

정신은 언제나 사람이 생존하는 데 필요한 기본 도구였다. 하지만 역사적으로 아주 오랫동안 이 사실을 자각하지 못했다. 그러나 오늘날 세계에서 이 점을 모르는 사람은 거의 없다.

어떤 개인, 어떤 조직이 성공할까?

오늘날 경제적으로 부(富)와 경쟁 우위의 원천은 지식, 정보, 창의성, 그리고 이 모든 요소들이 혁신으로 이어지는 데 있다. 이 과정에서 개인과 조직 양쪽 모두 뚜렷한 도전에 직면하게 된다. 고용인이든 독자적으로 일하는 전문가든 간에 개인들은 다음과 같은 도전을 받는다.

적절한 지식과 기술을 습득하고 평생 동안 끊임없이 배움에 충실해야 한다. 지식이 빠르게 발달하기 때문에 이것은 필수적이다.

다른 사람들과 함께 효율적으로 일하는 법을 알아야 한다. 그러려면 글이나 말로써 의사소통을 하는 기술을 포함해 우호적인 관계를 맺는 능력과 타협을 통해 합의에 이르는 방법을 이해해야 한다. 필요할 때는 기꺼이 리더의 임무를 맡고 동료들에게 동기를 부여하는 자발성도 요구된다.

변화가 생겼을 때 적절하게 대처하고 반응한다.

독자적으로 생각하는 능력을 기른다. 그러면 어떤 혁신도 불가능하지 않다.

이러한 도전들에 대응하려면 자신의 일과 거기에 필요한 지식과 기술, 일에서 얻는 기회, 일이 제공하는 성장과 자기 개발의 가능성을 잘 의식해야 한다. 평생 학습을 충실히 이행하는 것은 의식적인 삶의 실천이 자연스럽게 드러난 것이라 할 수 있다.

다른 사람을 대할 때에는 타인을 존중하는 바탕이 되는 자기 존중이 필요하다. 불필요한 두려움과 질투, 적개심을 벗어버리고, 공정하고 합당하게 대우받으리라는 기대를 품고, 자신이 다른 사람에게 도움이 되는 진정한 가치를 지닐 수 있다는 확신을 품어야 한다. 여기서 다시 자존감이 중요하게 떠오른다.

한 예로 빈약한 자존감이 의사소통 과정에서 어떻게 나타날지 생각해보자. 자존감에 문제가 있는 사람들은 종종 자신의 생각을 깎아내린다. 심지어 자기 생각을 겉으로 표현하는 도중에도 그렇게 한다. 이런 사람들은 "제 생각에는"이나 "제가 느끼기에는" 같은 말로 문장을 시작해 사실을 의견으로 혼란스럽게 바꾸어버린다. 새로운 아이디어를 내놓기 전에 먼저 사과부터 한다. 자기를 비하하는 발언도 한다. 이들은 어색함과 긴장을 해소하려고 부적절한 때 웃기도 한다. 의견 충돌이나 '거부'당할 것을 예상하고는 당황하고 불안해하며 얼어버린다. 말을 끝맺을 때 문장 끝의 억양을 올려서 진술을 꼭 질문처럼 들리게 만든다. 의사소통에서 나타나는 문제가 모두 교육이 부족해서 그런 것은 아니다. 간혹 스스로 자신을 방해하는 행위를 하게 만드는 자기 개념이 원인이 된다.

또는 너그러움, 선의, 다른 사람들과 건설적으로 교류하는 능력처럼 긍정적인 자기 개념과 관련된 경우를 생각해보자. 건강한 자존감을 지닌 사람은 다른 사람의 잘못에 기대어 자신의 가치를 증명하려 들지 않는다. 이런 사람들은 쓸데없이 호전적인 태도로 관계를 맺지 않는다. 직원, 상사, 하급자, 손님, 의뢰인을 막론하고 자신이 만나는 모든 사람과 공개적으로 또는 은밀하게 전쟁을 벌이는 중이라고 생각하는 것은 자기 의심과 불안 때문이다.

협력은 참여자들이 기꺼이 자발적으로 책임을 지려는 태도에 달려 있다. 이러한 태도는 자기 책임을 실천하는 데 따르는 당연한 결과이다. 또 협력은 사람들이 자신이 한 약속을 지키고, 자신들의 헌신을 존중하고, 자신이 다른 사람에게 행하는 행동의 결과를 생각하고, 신뢰와 신용을 보이려는 자발적인 의지에 달려 있다. 이 모든 것은 개인의 자아 통합이 드러나는 것이다.

오늘날 개인은 역사상 그 어느 때보다 자기 실현, 성취, 자기 표현의 기회를 많이 누리고 있지만, 동시에 심리 발달이라는 측면에서 개인에게 요구되는 바도 늘어났다.

물론 자존감이 개인에게 필요한 유일한 자산은 아니다. 이 점은 분명히 짚고 넘어가자. 그렇지만 자존감이 결여된 사람은 심각할 정도로 제 역할을 못하며, 실제로 경쟁에서 불리하다.

조직이 해결해야 하는 도전으로는 다음과 같은 것들이 있다.

혁신의 흐름을 지속적으로 유지한다는 요구에 부응한다. 이를 위해 혁신성과 기업가 정신을 훈련하여 조직의 사명, 전략, 정책, 실천, 보상 체제를 발전시킨다.

'개인의 중요성'에 대해 말만 앞세우지 말 것. 이를 위해 진취성, 창의성, 자기 책임, 헌신을 북돋고 보상하는 문화를 조성한다.

자존감이 성과에 끼치는 영향을 분명히 알고, 필요한 방침을 시행하여 자존감을 지원한다. 그러려면 개인이 이해할 수 있는 정상적이고 명료하며 모순되지 않는 환경에 대한 욕구를 잘 알고 반응해야 한다. 개인이 지닌 배움과 성장의 욕구, 성취의 욕구, 자신의 말을 들어주고 존중해주기를 바라는 욕구, (책임질 수 있는) 실수를 허용하는 환경을 바라는 욕구도 마찬가지다.

지식 노동자들은 방금 말한 것 같은 대우를 요구하고 그런 대우를 제공하는 기업들을 선호할 수 있으며 그런 기업들에 경제적으로 이익을 안겨줄 것이다. 이제 고용인들은 스스로 이렇게 물을 것이다. "여기는 내가 배우고 성장하고 자신을 개발하고 즐기면서 일할 수 있는 회사일까?" 그들은 은연중에 물을 것이다. "이곳은 내 자존감에 도움을 줄 곳인가, 아니면 해를 끼칠 곳인가?"

앞으로는 특히 배우는 조직이 성공하는 조직이 될 것이라고들 한다. 이 말은 자존감을 촉진하는 조직이 성공하는 조직이 될 것이라는 뜻이기도 하다.

최고의 능력을 끌어내는 조직

리더들은 대개 스스로 이렇게 묻지 않는다. "어떻게 해야 우리 조직에 자존감을 뒷받침하는 문화를 만들 수 있을까?" 하지만 의식적으로 살아가는 리더들은 이렇게 묻는다. "혁신성과 창의성을 촉진하려면 어떻게 해야 할까? 어떻게 해야 최고의 능력을 지닌 사람들을 끌어들이는 매력적인 조직을 만들 수 있을까? 어떻게 해야 그들이 지속적으로 조직에 헌신하도록 이끌 수 있을까?"

모두 다른 질문들이지만, 그 답들은 크게 보면 같거나 적어도 의미 있는 수준에서 서로 겹친다. 혁신성과 창의성을 기르면서 자존감을 북돋지 않는 조직은 거의 없을 것이다. 자존감을 기르고 그 중요성을 합리적으로 이해하면서, 혁신성과 창의성, 재미, 헌신을 북돋지 않는 조직도 찾기 어려울 것이다.

예를 하나 들어보자. 어떤 기업들에서는 새로운 지식과 기술의 습득과 임금 인상을 연동하는 실험을 하고 있다. 직원들은 새로운 것을 배우고 새로운 전문 분야에 통달할 때 임금으로 보상을 받는다. 이것은 지식과 기술을 더 많이 습득할수록 앞으로 회사에 더 많이 기여하게 될 것이라는 가정을 바탕으로 한다. 하지만 능력을 키우는 것이 곧 자기 효능감을 더 많이 경험하는 것으로 이어질까?

개인의 관점에서 볼 때, 일을 통해 자존감을 높일 수 있다는 건 분명한 사실이다. 여섯 기둥 모두 여기에 분명하게 적용할 수 있다. 높은 수준의 의식과 책임감을 지니고 업무를 수행하면 자존감이 강화된다. 마찬가지로 이렇게 일하지 않으면 자존감이 약해진다.

기업의 초청을 받아 자존감의 원리와 기법이 성과를 올리는 데 어떻게 활용될 수 있는지 알려주기 위해 기업을 방문하는 경우가 있다. 그럴 때 나는 종종 문장 완성 기법을 활용한다. 참가자들에게 몇 주 동안 6~10개씩 매일 문장을 완성하도록 요청하는 것이다. 이때 제시하는 문장 줄기는 다음과 같다.

> 오늘 내가 5퍼센트만 더 의식적으로 일한다면, _____
> 내가 오늘 일과에서 5퍼센트만 더 자기 수용을 실천한다면, _____
> 오늘 내가 5퍼센트만 더 스스로 책임을 진다면, _____
> 오늘 내가 5퍼센트만 더 자기 주장을 한다면, _____
> 오늘 내가 5퍼센트만 더 목적 의식을 지니고 산다면, _____
> 오늘 내가 5퍼센트만 더 높은 자아 통합성을 발휘해 일한다면,
>
> _____

이 문장 줄기들을 비롯한 수십 개의 문장 줄기들은 여섯 기둥을 실천하는 것이 자존감뿐 아니라 생산성과 효과적인 대인 관계의 측면에서 어떻게 영향을 끼치는지를 곧장 경험할 수 있게 촉진한다.

여기서 나는 조직의 관점에서 보는 자존감에 초점을 맞추고자 한다. 즉 조직의 입장에서 자기 효능감과 자기 존중을 저해하거나 북돋는 방침과 실천들을 살핀다는 뜻이다. 구성원들이 일을 할 때 높은 수준의 의식과 자기 수용(과 다른 사람들을 받아들임), 자기 책임, 자기 주장(과 다른 사람의 자기 주장을 존중함)을 실천하는 조직은 사람들에게 엄청나게 힘을 실어주는 조직이 될 것이다. 어떤 조직에서

이러한 특성들이 뒷받침을 받으려면 다음과 같은 조건들이 충족되어야 한다.

1. 안전하다고 느끼는 환경

조롱받거나 멸시당하거나 수모를 겪지 않으리라고 안심할 수 있다. 또는 솔직하거나, 정직하거나, "실수했습니다."라고 시인하거나, "잘 모르겠어요. 하지만 알아볼게요."라고 말하는 것 때문에 처벌받지 않으리라고 안심할 수 있다.

2. 받아들여진다고 느끼는 환경

예의 바른 대우를 받고, 다른 사람이 하는 말에 귀를 기울여주고, 생각과 감정을 솔직하게 드러내도록 요청받는다. 개인의 존엄이 중요하게 다루어진다.

3. 도전 의식을 느낄 수 있는 환경

흥분되고 영감을 주며 자신의 능력을 시험하고 마음껏 펼칠 수 있는 과제를 부여받는다.

4. 인정받는다고 느끼는 환경

개인의 재능과 성취를 인정받고, 조직에 특별히 기여했을 때는 금전이나 그밖에 다른 방법으로 보상을 받는다.

5. 건설적인 피드백을 받는 환경

직원들에게 성과를 높일 수 있는 방안을 모욕감을 주지 않는 방식을 통해 알려준다. 이때 부정적인 측면보다 긍정적인 측면을 강조하고 직원들의 역량을 쌓을 수 있는 방식으로 피드백이 이루어진다.

6. 직원에게 혁신을 기대하고 있음을 알 수 있는 환경

직원들에게 의견을 구하고, 브레인스토밍을 권장한다. 직원들은 회사에서 자신들에게 새롭고 쓸모 있는 아이디어를 발전시키기를 바라고 매우 환영한다는 것을 안다.

7. 정보에 쉽게 접근할 수 있는 환경

적절한 업무 수행에 필요한 기존 정보와 자원만이 아니라, 회사의 목표나 발전 같은 더 폭넓은 상황에 대한 정보를 얻을 수 있다. 그리하여 직원들은 자신들의 활동이 회사 전체의 사명과 어떻게 관련되는지 이해할 수 있다.

8. 책임에 합당한 권한이 주어지는 환경

직원들은 진취성을 발휘하고 결정을 내리고 판단을 하도록 권장받는다.

9. 명료하고 모순 없는 규칙과 지침이 있는 환경

직원들이 자신들의 지적 능력으로 이해하고 믿을 수 있는 시스템을 제공받는다. 직원들은 회사가 자신에게 기대하는 바를 안다.

10. 자신들의 문제를 가능한 한 많이 해결하도록 권장하는 환경

직원들은 문제 해결의 책임을 상급자에게 떠넘기기보다 직접 해결하도록 기대를 받는다. 직원들은 그렇게 할 수 있는 권한을 부여받는다.

11. 실패에 따르는 불이익보다 성공에 따르는 보상이 훨씬 크다는 것을 아는 환경

성공의 보상보다 실패했을 때 불이익을 주는 기업이 너무 많다. 이런 일터에서는 사람들이 위험을 무릅쓰거나 자신을 표현하기를 두려워한다.

12. 배움을 격려받고 보상받는 환경

직원들은 지식과 기술을 향상시킬 수 있는 교육 과정이나 프로그램에 참여하도록 권장받는다. 교육이 회사 안에서 이루어지든 밖에서 이루어지든 모두 괜찮다.

13. 기업의 강령과 공언한 철학이 일치하고, 리더와 경영진의 태도 역시 부합하는 환경

직원들은 자아 통합의 본보기를 보고, 자신들이 본 바에 걸맞게 행동해야겠다고 생각하게 된다.

14. 공정하고 정당하게 대우받는 환경

직원들은 자신의 일터가 신뢰할 수 있는 합리적 세계라고 느낀다.

15. 자신들이 만들어낸 가치를 믿고 자부심을 느낄 수 있는 환경

직원들이 자신들이 기울인 노력이 정말로 쓸모가 있으며 자신이 하는 일이 가치 있다고 인식한다.

이 같은 조건이 충족되는 조직이라면 높은 자존감을 지닌 사람들이 일하고 싶어 할 것이다. 보통 수준의 자존감을 지닌 사람도 그런 기업에서는 자신의 자존감을 높일 수 있다고 생각할 것이다.

관리자가 해야 하는 일

언젠가 기업의 관리자 몇 명과 만난 자리에서 조직에서 구성원의 자존감을 북돋는 조건들에 관해 간략히 설명하던 중이었다. 그들 중 한 명이 이런 말을 했다. "지금 자존감이라고 하셨지만, 듣고 보니 직원들이 적극적이고 창의적으로 참여하도록 격려하는 환경을 말씀하시는 것 같습니다. 그러니까 혁신을 촉진하는 환경이겠지요." 정확히 보았다.

다음은 자존감이 높은 기업을 만들고자 하는 경영진에게 제안하는 목록이다. 내용 중에는 어쩔 수 없이 겹치는 부분도 있다.

1. 관리자는 자신의 자존감을 위해 노력해야 한다.

자신의 의식 수준, 책임감, 자아 통합 수준을 끌어올리기 위해 노력한다. 이것은 일을 할 때에나, 직원, 하급자, 동료, 상급자, 고객, 공급 업체를 비롯해 업무상 사람들을 만날 때 모두 중요한 영향을 끼친다.

2. 직원들과 대화할 때는 그 순간에 충실하라.

상대방의 눈을 바라보고 적극적으로 귀기울이고 적절히 반응해서 상대의 말을 경청하고 있음을 알게 해준다.

3. 공감하라.

말하는 사람이 내가 그가 하는 말만이 아니라 그의 감정까지 이해하고 있음을 알게 한다. 이로써 말하는 사람은 자신의 존재감을 느낄 수 있다.

4. 상대가 누구든 언제나 상대를 존중하는 말투를 유지하라.

상대를 내려다보는 듯한 태도나 뽐내거나 조롱하거나 비난하는 어조로 말하지 말라.

5. 일과 관련해 사람을 만날 때는 내면의 자아가 아니라 업무를 중심으로 보라.

업무상 논쟁이 인격들 간의 충돌로 악화되지 않도록 하라. 언제나 현실에 중점을 두어야 한다. "지금 상황이 어떤가?" "이 일에 무엇이 필요한가?" "어떤 일을 해야 하는가?"

6. **직원들에게 자기 책임을 실행할 수 있는 기회를 주어라.**

직원들이 주도권을 쥐고 자발적으로 생각하며 새로운 일을 시도하면서 자신의 영역을 넓힐 수 있는 여지를 준다.

7. **직원들이 이해할 수 있게끔 이야기하라.**

규칙과 지침들이 분명하지 않을 경우, 그에 대한 근거를 제시하고, 특정한 요구 사항을 수용할 수 없는 이유를 설명해야 한다. 단순히 위에서 내려온 명령을 전달하는 데 그치지 말아야 한다.

8. **직원에게 불공정한 행동을 하거나 성질을 부리는 실수를 저질렀다면, 그 사실을 인정하고 사과하라.**

후회할 만한 행동을 했음을 인정한다고 해서 자신의 위엄이나 위상이 훼손된다고 (일부 독재적인 부모들이 그러하듯) 생각하지 말라.

9. **자신이 어떤 유형의 상사인지, 직원들에게 피드백을 부탁하라.**

나는 "직원들이 당신에 대해 하는 말을 들어보면 자신이 어떤 유형의 관리자인지 알 수 있다."라는 말에 동의하는 편이다. 관리자는 직원들의 평가를 확인하고, 자신이 배움과 자기 교정에 열려 있음을 알린다. 평가에 방어적이지 않은 태도를 앞장서서 보여준다.

10. **실수를 하거나 "잘 모르겠습니다. 하지만 알아보겠습니다."라고 말해도 괜찮다는 사실을 알린다.**

실수나 모르는 것 자체를 두려워하게 만들면, 직원들이 속임수를 쓰거나 스스로 행동을 억제하거나 창의성이 고갈되는 결과로 이어진다.

11. 당신 말에 동의하지 않아도 괜찮다는 사실을 알게 하라.

다양한 의견을 존중한다는 것과 설령 생각이 다르더라도 처벌하지 않는다는 사실을 전한다.

12. 어떤 행동이 바람직하지 못하다고 말할 때 비난하지 않고 말한다.

직원이 용인할 수 없는 행동을 했다면 그 결과를 짚어주고 관리자로서 당신이 바라는 행동은 어떤 것인지 전달한다. 이때 인신공격을 하지 않도록 삼간다.

13. 당신이 자신의 감정을 솔직하게 말하고 있음을 알린다.

상처를 받았거나 화났거나 불쾌하게 느꼈다면 솔직하면서 정중하게 이야기하라.(그리고 사람들에게 자기 수용의 힘을 알려주어라.)

14. 업무나 의사 결정을 훌륭하게 해낸 직원이 있다면, 그에게 어떻게 그럴 수 있었는지 원인과 방법을 스스로 알아보게 한다.

적절한 질문을 던져, 성취를 이룰 수 있었던 요인을 스스로 더 잘 의식하게 도와준다. 그리하여 장차 다른 사람들도 그렇게 할 수 있는 가능성을 높인다.

15. 용인할 수 없는 행동이나 잘못된 결정을 한 사람에게 앞서 말한 원칙들을 적용하라.

잘못을 바로잡고자 피드백을 주는 데 그치지 말고, 그렇게 된 이유를 스스로 찾아보도록 요청한다. 그렇게 해서 의식의 수준을 높이고 잘못을 되풀이할 가능성을 최소한으로 줄인다.

16. 누구나 알기 쉽고 명백한 수행 기준을 세워라.

업무의 질과 관련해 관리자가 지닌 양보할 수 없는 기대 수준이 어떤 것인지 직원들이 알게 하라.

17. 칭찬은 공개적으로, 바로잡는 일은 비공개로 진행하라.

성취를 인정해줄 때에는 가능한 많은 사람들이 듣는 가운데 하라. 그러나 잘못된 점을 바로잡을 때에는 사생활을 보장해야 한다.

18. 칭찬은 현실에 맞게 하라.

사소한 일에 찬사를 늘어놓아 칭찬을 쓸모없게 만드는 부모처럼, 크게 부풀리거나 실제 성취에 부합하지 않는 칭찬을 하는 것은 당신이 하는 긍정적인 인정을 빛바래게 만든다.

19. 문제를 일으킨 당사자에게 해결책을 제시하도록 요구하라.

가능하다면 언제나, 해결책을 하달하기보다 책임이 있는 당사자에게 문제 해결을 맡긴다. 그렇게 해서 자기 책임, 자기 주장을 실천하도록 격려하고 인식을 강화하도록 북돋는다.

20. 가능한 방법을 모두 써서 당신이 비난이 아니라 문제 해결에 관심이 있음을 전하고, 당신이 직접 본을 보여라.

우리는 해결책을 구할 때 자존감이 자라고, 비난하거나 핑계를 댈 때 자존감이 약해진다.

21. 직원들에게 어떤 일을 하도록 요구했다면 그 일을 하는 데 필요한 자원과 정보와 권한을 주어라.

권한 없이는 책임도 없다는 사실을 기억하라. 힘은 주지 않고 책임만 맡기는 것만큼 사기를 떨어뜨리는 일도 없다.

22. 훌륭한 관리자나 리더는 멋진 해결책을 내놓는 사람이 아니라, 직원들이 멋진 해결책을 내놓는지 확인하는 사람이라는 점을 기억하라.

관리자는 이를테면 지도하고 훈련시키는 코치이지 문제 해결사가 아니다.

23. 자존감을 북돋는 문화를 만드는 데 개인적으로 책임을 다하라.

상급자들이 모범을 보이지 않는다면, 어떤 '자존감 훈련'을 한다고 해도 직원들은 이 책에서 내가 장려하는 행동들을 지속하지 않을 것이다.

24. 자존감을 해치는 조직 문화의 풍토를 바꾸어라.

낡은 경영 모델에서 만들어진 기존 절차들은 자존감은 물론이고 창의성이나 혁신을 억누를 수 있다.(예를 들어 모든 중요한 결정들이 항상 '명령의 사슬'을 따라야 한다면 직원들은 힘을 잃고 무기력해진다.)

25. 잦은 지시나 관찰, 보고를 피하라.

지나친 '관리'(또는 '미세 관리micromanaging')는 자율성과 창의성의 적이다.

26. 혁신에 적합한 계획과 예산을 세워라.

직원들에게 최선을 다해 혁신적으로 일하라고 요구해놓고 자금(또는 그밖의 자원)이 없다고 하지 마라. 창의적 열정이 사라지고 사기가 저하될 수 있다.

27. 직원들의 주된 관심사를 파악하여, 가능하면 언제나 그 사람의 성향에 맞는 업무와 목표를 주어라.

직원들이 자신이 가장 좋아하는 일, 최선을 다할 수 있는 일을 할 기회를 주어라. 직원들의 강점을 기반으로 삼도록 하라.

28. 직원들에게 자신들이 하는 일을 직접 관리한다고 느끼려면 어떤 것이 더 필요한지 물어보라. 가능하다면 그것을 마련해주어라.

자율성, 즐거움, 목표를 향한 강한 헌신을 촉진하고 싶다면, 직원들에게 권한을 주어라. 당신이 할 일은 권한을 주는 것, 바로 그것이다.

29. 자기 주장, (분별력 있게) 위험을 감수하는 행동, 유연한 행동 양식, 강한 행동 지향성을 통해 자연스럽게 자존감을 표현하는 직원에게 보상을 하라.

이런 가치들에 동의한다고 그저 말로만 내세우는 기업이 너무 많다. 그런 기업들은 실제로는 지시에 순응하고, 어려운 질문을 던지거나 현재 상황에 도전하지 않는 직원, 직무 설명서에 쓰인 대로 일하면서 근본적으로 수동적인 태도를 보이는 직원에게 보상을 준다.

30. 직원들이 개인적으로 그리고 자기 업무와 관련해 성장할 수 있도록 자극이 될 만한 임무를 제시하라.

성장과 자존감, 그리고 일에 대한 열정을 경험하지 못한 직원은 점점 무너지는 경향이 있다.

31. 직원들이 능력을 최대한 발휘하도록 하라.

당신이 알고 있는 직원의 능력을 약간 넘어선 정도의 과제와 프로젝트를 할당하라.

32. 교육을 통해 직원들이 문제를 도전과 기회로 여기게 하라.

이러한 관점은 성취도와 자존감이 높은 사람들에게 공통적으로 나타나는 것이다.

33. 재능이 있지만 팀플레이에 미숙한 사람을 지원하라.

효율적인 팀워크는 누누이 말했듯이 필수적이다. 그렇지만 남들과 다른 음악을 따라 움직이는 현명한 은자(隱者)도 필요하다. 개(별)성을 존중하는 분위기는 팀플레이어들에게도 도움이 된다.

34. 잘못과 실수에서 배울 수 있음을 알려주어라.

"지금까지 일어난 일에서 무엇을 배울 수 있는가?"라는 질문은 자존감을 북돋는다. 동시에 실수를 되풀이하지 않도록 고무하며, 이따금 앞으로 해결책을 일러주기도 한다.

35. 연공서열의 전통에 도전하고, 어떤 단계에서든 성과를 바탕으로 하여 승진할 수 있게 한다.

능력을 인정받는 것은 직원의 자기 존중을 크게 촉진한다.

36. 신제품, 발명, 서비스, 비용 절감 프로젝트를 통해 눈에 띄게 기여한 경우에 아낌없이 보상한다.

조직이 혁신을 원하며 현명한 자기 주장과 자기 표현을 존중한다는 신호를 강화하고자, 이익 배분제, 이연 보상제, 현금/주식 보너스, 특허권 같은 방법을 활용할 수 있다.

37. 높은 성과를 올린 직원에게는 표창장과 감사장을 수여하고, 최고 경영자에게도 이와 같은 행동을 요구하라.

기업이 직원들의 '정신'을 높이 평가한다는 사실이 알려지면, 직원들은 자신들이 달성할 수 있다고 여기는 한계선까지 계속 노력해야겠다는 의욕을 느낀다.

38. 개인적인 자아 통합의 기준을 정하라.

관리자는 약속을 지키고, 책임감을 존중해야 한다. 또 회사 안에서는 물론이고 공급 업체와 고객을 비롯해 모든 사람을 공정하게 대하라. 이렇게 행동하는 다른 사람을 인정하고 지원하라. 그리하여 직원들에게 '도덕적인' 기업에서 일한다는 자부심을 심어주어라.

리더의 자존감 수준이 조직의 성패를 결정한다

지금까지 말한 모든 내용은 관리자뿐 아니라 최고 경영자나 기업 총수 같은 리더들에게도 분명히 적용되는 이야기이다. 하지만 리더를 위해 몇 가지만 더 말하고 싶다.

기업을 이끄는 리더의 기본적인 역할은, 먼저, 기업이 달성해야 하는 비전을 개발하고 이를 설득력 있게 전달하는 것이다. 또 리더는 조직을 위해 일하는 모든 사람들을 격려하고 힘을 주어 기업의 비전을 실현하는 데 이바지하게 하고, 직원들에게 그렇게 기여하는 것이 곧 자신들의 이익에 부합하는 행동임을 경험하게 해주어야 한다. 리더는 영감을 고취하고 설득하는 사람이 되어야 한다.

자존감이 높은 리더일수록 이러한 역할을 더 성공적으로 수행할 수 있다. 자신의 정신을 불신하는 사람은 다른 이들의 정신을 최선의 상태로 이끌 수 없다. 자신을 믿지 못하는 불안 때문에 늘 자신이 옳고 다른 사람들이 틀렸다고 증명하는 것이 일차적인 욕구가 된 사람이라면, 그런 리더는 다른 사람들에게서 최선을 이끌어낼 수 없다.

훌륭한 리더는 자아가 없다는 주장은 잘못된 생각이다. 리더는 어떤 만남에도 위태롭지 않을 만큼 충분히 건강한 자아가 필요하다. 그래야지만 자신의 권력 확대나 자기 보호를 지향하지 않고 자유롭게 업무와 성과를 지향할 수 있다.

자존감의 정도를 1점부터 10점까지 매길 수 있다고 상상해보자. 이때 1점은 상상할 수 있는 가장 낮은 수준의 자존감이고, 10점은 가장 바람직한 수준의 자존감을 뜻한다. 자존감이 5점인 리더라면 각각 7점과 3점인 두 사람 중 어느 쪽을 채용할 가능성이 높을까? 리더에게는 아무래도 3점인 사람이 더 편하게 느껴질 것이다. 대부분 사람들은 자기보다 자신감 넘치는 사람 앞에서 위축되는 듯한 느낌을 받기 때문이다. 이 사례를 수백 번, 아니 수천 번 곱씹어보라, 그리고 사업 결과를 예측해보라.

리더십 분야의 전문가인 워런 베니스(Warren Bennis)는, 최고의 리더들을 연구한 바에 따르면 그들이 지닌 열정은 기본적으로 자기표현을 위한 것이라고 이야기한 바 있다.[5] 그들에게 일은 명백히 자기 실현을 위한 수단이다. 그들에게는 이 세상에, 그리고 현실 속에서 자신의 '정체성'을 드러내려는 욕망이 있다. 이 책에서 내가 말한 자기 주장의 실천과 같은 것이다.

리더들은 보통 자신이 어떤 사람인지가 실제로 자신이 이끄는 조직에 어느 정도나 영향을 끼치는지 충분히 깨닫지 못한다. 리더들은 자신이 어느 정도나 역할 모델이 되는지도 인식하지 못한다. 물론 모두 의식적으로 이루어지는 일이라고 할 순 없지만 주변 사람들은 리더가 하는 아주 사소한 행동까지 눈여겨보고 받아들인다. 그리하여 그런 리더의 사소한 행동들이 조직 전체에 반영된다. 상대가 동료든 하급자든 고객이든 공급 업체든 주주든 간에 리더가 만나는 사람마다 존중하는 태도로 대한다면 그것이 곧 기업 문화가 되기 쉽다.

그러므로 일을 할 때 '리더십 능력'을 발휘하고 싶은 사람이라면 누구나 자존감을 높이려 노력해야 한다. 자존감의 여섯 기둥을 일상에서 꾸준히 실천하려고 노력하는 것은 자신의 삶은 물론이고 리더십을 위해서도 최고의 훈련이다.

조직이 개인의 자존감을 높일 수 있을까?

올바른 조직 환경이 자존감이 낮은 사람을 자존감이 높은 사람으로 탈바꿈시킬 수 있을까? 별로 그럴 것 같지는 않다. 비록 훌륭한 관리자나 감독관이 한 사람에게서 이전에는 누구도 끌어내지 못했던 자존감을 끌어내거나, 적어도 자기 존중의 수준을 개선할 수 있는 토대를 놓은 사례들을 생각할 수는 있지만 말이다.

분명히 심리 치료 같은 전문적인 도움이 필요한, 문제 있는 사람들이 있다. 그러나 기업은 심리 치료 클리닉이 아니다.

하지만 평균적인 수준의 자존감을 지닌 사람이라면, 개인의 가치와 중요성을 잘 아는 조직에서 친밀하고도 사적인 도움을 받을 가능성이 크다. 비록 기업이 존재하는 목적은 그것이 아닐지라도 말이다. 그리고 그렇게 하면서 기업은 자신의 생명과 활력에 기여한다. 자존감을 뒷받침하는 방침들은 수익을 낳는 방침이기도 하다. 자존감을 해치는 방침을 시행하면 회사는 조만간 돈을 잃는다. 직원들을 존중하지 않고 함부로 대하면서 그들이 최선을 다하기를 기대할 수는 없기 때문이다. 오늘날처럼 경쟁이 치열하고 세계 경제가 빠르게 변화하는 상황에서 이것만큼 중요한 일은 없다.

16장

자존감과 심리 치료

:

1950년대에 심리 치료를 시작했을 때, 나는 사람들이 겪는 매우 다양한 정신적 고통이 낮은 자존감이라는 공통된 원인에서 비롯된다고 확신하게 되었다. 낮은 자존감은 심리적 문제를 일으키는 선행 요인이자 동시에 심리적 문제의 결과이기도 했다. 둘의 관계는 상호적이다. 머리말에서도 말했듯이, 이것이 바로 내가 자존감이라는 주제에 매료되는 계기가 된 깨달음이었다.

어떤 심리적 문제들은 제대로 발달하지 못한 자존감이 직접적으로 드러나는 것으로 이해할 수 있다. 예를 들어 지나친 수줍음, 소심함, 자기 주장이나 친밀함에 대한 두려움이 그런 경우이다. 그런가 하면 어떤 심리적 문제는 빈약한 자존감을 부인하는 데서 나오는 결과로 이해할 수 있다. 즉, 현실의 문제에 맞서기 위해 만들어진 방어 기제가 그렇다. 예를 들어 조종하거나 통제하는 행동, 충동을 억압하기 위한 강박적 의례, 부적절한 공격성, 두려움에서 비롯되는 성적 행동, 타인에게 해를 끼치는 파괴적인 야망이 그런 경우이다. 이 모든 것들은 자신이 가치 있는 존재임을 경험하거나 자신의 효능감, 통제 능력을 경험하기 위해 만들어진다. 그뿐만 아니라, 그 자체로 빈약한 자존감의 징후인 문제들은 지속적으로 자존감을 깎아내리는 요인이라는 점이 분명해 보였다.

따라서 나는 심리 치료의 일차 과제는 자존감을 쌓도록 도와주는 것이라고 보았다. 그러나 동료들은 생각이 달랐다. 여태까지 그래 왔듯이, 그들에게 자존감은 거의 고려할 문제가 아니었다. 전통적인 가정에 따르면, 자존감은 심리 치료의 부산물로서 은연중에 간접적으로 얻게 될 이득이었다. 그러니까 다른 문제들이 해결되면 내담자가 자연스럽게 자기 자신을 더 나은 존재로 느끼게 된다는 것이다.

불안과 우울이 해소됐을 때 내담자가 스스로 더 강해졌다고 느끼는 것은 사실이다. 그러나 자존감을 높이면 불안과 우울이 낮아지는 것도 사실이다. 나는 자존감이 명시적으로 이야기되어야 하며 그럴 수 있다고 생각했다. 모든 치료 기관에서 그러한 맥락이 만들어져야 한다. 자존감이 아니라 다른 특정한 문제를 해결하는 데 집중하는 경우더라도 자존감을 강화하는 방식으로 치료 과정의 틀을 짜거나 맥락을 설정한다면 분명 자존감을 높일 수 있을 것이다.

예를 들어 거의 모든 심리 치료 학파에서는 내담자들이 일찍이 회피해 왔던 갈등이나 도전을 직면하도록 도와준다. 그러나 나는 보통 이렇게 묻는다. "어느 정도까지는 자신이 다루어야 하는 문제임을 알고도 그 문제를 회피했을 때, 당신은 자기 자신에 대해 어떻게 느끼나요? 회피 충동에 억눌리지 않고 위협적인 문제를 직접 대면했을 때 자신에 대해 어떻게 느끼나요?" 나는 자존감에 미칠 영향을 고려해 치료 과정의 틀을 짠다. 나는 내담자들이 자신이 한 선택과 행동이 자기 자신에 대한 경험(자신을 어떤 존재로 느끼고 경험하는가 하는 것)에 얼마나 영향을 끼치는지 알기를 바란다. 나는 그러한 앎이 성장의 강력한 동기가 된다는 것을 안다. 그것은 종종 두려움을 다스리거나 넘어서는 데 도움을 준다.

이 장에서 나는 심리 치료의 기법 같은 것을 설명하려는 것이 아니다. 나의 목적은 심리 치료 상황에서 자존감을 쌓는 일과 관련해 몇 가지 일반적인 견해를 제시하고, 더불어 나의 접근 방식을 제시하고자 한다. 이 장은 임상의나 심리 치료를 공부하는 학생들뿐 아니라, 자존감 지향성을 하나의 좌표계로 삼아 심리 치료를 생각하는 모든 사람들을 위해 쓰였다.

심리 치료의 목표를 무엇으로 삼을 것인가

심리 치료는 기본적으로 두 가지 목표가 있다. 하나는 고통을 덜어주는 것이고, 다른 하나는 행복을 촉진하고 늘리는 것이다. 이 두 가지는 서로 겹치는 측면이 있지만 같지는 않다. 불안을 줄이거나 제거하는 일이 자존감을 기르는 데 도움이 될 수 있다 하더라도 두 가지가 서로 동등한 것은 아니다. 마찬가지로, 우울을 줄이거나 제거하는 일이 행복감을 키우는 데 기여하더라도 두 가지가 동등하지는 않다.

한편으로 심리 치료는 비합리적인 공포, 우울 반응, (아마도 과거의 트라우마 경험에서 비롯되었을) 온갖 골치 아픈 감정을 줄이는 것을 목표로 삼는다. 다른 한편으로 심리 치료는 삶에 대해 생각하고 삶을 바라보는 새로운 방식과 기술, 자기와 타인을 대하는 더 나은 전략을 익히도록 격려한다. 그리고 자신의 가능성을 더 넓게 볼 수 있도록 격려한다. 나는 이 두 가지 심리 치료의 목표를 자존감 강화라는 맥락에서 살펴보고자 한다.

자존감을 기르는 일은 부정적인 것을 없애는 것을 넘어선다. 긍정적인 것들을 획득해야 한다. 자존감을 기르려면 더 높은 수준의 의식이 필요하다. 또 여기에는 더 큰 자기 책임과 자아 통합이 필요하다. 자존감을 기르려면 자발적으로 두려움에서 벗어나 갈등과 혼란스러운 현실을 대면하는 쪽으로 움직여야 한다. 물러서고 회피하기보다 맞서고 극복하는 법을 배워야 한다.

만일 심리 치료 과정이 막바지에 이르렀을 때 내담자가 처음 치료를 시작했을 때보다 더 의식적으로 살게 되지 않았다면, 그 치료는 실패한 것이다. 만일 치료 과정에서 내담자가 자기 수용과 자기 책임, 그리고 자존감을 뒷받침하는 그밖의 다른 실천들에서 성장하지 않았다면, 우리는 치료에 의문을 제기해야 한다. 어떤 학파든 상관없이, 이러한 관점에서 볼 때 모든 효과적인 심리 치료는 적어도 어느 정도까지는 성장을 촉진한다. 그러나 만일 치료자가 여섯 가지 실천의 중요성을 이해한다면, 그리고 그 실천들을 의식적인 계획을 통해 장려한다면, 치료는 더 지속적인 결과를 낳을 것이다. 치료자에게는 자존감을 높이는 인지적 · 행동적 · 실험적 수단을 개발해야 하는 도전이 주어진다.

내담자가 좀 더 깨어 있는 삶을 살고 현실과 더 나은 방식으로 접촉하도록 하기 위해 심리 치료의 목표를 내담자가 더 높은 수준의 의식을 지니도록 촉진하는 데 둔다면, 대화, 심리 훈련, 심리 작용, 신체와 에너지를 쓰는 활동, 과제를 통해 앎을 가로막는 장벽을 제거할 수 있다. 다른 한편으로 더 높은 의식을 자극하고 힘을 불어넣을 수도 있다.

만일 심리 치료의 목표가 더 큰 자기 수용을 북돋는 것이라면, 치료자는 치료가 진행되는 사무실에 수용적인 분위기를 조성하고, 내담자로 하여금 그동안 차단하고 부인했던 자기의 일부를 되찾고 확인하도록 이끌고, 내담자에게 자기 자신 그리고 자기 일부와 적대적이지 않은 관계를 맺는 것이 중요하다는 것을 알려준다.(423쪽의 부분인격subpersonalities에 관한 내용을 보라.)

만일 심리 치료의 목표가 자기 책임을 강화하는 것이라면, 치료자는 책임을 치료자에게 떠넘기려는 내담자의 책략을 좌절시키고, 훈련을 통해 내담자가 자기 책임에 따르는 보상을 올바로 이해하도록 촉진하고, 자신을 구원할 사람은 자신 말고 없다는 점과 우리는 모두 자신의 선택과 행동에 책임이 있고 자신의 욕망을 이루는 것도 자신의 책임이라는 사실을 가능한 모든 수단을 동원해 전달한다.

심리 치료의 목표가 자기 주장을 격려하는 것이라면, 자기 주장을 해도 안전하다고 느낄 수 있는 분위기를 조성하고, 문장 완성이나 사이코드라마, 역할 놀이 같은 다양한 훈련(자기 주장을 하는 것에 대한 두려움을 완화하거나 상쇄하는 훈련)을 통해 자기 주장을 가르친다.

그리고 내담자가 위협적인 갈등과 도전을 직시하고 처리할 수 있도록 적극적으로 격려한다.

만일 심리 치료의 목적이 목적 있는 삶을 살도록 돕는 것이라면, 치료자는 삶에서 목적의 역할과 중요성을 일깨우고, 내담자가 목표를 명확히 하고 표현할 수 있게 도와준다. 그리고 구체적인 실행 계획과 전략, 전술, 목표 달성의 필요성을 탐색하고, 내담자로 하여금 주도적이고 목적 있는 삶을 사는 것이 수동적이고 반응하는 삶을 사는 것보다 더 큰 보상을 안겨준다는 사실을 깨닫게 한다.

만일 심리 치료의 목표가 자아 통합을 고무하는 것이라면, 치료자는 가치의 명료화, 내면의 도덕적 혼란과 갈등, 개인의 삶과 행복에 실제로 보탬이 되는 가치들을 선택하는 것의 중요성, 자신의 신념에 맞게 살아가는 데서 얻는 혜택, 자기 배반의 고통에 초점을 맞출 필요가 있다.

여기서 이런 내용을 더 자세히 설명할 생각은 없다. 다만 자존감을 키우는 것이 핵심 목표일 경우에 심리 치료에 관해 **생각하는 방식**을 제안하면서 이 내용들을 주로 언급할 것이다.

내담자의 감정을 수용하고 존중하는 태도

부모나 교사의 경우도 마찬가지지만, 끊임없이 수용하고 존중하는 태도를 보여주는 것이 아마도 심리치료사가 내담자의 자존감에 기여할 수 있는 첫 번째 방법일 것이다. 이것이 도움이 되는 치료의 토대이다.

이러한 태도는 내담자가 찾아왔을 때, 치료자가 어떻게 맞이하고, 바라보고, 이야기를 건네고 듣는지를 통해 전달된다. 여기에는 정중한 태도, 시선 마주치기, 잘난 체하거나 도덕적으로 판단하지 않기, 주의 깊게 듣기, 상대를 이해하고 또 이해받는 데 관심 두기, 그때그때 적절하게 반응하기, 전지적인 권위자의 역할을 맡지 않기, 내담자가 성장할 수 없다는 믿음을 거부하기 따위가 포함된다. 내담자가 어떤 행동을 하든지 치료자는 계속해서 그를 존중한다. 이것이 전하는 메시지는 바로 이런 것이다. "사람은 누구나 존중받을 자격이 있고, 당신도 존중받을 자격이 있는 존재입니다." 이런 대우를 받는 것이 아주 드물고 심지어 특별한 경험인 내담자라면 시간이 가면서 자신의 자기 개념을 재구성하도록 자극받을 것이다. 칼 로저스는 수용과 존중이 얼마나 강력한 영향을 끼치는지 알았기에 수용과 존중을 치료법의 핵심으로 삼았다.

한 내담자가 내게 이렇게 말했다. "우리의 치료 과정을 되돌아보았을 때, 제가 늘 선생님에게 존중받고 있다고 느꼈다는 그 단순한 사실만큼 놀라운 일은 없는 것 같아요. 저는 선생님이 저를 경멸하고 포기하게 하려고 온갖 수단을 다 썼습니다. 선생님을 제 아버지처럼 행동하게 만들려고 계속 노력했던 거죠. 하지만 선생님은 협력하지 않았어요. 어쨌든, 전 그 문제를 처리해야 했고, 처음엔 어려웠어요. 하지만 치료가 강력한 힘을 발휘하기 시작하면서 그 일을 해낼 수 있었습니다."

내담자가 두려움이나 고통, 분노의 감정을 설명할 때, "저런, 그렇게 느끼면 안 되죠!"라고 응답하는 것은 전혀 도움이 되지 않는다.

치료자는 치어리더가 아니다.

비판, 모욕, 빈정거림, 주의를 흩뜨리는 질문, 훈계 같은 것에 대처할 필요 없이 자신의 감정을 표현하는 것은 중요하다. 종종 표현하는 과정에서 본질적인 치유가 이루어진다. 강렬한 감정을 불편하게 느끼는 치료자는 자기 자신부터 치유할 필요가 있다. 공감하면서 차분하게 들어주는 것은 치유의 가장 기본이다.(또 이것은 진정한 우정, 그리고 말할 필요도 없이 사랑의 기본이다.) 내담자의 감정 표현 욕구가 충족되었을 때, 감정을 좀 더 깊이 탐색하고 의심해볼 만한 근원적인 가정들을 검토해보도록 권하는 것이 도움이 될 수 있다.

수용과 존중의 가치에 이론적으로 동의하고, 심지어 선의를 품은 치료자라 해도 그것을 늘 실행할 수 있을지는 확실하지 않다. 여기서 말하는 것은 주로 빈정거림, 도덕적 비난, 그밖의 모욕적인 행동 같은 명백한 실수들이 아니다. 나는 미묘한 형태로 나타나는 고압적인 태도, 우월 의식, "내가 이끌어주지 않으면 당신은 불행해질 거야."라는 식의 태도를 말하는 것이다. 이런 태도들은 내담자를 열등한 위치에 두고 치료자의 전능함을 암시한다. 전통적인 의사-환자 관계를 본뜬 정신분석이 아마 이 같은 실수에 더 취약할 것이다. 그러나 이런 실수는 어떤 치료 학파에서도 나타날 수 있다. 이 문제는 치료자의 이론적 지향보다 치료자가 인정받고 존경받고 싶은 자신의 욕구를 다스리는 능력과 더 관련이 있을 것이다. 나는 학생들에게 이렇게 말하고 싶다. "(치료의) 목표는 치료자가 훌륭하다는 걸 증명하는 게 아닙니다. 내담자가 **자기 자신이** 훌륭하다는 걸 발견하도록 돕는 게 목표입니다."

이것이 바로 내가 명시적인 가르침보다 경험을 통한 배움을 선호하는 이유 중 하나이다.(그러나 때로는 명시적 가르침이 더 나을 수도 있음을 부인하지 않겠다.) 경험을 통한 배움은 심리 훈련, 심리 작용, 과제 등을 통해 이루어지는데, 이때 내담자는 권위자에게서 자신에 대해 듣기보다 스스로 의미 있는 현실을 **발견한다.** 그리고 이 배움의 과정 자체의 속성상 내담자의 자율성이 강화된다.

내면의 밝은 면 드러내기

심리 치료를 원하는 사람들은 대부분 자기를 이해하고 싶다는 기본적인 목표를 지니고 있다. 그들은 치료사에게 자신이 가시적인 존재이기를 바라고, 스스로 자신의 존재감을 더 뚜렷이 느끼게 되기를 바란다.

많은 이들에게 자기 이해란 기본적으로 '어두운 비밀'을 드러내는 것을 뜻하는데, 여기에는 전통적인 정신분석이 깊이 영향을 끼쳤다. 정신분석학의 아버지인 프로이트는 정신분석가와 탐정이 하는 일의 차이를 이렇게 설명한 적이 있다. 프로이트에 따르면, 탐정의 경우에는 범죄가 이미 알려진 상황에서 범인의 정체를 밝히는 일이 주어진다. 반면에, 범인이 이미 알려져 있는 상황에서 그가 어떤 범죄를 저질렀는지 알아내는 것이 정신분석가가 해결해야 할 도전이다. 이 말을 문자 그대로 받아들이지 않고 일종의 비유로 본다고 해도, 여기에는 썩 유쾌하지 않은 함의가 담겨 있다.

정신분석가가 아니라 해도 많은 임상의들이 동일한 사고방식을 갖고 있다. 전문가로서 그들이 지닌 직업적 자부심은 내담자를 '어두운 면'(융 심리학 용어로 말하면 '그림자')과 대면하게 하고 그 어두운 면을 완전히 끊어내기보다 통합하도록 이끄는 능력에 초점이 맞추어져 있다. 물론 이것은 필요하고 중요한 일이다. 그러나 자존감이 중심인 치료에서는 다른 곳에 우선순위와 강조점을 둔다.

대부분 사람들은 모르(기에 부정할 수 없)는 **자원**과 접촉하고자 하는 욕구를 인지하지 못한다. 이것은 자신에게 있는지조차 알지 못하는 힘과 한 번도 탐구해본 적 없는 잠재력을 이해하려는 욕구이자, 한 번도 불러낸 적 없는 자기 치유와 자기 개발의 능력을 이해하려는 욕구이다. 이론적 지향에 상관없이, 치료자들 간의 기본적인 차이는 자신의 과업을 주로 내담자가 지닌 장점, 미덕, 자원을 드러내는 것이라고 생각하는지, 아니면 단점, 흠, 결함을 드러내는 것이라고 생각하는지에 달려 있다. 자존감을 중심에 둔 치료에서는 긍정적인 측면에 중점을 두어 내담자의 힘을 드러내고 활성화하는 것을 최우선 과제로 삼는다. 부정적인 측면도 필요하지만 항상 긍정적인 것에 집중하고 강조점을 두는 맥락에서 다루어진다.

심리학을 조금이라도 아는 사람이라면 내면의 살인자와 단절되는 일이 얼마나 위험한지 안다. 하지만 내면의 영웅과 단절되었을 때 어떤 비극이 일어나는지 이해하는 사람은 그보다 훨씬 적다. 심리 치료에서 내담자의 신경증적인 부분은 보통 쉽게 알 수 있다. 그러나 건강한 부분을 알아내고 동원하는 일은 일종의 도전이다.

때때로 우리는 자신이 지닌 긍정적 자원을 간단히 무시해버린다. 우리는 자신의 능력을 온전히 알지 못한다. 그러나 때로 우리는 스스로 그러한 앎을 억누르기도 한다. 여러 해 전에 심리 치료 집단에서 만났던 한 젊은 여성이 기억난다. 그녀는 자기 자신에 대해 충격적일 만큼 부정적으로 (그리고 부당하게) 말하는 데 전혀 거리낌이 없었다. 나는 그녀에게 시험 삼아 자리에서 일어서서 사람들을 마주보고 큰 소리로 반복해서 이렇게 말해 달라고 요청했다. "사실은 저는 굉장히 똑똑합니다." 그녀는 목이 메는 듯 목소리가 잘 나오지 않았고, 처음에는 전혀 문장을 말할 수 없었다. 내가 말을 할 수 있도록 도와주자, 그녀는 눈물을 흘리기 시작했다. 나는 그녀에게 이런 문장 줄기를 제시했다. "내가 나의 지적 능력을 인정했을 경우에 생기는 나쁜 일은, _____"

여기 그녀가 처음으로 만든 문장의 나머지 부분이 있다.

"우리 가족이 나를 미워할 것이다."
"가족 중에 나를 생각해주는 사람이 없을 것이다."
"여자 형제와 남자 형제 모두 나를 질투할 것이다."
"나는 어디에도 속하지 못할 것이다."
"나는 내 삶에 책임을 져야 할 것이다."

나는 또 다른 문장 줄기를 주었다. "만일 내 문제를 해결하는 데 나의 지적 능력을 썼더라면, _____" 그녀는 이렇게 문장을 맺었다.

"내가 인정하든 인정하지 않든 이미 내 삶은 나의 책임이라는 것을 알았을 것이다."

"내가 과거에 살고 있다는 것을 알았을 것이다."

"더는 내가 작고 어린 소녀가 아니라는 것을 알았을 것이다."

"겁에 질린 것은 과거의 어린 소녀이지 어른인 내가 아님을 알았을 것이다."

"내 삶의 주인이 되었을 것이다."

그다음에는 이런 문장 줄기를 주었다. "나의 힘을 인정하는 것과 관련해 무서운 일은, _____" 그녀의 마무리는 이랬다.

"아무도 내게 미안해하지 않았을 것이다."

"낯선 지역으로 이사했을 것이다."

"남자 친구를 새롭게 보게 되었을 것이다."

"나 말고 나를 도와줄 사람은 아무도 없다는 걸 알았을 것이다."

"나는 아마 혼자가 될 것이다."

"새로운 삶의 방식을 배워야 했을 것이다."

"사람들의 기대를 받게 될 것이다."

"나 자신을 주장하는 법을 배워야 했을 것이다."

"지금은 두렵지 않아요!"

숙련된 심리치료사들은 다양한 방법으로 내담자가 자기 자신의 긍정적인 자원과 연결되도록 해준다. 그 방법을 여기서 다룰 필요는 없다. 여기서 중요한 점은 오로지 다음 기본 문제이다. "치료자가 **주로** 내담자의 결함에 초점을 맞추는가, 아니면 자원에 초점을 맞추는가?"(치료자의 말을 항상 그대로 믿을 수는 없다. 치료자들은 종종 자신의 신념과 다르게 행동하기 때문이다.) 가족 치료자로서 버지니아 사티어가 지닌 놀라운 재능의 비밀은, 그녀가 지닌 확신과 그 확신을 내담자들에게 그대로 심어주는 능력이었다. 사티어는 사람은 누구나 자기 문제를 해결하는 데 필요한 자원을 지니고 있다고 믿었다. 결과를 낳는 측면에서 볼 때, 이것은 심리치료사가 지닐 수 있는 가장 중요한 능력 중 하나이다.

우리는 누구나 본질적으로 '문제 해결사'이다. 삶에서 마주치는 도전과 어려움에 맞서서 우리가 내놓는 해결책은 의식적으로든 잠재의식적으로든 우리 자신의 욕구를 충족하려는 목적이 있다. 때때로 우리가 쓰는 방법들은 비현실적이고 심지어 자기 파괴적('신경증적')이지만 그 방법에도 어떤 수준에서는 자신을 보호하려는 의도가 담겨 있다. 심지어 자살마저도, 도저히 견딜 수 없는 고통으로부터 벗어남으로써 자기를 돌보려는 비극적인 노력의 하나로 볼 수 있다.

젊을 때에는 자신에게 중요한 타인들의 비난이나 자신의 평형 상태를 뒤흔들 수 있는 감정과 정서를 끊어내고 억누르는 것이 가능하다. 그리고 시간이 흐른 후에 자기 소외, 왜곡된 지각, 그밖에 여러 가지 증상들로써 대가를 치르게 된다. 하지만 아이의 관점에서 보면, 억압에는 기능적 효용이 있다. 억압은 아이를 좀 더 성공적으로 살 수 있게 해주거나 적어도 고통을 덜어주려는 의도가 있다.

젊은 시절에 우리는 많은 상처와 거부를 경험하고 '자기 보호'의 차원에서 내가 먼저 다른 사람을 거부하기 위한 방침들을 개발할 수 있다. 이 방침은 행복한 삶을 위한 것이 아니다. 그러나 그 의도는 고통을 초래하는 것이 아니라 줄이는 것이다. 심리학자들이 '신경증(neurotic)'이라고 꼬리표를 붙인 생존 전략들은 사실상 우리에게 혜택이 아니라 상처를 주지만, 그럼에도 불구하고 폭풍우 치는 바다에 떨어졌을 때 구명 기구에 꼭 매달리듯 여기에 매달린다. 이것들은 우리가 '좋은 적응(good adaptation)'이라고 부르는 걷기나 말하기, 생각하기를 배우는 것처럼 우리에게 이익이 된다.

내담자들은 자기 삶에 주어진 도전들에 제대로 대응하지 못했다는 것 때문에 몹시 부끄러워할 수 있다. 그들은 자신의 행동을 현실적으로 유용하며 의도된 것이라는 관점에서 보지 못한다. 그들은 자신의 소심함, 지나친 공격성, 친밀한 관계를 회피하는 성향, 성욕 항진증에 대해 알지만, 그 뿌리는 알지 못한다. 그들은 자신이 맹목적으로 추구하는 욕구를 알지 못한다. 내담자가 느끼는 수치심과 죄책감은 상황을 개선하기는커녕 더 힘들게 만든다. 그러므로 내담자의 자존감을 뒷받침할 수 있는 한 가지 방법은 내담자들에게 생존 전략이라는 개념을 가르쳐줌으로써 그들이 자신이 저지른 최악의 실수가 자기 보호 차원에서 나온 그릇된 시도였음을 이해하도록 도와주는 것이다. 자기 비난의 감정은 충분히 검토하고 이해할 필요가 있다. 그러나 그런 다음에도 그 감정을 끌어안고 있는 것은 아무런 도움이 되지 않는다. 자기 비난의 감정이 사라졌을 때 내담자는 자신의 욕구를 충족할 더 나은 해결책을 더 자유롭게 고려할 수 있다. "만일 당신이 한 일이 전혀 쓸모가 없다고 자각한다면, 기꺼이 좀 더 만족스러운 대안을 찾으려고 하지 않겠는가? 기꺼이 다른 대안을 시도해보는 실험을 하겠는가?"

부분인격 통합하기

기술적인 측면에서 나의 접근 방식은 아마 다음 두 가지 방법 면에서 다른 이들과 가장 뚜렷이 구별될 것이다. 이전 책들은 물론이고 이 책에서도 계속해서 보여준 문장 완성 방법, 그리고 지금부터 다룰 부분인격(subpersonality)을 이용하는 방법이다.*

자존감의 두 번째 기둥('자기 수용')을 이야기하면서, 자기의 '모든 부분'을 받아들이는 것에 관해 말했다. 그리고 생각, 감정, 행동, 기억을 언급했다. 그러나 우리의 '부분들'은 실제로 그 자신만의 고유한 가치, 관점, 감정을 지닌 부분자기(subself)들을 포함한다. 병리적인 차원에서 '다중 인격'을 말하는 것이 아니라, 대부분 사람들이 알지 못하는 인간 정신의 정상적인 구성 요소들을 말한다. 심리치료사가 건강한 자존감을 발달시키는 일을 돕고자 할 때, 부분인격들의 역학을 이해하는 것은 매우 중요하다. 이것은 우리가 스스로 자신에게서 발견하기는 어려운 영역이다.

부분인격이라는 개념은 거의 심리학만큼이나 역사가 오래되었다. 이 개념은 개인에게는 오로지 단일한 인격이 있을 뿐이고 그 인격에 대응하는 가치나 생각, 반응 역시 하나라는, 자기(self)에 대한 획일적 관점이 인간이란 존재를 지나치게 단순화한다는 생각을 표현한

---

* 부록 2에서 자존감을 쌓기 위한 31주 문장 완성 프로그램을 소개하고 있다.

다. 그러나 이러한 일반론을 넘어서, 심리학자들마다 부분인격을 어떻게 이해하는지 그리고 심리 치료에서 어떻게 활용하는지는 크게 차이가 난다.

내 아내이자 동료인 디버스 브랜든은 먼저 내게 자존감 문제에서 부분인격이 왜 중요한지를 설득했고, 나아가 각 부분들을 확인하고 통합하는 획기적인 방법을 개발하기 시작했다. 내가 이 주제에 진지하게 관심을 갖기 전이었다. 우리는 자각되지 못하거나, 차단되었거나, 거부당한 부분자기들이 갈등과 원치 않는 감정, 부적절한 행동의 원천이라는 것을 알았다. 자각되고 존중받고 전인격(total personality)에 통합된 부분자기들은 활력, 풍부한 감정, 여러 선택지, 좀 더 큰 만족감을 주는 정체감을 낳았다. 이것은 너무나 큰 주제이기 때문에 여기서는 간단히 소개하는 정도에서 그친다.

쉬운 예로 시작해보자. 우리 정신에는 누구나 현재 '자신'으로 인식하는 어른-자기(adult-self)뿐 아니라, 한때 우리 자신이었던 어린아이가 살아 있는데 이를 아이-자기(child-self)라 부른다. 모든 사람의 정신 상태는 시시때때로 변하는데, 의식의 잠재력으로서 어린아이의 준거 틀과 대응 방식은 우리 정신에서 오래 지속된다. 그러나 우리는 아이-자기를 '죽여야' 어른으로 성장할 수 있다는 잘못된 관념 때문에 이미 오래전에 아이와 아이의 감정, 인식, 욕구, 반응을 억눌렀을 수 있다.

이것을 알고 나자, 아이-자기와 다시 연결되고 의식적이고 자애로운 관계를 만들어내지 못하는 사람은 결코 온전한 전체가 될 수 없다는 확신이 이어졌다. 이 과업은 특히 자율성 획득에 중요하다. 나는 이 과업을 게을리했을 때 외부, 즉 다른 사람들로부터 치유받기를 기다리는 경향이 나타나며 결코 바라는 대로 이루어지지 않는다는 것을 알았다. 치유는 자기와 다른 사람들 사이에서 이루어지는 것이 아니라 어른-자기와 아이-자기 사이에서 이루어져야 한다. 고통스럽고 평생 지속되는 거부당했다는 감정을 마주하지 못하고 계속 주위를 배회하는 사람은 문제가 내면화되었으며 그 자신이 '어른-자기'의 '아이-자기' 거부를 포함하는 자기 거부(self-rejection)에 가담했음을 알기 어렵다. 따라서 이런 경우에 인정이라는 **외적** 자원으로는 상처를 치유하지 못한다.

그러면 먼저 '부분자기' 또는 '부분인격'이란 무엇을 가리키는가?(두 단어는 같은 의미로 쓰인다.) **부분자기** 또는 **부분인격**은 각기 구분되는 관점, 가치 지향, 그 자신의 '인격'을 지닌 정신의 일부이자 역동적인 구성 요소이다. 이것은 어떤 특정한 시간에 개인이 드러내는 반응을 어느 정도 지배할 수 있다. 개인은 어느 정도 그 존재를 의식할 수 있고, 어느 정도 받아들이고 호의적으로 대하기도 한다. 이것은 어느 정도 개인의 전체 심리 체계에 융화되어 있을 수 있다. 그리고 시간이 가면서 성장하고 변화할 수도 있다.(나는 부분자기를 '역동적'이라고 말하는데, 부분자기는 그저 수동적으로 여러 태도를 저장하는 창고가 아니라 정신의 다른 요소들과 활발하게 상호 작용을 하기 때문이다.)

아이-자기는 아이에게 걸맞은 가치와 감정, 욕구, 반응을 포함하는, 한때 그 자신이었던 아이의 '인격'이 들어 있는, 정신의 일부이다. 아이-자기는 일반적인 아이나 보편적인 전형을 말하는 게 아니라, 개인의 역사와 발달에서 유일무이한, 개별적이고 자기만의 역사가 있는 아이를 말한다.(이것은 교류분석에서 말하는 '아이 자아-상태'와 전혀 다르다. 교류분석은 일반 모형을 사용한다.)

거의 20년쯤 전에, 어느 날 나는 자존감 세미나를 진행하면서 한때 자기 자신이던 아이와 만나는 상상을 하는 훈련을 지도했다. 훈련이 끝난 후 쉬는 시간이 되자 한 여성이 내게 다가와 말했다. "나무 밑에서 다섯 살 난 어린아이가 저를 기다리고 있더군요. 그 아이가 저 자신이라는 걸 깨달았을 때 어떻게 했는지 궁금하지 않으세요? 나무 뒤에 개울을 만들고 아이를 거기 던져 넣어 빠져 죽게 했어요." 그때 그녀는 차갑고 씁쓸한 미소를 짓고 있었다.

이 일은 우리가 특정한 부분자기를 의식하지 못할 수 있을 뿐 아니라, 의식한다고 해도 곧바로 적대와 거부가 뒤따를 수 있음을 극적으로 보여준다. 우리가 우리의 일부를 경멸하는 동안에는 건강한 자존감을 쌓을 수 없다는 것을 구태여 주장할 필요가 있을까? 나는 우울증을 앓는 내담자 가운데 아이-자기가 그보다 나이 많은 부분자기로부터 (단순히 무시당하거나 거부당하는 것이 아니라) 미움을 받는다고 느끼지 않는 경우를 본 적이 없다.

십 대-자기는 십 대에 걸맞은 가치, 감정, 욕구, 반응을 지닌, 한때 우리 자신이었던 청소년의 '인격'을 담고 있는, 정신의 구성 요소이다. 십 대라고 하면 흔히 머리에 떠올리는 일반 모델 또는 보편적인 전형이 아니라, 특정한 자신만의 역사와 자신만의 발달 과정을 거친 십 대를 말한다.

문제가 있는 부부 관계를 다룰 때, 십 대-자기를 탐구하는 것이 자주 도움이 된다. 십 대-자기는 배우자를 선택할 때 종종 중요한 역할을 한다. 그리고 이후에 부부 관계에서 어려움을 겪거나 위기에 빠지는 시기에 흔히 무의식적으로 십 대 때 정신 상태로 되돌아가곤 한다. "**난** 관심없어!" "내 마음은 아무도 몰라!" "**내게** 이래라 저래라 하지 마!" 같은 뒤로 물러서려는 행동에서 드러난다.

언젠가 둘 다 심리치료사인 부부가 내 사무실을 찾아왔을 때가 기억난다. 두 사람 다 상대에게 화가 잔뜩 나 있었다. 남편은 마흔한 살이었고 아내는 서른아홉 살이었다. 하지만 서로 화를 쏟아내며 상대에게 반항하는 듯한 모습이 마치 둘 다 십 대 청소년처럼 보였다. 내게 오던 길에 아내가 남편에게 거기 가면 남편이 직접 치료자에게 몇 가지 특별한 정보를 말해야 한다고 했다고 한다. 그녀는 자신의 제안에 '권위'를 실으려고 일부러 목소리를 낮추어 '더 나이 든' 사람처럼 말했다. 그런데 남편에게는 그 목소리가 마치 자기 어머니 목소리처럼 들렸고, 남편은 곧바로 쏘아붙였다. "나한테 지시하지 마!" 청소년기에 '끊임없이' 부모의 잔소리에 시달렸던 아내는 남편이 자신을 꾸짖는 투로 말하자 그에 대한 반응으로 청소년의 정신 상태로 돌아갔다. 아내는 화가 나서 주먹으로 남편의 어깨를 치면서 소리를 질렀다. "나한테 그런 식으로 말하지 마!" 나중에 두 사람 다 정상적인 어른의 의식으로 돌아왔을 때, 그들은 자신들이 한 행동을 깨닫고 몹시 당황해했다. "우린 마치 악마한테 씐 것 같았어요." 둘 중 한 사람이 말했다. 이것은 부분자기가 지배적인 위치가 되었을 때 어떻게 느껴지는지, 그럴 때 우리는 무슨 일이 벌어지고 있는지 이해하지 못한다는 걸 보여준다. 나는 두 사람에게 질문을 던져 둘 다 십 대 정신 상태에서 벗어나도록 도왔다. "**지금** 자신이 몇 살처럼 느껴지나요? 그 나이가 지금 이 문제를 해결하는 데 필요한가요?"

이성(異性)-자기는 정신의 구성 요소 가운데 남성에게 있는 여성 부분자기 또는 여성에게 있는 남성 부분자기를 말한다. 이것은 일반적인 '여성(feminine)'이나 '남성(masculine)', 또는 보편적 전형을 말하는 것이 아니라, 개인적 발달, 배움, 문화적 적응, 전반적인 성장의 측면을 반영하는 고유하고 특정한 각각의 남성이나 여성을 말한다.

우리가 외부 세계에서 자신의 반대 성별과 어떤 관계를 맺는가와 내면에 있는 자신의 반대 성별과 어떤 관계를 맺는가는 매우 밀접한 연관이 있다. "여자란 거의 이해할 수 없는 수수께끼 같은 생물"이라고 잘라 말하는 남성은 자기 내면의 여성과 동떨어져 있음이 거의 확실하다. 마찬가지로 남성을 이해할 수 없다고 생각하는 여성은 자기 내면의 남성적인 부분과 동떨어져 있다. 심리 치료에서 나는 '이성-자기'와 관계를 통해 서로 사랑하는 두 남녀가 더 효율적인 관계를 맺을 수 있도록 돕는 매우 강력한 방법 중 하나를 찾아냈다. 이성-자기와 맺은 관계를 더 의식적이고, 더 수용적이며, 더 호의적인 것으로 만들어, 전인격에 이성-자기가 더 많이 통합되도록 만드는 것이다.

그리 놀라운 일도 아니지만, 대체로 남성보다 여성이 내면에 이성-자기가 있다는 견해를 더 편안하게 받아들인다. 하지만 어떤 경우든 부분자기를 증명하는 것은 어려운 일이다.(이것은 동성애나 양성애와 전혀 관계가 없는 문제라는 것을 분명히 밝혀 두고자 한다.)

'어머니-자기'는 정신의 구성 요소 가운데 그 사람의 어머니(또는 '어머니처럼' 어린 시절에 자신에게 큰 영향을 끼친 나이 든 여성)의 인격, 관점, 가치가 내면화된 것이다. 다시 말하지만, 우리가 다루는 것은 일반적이거나 보편적인 '어머니'가 아니라 개별적이고 고유한 어머니이다.(그리고 한 번 더 말하건대, 이것은 교류분석에서 말하는 일반적인 '부모 자아-상태'와 전혀 다르다. '어머니'와 '아버지'는 둘 다 부모이지만 서로 매우 다르다. 둘을 심리학적으로 한 단위로 다루어선 안 된다. 어머니와 아버지는 종종 자녀에게 매우 다른 메시지를 보내고, 태도나 가치 면에서도 무척 다른 모습을 보인다.)

언젠가 그날 만난 마지막 내담자와 함께 사무실을 나와 거리로 막 나섰을 때였다. 기온이 몹시 쌀쌀하다고 느꼈다. 그때 나는 젊은 이에게 충동적으로, 여느 때와 달리 이렇게 말했다. "이런! 스웨터도 없이 밖에 나온 거였어?" 이 말에 놀란 내담자가 뭐라고 대답하기 전에 내가 다시 말했다. "됐어요. 대답하지 말아요. 방금 내가 말한 게 아니라, 우리 어머니가 그런 거니까." 우리는 함께 크게 웃었다. 아주 짧은 순간이었지만, 나의 '어머니-자기'가 내 의식을 지배했던 것이다.

물론 이런 일은 언제나 더 심각한 방식으로 일어날 수 있다. 우리는 어머니가 돌아가시고 나서 오랜 시간이 지난 뒤에도 종종 머릿속에서 어머니의 메시지를 듣고 그 메시지가 나 자신이 보내오는 것이라고 상상한다. 우리 자신의 목소리가 아니라 어머니의 목소리임을 깨닫지 못한 채 말이다. 그것은 우리가 내면화하고 우리 정신 속에 자리를 잡고 살도록 허용한 어머니의 관점, 어머니의 가치, 어머니의 신조이다.

'아버지-자기'는 정신의 구성 요소 가운데 그 사람의 아버지(또는 어린 시절에 '아버지처럼' 크게 영향을 끼친 나이 든 남성)의 인격, 관점, 가치가 내면화된 것이다.

내가 만난 내담자 중에 자기 여자 친구를 친절하고 사려 깊게 대하고 나면 '죄책감'을 느낀다고 호소하는 사람이 있었다. 그에겐 당혹스럽고 이상한 반응이었다. 우리는 그가 느끼는 '죄책감'이 그를 비웃는 '아버지-자기'에서 비롯되었음을 알아냈다. 실제로 그의 아버지는 이렇게 말했다고 한다. "여자들이란 써먹을 대상이지 사람처럼 대접해주면 안 되는 거야. 넌 대체 어떻게 생겨먹은 놈이냐?" 내담자는 힘겨운 노력 끝에 '아버지-자기'가 내는 목소리와 자기 자신의 목소리를 구분하기 시작했다.

여기서 다룬 부분인격들의 목록은 결코 완전한 것이 아니며, 그저 치료 과정에서 우리가 가장 자주 만났던 것들을 보여주는 것일 뿐이다. 치료 과정에서 만나는 각각의 부분자기들은 우리에게 이해, 수용, 존중, 선의를 요구했다. 우리는 치료 과정에서 이를 위해 필요한 기술들을 발전시켰다.

우리는 디버스가 몇 년 전에 찾아낸 두 개의 부분인격이 도움이 된다는 것을 알았다. 엄밀히 말하면 그 부분인격들은 앞서 살핀 부분인격들과 같은 맥락에 놓을 수 없지만, 기능 면에서 같은 방식으로 드러날 수 있었다. 그것은 '외적 자기(outer self)'와 '내적 자기(inner self)'였다.

'외적 자기'는 정신의 구성 요소로서 우리가 세상에 내보이는 자기를 통해 표현된다. 아주 단순하게 말하면, 외적 자기는 다른 사람들이 보는 자기이다. 외적 자기는 내적 자기를 세상에 드러내는 데 꽤 적절한 수단일 수도 있고, 아니면 상당히 견고하고 방어적인, 왜곡된 내적 자기일 수 있다.

'내적 자기'는 오직 자신만 볼 수 있고 경험할 수 있는 자기이다. 다시 말해 사적인 자기, 주관적으로 인식되는 자기이다.(효과적인 문장 줄기: "만일 나의 외적 자기가 나의 내적 자기를 좀 더 많이 세상에 드러낸다면")

우리가 진행한 치료의 핵심은 **부분인격들의 균형을 잡거나 통합하기**이다. 이것은 서로 밀접하게 얽혀 있는 결과들을 향해 부분자기들과 함께 나아가는 과정이기도 하다. 여기에는 다음과 같은 것들이 포함된다.

1. 특정한 부분인격을 알아차리는 법을 배운다. 경험의 총체에서 그것을 분리해내고 확인하는 방법을 익힌다.
2. 의식적인 어른-자기와 특정한 부분인격의 관계를 이해한다.(예를 들어, 의식함/반쯤 의식함/의식하지 못함, 수용/거부, 호의/적대)

3. 부분인격에서 가장 눈에 띄는 특성을 확인한다.(예를 들어 주요 관심사, 지배적인 감정, 특유한 대응법)

4. 의식적인 어른-자기와 비교했을 때 부분인격의 충족되지 못한 욕구 또는 소망을 파악한다.(예를 들어, 존중과 공감을 바탕으로 하여 서로 경청하고 수용하기)

5. 부분인격의 중요한 욕구나 소망이 의식적인 어른-자기에 의해 무시당하거나 충족되지 않았을 때 부분인격이 저지르는 파괴적인 행동을 파악한다.

6. 의식하기, 수용, 존중, 관대함, 열린 의사소통을 통해 의식적인 어른-자기와 부분인격의 관계를 발전시킨다.

7. 특정한 부분인격과 정신의 다른 구성 요소들 간에 존재하는 관계를 확인한다. 그리고 대화, 문장 완성 연습, 거울 작업을 통해 그들 사이의 갈등을 해결한다.

디버스는 내담자들이 자신의 부분자기와 대화하도록 만드는 데 특히 효과적인 방법을 고안했다. 부분인격들과 함께하는 거울 작업은 의식 상태의 변화(altered state of consciousness, 수면, 명상, 최면 등에 따라 일어나는 의식의 변화)를 가져오는데, 일종의 사이코드라마라고 할 수 있다. 내담자 즉 주체가 거울을 마주 보고 앉아서 특정한 부분인격의 의식(자아 상태)으로 들어간다. 그 상태에서 거울에 비친 의식적인 어른-자기에게 말을 건넨다. 이때 거의 언제나 문장 완성 연습을 활용한다.(예를 들어 이런 식이다. "내가 여기 앉아서 너를 보고 있으니까" "네가 마치 어머니처럼 나를 다룬 방식 중 하나는" "내가 네게 원했지만 결코 얻지 못한 것은" "만일 내가 네게 받아들여진다고 느낀다면" "만일 내가 네가 힘들게 노력하는 나를 측은히 여긴다고 느낀다면")

지금 자신보다 어린 '자기'나 '이성-자기'와 함께 하든지, 아니면 '부모-자기'와 함께 하든지 간에 통합을 향해 나아가고 온전함을 경험하기 위해 거치는 과정은 원칙적으로 여기서 말한 것과 언제나 같다. 이 과정을 거치면서 우리는 내버렸던 부분자기들을 혼란의 근원이 아니라 우리에게 힘을 주고 풍요롭게 해주는 긍정적인 자원으로 바꿀 수 있다.

부분인격에 관해 배우지 않고도 자기 수용을 실천할 수 있을까? 물론 가능하다. 만일 우리가 내면의 신호를 받아들이고 존중하는 법을 배운다면, 현재의 경험에 충실할 수 있다면, 그것이 바로 자기 수용의 측면에서 자존감을 기르는 데 필요한 것이다.

그러나 우리는 때때로 자기 수용의 과정이 가로막혀 있음을 발견하지만 그 이유는 알지 못한다. 수수께끼의 목소리들이 머릿속에서 끊임없이 스스로를 비판한다. 자기 수용은 결코 다다를 수 없는 이상처럼 느껴진다. 이런 일이 벌어졌을 때, 부분인격과 함께하는 치료가 돌파구가 될 수 있다.

심리 치료에서 부분인격을 다루는 일은 매우 유용할 수 있다. 자존감이 자라는 것을 가로막는 장애물 중 하나가 바로 비판적인 데다 심지어 적대적인 메시지를 전달하면서 내면에서 폭발하는 부모의 목소리이기 때문이다. 심리치료사들은 그러한 부정적인 목소리의 스위치를 어떻게 꺼버릴 수 있을지, 또 적대적인 '어머니-자기'나 '아버지-자기'를 어떻게 긍정적인 자원으로 바꿀 수 있을지 방법을 알아야 한다.

자존감을 중심에 둔 심리 치료의 기술

모든 심리치료사가 더 효과적으로 치료하기 위해 알아야 할 기본 기술들이 있다. 라포르(rapport, 주로 두 사람 사이의 상호 신뢰 관계를 나타내는 심리학 용어)를 형성하거나, 내담자가 안전하고 받아들여진다고 느낄 수 있는 환경을 만들거나, 희망적이고 낙관적인 전망을 전달하는 것 같은 인간 관계와 관련된 기술들이다. 또 내담자가 겪는 성적인 어려움, 강박장애, 진로 문제 같은 문제들을 다룰 때 알아두어야 할 기술도 있다.

만일 치료자가 자존감을 쌓는 일을 치료의 중심으로 본다면, 꼭 다루어야 하는 몇 가지 사안들이 있다. 그것들은 다음과 같은 질문의 형태로 요약할 수 있다.

어떤 수단을 제시해야 내담자가 좀 더 의식적으로 살도록 도울 수 있을까?

자기 수용을 어떻게 가르칠까?

내담자의 자기 책임 수준을 어떻게 높일까?

내담자의 자기 주장 수준을 어떻게 높일까?

내담자가 더 높은 수준에서 목적 있는 삶을 살게 하려면 어떻게 해야 할까?

일상에서 자아 통합을 이루도록 어떻게 고무할까?

내담자가 자율성을 기르는 것을 어떻게 도울까?

내담자가 열정적으로 살아갈 수 있게 어떻게 도울까?

무언가에 가로막혀 있는 긍정적인 잠재력을 어떻게 일깨울까?

내담자에게 안도감을 주고 능력과 지식을 높여 갈등과 문제를 처리하는 방법은 무엇인가?

내담자가 스스로 비합리적인 두려움에서 벗어나도록 어떻게 도울까?

아마도 어린 시절에서 비롯되었을 오랜 상처와 트라우마의 고통에서 내담자가 스스로 자유로워지도록 어떻게 도울까?

내담자가 부인되고 버려진 자기의 일부를 깨닫고 받아들이고 통합하도록 어떻게 도울까?

자신의 치료 과정을 스스로 평가하기를 바라는 내담자는 이 질문들에 내포된 기준들을 다시 활용할 수 있다. 이 질문들은 치료적 접근이나 이러한 접근 방식으로 만들어진 개인적 치료 과정을 검토하는 것이다. 이를테면 이런 식이다. "나는 더 의식적으로 사는 법을 배우고 있는가?" "나는 자기 수용을 배우고 있는가?" "치료자가 나를 대하는 방식이 내가 자율성과 권한을 경험하는 데 도움이 되는가?"

두려움과 고통 제거하기

비합리적인 두려움은 거의 예외 없이 자기 감각에 부정적인 영향을 끼친다. 반대로 비합리적 두려움을 없애면 자존감이 높아진다.

이것은 심리 치료의 기본 과제 중 하나이다.

과거로부터 온 치유되지 않은 고통은 자존감 강화에 또 다른 장벽이 된다. 이런 고통은 종종 허약해지는 느낌을 불러일으키기 때문에 사람들은 흔히 방어적 태도를 취한다. 심리적 상처에서 비롯된 고통을 줄이거나 없애면 자존감을 고양할 수 있다.

앞선 질문들에서 항목별로 구체화한 문제들을 다루다 보면, 내가 '긍정적' 요소와 관련된 사안이라고 부르는 것(예를 들어, 좀 더 의식하며 살기)과 '부정적' 요소와 관련된 사안이라고 부르는 것(예를 들어, 비합리적 두려움 없애기) 사이를 끊임없이 오가게 된다. 그러나 이 모든 일은 서로 밀접하게 얽혀 있다. 논의하고 분석하기 위해 개념적으로 구분하는 일은 분명 가치가 있다. 그러나 현실에서 이 사안들은 단독으로 작용하지 않는다. 부정적인 요소를 제거하면 긍정적인 요소들이 확장되는 길을 닦는 셈이고, 긍정적인 요소를 장려할 때 부정적인 요소들은 흔히 약해지거나 사라진다.

최근 몇 년 사이에 정신약리학에서 몇몇 '부정적' 요소들을 개선하는 데 중요한 돌파구가 마련되었다. 특히 생화학적 불균형에서 유래한 것으로 추정되는 심각한 불안에 시달리던 사람들에게 효과가 있었다. 이로써 많은 사람들이 세상에서 정상적으로 활동하며 살 수 있게 되었다. 이전에는 꿈도 꿀 수 없는 일이었다.

그러나 약물 치료는 논란의 여지가 없을 수 없다. 열렬한 지지자들이 내놓는 주장에 반대하는 사람들은 그들이 연구에 대한 검토도 없이 너무 심하게 과장한다고 주장한다. 또 이런 정신약리학 물질들

중 일부의 효과에서 위험한 측면을 부인하거나 축소한다고* 주장한
다. 내가 치료를 맡은 내담자들 중에도 화학 물질의 도움을 받아 불
안, 우울, 강박장애가 줄었거나 사라졌다는 사람들이 있었다. 나는
약물 치료 이전과 이후를 모두 보았다. 그런 경우에 언제나 나는 내
담자들이 나아졌다고 **느끼거나** 그렇지 않거나 상관없이, 그들의 근
본적인 자존감 문제(와 인격 구조)는 계속 남아 있다는 걸 알 수 있었
다. 하지만 고통을 덜어준 것과 더불어 약물 치료는 때때로 그들이
심리 치료에 더 활발히 참여할 수 있게 해주었다. 나쁜 소식도 있다.
약물 치료는 가끔 내담자들이 진짜 문제들과 알약 한 알 삼키는 것
보다 많은 일을 요구하는 해결책으로부터 달아나도록 부추긴다.

심리 치료 기법은 계속 발전하고 있고 앞으로도 계속해서 심리 치
료에서 우리의 목표를 이루기 위해 새로운 방법을 찾아낼 것이다.
이번 장에서는 '무엇을 우리의 목표로 삼아야 하는가'라는 질문을
던져보고자 했다. 그리고 자존감에 기반을 둔 치료적 접근의 기본적
인 지침들을 전하고자 했다.

어떻게 자존감을 높일까

자존감이 중요하다는 인식이 갈수록 널리 퍼지고 있다. 따라서 아
마 앞으로 더 많은 심리치료사들이 내담자들에게서 이런 질문을 받

---

* 정신약리학을 중심으로 한 정신의학 비판을 살펴볼 생각이라면, 피터 브레건(Peter
R. Breggan)(New York: St. Martin's Press, 1991)의 《독이 되는 정신의학(Toxic
Psychiatry)》을 참고하라.

게 될 것이다. "어떻게 해야 자존감을 기를 수 있을까요?" 특히 자존감을 높일 수 있는 기술에 대한 요구가 늘어날 것이다. 하지만 그전에 먼저 자존감이 정확히 무엇인지 이해해야 한다. 그리고 **건강한 자존감의 기반이 무엇인지** 이해해야 한다.

자존감과 관련해 주로 내담자가 현실적인 효능감을 기를 수 있게 도와주는 것을 중시하는 접근법이 있다. 그것은 곧 새로운 기술을 습득하도록 하는 것이다. 이것은 확실히 자존감 치료에서 중요한 측면이다. 그러나 이것이 전부는 아니다. 만일 내담자가 위선적이고 부정직하게 살고 있다면, 새로운 기술을 습득한다고 해서 그가 자기 가치감의 측면에서 느끼는 공허가 채워지지는 않을 것이다. 또는 만일 내담자가 혹평을 일삼는 어머니나 아버지의 목소리를 내면화했다면, 아무리 높은 성취를 이룬다고 해도 자신이 부적합하거나 무가치하다는 느낌은 사라지지 않을 것이다. 만일 내담자가 능력과 가치를 오로지 특정한 지식이나 기술의 측면에서 생각하고, 그것을 습득하게 해주는 근본적인 정신 작용의 가치를 고려하지 않는다면, 그런 사람은 아무리 많은 능력을 손에 넣는다고 해도 내면 깊은 곳에서는 자신이 무능력하다는 느낌을 떨칠 수 없을 것이다.

지금부터는 마지막으로 새겨 두어야 할 내용이다.

자기 효능감이 삶에서 마주치는 기본적인 도전들에 대처할 수 있는 자신의 능력에 대한 믿음이라고 말할 때, 우리는 이 자존감의 구성 요소를 특정한 지식이나 기술이 아니라 그것을 얻는 과정에서 **생각하고, 결정하고, 배우고, 어려움에 맞서 견디는 능력**이라고 보는 것이다. 능력은 내용이 아니라 과정의 문제이다. 효과적인 자존감 치료는 과정에 초점을 맞추어야 하지만 한 걸음 더 나아가야 한다. 이것은 능력의 차원만이 아니라 가치의 차원을 다루기에 충분할 만큼 포괄적이어야 한다. 여기서 말하는 가치의 차원은 자기 존중, 즉 자신이 사랑받을 만하고 성공과 행복을 누릴 만하다는 확신을 말한다.

17장

자존감과 문화

∙
∙

이 책의 주제를 깊이 이해하는 한 가지 방법은 자존감과 문화의 관계, 문화가 자존감에 끼치는 영향을 살펴보는 것이다.

먼저 자존감의 개념을 생각해보자. 자존감은 어느 문화권에서나 볼 수 있는 개념은 아니다. 이상(理想)으로서 자존감은 두말할 필요도 없다. 최근 들어 서구에서 나타난 이 개념을 충분히 이해하자면 아직 갈 길이 멀다.

지금 우리가 이해하는 '자기(self)'라는 개념은 중세 시대에는 아직 인간의 정신 속에 잠들어 있었다. 중세를 특징짓는 기본적인 사고방식은 개인주의적인 것이 아니라 부족 사회의 사고방식이었다. 중세 시대에 모든 사람은 각자 변치 않는 특정한 사회적 지위를 타고났다. 아주 드문 경우를 제외하고는 스스로 직업을 선택할 수 없었고, 출신에 따라 농부나 장인, 기사, 누군가의 아내라는 역할을 부여받았다. 어떤 사람이 안정감을 느낀다면 그것은 스스로 이룬 성취에서 비롯되는 것이 아니었다. 자기 자신을 신에 의해 결정된 '자연의 질서'의 한 부분이라고 보는 데서 느끼는 것이었다. 전쟁, 기근, 전염병 같은 풍파에 시달렸지만, 개인은 어느 정도 생계를 보장받았고 그것은 전통에 따라 결정되었다. 경쟁이라고는 거의 없었지만, 마찬가지로 경제적인 자유나 다른 어떤 종류의 자유도 거의 없었다. 독립적인 정신이나 자기 주장을 겉으로 드러낼 수조차 없는 그런 환경에서는 자존감(그런 것이 있다고 가정할 때)이 오늘날처럼 우월한 경제적 적응력으로 나타날 수도 없었다. 때때로 고문대나 화형대로 보내져 생명이 위태로워지는 경우도 있었다. 중세 암흑 시대에는 자기 주장을 가치 있게 여기지 않았고, 개별성(individuality)을 이해하지 못했으며, 자기 책임이라는 것은 떠올릴 수조차 없었다. '인권'이나 정치적 자유라는 근대적 개념은 전혀 헤아리지 못했고, 혁신적인 삶의 태도는 아예 꿈도 꾸지 못했다. 정신, 지성, 창의성과 생존의 관계를 이해하지 못했고, 자존감이 설 자리도 없었다.(물론 자존감이 아예 존재하지 않았다는 뜻은 아니다.)

자율적이고 자기 결정권을 지닌 한 단위로서 '개인'이라는 개념, 그러니까 독립적으로 사고할 수 있고 자기 존재에 책임을 지는 '개인'이라는 개념은 15세기 르네상스, 16세기의 종교개혁, 18세기 계몽주의 시대, 그리고 18세기가 낳은 산업혁명과 자본주의까지 역사적으로 몇 단계에 걸쳐 나타났다. 오늘날 우리가 생각하는 자존감이라는 개념은 후기 르네상스 시대에 나타난 개인주의 문화에 뿌리를 두고 있다. 세계적으로 점점 더 많은 사람들이 사랑하는 사람과 결혼할 자유, 행복을 추구할 권리가 있다는 믿음, 일이 생계 유지만이 아니라 자기 표현과 자기 실현의 원천이 될 수 있다는 바람까지 많은 이상들을 감탄하는 눈으로 바라보게 된 것이 사실이다. 그리 멀지 않은 과거에 이 가치들은 너무 '서구적'이거나 '미국적'이라고 여겨졌다. 지금은 세계에서 점점 더 많은 사람들이 이 가치들을 받아들이고 있다. 이 가치들은 인간의 욕구를 반영한다.

심리적 현실로서 자존감은 명시적 개념으로 드러나기 전에 벌써 인간의 의식 안에 존재했다. 이제 자존감이 모습을 드러냈으니, 그것을 이해하는 일이 우리에게 주어진 도전이 되었다.

자존감에 대한 오해

어떤 관습과 가치관에 둘러싸여 자랐든 간에 우리는 누구나 어쩔 수 없이 기본적인 욕구를 충족하고 만족시키려는 목적에서 행동한다. 그러나 이러한 도전 앞에서 언제나 반드시 자신에게 그럴 만한 능력이 있다고 느끼는 것은 아니다. 기본적인 안정감과 자신에게 권한이 있음을 느끼려면 먼저 자신이 유능하다는 것을(내가 '자기 효능감'이라고 부르는 것을) 경험할 필요가 있다. 이런 경험 없이는 적절하게 반응할 수 없다.

우리가 언제나 꼭 자신이 사랑받고 존중받고 행복해질 만한 가치가 있는 존재라고 느끼는 것은 아니다. 그러나 자신을 적절히 보살피고, 자신의 정당한 이익을 지키며, 노력에서 즐거움을 얻고, 자신에게 해를 끼치거나 자신을 착취하려는 사람에게 맞서서 (가능한 경우에) 일어서려 한다면, 우리는 모두 스스로 가치 있는 존재라는 사실(즉 자기 존중)을 경험할 필요가 있다. 이런 경험 없이는 자신에게 가장 이익이 되는 것을 위해 적절하게 행동할 수 없다. 자존감 욕구의 뿌리는 생물학적인 것이다. 생존과 지속적으로 효과적인 능력을 발휘하는 일과 관련이 있다는 점에서 그렇다. 욕구는 서구 문화의 발명품이 아니라 인간의 본성이다.

자존감 욕구의 보편성

의식하며 살기

의식할 수 있는 모든 유기체에게, 의식은 효과적인 적응에 반드시 필요한 요소이다. 그중 사람의 의식 형태는 개념적이라는 데 특징이 있다. 우리의 생존, 행복, 적응이 생각하는 능력, 즉 정신을 적절히 활용하는 데 달려 있다는 뜻이다.

낚시 그물을 수선하거나 컴퓨터 프로그램의 오류를 바로잡거나, 야생 동물을 추적하거나 초고층 빌딩을 설계하거나, 적과 협상을 벌이거나 배우자와 다툼을 해결할 방법을 찾거나, 어떤 상황에서든 사람은 경우에 따라 더 높은 수준의 의식을 끌어다 쓰기도 하고 더 낮은 수준의 의식을 쓸 수도 있다. 사람은 (현실을) 보겠다고 선택할 수도 있고 보지 않겠다고 선택할 수도 있다.(혹은 그 중간 어디든 선택할 수 있다.) 그러나 현실은 현실이다. 스스로 눈먼 상태를 택한다고 해도 현실이 사라지지는 않는다. 자신이 하는 일에 더 높은 수준의 의식을 쓸수록 자신이 더 효율적으로 느껴지고 상황을 통제한다는 느낌이 강해지며 노력에 따른 성과를 거둘 가능성이 더 높아진다.

의식이 필요한 상황이라면 언제든 의식적으로 행동하는 것이 자존감에 도움이 된다. (그에 비해) 무의식적으로 행동하는 것은 자존감에 해를 입힌다. 의식적인 삶의 중요성은 문화가 아니라 현실에 근거를 두고 있다.

자기 수용

사람들이 자신의 경험을 부정하고 부인할 때, 자신의 생각과 느낌, 또는 행동을 "내 것이 아니"라고 거부할 때, 무의식적으로 살아갈 때, 거기에는 자기 보호의 의도가 있다. 그들은 마음의 평정을 유지하고 자기 자신에 대한 견해를 지키느라 노력하는 중이다. '자존감'에 기여하는 것이 의도이지만, 실제로는 자존감을 해치는 결과를 낳는다. 자존감에는 자기 수용이 필요하다. 자기 거부는 자존감을 북돋지 못한다. 이 사실은 특정 문화가 자기 수용을 격려한다거나 그렇지 않다는 논의와는 별개 문제이다. 예를 들어, 대단히 권위주의적인 사회에서는 개인의 내적 삶을 무시하거나 심지어 경멸하도록 부추길 수도 있다. 하지만 이것이 곧 자기 수용은 인간 본성의 측면에서 타당한 근거가 없는, 단순한 문화적 편향이라는 뜻은 아니다. 어떤 문화는 인간의 행복에 해로운 가치들을 지니고 있다는 뜻일 뿐이다. 문화에 따라 구성원들이 누리는 심리적 혜택은 다르다.

자기 책임

자신이 한 선택과 행동에 책임을 지지 않는다면, 자신에게 권한

이 있다고 느낄 수 없고, 삶에서 맞닥뜨리는 도전들에 대처할 능력이 있다고 느낄 수도 없다. 자신의 욕망을 이루는 데 따르는 책임을 지지 않는다면 스스로 유능하다고 느낄 수 없다. 내면의 힘을 경험하려면 자기 책임이 꼭 필요하다. 다른 사람에게서 자신의 행복이나 성취감, 자존감을 구하려 한다면 그것은 곧 자기 삶의 주도권을 포기하는 것이다. 어떤 사회 환경에서든 이것은 사실이다.

모든 문화에서 자기 책임을 똑같이 중요하게 여기는 것은 아니다. 그러나 그렇다고 해서 우리가 책임을 알고 기꺼이 책임지려는 의지를 발휘할 때 더 건강하고 더 탄탄한 자기 감각(생물학적으로 더 잘 적응한 유기체라는 자기 감각)을 경험한다는 사실이 바뀌지는 않는다.

자기 책임을 아는 사람은 협동 작업, 집단 활동 같은 경우에 다른 사람들과 더불어 더 효율적으로 일할 수 있다. 왜냐하면 그 사람은 **기꺼이 책임을 지기** 때문이다. 그런 사람은 의존적이지 않고 다른 사람에게 빌붙거나 착취하지도 않는다. 자기 책임이란 한 사람이 모든 일을 도맡는다는 뜻이 아니라, 다른 사람들과 협력할 때 자기 몫을 다한다는 뜻이다. 이러한 태도를 중요하게 여기는 구성원들로 이루어진 사회가 생존의 측면에서 그렇지 못한 사회보다 더 강하고 더 준비가 잘 되어 있다는 것을 굳이 말할 필요가 있을까?

자기 주장

자기 주장이란 자신의 욕구, 소망, 가치, 판단에 대한 존중을 실천하는 것이며, 그것을 현실에서 적절히 표현할 방식을 찾는 것이다. 모든 문화에서 자기 주장을 똑같이 중요하게 여기는 것은 아니다.

그리고 우리가 쓰는 단어나 말하는 목소리 톤, 몸짓 같은 적절한 자기 표현 방식은 장소에 따라 달라질 수 있다. 하지만 어떤 문화에서 자기 주장과 자기 표현에 대한 자연스런 충동을 억누른다면 그것은 창의성을 가로막고 개성을 죽이는 것이며 자존감에 필요한 요건들을 외면하는 것이다.

20세기에서 두 가지 예를 찾을 수 있다. 나치 독일과 옛 소련은 자기 주장을 무자비하게 응징했다. 이 나라들에서 자기 주장은 문화적으로 부정적인 가치였다. 두 나라는 인간의 삶이 풍요롭게 꽃 필 수 있는 사회가 아니었다. 한편, 자기 주장과 자기 표현을 벌하더라도 덜 극단적이고 덜 폭력적으로 (때때로 매우 조심스러운 방식으로) 다루는 문화도 있다. 하와이에서는 어린아이들의 자기 주장을 다음과 같은 애정 어린 말로써 타이른다. "수풀 속에 머무르렴, 너 혼자 몸을 일으키지 말고."[1] 그렇다고 해도 삼가는 태도를 기본적인 삶의 방식으로 삼는 것은 자존감과 생명력에 해를 끼친다.

자기 표현은 타고난 자연스러운 것이고, 자기 억압은 그렇지 않다. 어린아이는 자기 주장을 따로 배울 필요가 없다. 그래서 권위주의 사회에서는 아이들을 스스로 복종하는 사람으로 사회화하려 한다. 이 세계에도 다른 아이들에 비해 더 자연스럽게 자기 주장을 하는 아이들이 있겠지만, 그렇다고 해서 권위주의 사회에 대한 이러한 견해를 반박하지는 못한다. 두려움이 없을 때, 자기 주장은 인간 존재의 자연스러운 조건이다. 아마도 우리가 배워야 하는 것은 다른 사람들의 자기 주장을 편안하게 받아들이고 존중하는 법일 것이다. 이것은 분명 협력에 꼭 필요한 것이다. 협력은 자기 주장과 자기 억압 사이에 있는 '절충안'이 아니다. 협력은 사회적 맥락 속에서 현명하게 자기 이익을 실현하는 방법이다. 그것이 우리가 정말 배워야 할 것이다.

목적에 집중하기

목적 있는 삶이란 말은 한 사람이 자신의 삶 전체를 장기간의 생산적인 목표에 바친다는 뜻으로 오해받을 수 있다. 목적에는 생산적인 일 말고도 다양한 일이 포함될 수 있다. 가정을 꾸리거나, 연애나 결혼을 하거나, 취미 활동을 하거나, 운동으로 몸을 단련하거나 공부와 명상을 통해 영적으로 성장하는 일이 모두 목적이 될 수 있다. 정확하게 말하자면, 강한 목표 지향성이 본질적으로 '서구적'인 것은 아니다. 붓다가 깨달음을 찾아 나섰을 때, 그를 움직인 것은 열정적인 목적이 아니었던가?

자존감에 관해 말할 때, 나는 '효능', '능력', '성취', '성공' 같은 단어를 쓴다. 미국 문화에서는 이런 개념들을 오로지 물질주의적 용어로 이해하는 경향이 있는 것 같다. 그러나 나는 그런 의미로 쓰는 게 아니다. 이 단어들에는 단순히 경제학적인 의미만이 아니라, 형이상학적이거나 존재론적인 의미가 담겨 있다. (결과적으로 생존에 필요한) 물질적 성과의 가치를 깎아내리지 않고도, 우리는 이 개념들이 세속의 영역에서 영적인 영역까지 인간이 경험할 수 있는 모든 영역을 아우른다는 것을 이해할 수 있다.

문제는 이것이다. 특정한 (단기간 또는 장기간의) 목적과 관련해 우리의 에너지를 조직하는 것이 우리의 삶과 안녕에 더 도움이 되는가? 아니면 자신만의 방향을 선택하기보다 변덕스런 충동과 환경의 변화에 휩쓸려 수동적으로 그때그때 일어나는 일들에 반응하면서 매일 살아가는 것이 우리의 삶과 안녕에 더 도움이 되는가? 내가 그러하듯 아리스토텔레스의 관점에서 본다면, 바람직한 삶이란 우리가 각자 지닌 특별한 힘을 온전히 발휘함으로써 찾을 수 있는 것이다. 그렇다면 이제 답은 분명하다. 수동적으로 살아서는 우리의 이성도, 열정도, 창의성도, 상상력도 결코 충족되지 않는다. 이런 경우에 우리는 오직 우리 존재의 절반 정도만 살 수 있을 따름이다. 이런 관점은 아마도 '서구적'인 것이겠지만, 나는 이것이 틀림없이 다른 어떤 대안보다 낫다고 믿는다.

개인의 자아 통합

자아 통합은 행동의 원칙을 세우고 그 원칙들에 충실하게 살아가는 것을 통해 실천할 수 있다. 이것은 자신이 한 말을 지키고, 자신의 의무를 이행하며, 자신이 한 약속에 충실한 것이다. 나는 이 자아 통합이라는 미덕이 '문화적 인공물'이라고 경시되었다는 이야기를 들은 적이 없다. 또 이 미덕은 내가 아는 모든 사회에서 존중받는다. 그렇기 때문에 나는 이 미덕이 '문화적 편향'이 아니라 본질적인 것임이 분명하다고 믿는다.

자신의 신념을 배반하는 것은 곧 자존감에 상처를 내는 일이다. 이것은 문화적인 판결이 아니라 현실의 판결, 다시 말해 우리 본성이 내리는 판결이다.

이 책 앞부분에서 자존감은 상대적인 것도 아니고 경쟁적인 것도 아니라고 강조했다. 자존감은 남들보다 우월해지려고 노력하는 것과는 아무 상관이 없다. 언젠가 하와이 출신의 한 심리학자가 내게 물었다. "당신은 남들보다 위에 서라고 가르치고 있지 않나요?" 나는 자존감은, 적어도 그가 상상하는 의미에서는, 다른 사람과 전혀 관계가 없는 일이라고 대답했다. 자존감은 '나'와 '나 자신'이 맺는 관계, 그리고 '나'와 현실이 맺는 관계와 관련이 있다. 개인이 아니라 집단이 중심인 문화에서 자랐기 때문에 그는 이 점을 이해하기 어려워했다. 그의 관심은 오직 사회 집단을 향해 있었다. 그가 말했다. "양동이에 게들을 쌓아 두면, 언제나 꼭대기에 있는 녀석들이 아래쪽에 있는 게들이 밖으로 빠져 나가지 못하게 막지요." 그리고 그는 이렇게 주장했다. "너무 뛰어난 건 별로 좋지 않아요." 나는 이렇게 대답했다. "먼저, 나는 우리가 사는 사회를 게를 담아놓은 양동이라고 보지 않아요. 다음으로, 당신 세계에서는 특별한 재능이나 능력을 지닌 아이들에게 어떤 일이 벌어지나요?" 그는 자신이 이해한 대로 자존감을 말했다. 그것은 오직 어딘가에 속해 있다는 안정감, 관계들로 이루어진 그물망에 잘 스며들어 있다는 데서 느끼는 안정감일 뿐이었다. 나는 알고 싶었다. 그것이 다른 사람에게 사랑받거나 인정받는 것을 기반으로 삼아 자존감을 쌓으려는 것과 뭐가 다른가? 그러자 그는 내게 의존 '공포증'이 있다고 반박했다.

만일 자신의 힘과 가치를 경험하려는 진정한 욕구가 있다면, '소속감'이 주는 위안보다 많은 것이 필요하다. '관계'의 가치를 폄하하려는 것은 아니다. 그러나 만일 어떤 문화가 관계를 자율성이나 진실함보다 우선시한다면, 결국 개인을 자기 소외로 이끌게 될 것이다. 다른 사람들과 '연결'되려는 욕망이 자기가 누구인지 그리고 어떤 사람이 될지 아는 것보다 중요해지는 것이다. 부족주의자(tribalist)는 아마도 '연결되어 있음'이 더 중요하고 더 높은 가치라고 주장하고 싶을 것이다. 그러나 그것은 자존감과 동등하게 취급할 수 없는 것이다. 그런 종류의 만족감에는 뭔가 다른 이름을 붙이도록 하자. 그러지 않으면 우리는 말이 통하지 않는 바벨탑에 영원히 갇히게 될 것이다.

하와이에서 만난 교육자 한 명은 학교에 더 나은 자존감 원칙들을 도입할 수 있기를 간절히 바라고 있었다. 그녀는 이렇게 말했다. "각자 어떤 기술이나 재능을 지녔든 간에 하와이에서는 많은 사람들이 심각한 자존감 문제를 겪고 있어요. 스스로 열등하다고 느끼고 다른 사람들을 따라잡을 수 없을까 봐 걱정하고 있지요. 우리 아이들은 사기 저하 때문에 고통받고 있어요."

이 모든 일들은 저절로 다음과 같은 의문으로 이어진다. 서로 다른 문화, 서로 다른 문화적 가치는 자존감에 어떤 영향을 끼치는가?

문화가 자존감에 끼치는 영향

어느 사회에나 가치와 신념과 가정으로 이루어진 네트워크가 있다. 이 모든 것에 명시적으로 이름을 붙일 수는 없지만, 그렇더라도 이 연결망들은 모두 우리를 둘러싼 환경의 일부이다. 실제로, 뚜렷하게 확인되지는 않지만 암묵적으로 고수되고 전해지는 생각들에 의문을 제기하기는 더욱 어려울 수 있다. 정확하게 말하자면, 그런 생각들은 우리의 의식에 잡히지 않는 과정에 배어 있기 때문에 그렇다. 사람에게는 자연, 현실, 인간 존재, 여성과 남성의 관계, 선과 악 따위에 관한 암묵적인 신념들로 구성된, 이른바 '문화적 무의식'이라는 것이 있다. 문화적 무의식에는 역사적 시공간에서 비롯된 지식, 이해, 가치가 반영되어 있다. 같은 문화권에 속한 사람들은 신념의 차원에서 서로 전혀 차이가 없다고 말하는 게 아니다. 그러한 신념들을 의식적으로 지니게 된 사람이 아무도 없다거나 거기에 도전하는 사람이 아무도 없다고 말하는 게 아니다. 다만 내 말은 그러한 신념들 가운데 최소한 몇 가지는 한 번도 뚜렷하게 자각된 적 없이 해당 사회의 모든 구성원들의 정신에 빠짐없이 자리 잡고 있다는 뜻이다.

아무리 독립적인 사람이더라도 모든 전제를 다 의식하거나 비판적으로 검토할 수는 없다. 심지어 한 영역에서 현재의 패러다임에 도전하고 그것을 전복한 위대한 혁신자들도 다른 영역의 문제라면 널리 퍼져 있는 암묵적 가정들을 별다른 비판 없이 받아들일 수 있다. 아리스토텔레스에게서 특히 인상적인 점은 그가 자신이 타고난 특별한 지적 능력을 매우 다양한 분야에서 발휘했다는 것이다. 그러나 심지어 아리스토텔레스조차 많은 점에서 자신의 시대와 자신이 사는 곳에 속한 사람이었다. 우리는 누구도 자신이 살아가는 사회 환경의 영향에서 완전히 벗어날 수 없다.

한 예로 인간 역사를 통틀어 여성을 보는 지배적인 시각을 살펴보자.

거의 전 세계적으로 그리고 앞선 거의 모든 시대에 여성들은 남성에 비해 열등한 존재로 여겨졌고 또 스스로 그렇게 여기도록 배워 왔다. 이러한 시각은 우리가 아는 거의 모든 사회에서 '문화적 무의식'의 일부이며, '문화적 의식'에서도 상황은 다르지 않다. 여성을 이류 지위에 놓는 것은 유대교, 기독교, 이슬람교, 힌두교를 막론하고 모든 종교적 근본주의에서 두드러지는 특징이다. 그리고 그 해악은 현대 이슬람 근본주의가 지배하는 사회들에서 가장 두드러지게 나타났다.

기독교에서도 비단 근본주의자들만 그런 것이 아니라 여성과 남성의 관계는 인간과 신의 관계와 같아야 한다고 여겼고 지금도 그렇게 믿는 이들이 있다. 이 관점에서 여성이 갖추어야 할 기본적인 미덕은 순종이다.(물론 가장 중요한 미덕은 '순결'이다.) 언젠가 한 여성 내담자를 치료하는 과정에서 이런 관점을 '중세 기독교'와 연결지어 말하는 실수를 저지른 적이 있다. 그 여성은 놀란 눈으로 나를 바라보고는 슬픈 듯이 말했다. "지금 농담하시는 거죠? 전 그 얘기를 지난 일요일에 목사님께 들었어요. 월요일엔 남편한테 들었고요." 우리가 나눈 대화를 알고 그녀의 남편은 당장 심리 치료를 중단하라고 강요했다. 여성이 열등한 존재라는 생각은 여성의 자존감에 전혀 도움이 되지 않는다. 이런 생각이 대다수 여성이 자기 자신을 바라보는 시각에 비극적인 영향을 끼쳤다는 데 누가 의문을 던질 수 있겠는가? 심지어 스스로 완전히 '해방된' 존재라고 여기는 많은 미국 여성 중에도 이러한 관점으로부터 치명적인 영향을 받은 여성들이 있음을 쉽게 알 수 있다.

이러한 여성을 바라보는 관점에 상응하는, 남성의 가치에 대한 생각도 있다. 그 생각은 상당히 폭넓게 퍼져 있으며 남성의 자존감에 해를 끼친다.

대부분 문화에서 남성들은 개인의 가치를 돈 버는 능력과 동일시하도록 사회화된다. 남성은 '능력 있는 부양자'일 때 가치 있는 존재인 것이다. 전통적으로는 여성이 남성에게 순종할 '의무'가 있다면 남성은 여성에게 경제적 지원(과 물리적 보호)을 제공할 '의무'가 있는 것이다. 만일 어떤 여성이 직장을 잃고 다른 일자리를 구하지 못한다면 경제적 곤란을 겪게 될 것이 확실하다. 그러나 그렇다고 해서 여성으로서 자신의 가치가 쪼그라들었다고 느끼지는 않는다. 남자들은 자주 남성으로서 무력해졌다고 느낀다.

자존감을 소득 능력과 연결 짓는 데 합당한 근거가 있다고 주장할 수도 있다. 자존감은 삶에서 부딪치는 도전들과 관계가 있다고 말하지 않았던가? 그렇다면 생계를 유지하는 능력은 필수가 아닌가? 이 주장을 두고 적어도 두 가지 말할 것이 있다. 첫째, 만일 어떤 사람이 의식하지 못함, 수동성, 무책임 같은 자신의 선택과 방침 때문에 생계를 유지할 수 없다면, 그러한 무능력은 자존감이 반영된 것이다. 하지만 만일 그 문제가 경제 공황 같은 개인의 통제를 넘어선 요인들 때문에 빚어진 결과라면, 그 문제를 들어 자기 자신을 비난하는 것은 옳지 않다. 오직 자발적인 선택의 가능성이 열려 있는 경우에만 자존감과 관련지을 수 있다.

둘째, 소득을 얻는 능력이 아니라 능력 있는 부양자에 자주 방점이 찍힌다는 점을 명심하라. 남성들은 재정적으로 다른 사람을 얼마나 잘 돌볼 수 있는가에 따라 평가를 받고 스스로 평가하도록 부추겨진다. 남성들은 여성들만큼이나 '시종'으로서 사회화된다. 단지 문화적으로 조장된 예속의 형태가 다를 뿐이다.[*] 만일 남성이 여성을 부양하지 못한다면, 그는 그 여성은 물론이고 자기 자신에게도 위상을 잃게 될 것이다. 이렇게 문화적으로 유발된 태도에 도전하고 "어째서 남성으로서 나의 가치를 이런 잣대로 판단해야 하는가?"라고 의문을 던지려면 매우 드문 독립심과 자존감이 필요하다.

의존성을 부추기는 집단적 가치

역사를 통틀어 대부분의 사회와 문화가 부족 사회의 사고방식에 지배당했다. 원시 시대와 중세에 그러했고, 20세기에도 사회주의 국가들과 일부 비사회주의 국가들이 그러했다. 20세기 비사회주의 국가들 중에서는 일본이 (물론 지금 변화하는 과정에 있지만) 여전히 문화적 지향에서 부족 사회의 특징을 상당히 많이 보여준다.

부족의 사고방식에서 핵심은 부족을 최고의 선으로 보면서 개인의 중요성을 폄하하는 것이다. 이런 사회에서는 개인을 언제든 교체 가능한 부품으로 바라보고, 개개인의 유의미한 차이를 무시하거나 축소하는 경향이 있다. 극단적으로 말하자면 부족의 관계망 안에 있을 때가 아니면 개인은 거의 무의미하며 존재하지 않는 것으로 여겨진다. 남자든 여자든 개인은 그 자신으로는 아무것도 아니다.

---

[*] '남성 문제'를 제대로 다룬 글을 보려면 워런 패럴(Warren Farrel)의 저서 《남성 권력의 신화(The Myth of Male Power)》(New York: Simon&Schuster, 1993)를 참고하라.

집단주의의 아버지인 플라톤은 《법률》에 이 부족주의적 관점의 본질을 정확히 담아냈다. 그는 이렇게 말했다. "나의 법은 사회가 누릴 수 있는 최고의 이익이라는 일반적인 관점에 따라 만들어질 것이다. …… 개인과 그가 하는 일에는 최소한의 중요성만 부여될 것이다." 또 플라톤은 "한 사람의 행동이 다른 사람과 결코 떨어져 있지 않다고 여기는 습관"을 옹호하고 "우리의 삶을 완벽하게 어우러지는 합주로, 모두가 함께하는 공동체와 사회로 만드는 습관"을 열정적으로 설파했다. 고대에는 스파르타의 군사주의 사회에서 부족 사회의 정신이 구현된 것을 볼 수 있다. 현대에는 나치 독일과 소련이 기념물이 되었다. 고대와 현대 사이에는 중세 봉건 사회를 생각해볼 수 있다. 중세 봉건 사회에서 개인은 사회적 위계에서 차지하는 위치 즉 신분으로만 정의되었고, 개인의 정체성은 거의 존재한다고 할 수 없었다.

부족 사회는 전체주의적일 수 있지만 꼭 그런 것은 아니다. 비교적 자유로울 수도 있다. 언제나 정치가 중요한 요인이기는 하지만, 개인을 통제하는 데는 정치보다 문화를 이용하는 경우가 더 많다. 내가 여기서 말하려는 것은 부족 사회에는 본질적으로 자존감을 가로막는 요소가 전제되어 있다는 것이다. 한 사람에게서 개인으로서 지니는 권한을 빼앗는 것이 부족 사회의 전제이자 성향이다. 여기에 내포된 메시지는 이런 것이다. "너는 가치가 없다. 너 자신만으로는 아무것도 아니다. 우리의 일부일 때에만 너는 의미 있는 무엇일 수 있다." 부족주의적 전제가 지배하는 한 어떤 사회든 본질적으로 자부감에 비협조적이고 몹시 적대적이다. 그런 사회에서 개인은 집단에 비해 낮은 자존감을 지니도록 사회화된다. 자기 주장은 억눌린다. 자부심에는 악덕이라는 꼬리표가 붙는다. 자기 희생을 명 받는다.

몇 년 전 나는 《낭만적 사랑의 심리학》에서 원시 사회에서는 정서적 애착이 중요하게 다루어지지 않았음을 썼다. 두 명의 '자기'가 결합하는 것을 축하하는 사랑은 도저히 이해할 수 없는 개념이었다. 나는 그 책에서 이성적으로 이해해볼 때 낭만적 사랑에는 자존감이 필요하다고 썼다. 낭만적 사랑과 자존감은 부족주의 정신이 지배하는 사회에서는 낯선 개념이다.

현존하는 원시 부족들에 대한 인류학적 연구는 부족주의 정신의 초기 형태와, 지금 우리가 '개성'이라 부르는 것을 원시 부족들이 어떻게 보는지에 관해 매우 많은 연구를 진행했다. 이와 관련해 모튼 M. 헌트(Morton M. Hunt)는 《사랑의 자연사(The Natural History of Love)》에서 재미있는 이야기를 들려준다.

대부분의 원시 사회에서는 대체로 씨족 제도의 구조와 사회 생활을 통해 많은 친밀감과 폭넓은 애정을 맛볼 수 있다. …… 대부분의 원시 부족민들은 개인들 간의 차이를 거의 보지 못한다. 그렇기 때문에 오늘날 서구 사회에서 유행하는 방식으로 특별한 관계를 맺는 데는 이르지 못한다. 많은 숙련된 관찰자들이 원시 부족민들이 쉽게 사랑하는 대상으로부터 분리되는 것과 사랑은 언제든 갈아치울 수 있다고 보는 그들의 솔직한 생각에 관해 의견을 제시해 왔다. 1930년대에 북로디지아(오늘날의 잠비아)의 벰바족 사이에서 살았던 오드리 리처드 박사는 부족민들에게 영국에 전해지는 민담을 들려주었을 때 일을 기록했다. 자신이 사랑하는 아가씨를 얻기 위해 유리 산을 오르고 협곡을 건너고 용과 싸운 젊은 왕자에 관한 이야기였다. 부족민들은 분명히 꽤 당황한 듯 보였으나 아무도 입을 열지 않았다. 마침내 나이 든 부족장이 말했다. 질문은 간단했지만 거기에 온갖 복잡한 감정이 담겨 있었다. "왜 다른 아가씨를 얻으면 안 되나?"

마거릿 미드(Margaret Mead)는 유명한 사모아 원주민 연구에서 부족 사회의 심리와 생활 방식에는 개인들 간에 이루어지는 깊은 감정적 애착이 매우 낯선 것임을 잘 보여주었다.[2] 개인들 사이에 끈끈한 감정적 유대를 맺는 것은 적극적으로 막았지만 혼음과 단기간으로 끝나는 성적인 관계는 용인되고 장려되었다. 만일 사랑이 자기 표현이고 상대방에게 축복인 만큼 나 자신에게도 축복이라면, 사모아인들의 경향에서 짐작할 수 있는 자존감의 정도는 오늘날 뉴욕의 섹스 클럽에서 볼 수 있는 것과 크게 다르지 않을 것이다.

성행위를 규제하는 관습이 있는 원시 문화에서는 때때로 성적 애착이 (오늘날 우리가 말하는) 사랑으로 자라나는 데 대한 두려움, 심지어 적대감을 볼 수 있다. 실제로 얄팍한 감정에 따라 일어나는 성행위는 거의 대부분 용인된다. G. 래트리 테일러(G. Rattray Taylor)는 이렇게 썼다.

트로브리안드 군도에서는 예를 들어 아이들이 성적인 놀이를 하거나 때 이르게 성행위를 시도하더라도 어른들이 언짢게 여기지 않는다. 청소년들은 사랑에 빠지지 않는 한 성교를 할 수 있다. 만일 사랑에 빠진다면 성행위는 금지된다. 사랑하는 두 사람이 성행위를 하는 것은 예절을 무시하는 행위가 된다.[3]

사랑은, 만일 그런 일이 일어난다면, 때때로 섹스보다 더 엄격하게 규제받는다.(물론, 많은 경우에 지금 우리가 생각하는 의미의 '사랑'을 뜻하는 단어조차 없다.) 강렬한 개인적 애착은 부족 사회의 가치와 권위를 위협하는 것으로 여겨진다. 다시, 자존감에 미치는 영향을 생각해보자.

우리는 조지 오웰(George Orwell)의 《1984》에 나오는 기술이 발달한 사회에서 부족 의식을 다시 마주하게 된다. 소설의 배경이 된 사회는 전체주의 국가의 모든 힘과 권위를 낭만적 사랑으로 나타나는 개인주의를 깨부수는 데 집중한다. 20세기의 독재가 '사생활'에 대한 시민들의 욕망을 경멸하고, 그러한 욕망을 '프티부르주아의 이기심'으로 묘사한 것은 따로 설명이 필요 없을 정도로 잘 알려진 사실이다. 현대 독재자들은 원시 부족들보다 개별성을 더 잘 이해했다고 할 수 있다. 그러나 결과적으로는 훨씬 더 악의적인 적대감을 드러냈다.

현대 일본과 관련해 흥미로운 점은 반쯤 자유로운 사회라는 것이다. 전통 면에서 부족 사회의 특징이 있고 권위주의적인 측면이 있는 반면에 낡은 방식에서 벗어나 개인주의와 자유를 추구하려는 자유주의의 힘이 존재한다. 조너선 로치(Jonathan Rauch)는 일본 문화의 '낡은' 측면에 대해 이렇게 말했다.

일본에는 충격적인 면이 있다. 바로 전통적이고 전(前)자유주의적인 측면이다. 일본의 야구팀들은 선수들이 견딜 수 없을 정도로 고통스럽고 탈진할 때까지 운동장에서 훈련을 시킨다. 정신력을 기르기 위해서라고 한다. 고등학교에서 하급생들이 상급생들에게 수모와 괴롭힘을 당할 때는 언젠가 자기들도 상급생이 되어 차례가 오면 하급생들을 괴롭힐 것이라는 이해가 깔려 있다. 일본에서는 언제나 연공서열이 중요하다. 이런 구조에서 젊은 사람은 고통을 겪고 대가를 치르며 견디는 법을 배우고 훗날 같은 방식으로 자기보다 어린 사람을 괴롭힌다. 이지메는 일본의 다채롭고 풍부한 도덕적 지형도에서 한 부분에 지나지 않는다. 그러나 나는 바로 이 부분에 관심을 느끼고 그 모호하게 파시즘적인 부분이 내뿜는 힘에 이끌려 일 주일 만에 일본에 왔다. 그 일이 있기 전에 나는 플라톤을 읽고 있었다. 일본의 전통적 가치들, 즉 고통을 통해 얻는 힘, 위계 질서에서 비롯되는 힘, 개인이 집단에 완전히 함몰됨으로써 얻는 힘을 보았을 때, 나는 내가 읽은 것이 무엇인지 깨달았다. 아마 플라톤이야말로 누구보다도 일본의 전통적 가치를 찬양할 사람일 것이다. 그가 꿈에 그리던, 환하게 빛나는 스파르타에서 본 것이 바로 그러한 가치가 아니었을까.[4]

몇 년 전에 한 일본인 합기도 사범이 심리 치료를 받으러 나를 찾아왔다. 스물두 살 때 일본에서 미국으로 건너온 사람이었다. 그는 이렇게 말했다. "일본은 분명히 변하고 있습니다. 하지만 여전히 전통이 굉장히 중요하지요. 자존감이라는 개념은 아주 드물게만 볼 수 있습니다. 그러나 그것도 실제로는 선생님이 책에 쓰신 내용이나, 제가 이해하고 저 자신을 위해 바라는 것과는 뭔가 다릅니다. 아시다시피 일본에서는 모든 것이 개인이 아니라 가족이나 회사 같은 집단을 중심으로 돌아갑니다. 저는 제 친구들이 말로 어떻게 표현해야 할지 모르면서도 이 문제 때문에 힘들어하는 걸 보았어요. 저는 더 강한 개인주의 문화를 찾아서 미국으로 왔습니다. 여기는 꼭 미친 것 같은 사람이 많고 또 다양한 사람들이 섞여 살지만, 그래도 저는 여전히 자존감을 쌓을 기회가 이곳에 훨씬 더 많다고 생각합니다."

나는 일본 문화 전체가 자존감에 도움이 안 된다는 말을 하려는 게 아니다. 일본의 문화는 매우 다양하며, 그 안에는 어떤 문제를 두고 서로 충돌하는 수많은 가치가 담겨 있다. 일본 문화에는 자율성을 훼손하는 요소가 많다. 그리고 그것은 부족 사회의 문화에 일반적인 사실이기도 하다. 그러나 일본 문화에는 심리적으로 긍정적인 영향을 끼치는 다른 요소들도 있다. 지식과 배움을 높이 평가하고, 자신의 행동과 헌신에 온전히 책임을 지는 일을 중요하게 여기며, 일을 잘 해내는 데서 자부심을 느끼는 것이 바로 그런 부분들이다. 이처럼 매우 높은 다양성을 보이는 문화에서는, 전체 문화가 아니라 특정한 신념이나 가치와 자존감의 관계를 탐구하는 편이 훨씬 도움이 된다.

부족 사회의 문화는 개성을 깎아내리고 의존성을 부추긴다. 따라서 이런 측면에서 보면 일반적으로 부족 문화는 자존감에 해롭다고 말할 수 있다.

종교적 의식의 부정적 영향

캘리포니아의 경우, 교육자들이 학교에 자존감 교육을 도입했을 때 가장 열성적으로 반대한 이들은 대부분 기독교 근본주의자들이었다. 그들은 그런 교육 프로그램이 '자기 숭배'라면서 공공연히 비난했다. 자존감 때문에 학생들이 하느님에게서 멀어진다고 주장하기도 했다.

오래전에 내가 만났던 카르멜회 수녀 한 분은 자신의 수련 과정을 두고 이렇게 이야기했다. "우리는 우리 자신과 신을 가로막는 장벽, 그러니까 '자기'라는 적을 완전히 무너뜨려야 한다고 배웁니다. 시선은 항상 아래로 둡니다. 너무 많은 것을 보지 않도록 말이지요. 또 감정을 억누릅니다. 너무 많은 것을 느끼지 말아야 하니까요. 기도하고 섬기는 우리의 삶은 곧 너무 많이 생각하지 않는 것입니다. 가장 중요한 것은, 당연한 말이지만 복종입니다."

역사를 통틀어 국가가 종교를 강요하는 곳에서는 개인의 의식이 처벌의 대상이 되었다. 남자건 여자건, 스스로 '생각'을 한다는 것이 죄가 되어 고문을 당하거나 처형당했다. 미국의 철저한 정교 분리가 역사적으로 중요한 의미가 있는 것은 바로 이런 역사 때문이다. 정교 분리 덕분에 미국에서는 어떤 종교 집단이든 생각과 신념이 다른 이들을 박해하기 위해 정부 기구를 이용할 수 없게 되었다..

어떠한 객관적인 앎의 기준도 없이, 이성적인 사고 과정이 아니라 신앙심과 계시라고 주장된 것에 따라 믿음을 지니게 된 신봉자들은 종종 자신과 다르게 생각하는 사람들을 다른 이들에게 불신앙이라는 전염병을 퍼뜨릴 수 있는 위협이자 위험 요소라고 생각한다. 한 예로 종교계에서 무신론에 보이는 전형적인 반응을 생각해보자. 만일 어떤 사람이 진짜 개인적인 체험을 통해 신을 믿게 되었다면 그 사람은 자신처럼 은총을 받지 못한 사람들을 가엾게 여기는 것이 적절한 반응일 것이다. 그러나 연민이 아니라 증오를 느끼는 경우가 훨씬 많다. 왜 그럴까? 이러한 의문에는 신자들이 무신론자를 위협으로 받아들이기 때문이라는 답밖에 할 수 없다. 하지만 하느님이 실존할 뿐 아니라 자기 안에 내재한다고 진정으로 느끼는 신자라면, 자신처럼 신성(神性)을 경험하는 행운을 누리지 못한 무신론자에게 친절과 동정을 베풀어야 할 것이다.

물론 상황은 유신론이냐 무신론이냐를 따지는 것보다 훨씬 심각하다. 인간은 수천 년 동안 신에 대한 생각이 다르다는 이유로 다른 사람들을 죽여 왔다. 스스로 기독교도라 부르는 사람들 사이에서 끔찍한 종교 전쟁이 벌어졌다.

역사적으로 보면, 종교는 스스로 과학의 반대 위치에 있었을 뿐 아니라 대부분의 사적인 신비주의도 비난했다. 신비주의는 종교적 권위를 빌리지 않고 중재자 없이 직접 신을 경험할 것을 주장하기 때문이다. 전통적인 종교인이 보기에 교회의 궤도 밖에서 움직이는 신비주의자는 지나치게 '개인주의적'이다.

여기서 나는 종교의 영향력이 아니라 특정 문화에서 나타나는 종교적 권위주의의 힘을 탐구하려 한다. 개인에게 자기 자신의 가치를 높이 평가하도록 격려하고 지적 개방성과 독립적 사고를 뒷받침하는 종교나 특정한 종교적 가르침이 있다면 그런 것들은 지금 이 논의의 범위에 들지 않는다. 나는 오직 종교적 권위주의가 지배하는 문화(또는 하위 문화), 즉 믿음을 강요하고 반대 의견은 죄로 여겨지는 문화가 자존감에 끼치는 영향력에 집중하고자 한다. 그런 상황에서는 의식적으로 살기, 자기 책임, 자기 주장은 금지된다.

이런 일이 이슬람교나 로마 가톨릭에 국한되었다고 생각한다면 실수이다. 루터나 칼뱅도 로마 교황만큼이나 독립적인 정신을 지닌 이들에게 호의적이지 않았다.

만일 어떤 문화에서 아이들에게 이런 식으로 가르친다고 생각해보자.

"신이 보시기에 우리는 모두 똑같이 보잘것없다."

"너는 태어날 때부터 죄인이다."

만일 아이들이 계속해서 이런 메시지를 전달받는다고 생각해보자.

"생각하지 말고, 묻지도 말고, **믿어라.**"

"네가 뭔데 신부님(이나 목사님 혹은 랍비)의 생각보다 네 생각이 중요하니?"

만일 아이들이 계속 이런 말을 듣는다면 어떨까.

"네가 가치 있는 존재라면 그건 네가 뭘 했거나 어떤 일을 할 수 있기 때문이 아니라, 오로지 신이 널 사랑하시기 때문이다."

"이해할 수 없는 것에 복종하는 것이 곧 도덕의 시작이다."

만일 아이들이 이런 훈계를 듣는다면 어떨까.

"'마음대로' 하려고 들지 마라. 자기 주장은 오만이라는 죄악이다."

"네가 너 자신의 주인이라고 절대 생각하지 마라."

만일 아이들에게 이렇게 알려준다면 어떨까.

"네 판단과 종교적 권위의 판단이 다르다면, 반드시 종교적 권위의 말을 믿어야 한다."

"자기 희생은 모든 미덕과 고귀한 의무 가운데 으뜸이다."

이제 의식적으로 살기를 실천했을 때, 또는 자기 주장을 실천하거나 건강한 자존감을 위해 필요한 다른 기둥들을 실천했을 때 어떤 일이 생길지 생각해보라.

믿음을 생각보다 중요하게 여기고 자기 포기를 자기 표현보다 중요하게 여기고 순응을 자아 통합보다 중요하게 여기는 문화나 가족 안에서 자존감을 계속 유지하는 사람은 영웅적인 예외가 될 것이다.

내 경험에 따르면, 종교적 가르침이 끼치는 영향은 개인이 그것을 어떻게 이해하느냐에 따라 크게 달라지기 때문에 논하기가 쉽지 않다. 앞서 이야기한 종교적 가르침 중에서도 실제로 표면적 의미와 속뜻이 같은 경우는 거의 없다는 이야기를 종종 듣는다. 내가 이야기를 나눠본 바에 따르면, 많은 기독교인들은 저마다 자신은 예수 그리스도가 **정말로** 무엇을 말했는지 알지만, 참 유감스럽게도 수많은 다른 기독교인들은 그렇지 못하다고 장담했다.

그러나 기독교를 비롯해 어떤 종교든 종교가 국가의 지원을 받은 경우에는 시대와 장소에 상관없이 의식, 독립성, 자기 주장이 처벌받고 이따금 소름 끼칠 정도로 잔인하게 응징당했다는 것은 명백한 사실이다. 이것은 종교적 권위주의 성향이 개인에게 끼치는 문화적, 심리적 영향을 가늠할 때 반드시 짚고 넘어가야 하는 사실이다. 모든 종교 사상이 필연적으로 오류를 지니고 있다는 뜻이 아니라, 역사의 시각에서 여러 문화를 살펴보았을 때 일반적으로 종교가 자존감에 유익한 영향을 끼쳤다고 주장할 수는 없다는 뜻이다.

사람들은 종교라는 주제에 뜨거운 열정을 내보인다. 어떤 독자들에게는 이 장의 종교 관련 내용이 거의 모두 도발적으로 느껴질 것이다. 자존감 운동을 펼치는 내 동료들은 당연하게도 사람들에게 자존감이라는 의제와 전통적인 종교적 인식 사이에는 아무런 갈등 요소가 없다고 설득하고 싶어 한다. 자존감 운동을 종교적으로 비판하는 사람들과 이야기를 나눌 때 나는 때때로 이렇게 묻는다. "우리가 모두 하느님의 자녀라는 걸 믿는다면 자기 자신을 사랑하지 않는 것이야말로 신성 모독이 아닌가요?" 그러나 아직 문제가 남아 있다. 만일 근본주의자들이 학교에 자존감 프로그램을 도입하는 일에 적개심을 보이는 이유가 그런 프로그램이 전통적인 종교와 양립할 수 없다고 믿기 때문이라면, 어쩌면 그들이 잘못 판단한 것이 아닐지도 모른다. 이것이 바로 우리가 직시해야 하는 문제이다.

언젠가 학교에서 아이들에게 자존감의 여섯 기둥을 가르치는 날이 온다면(그것이 내 바람이지만), 어떤 종교적 정통이 사람들이 의식적으로 살기를 실천하는 데 온전히 헌신하기를 바라겠는가? 그리고 나이를 불문하고 높은 자존감을 지닌 사람들이 과연 기독교 신학자 폴 틸리히(Paul Tillich)가 말한 대로 모든 사람은 신 앞에서 똑같이 무가치하다는 주장을 받아들일까?

책임의 문화 대 희생자의 문화

　미국 문화에는 세계 여러 나라의 하위 문화가 뒤섞여 있다. 실제로 미국 사회는 삶의 모든 영역에 걸쳐 매우 다양한 가치와 신념이 공존하는 것이 특징이다. 여기서는 여러 길항하는 힘들 사이에서 지배적인 흐름에 한해서만 이야기할 것이므로 '미국 문화'를 이야기하는 것은 정당하다고 할 수 있을 것이다.

　역사적으로 미합중국의 탄생과 관련해 가장 눈에 띄는 점은 부족 사회의 전제를 의식적으로 거부했다는 것이다. '독립선언문'은 개인의 양도할 수 없는 권리를 담은 혁명적인 교리를 선포했다. 정부는 개인을 위해 존재하는 것이지, 개인이 정부를 위해 존재하는 것이 아니라고 주장했다. 미국의 정치 지도자들이 다양한 방식으로 여러 차례 이 꿈을 배반했지만, '독립선언문'에는 여전히 '미국'이라는 추상적 개념이 상징하는 정신의 정수가 담겨 있다. 자유, 개인주의, 행복을 추구할 권리, 우리는 모두 각자 자기 자신의 주인이라는 생각이 그것이다. 사람은 누구나 자신의 목적일 뿐, 다른 사람의 목적을 위한 수단이 아니다. 가족이나 교회, 국가, 사회 어느 것도 개인을 소유할 수 없다.

　'미국 건국의 아버지들' 가운데 많은 사람이 이신론자*였다. 그들은 신을 인간사에서 대체로 뒤로 물러나 있는, 우주를 창조한 힘으

이신론(理神論, deism) 세계를 창조한 하나의 신을 인정하되, 그 신은 인격신이 아니며 세계와 별도로 존재한다고 보는 철학, 종교관이다. 이신론에서 말하는 신은 세상을 창조한 뒤에는 세상을 바꾸거나 인간에게 접촉하는 일을 하지 않는다. (옮긴이)

로 보았다. 그들은 특정 종교가 국가 기구에 접근해 자신들의 관점을 실행에 옮길 힘을 얻었을 때 어떤 해악이 나타날지 날카롭게 파악하고 있었다. 게다가 그들은 계몽주의의 영향을 받아 성직자들을 믿지 않았다. 조지 워싱턴은 미국은 '기독교 국가'로 분류되지 않는다고 분명히 밝혔다. 출발부터 미국적 전통의 핵심은 양심의 자유(freedom of conscience)였다.

헤럴드 블룸(Harold Bloom)이 《미국의 종교(The American Religion)》에서 말한 바에 따르면, 오늘날 미국인과 신의 관계는 매우 개인적인 것으로서 어떤 집단이나 권위에 의해 중재되지 않는다.[5] 신과 만나는 일은 정신적으로 완전히 홀로일 때 일어난다. 다른 어딘가에서 신을 찾으려 하는 것과 전혀 다른 태도이다. 여기에는 미국적 경험의 핵심인 개인주의가 반영되어 있다. 블룸에 따르면, 미국인 대다수는 신이 자신을 매우 개인적인 방식으로 사랑한다고 확신한다. 블룸은 이러한 관점을 스피노자의 《에티카》와 대조한다. 스피노자는 신을 사랑한다면 그 보상으로 신에게서 사랑받기를 기대해선 안 된다고 했다. 미국인들은 자신들을 신에게 선택받은 사람으로 보는 경향이 있다.

무에서 유를 창조해야 하는 개척자의 나라로 태어났다는 사실이 미국적 전통의 중심에 있다. 자기 훈련과 고된 노동은 문화적으로 높이 평가받았다. 분명 공동체와 상호 협력이라는 강력한 주제가 있었지만, 자립과 자기 책임만큼 중요하게 여겨지지는 않았다. 독립적인 사람들끼리 가능한 한 서로 도왔지만 궁극적으로 모든 사람은 각자 자기 몫을 다해야 한다는 기대가 있었다.

19세기 미국인들은 '권한의 심리'가 없었다. 그들은 자신들이 일, 에너지, 다른 자원들을 요구할 권리를 타고났다고 배우지 못했다. 이것을 깨닫게 된 것은 20세기에 일어난 문화적 변화였다.

과거에는 이런 식으로 전통적인 미국 문화를 일반화해 설명했지만 여기엔 빠진 것이 많았다. 이런 설명은, 예를 들어, 노예 제도와 아프리카계 미국인들을 이류 시민 취급한 것, 여성에 대한 법적 차별을 언급하지 않는다. 미국 여성들은 20세기에 들어와서야 투표권을 획득했다. 마찬가지로 우리는 미국의 비전이 실현된 범위 안에서 전통적인 미국 문화가 건강한 자존감을 장려할 수 있다고 말할 수 있다. 사람들에게 자기 자신과 자신의 가능성을 믿을 수 있게 격려해주기 때문이다.

한편, 문화는 사람들로 구성된다. 그리고 사람은 필연적으로 과거를 실어 나른다. 미국은 정치적으로 부족 사회의 전제를 거부했을지 모르지만, 미국인들과 그들의 선조들은 부족적 사고방식이 지배하는 나라로부터 왔으며 그 영향은 종종 문화적, 심리적으로 이어졌다. 종교적 편견과 박해를 피해 미국으로 건너온 사람들도 있지만, 그들 중 많은 수가 종교적 권위주의 사고방식을 탑재한 채 미국으로 건너왔다. 인종, 종교, 성별에 관한 낡은 사고방식을 신세계로 가져온 것이다. 건국 초부터 지금까지 문화적 가치들은 계속 충돌하고 있다. 현재 미국 문화에서는 자존감을 긍정하는 힘과 자존감에 반대하는 힘이 끊임없이 충돌하고 있다.

미국 문화는 자기 책임과 권한이라는 가치들이 싸우는 전장이다.

이것은 문화적 충돌일 뿐 아니라, 자존감과 크게 관련 있는 문제이며, 다른 많은 문제를 낳는 원인이기도 하다.

우리는 공동체라는 배경에서만 온전히 인간성을 실현할 수 있는 사회적 존재이다. 공동체의 가치는 개인에게서 최선을 이끌어낼 수도 있고 최악을 불러낼 수도 있다. 정신, 지성, 앎, 이해를 가치 있게 여기는 문화는 자존감을 장려한다. 반대로 정신을 폄하하는 문화는 자존감을 해친다. 사람은 자기 행동에 책임을 져야 한다고 믿는 문화는 자존감을 뒷받침한다. 그러나 제대로 책임지는 사람이 없는 문화에서는 사회적 혼란과 자기 비하가 자란다. 자기 책임을 소중하게 여기는 문화는 자존감을 북돋지만, 사람들이 자신을 희생자로 여기게 만드는 문화는 의존, 수동성, 권한의 사고방식을 조장한다. 이러한 사실을 뒷받침하는 근거는 오늘날 미국 사회 곳곳에서 볼 수 있다.

아무리 부패하고 타락한 문화라 해도 언제나 자신의 자율성과 존엄을 위해 싸우는 사람들은 있을 것이다. 악몽 같은 어린 시절을 보냈어도 파괴되지 않은 자존감을 지닌 채 자라는 아이들이 반드시 있는 것처럼 말이다. 그러나 의식, 자기 수용, 자기 책임, 자기 주장, 목적 있는 삶, 자아 통합을 중요하게 여기는 세계는 그런 이들에게 해로운 가치를 역설하거나 그들이 긍정적인 가치를 실행하지 못하도록 가로막거나 그들에게 불리한 법을 통과시키지 않을 것이다. 예를 들어 어린아이들에게 스스로 죄가 있다고 여기도록 가르치지 않을 것이며, 지적인 질문보다 복종에 더 크게 보상하지도 않을 것이다. 학생들은 이성이 미신이라고 배우지 않을 것이며, 여학생들은 여성다움과 복종이 같은 말이라는 이야기를 듣지 않을 것이다. 생산적인 성취에 무관심하면서 자기 희생을 칭송하지 않을 것이고, 규제 기관들이 생산자들을 범죄자 취급하지도 않을 것이다.

미국의 하층 계급 문제에 진정으로 관심을 쏟는 사람들 중에 이런 현실을 일부 깨닫고 해결하기 위해 고민하는 사람들이 생겨났다. 이들은 인지적 교수 기술의 중요성, 노동 윤리와 자기 책임과 대인 관계 능력의 가치, 스스로 자신의 주인임을 자각하는 데서 오는 자부심, 성과의 객관적 기준을 점점 더 중요하게 생각하고 있다. 모든 문제는 사회 탓이며 개인은 피해자일 뿐이라는 식의 '피해자-되기'의 철학이 여전히 작동 중이다. 가난한 사람들에게 책임은 '이 세상'에 있으며, 그들 자신은 무력하고 그들에게 아무것도 기대하지 않는다고 말하는 것으로는 그들을 도울 수 없다.

역사학자이자 사회비평가인 크리스토퍼 래시(Christopher Lasch)는 개인주의의 옹호자가 아니며 자존감 운동을 강하게 비판해 왔다. 그런데 '피해자-되기'와 관련해 래시가 한 말 중에 흥미로운 부분이 있다.

이렇게 이미 늦어버린 시점에, 국가가 치료적 모델에 기반을 두고 펼친 공공 정책이 비참하게 실패했다는 점을 굳이 거듭해서 지적할 필요가 있을까? 그 공공 정책들은 자기 존중을 격려하기는커녕 의존자들의 나라를 만들었다. 그 결과 피해자 숭배 열풍이 일어났다. 피해자들은 무정한 사회로부터 받은 피해를 전시함으로써 피해자의 자격을 인정받는다. 결국 '연민'의 정책은 피해자들과 장래의 후원자들 양쪽 모두를 모멸했다. 이런 정책들 때문에 피해자들은 동정의 대상으로 쪼그라들었다. 후원자들은 자신의 동료 시민들을 보편적인 기준으로 끌어올리기보다 그저 불쌍하게 여기는 편이 더 쉽다는 걸 알게 되었다. 연민은 경멸의 다른 얼굴이 되었다.[6]

앞서 목적 있는 삶을 이야기하면서 성과에 관심을 기울여야 한다고 말했다. 만일 어떤 행동과 계획이 본래 의도했고 약속했던 결과로 이어지지 못했다면, 기본 전제를 다시 검토해보아야 한다. "안 되는 일을 붙잡고 애써봐야 결과는 똑같다."라는 말은 언제나 옳다. 자존감의 문화를 책임의 문화라고 할 때 이것은 곧 자기 책임을 의미한다. 사람이 강해지거나 다른 사람과 어울려 잘 살려면 다른 길은 없다.

12장에서 나는 자존감의 여섯 기둥을 뒷받침하고 장려함으로써 자존감을 지지하는 전제들을 이야기했다. 이런 전제들이 지배적인 문화, 즉 아이 양육, 교육, 예술, 조직의 삶이라는 각각의 구성 요소가 촘촘히 잘 짜여 이루어진 문화는 자존감이 매우 높은 문화가 될 것이다. 이 전제들에 반대되는 요소들이 지배적이라면, 우리는 자존감에 해로운 문화를 보게 될 것이다. 여기서 내가 말하려는 것은 실용주의가 아니다. 나는 이런 생각들이 곧 자존감에 이롭기 때문에 찬성해야 한다고 말하는 것이 아니다. 이런 생각들이 현실에 부합하기 때문에 자존감에 힘을 준다고 말하는 것이다.

이 책은 철학이 아니라 심리학에 초점을 맞추고 있다. 그래서 나는 이런 생각들을 상당히 개인적인 방식으로 표현하려 했다. 신념은 개인의 의식 안에 존재하기 때문이다. 하지만 만일 독자 입장에서 이 책에 담긴 내용이 심리학적인 것만큼이나 거의 철학적이라고 느낀다면 그것은 오해가 아니다.

자존감 있는 삶에는 용기가 필요하다

우리는 모두 자신이 추구하는 가치에 관한 메시지, 판단의 근거가 되는 기준에 관한 메시지들로 이루어진 바다에서 살아간다. 더 독립적인 사람일수록 더 비판적으로 메시지들을 검토한다. 종종 메시지를 있는 그대로 인식하는 일이 도전이 된다. 이때 다른 사람들의 생각과 신념은 도움이 될 수도 있고 안 될 수도 있다. 달리 말하면, 지금 살아가는 문화의 가정들을 이미 주어진 것으로서 즉 '현실'로서 받아들이는 것이 아니라, 그 가정들에 의문을 제기할 수 있음을 깨달아야 하는 것이다. 소년 시절에 나는 내 아버지가 가장 좋아했던 말 "꼭 그런 건 아니야."에서 크게 도움을 받았다.(이 말은 아마도 조지 거슈인의 노래 중 한 부분이 아닐까 싶다.)

어떤 문화든 자기 문화의 전제들에 의문을 제기하는 일을 권장하지는 않는다. 의식적으로 살아간다는 것이 의미하는 것 중 하나는 다른 사람들이 지닌 신념은 그저 그들의 신념일 뿐이며 그것이 꼭 궁극적인 진실은 아니라는 점을 아는 것과 관련이 있다. 그렇다고 해서 의식적으로 산다는 것이 곧 의심이 많다는 것을 의미하지는 않는다. 의식적인 삶은 비판적인 사고와 관련이 있다.

사회의 의제와 개인의 의제 사이에는 필연적이라고 할 수 있는 긴장이 도사리고 있다. 사회의 관심사는 기본적으로 사회의 생존과 유지이다. 따라서 그 목적에 도움이 된다고 파악된 가치들을 독려한다. 이런 가치들은 개인의 성장 욕구나 사적인 열망과는 아무 관계가 없을 수 있다. 예를 들어 군국주의 국가나 부족 사회에서는 공격성, 고통에 무감각한 것, 권위에 대한 절대 복종 같은 전사의 미덕을 높이 평가한다. 하지만 개인의 관점에서 볼 때는 남성성이나 남성성의 특성들을 확인하는 일이 그의 이익에 도움이 된다고는 할 수 없다. 비록 사회가 그에게 그렇게 하도록 부추기거나 반대로 억누르도록 권한다고 해도 말이다. 어쩌면 그는 사회가 세운 의제와 달리 학자의 삶 같은 자신만의 의제를 세울 수도 있다. 이런 경우에 문화는 그에게 '이기적'이라는 꼬리표를 붙일 것이다. 자신만의 기준을 세움으로써, 그가 볼 때 그 자신은 자아 통합을 드러내 보인 것이다. 하지만 사회는 아마 그에게 불충실하다거나 시야가 좁고 옹졸하다는 낙인을 찍을 것이다.

또는 어떤 사회는 인구수 증가를 사회의 이익과 동일시할 수도 있다. 이런 경우에 여성들은 엄마가 되는 일보다 더 영광스러운 일은 없으며 진정한 여성성의 기준도 바로 모성에 있다고 믿도록 격려받을 것이다. 하지만 자신의 삶을 다른 방식으로 보는 여성이 있을 수 있다. 그녀는 자신의 가치에 따라, 엄마가 되는 일이 아예 불가능하거나 모성을 지연시키는 직업의 세계로 나아갈 수도 있다. 자신만의 기준으로 자신의 삶을 독립적으로 판단하고, 자신의 어머니나 목사님, 같은 시대를 사는 사람들과 전혀 다르게 여성성을 이해할 수도 있고 그렇지 않을 수도 있다.(그래서 그녀에게 '이기적'이라는 낙인이 찍힐 수도 있다.)

보통 사람들은 사회에 널리 퍼진 가치들을 기준 삼아 자신을 평가하는 경향이 있다. 그러한 가치들은 가족 구성원이나 정치 지도자, 종교 지도자, 교사, 신문과 텔레비전 같은 언론 매체, 영화 같은 대중 예술을 통해 전달된다. 이 가치들은 합리적일 수도 있고 그렇지 않을 수도 있으며, 개인의 욕구에 들어맞을 수도 있고 그렇지 않을 수도 있다.

나는 가끔 이런 질문을 받는다. 어떤 사람이 자신이 생각해본 적도 없고 의문을 제기해본 적도 없으며 잘 알지도 못하는 그런 문화적 규범을 따르고 거기에 맞게 행동하는 과정에서 진정한 자존감을 얻을 수 있는가? 집단에 속해 있다는 데서 느끼는 안전과 안정감도 일종의 자존감이 아닌가? 집단에서 받는 인정과 지원이 진정한 자기 가치감을 경험할 수 있도록 이끄는 게 아닌가? 이런 질문을 하는 사람들이 잘못 생각한 것은, 안전하다는 느낌이나 편안하다는 느낌을 자존감과 동일시한 점이다. 순응은 자기 효능이 아니며, 대중적인 인기는 자기 존중이 아니다. 어떤 만족감을 얻든지 간에 소속감은 자신의 정신을 신뢰하는 일이나 삶에서 마주하는 도전들을 정복하는 능력에 대한 믿음과 동등하지 않다. 다른 사람들이 나를 존중한다는 사실이 곧 내가 나 자신을 존중할 것이라는 점을 보장하지는 않는다.

만일 아무런 도전이나 위기를 겪지 않고 매일 별다른 생각 없이 틀에 박힌 일상을 살아왔다면, 자신이 지닌 것이 가짜 자존감이란 사실을 잠시 동안은 회피할 수 있을지 모른다. 모든 일이 제대로 돌아갈 때는 괜찮지만, 그래서는 자존감이 존재하는지 알 수 없다. 진짜 자존감은 모든 일이 괜찮지 **않을** 때 자기 자신에 대해 느끼는 것이다. 그것은 곧 예상하지 못했던 도전을 받았을 때, 다른 사람들이 자신의 의견에 동의하지 않을 때, 자신의 역량을 낭비하고 있을 때, 집단의 보호막이 더는 삶의 위험과 과제로부터 격리 보호해주지 못할 때, 스스로 생각하고 선택하고 결정하고 행동해야 할 때, 그래서 **어느 누구도 자신을 이끌어주거나 갈채를 보내주지 않을 때**를 말한다. 그런 순간에 내면 가장 깊은 곳에 있는 전제들이 비로소 모습을 드러낸다.

살면서 듣는 가장 큰 거짓말들 중 하나는 이기적이 되기는 '쉽다'는 것과 자기 희생은 정신의 힘이 필요하다는 것이다. 누구나 매일 저마다 다른 방식으로 자신을 희생한다. 이것은 그들의 비극이다. 자기를 존중한다는 것, 그러니까 자신의 정신과 판단과 가치와 신념을 존중한다는 것은 궁극적으로 용기 있는 행동이다. 얼마나 드문 일인지 살펴보라. 그러나 이것이야말로 자존감이 우리에게 요구하는 것이다.

자존감의 일곱 번째 기둥

나의 삶을 사랑하기

이 책 앞부분에서 나는 자존감은 우리 안의 영웅을 불러내는 것이라고 말했다. 지금까지 논의를 통해 전체적으로 살펴보았지만, 좀 더 명쾌하게 정리해보자.

이것은 그렇게 하는 것이 쉽지 않을 때 여섯 기둥을 실천하는 자발성과 의지를 의미한다. 우리는 타성을 극복하고, 두려움을 제압하고, 고통을 직시하고, 심지어 자신이 사랑하는 사람에 맞서서 홀로 자신의 판단을 지켜야 할 수도 있다.

환경을 어떻게 만들어놓든지 간에 이성, 자기 책임, 자아 통합은 결코 저절로 이루어지지 않는다. 이런 것들은 항상 성취해야 한다. 우리는 생각할 자유와 생각하지 않을 자유가 있다. 의식을 확장하거나 축소할 자유가 있고, 현실을 향해 나아갈 자유와 뒤로 물러설 자유도 있다. 여섯 기둥은 모두 선택의 문제이다.

의식적인 삶에는 **노력**이 필요하다. 인식을 불러일으키고 유지하는 것은 **일**이다. 의식 수준을 끌어올리겠다고 선택할 때마다 우리는 타성을 거슬러 행동한다. 우리는, 우주 만물이 혼돈을 향해 내달려 가는 경향인 엔트로피에 맞서 싸운다. 생각을 하기로 결정했을 때, 우리는 내면에 질서와 명료함을 갖춘 섬을 창조하려고 노력하는 것이다.

우리가 극복해야 할 자존감의 첫 번째 적은 **게으름**일지 모른다.(게으름은 심리학적으로 나타나는 타성과 엔트로피의 힘에 붙이는 이름이다.) '게으름'은 심리학 책에서 흔히 볼 수 있는 용어는 아니다. 그렇지만 적절하게 반응하려는 노력을 기울이기가 내키지 않는다는 이유만으로 때때로 게으름을 극복하지 못하는 경우가 있다는 것을 모르는 사람은 없을 것이다.(나는 《자존감의 심리학》에서 이런 현상을 '반(反)노력anti-effort'이라고 표현했다.)

물론 가끔 피로가 게으름을 부추기지만, 꼭 그런 것은 아니다. 때때로 우리는 아무 이유 없이 그냥 게으르다. 타성에 도전하지도 않고, 깨어 있기를 선택하지도 않는다는 뜻이다.

우리가 처단해야 할 또 다른 용은 **불편함을 피하려는** 충동이다. 의식적으로 살려면 자신의 두려움을 마주보아야 한다. 이것은 우리를 해결하지 못한 고통과 만나도록 이끌 것이다. 자기 수용에는 자신의 평형 상태를 방해하는 생각, 감정, 행동들을 자신의 현실로 받아들이는 일이 필요하다. 그것은 우리의 '공식적인' 자기 개념을 뒤흔들 수 있다. 자기 책임을 실천하려면 우리는 언젠가 구원자가 와줄 것이라는 환상을 버리고 궁극적인 고독과 마주해야 한다. 자기 주장은 다른 사람이 어떻게 반응할지 알 수 없는 상황에서 진실해지려는 용기이다. 이것은 우리가 우리 자신으로 존재하는 위험을 무릅쓰는 것이다. 목적 있는 삶은 우리를 수동성에서 끌어내어 더 높은 곳을 지향하는 힘든 삶으로 이끈다. 그러려면 우리는 자가 발전기가 되어야 한다. 자아 통합을 이루려면 자신의 가치를 선택하고 그것을 견지해야 한다. 그것이 즐거운 일이든 아니든, 다른 사람들이 자신의 신념을 공유하든 하지 않든 간에 말이다. 그리고 여기에는 힘든 선택을 해야 하는 순간이 있다.

길게 두고 보면, 자존감이 높은 사람들이 낮은 사람들보다 행복하다는 것은 알기 쉽다. 우리가 지닌 행복의 예측 변수 가운데 자존감이 가장 적중률이 높다. 그러나 단기적으로 보면 자존감에는 그것이 개인의 정신적 성장이 뒤따르는 일인 경우에 기꺼이 불편을 견디려는 의지가 필요하다. 만일 불편을 피하는 것이 최우선 과제라면, 자기 존중보다 불편을 피하는 일에 더 높은 가치를 둔다면, 그런 압력 아래서 여섯 기둥의 실천을 포기할 것이다. 정확히 여섯 기둥의 실천이 가장 필요한 순간에 말이다.

불편을 피하고 싶은 욕구 자체는 잘못이 아니다. 하지만 그 욕구에 굴복했을 때 우리는 중요한 현실을 보지 못하게 되고, 제때 필요한 행동을 취하지 못하게 되며, 결국 비극적인 결과를 맞게 된다.

여기에 기본적인 행동 양식이 있다. 먼저, 고통을 느끼고 싶지 않아서 꼭 보아야 할 것을 회피한다. 그러고 나면 더 큰 문제들이 생기는데, 그 문제들이 고통을 떠올려주기 때문에 또 다시 눈을 돌린다. 이 새로운 회피는 부가적인 문제들을 낳는데 그 문제들도 검토해보려 하지 않는다. 회피에 회피를 거듭하고 고통에서 눈을 돌리는 일이 반복된다. 이것이 대부분 성인들이 겪는 상황이다.

정반대되는 행동 양식도 있다. 먼저, 자신의 자존감과 행복을 짧은 시간 동안 느끼는 불편이나 고통보다 중요하게 여기기로 결심한다. 그리고 좀 더 의식적으로 살고 자기 수용과 책임을 조금 더 실천하는 방향으로 걸음마를 떼기 시작한다. 이 과정에서 자기 자신을 더 좋아하게 되었음을 알게 된다. 여기에 고무되어 더 멀리 나아가려는 시도를 하게 된다. 자기 자신과 다른 사람들에게 더욱 진실해진다. 자존감이 높아진다. 이제 더 힘든 과제를 택할 수 있다. 스스로 조금 더 강해지고 현명해졌다고 느낀다. 위협적인 상황과 당혹스러운 감정을 마주하는 일이 조금 더 쉬워지고, 대처 능력이 더 늘었다고 느낀다. 자기 주장을 좀 더 잘하게 된다. 자신이 더 강해졌다고 느낀다. 정신의 근육을 단련한다. 스스로 더 힘 있는 존재로 경험함으로써 자기 앞에 닥친 어려움들을 더 현실적인 눈으로 보게 된다. 두려움이나 고통에서 완전히 벗어날 수 없을지 모르지만, 두려움과 고통은 예전에 비해 크게 줄어들었고 이제는 그것들 때문에 겁먹지 않는다. 자아 통합이 위협적으로 느껴지지 않고 자연스럽게 느껴진다.

이 모든 과정이 쉽게 진행된다면, 어떤 지점에서도 힘들지 않다면, 인내와 용기가 필요하지 않다면, 아마 **모든 사람**이 높은 자존감을 지니고 있을 것이다. 그러나 노력과 갈등, 고통이 없는 삶이란 꿈속에서나 가능한 일이다.

갈등에도 고통에도 본질적인 가치는 없다. 해로운 결과를 전혀 남기지 않고 피할 수만 있다면 그렇게 해야 한다. 좋은 심리치료사는 내담자가 정신적으로 성장하는 과정을 필요 이상으로 힘들게 만들지 않는다. 심리치료사로서 지난 30여 년 동안 내가 거친 과정을 돌아보았을 때, 나의 목표는 내담자가 자기 반성과 자기 대면을 하도록 만들고, 가능한 한 스트레스 없이 자존감을 기르는 것이었음을 알았다. 나의 접근 방식과 치료 기법은 처음부터 이런 의도 위에서 진전했다.

이런 목표를 달성하는 한 가지 방법은 사람들에게 힘들지만 필요한 무언가를 하는 것이 꼭 '대단한 일'일 필요는 없다는 것을 알게 도와주는 것이다. 두려움이나 불편에 대해 최악의 상황을 상상할 필요는 없다. 우리는 두려움이나 불편을 삶의 일부로 받아들이고 그것을 마주보고 최선을 다해 대처할 수 있다. 그리고 우리가 지닌 최고의 가능성을 향해 계속 나아갈 수 있다.

하지만 언제나 의지가 필요하다. 인내가 필요하다. 용기가 필요하다.

이러한 헌신에 필요한 에너지는 오직 우리가 우리의 삶을 사랑하는 데서 나온다.

이 사랑이 바로 미덕의 출발점이다. 삶에 대한 사랑은 우리가 지닌 최고의 열망, 가장 고귀한 열망을 위한 발판이 된다. 또 이것은 여섯 실천을 추동하는 원동력이다. 이것이 바로 자존감의 일곱 번째 기둥이다.

자존감의 다른 정의에 대한 비판

맥락을 고려해 자존감에 대한 나의 정의를 세우기 위해 먼저 앞서 나온 몇몇 대표적인 정의들에 대해 의견을 말하고 싶다.

내가 아는 한 가장 이른 시기에 자존감을 정의하려 했던 시도는 미국 심리학의 아버지 윌리엄 제임스가 쓴 《심리학의 원리(Principles of Psychology)》(1890)에서 찾아볼 수 있다.

> 나는 심리학자가 되는 데 모든 것을 건 사람으로서 만일 다른 사람이 나보다 심리학을 더 잘 안다고 하면 굴욕감을 느낄 것이다. 그러나 나는 그리스어를 몰라서 헤맨다고 해도 상관없다. 그리스어가 부족하다는 것 때문에 조금도 개인적으로 창피하지 않다. 내게 여러 언어에 능통한 사람이 된다는 '포부(pretensions)'가 있었다면 사태는 아주 달라졌을 것이다. …… 시도가 없으면 실패가 없고, 실패가 없으면 굴욕감도 없다. 따라서 이 세상에서 우리가 느끼는 자기 감정(self-feeling)은 전적으로 자신이 어떤 사람이 되고 무엇을 할지 결심하는 데 달려 있다. 자기 감정은 자신에게 있다고 추정되는 잠재적 능력과 현실의 비율에 따라서 결정된다. 즉 이 것은 포부가 분모가 되고, 실제 성공이 분자가 되는 분수 값이다.

$$\text{자존감} = \frac{\text{성공}}{\text{포부}}$$

이와 같은 분수의 값은 분모가 감소하거나 분자가 증가하면 커질 것이다.

　머리말에서 밝힌 것처럼, 자존감에 대해 말하려면 어쩔 수 없이 자신의 이야기도 해야 한다. 이 글에서 제임스가 자신에 대해 첫 번째로 알려주는 것은 그가 자신이 택한 분야에서 다른 사람들과 비교에 따라 자존감에 영향을 받았다는 것이다. 만일 그의 전문성에 필적하는 사람이 없다면 그의 자존감은 충족된다. 그러나 누군가 그를 앞지른다면 그의 자존감은 훼손된다. 제임스는 자신의 자존감이 어떤 의미에선 다른 사람들에게 좌우된다고 말하고 있는 것이다. 이 때문에 그는 전문가로서 삶에서 자기보다 못한 사람들에게 둘러싸이게 된다. 이것은 그에게 남의 재능을 반기고 찬탄하고 즐기는 것이 아니라 반대로 두려워할 이유를 주었다. 이것은 건강한 자존감을 위한 공식이 아니라 불안을 해소하기 위한 처방전에 가깝다. 우리가 스스로 통제할 수 없는 요인들, 이를테면 타인의 선택이나 행동 같은 외부 요인에 자존감을 맡기는 것은 고통을 스스로 불러들이는 것이나 마찬가지다. 그토록 많은 사람들이 바로 이런 방식으로 자기 자신을 평가하는 것은 스스로 불러들인 비극이다.

　제임스가 짚어준 것처럼 '자존감=성공/포부'라면 더 큰 성공을 하든 포부를 줄이든 둘 다 자존감을 지킬 수 있다. 다시 말해 일에서나 인격 면에서나 아무것도 이루고 싶어 하지 않는 사람과, 일에서 높은 성과를 올리고 고결한 인격을 지닌 사람이 자존감이 같다는 뜻이 된다. 나는 현실 세계를 살펴보는 사람이 이런 결론에 이를 수 있다고 믿을 수 없다. 포부가 너무 작아서 생각 없이 살아가고 별다른 노력도 하지 않는 사람들은 심리적으로 건강하거나 행복하기 어렵다.

우리가 자신의 개인적 기준과 가치(유감스럽게도 제임스가 '포부'〔pretension에는 '허세'라는 의미도 있다〕라고 부른 것)에 얼마나 잘 부응해 살아가느냐는 분명 자존감과 관련이 있다. 제임스의 논의는 바로 이 사실에 관심을 두게 만들었다는 점에서 가치가 있다. 그러나 맥락 없는 진공 상태에서는 이 사실을 제대로 이해하기 어렵다. 그러니까 마치 우리가 추구하는 기준과 가치의 '내용'과 관계가 없고, 제임스가 제안한 중립적인 공식하고만 관련이 있다고 생각하는 한 이해하기 어렵다. 말 그대로, 제임스의 공식은 모든 사람에게 적용할 만한 자존감의 정의라기보다 몇몇 불운한 개인에게서 자존감의 수준이 어떻게 결정되는지를 설명한 것이라 할 수 있다.

자존감을 다룬 훌륭한 책들 중에 스탠리 쿠퍼스미스의 《자존감의 선행 요인》이 있다. 부모가 아이의 자존감에 끼치는 영향을 살핀 그의 연구는 여전히 중요하게 평가받고 있다. 다음은 그가 쓴 글에서 발췌한 내용이다.

> 자존감은 개인이 자기 자신에 대해 내리는 평가이고, 그 평가는 습관적으로 유지된다. 자존감은 자신을 인정하거나 인정하지 않는 태도를 표현한다. 자존감은 개인이 자기 자신을 능력 있고, 중요하고, 성공적이며, 가치 있는 존재라고 믿는 정도를 보여준다. 간단히 말해, 자존감은 자신의 가치에 대한 각자의 판단이며 그것은 자기 자신을 대하는 태도로 표현된다.

제임스의 주장에 비해 큰 진전을 보여준다. 쿠퍼스미스는 훨씬 직접적으로 우리가 경험하는 자존감이 어떤 것인지 이야기한다. 하지만 여기에는 몇 가지 의문을 던질 여지가 있으며, 그 의문들은 아직 해결되지 않은 채 남아 있다.

무엇에 대한 '능력'인가? 능력을 발휘할 수 있는 영역은 사람마다 다르다. 자신이 맡은 일은 무엇이든 할 수 있다는 뜻일까? 그렇다면 어떤 경우든 능력이 충분하지 않으면 자존감이 약해진다는 말인가? 나는 쿠퍼스미스가 이렇게 말하려고 했던 것은 아니라고 생각하지만, 그의 말에 함축된 의미가 정확히 무엇인지는 알려지지 않았다.

'중요한' 사람이라니, 무슨 뜻일까? 어떤 점에서 중요하다는 말일까? 다른 사람이 보기에 중요한 사람이라는 뜻일까? 그렇다면 그 다른 사람은 어떤 사람을 가리키는 걸까? 그리고 어떤 기준에서 보았을 때 중요하다는 걸까?

'성공'은 흔히들 말하는 성공을 가리키는가? 경제적인 성공? 일에서 거두는 성공? 사회적인 성공? 어떤 성공인가? 쿠퍼스미스가 자존감을 이야기하면서 성공이 (원칙적으로) 자존감과 관련 있는 요소라고 말하지 않았다는 점을 명심하자. 그가 말하는 자존감에는 '스스로 자신을 성공한 사람으로 여기는 태도'라는 생각이 담겨 있다. 내포된 의미를 생각할 때 전혀 다르기도 하거니와, 꽤나 복잡한 문제이다.

'가치'라니, 어떤 가치인가? 행복? 돈? 사랑? 아니면 열렬히 바라는 어떤 것? 아마도 쿠퍼스미스가 '가치'라는 말에서 의미하는 바는 내가 앞서 정의한 자존감에 매우 가깝지 않나 싶다. 물론 그는 그렇게 말하지는 않는다.

리처드 베드너(Richard L. Bednar), 가웨인 웰스(M. Gawain

Wells), 스콧 피터슨(Scott R. Peterson)의 공저 《자존감(Self-Esteem: Paradoxes and Innovations in Clinical Theory and Practice)》에서는 자존감을 다르게 정의한다.

> 덧붙여서, 우리는 자존감을 현실적인 자기 인정(self-approval)의 감각이라고 정의한다. 이 감각은 주관적인 것이며 지속된다. 자존감에는 심리적으로 가장 기본적인 수준에서 어떻게 자기를 바라보고 평가하는지가 반영된다. ······ 근본적으로 자존감은 정확한 자기 인식에 기반을 둔, 지속적이고 정서적인 개인의 가치감이다.

무엇을 '인정'한다는 것인가? 외모에서부터 행동, 지적 활동에 이르기까지 자신의 모든 면에 대한 인정이라는 뜻일까? 여기에 그런 말은 없다. '어떻게 자기를 바라보고 평가하는지'라니, 이것은 어떤 사안 혹은 기준에 대한 이야기일까? '지속적이고 정서적인 개인의 가치감'은 대체 무슨 뜻일까? 한편으로, 이 정의에는 진정한 자존감은 현실에 기반을 둔다는 관찰이 담겨 있다. 이 점은 마음에 든다.

자존감의 여러 정의들 가운데 가장 널리 알려진 하나는 〈존중받는 상태를 향하여(Toward a State of Esteem)〉*에서 볼 수 있다.

> 자존감은 다음과 같이 정의할 수 있다. "나 자신의 가치와 중요성을 인식하는 것, 그리고 자기 자신을 책임지고 다른 사람들에 대해 책임감 있게 행동하려는 특성을 지니는 것."

이 정의에도 앞서 살핀 다른 정의들과 마찬가지로 구체성이 부족하다. 무엇에 관한 '가치와 중요성'인가? 또 다른 문제도 있다. 건강한 자존감의 기본적인 자원(source)이 되는 것을 자존감의 정의에 끼워 넣은 것이다.("자기 자신을 책임지고 다른 사람들에 대해 책임감 있게 행동하려는"이라는 부분이 그렇다.) 심리적 상태에 대한 정의는 그 상태에 이르기까지 과정이 아니라, 그 상태 자체를 알려주는 정의여야 한다.

이 정의를 제시한 사람들은 우리가 만일 다른 사람들에 대해 책임감 있게 행동하지 않는다면 건강한 자존감을 얻을 수 없다고 이해하기를 바랐던 것일까? 정말 이렇게 이해하기를 바랐다면, 그들이 옳았다고 할 수 있다. 하지만 그것은 자존감의 정의에서 한 부분이거나, 아예 전혀 다른 문제가 아닐까?(그와 같은 정의는 과학적 고찰보다 '정치적인' 고려에서 영향받았을 것이 거의 확실하다. 즉 사람들에게 자존감이 높은 사람들은 옹졸하고 무책임한 '이기심'을 기르지 않는다는 것을 다시 확인시켜주려 했을 것이다.)

마지막으로, 자존감 운동에 참여한 사람들 중에 자존감이란 "나는 능력 있고 사랑스럽다."라는 뜻이라고 선언하는 이들이 있다.

다시 한 번 이렇게 묻지 않을 수 없다. '능력'이라니, 어떤 능력을

• 보고서의 전체 명칭은 'Toward a State of Esteem: The Final Report of the California Task Force to Promote Self-esteem and Personal and Social Responsibility'이다. 이것은 1987년부터 1989년까지 활동했던 '자존감과 개인적 · 사회적 책임을 증진하기 위한 캘리포니아 특별 위원회(the California Task Force to Promote Self-Esteem and Personal and Social Responsibility)'가 1990년에 내놓은 최종 보고서이다. 이 특별 위원회는 캘리포니아 주에서 운영한 것이었으며, 자존감이 사회에 끼치는 영향을 조사하기 위해 만들어진 것이었다. 이 일을 계기로 미국 국립자존감협회(National Council for Self-Esteem)가 만들어졌다. 이 협회에는 너새니얼 브랜든을 비롯해 버지니아 사티어, 글로리아 스타이넘 등이 참여했다. (옮긴이)

말하는가? 이런 경우를 생각해보자. '나'는 스키를 엄청나게 잘 탄다. 또 훌륭한 변호사이거나 일류 요리사일 수도 있다. 하지만 그 '나'는 어머니가 가르쳐준 도덕적 가치를 혼자 힘으로는 잘 판단할 수 없다고 느낀다. 또 그 '나'는 내가 누구인지 알아야 한다고 느낀다. 이런 경우에, '나'는 '능력'이 있는 걸까? 자존감이 있는 걸까?

'사랑스럽다'는 말에 관해서는, 그렇다, 스스로 사랑스럽다고 느끼는 것은 건강한 자존감의 특성 중 하나이다. 스스로 행복해지고 성공할 만하다고 느끼는 것도 마찬가지다. 사랑스럽다고 느끼는 것이 더 중요할까? 이 정의를 내린 사람들에게는 분명히 그럴 것이다. 다른 두 항목이 언급되지 않았기 때문이다. 하지만 어떤 근거로 그렇게 주장할 수 있는가?

여기서 다른 예를 더 들면서 장황하게 이야기할 생각은 없다. 양상이 다를 뿐, 같은 문제이기 때문이다.

자존감을 키우는 문장 완성 연습

자존감 향상을 위해 내가 개발한 31주 문장 완성 연습 프로그램을 독자들과 공유하고자 한다. 여기에 소개하는 문장 줄기와 발전 과정에는 몇 가지 꽤 복잡한 이론적 견해가 녹아 있는데, 직접 과제를 해보며 경험하지 않고서는 알 수 없는 내용이다.

앞에서 문장 완성 연습이 자기 이해와 개인적인 발전을 촉진하는 데 강력한 역할을 한다는 것을 살펴보았다. 여기서 제시하는 프로그램은 자존감의 여섯 기둥과 그것을 일상에서 적용하는 일을 더 쉽게 이해할 수 있게 돕는다. 독자들은 프로그램 전반을 관통하는 주제를 알게 될 것이다. 심리 치료에서는 이 프로그램을 통해 제기되는 문제들을 다양한 각도에서, 다양한 방식으로 살펴보게 된다. 내담자가 문장 줄기마다 덧붙이는 말들을 살펴보면 어떤 점에 더 관심을 쏟아야할지 알 수 있다. 지금부터 소개하는 프로그램은 일반적인 형태이며, 문장 완성 프로그램은 발전과 수정을 거듭하고 있다.

프로그램을 마무리하고 완성도를 높이기 위해 본문에서 이야기한 몇 가지 요점을 다시 언급해야 했다. 또 본문에서 소개한 문장 줄기 몇 개와 새로운 문장 줄기들을 합쳤고, 전체 문장 줄기들은 개인을 점진적인 자각으로 이끌기 위한 특별한 구조로 체계가 잡혔다.

이 부분의 내용 중 절반은 마치 투명 잉크로 쓴 것처럼 시간이 지나야지만, 그러니까 문장 줄기를 완성하고 자신이 만든 마무리 부분들에 나타나는 패턴을 살필 때에야 눈에 보일 것이다. 그런 마음가짐으로 이 프로그램을 대했으면 하는 바람이다.

프로그램

혼자서 문장 완성 연습을 한다면 공책이나 컴퓨터를 이용해도 좋다.(그밖에 가능한 대안으로는 녹음기를 쓰는 방법이 있다. 이 경우에는 녹음기에 문장 줄기를 반복해서 말해야 한다. 매번 다른 말로 문장을 완성하고, 나중에 녹음 내용을 재생해 다시 들어본다.)

1주차

아침에 일과를 시작하기 전에 제일 먼저 자리에 앉아 다음 문장 줄기를 쓴다.

내가 오늘 나의 삶에 좀 더 관심을 쏟는다면, _____

그런 다음에는, 생각하느라 멈추지 말고 가능한 한 빨리, 2~3분 동안 최대한 많은 문장을 완성해보자.(반드시 최소한 여섯 개는 되어야 하고 열 개 정도면 충분하다.) 당신이 완성한 문장이 문자 그대로 진실인지, 뜻이 통하는지, '깊이 있는지' 걱정하지 마라. 아무것이나 써도 되고 뭐라도 쓰면 된다. 그리고 다음 문장 줄기들을 차례로 연습해보자.

내가 오늘 나의 선택과 행동에 더 많이 책임을 진다면, _____

내가 오늘 사람들을 어떻게 대하는지에 더 주의를 집중한다면,

_____

내가 오늘 나의 에너지 수준을 5퍼센트 정도 끌어올린다면,

_____

1주차에는 월요일부터 금요일까지 하루도 빼놓지 말고 일과를 시작하기 전에 문장 완성 연습을 하자.

내용이 중복되는 것은 당연하다. 하지만 새로운 문장도 반드시 나온다. 이 문장들을 깊이 생각하면서 시간을 쏟다 보면 창의적인 무의식에 '불을 지피게 되면서' 연결과 통찰이 가능해지고 성장으로 이어질 수 있다. 의식을 집중할 때 자신의 심리 상태를 행동으로 표현하고 싶은 욕구가 일어나기 쉽다.

매 주말에는 지난 일 주일 동안 자신이 만든 문장들을 다시 읽어보고 다음 문장 줄기로 최소한 여섯 가지 문장을 완성해보자.

이번 주에 내가 쓴 것 중 어떤 것이 진실이라면, 내가 _____ 하는 데 도움이 될 것이다.

이것은 새로 배운 것을 행동으로 옮기는 데 힘을 준다. 이 프로그램을 진행하는 동안 주말마다 이 연습을 계속하자.

이 프로그램을 진행할 때에는 앞으로 벌어질 일이나 '벌어지리라고' 예측되는 일에 대한 기대를 모두 마음속에서 깨끗이 몰아내는 것이 이상적이다. 그 상황에 어떠한 요구도 하지 말고, 기대하는 마음을 비우려고 노력하라. 일과 시작 전에 문장 완성 연습을 하고, 일과를

계속 하다가, 가능할 때 시간을 조금 내서 아침에 쓴 말꼬리들을 조용히 생각해보고, 자신의 감정이나 행동에 어떤 차이가 생겼는지 그저 가만히 살펴보기만 하자.

기억해야 할 것이 있다. 말꼬리를 넣었을 때 문장이 문법적으로 완성되어야 한다. 말꼬리를 쓸 때에는 마음을 텅 비우고, 자신이 이 연습을 할 수 없다는 생각을 하지 말아야 한다.

평균 소요 시간이 10분을 넘어서는 안 된다. 그보다 길어지면 지나치게 많이 '생각(연습, 계산)'하는 것이다. 문장 연습 도중이 아니라 끝난 다음에 생각하라.

다음 문장 줄기마다 최소한 여섯 가지 말꼬리를 만들어보자.

2주차

중요한 대인 관계에 5퍼센트 더 의식을 집중한다면, _____

나의 불안에 5퍼센트 더 의식을 집중한다면, _____

나의 가장 깊은 욕구와 소망에 5퍼센트 더 의식을 집중한다면,

_____

나의 감정에 5퍼센트 더 의식을 집중한다면, _____

3주차

남의 말을 경청하는 것을 창의적 행동이라 생각한다면, _____

내가 경청하는 수준에 사람들이 얼마나 영향을 받는지 안다면,

_____

오늘 사람들을 대하는 데 좀 더 의식을 집중한다면, _____

사람들을 공정하고 관대한 태도로 대한다면, _____

4주차

오늘 내가 좀 더 높은 자존감을 지니고 활동한다면, _____

오늘 내가 좀 더 높은 자존감을 지니고 사람들을 대한다면, _____

오늘 내가 5퍼센트 더 자기 수용을 실행한다면, _____

내가 실수를 저질렀을 때 그런 자신을 받아들인다면, _____

혼란스럽고 어쩔 줄 모를 때 그런 자신을 받아들인다면, _____

5주차

나의 몸을 좀 더 받아들인다면, _____

나의 몸을 부정하고 부인한다면, _____

내가 겪는 갈등들을 부정하고 부인한다면, _____

나의 모든 부분을 좀 더 받아들인다면, _____

6주차

오늘 나의 자존감을 높이고 싶다면, 나는 _____ 할 수 있을 것이다.

나의 감정을 좀 더 받아들인다면, _____

나의 감정을 부정하고 부인한다면, _____

나의 생각을 좀 더 받아들인다면, _____

나의 생각을 부정하고 부인한다면, _____

7주차

나의 두려움을 좀 더 받아들인다면, _____

나의 두려움을 부정하고 부인한다면, _____

나의 고통을 좀 더 받아들인다면, _____

나의 고통을 부정하고 부인한다면, _____

8주차

나의 분노를 좀 더 받아들인다면, _____

나의 분노를 부정하고 부인한다면, _____

나의 성적인 면을 좀 더 받아들인다면, _____

나의 성적인 면을 부정하고 부인한다면, _____

9주차

나의 흥분을 좀 더 받아들인다면, _____

나의 흥분을 부정하고 부인한다면, _____

나의 지적 능력을 좀 더 받아들인다면, _____

나의 지적 능력을 부정하고 부인한다면, _____

10주차

나의 기쁨을 좀 더 받아들인다면, _____

나의 기쁨을 부정하고 부인한다면, _____

나의 모든 부분을 좀 더 잘 안다면, _____

나 자신의 모든 것을 있는 그대로 받아들이는 법을 배운다면,

_____

11주차

자기 책임이 내게 의미하는 것은, _____

나의 삶과 행복에 5퍼센트 더 많이 책임을 진다면, _____

나의 삶과 행복에 대한 책임을 회피한다면, _____

목표 달성에 5퍼센트 더 많이 책임을 진다면, _____

목표 달성에 대한 책임을 회피한다면, _____

12주차

성공적인 관계 맺음을 위해 5퍼센트 더 많이 책임을 진다면, _____

때때로 나는 _____ 할 때 소극적이다.

때때로 나는 _____ 할 때 무기력하다고 느낀다.

나는 _____ 을 알게 된다.

13주차

내가 세운 삶의 기준에 5퍼센트 더 많이 책임을 진다면, _____

나의 친구 선택에 5퍼센트 더 많이 책임을 진다면, _____

나의 행복에 5퍼센트 더 많이 책임을 진다면,

_____

나의 자존감 수준에 5퍼센트 더 많이 책임을 진다면, _____

14주차

자기 주장이 내게 의미하는 것은, _____

오늘 5퍼센트만 더 자기 주장을 실천한다면, _____

오늘 나의 생각과 감정을 존중한다면, _____

오늘 나의 소망을 존중한다면, _____

15주차

(내가 어렸을 때) 누군가 내게 나의 바람은 정말 중요하다고 말해주었더라면, _____

(내가 어렸을 때) 나의 삶을 존중하는 방법을 배웠더라면, _____

내가 내 삶을 하찮게 여긴다면, _____

'예'와 '아니오'를 뜻대로 말할 수 있었더라면, _____

다른 사람들에게 내 안의 목소리를 들려주고자 했더라면, _____

나 자신을 5퍼센트 더 많이 표현했더라면, _____

16주차

목적 있는 삶이 내게 의미하는 것은, _____

5퍼센트 더 목적 있는 삶을 산다면, _____

5퍼센트 더 목적 있는 태도로 일을 한다면, _____

5퍼센트 더 목적 있는 태도로 사람들을 대한다면, _____

5퍼센트 더 목적 있는 태도로 결혼 생활을 한다면, _____

17주차

5퍼센트 더 목적 있는 태도로 아이들을 기른다면, _____

5퍼센트 더 목적 있는 태도로 내 안의 깊은 열망을 대한다면,

_____

나의 소망을 충족시키는 데 좀 더 책임감 있는 태도를 취한다면,

_____

나의 행복을 의식적인 목표로 정한다면, _____

18주차

자아 통합이 내게 의미하는 것은, _____

완벽한 자아 통합이 어렵다고 생각하는 경우를 보게 된다면, _____

내 삶에서 자아 통합성을 5퍼센트 높인다면, _____

일을 할 때 자아 통합성을 5퍼센트 더 높인다면, _____

19주차

인간관계에서 자아 통합성을 5퍼센트 더 높인다면, _____

내가 옳다고 믿는 가치들을 배신하지 않는다면, _____

존중하지 않는 가치에 따라 사는 삶을 거부한다면, _____

자기 존중을 최우선으로 생각한다면, _____

20주차

내 안의 어린아이가 말할 수 있다면, 그 아이는 _____ 라고 말할
것이다.

십 대 시절의 내가 지금도 여전히 내 안에 남아 있다면, _____

내 안의 십 대-자기가 말할 수 있다면, 그는 _____ 라고 말할 것이다.

나의 아이-자기를 돕기 위해 기억을 거슬러 올라가 생각해보면,
_____

나의 십 대-자기를 돕기 위해 기억을 거슬러 올라가 생각해보면,
_____

지금의 나보다 어린 '자기(self)'와 친구가 될 수 있다면, _____

21주차

나의 아이-자기가 내게 받아들여졌다고 느꼈더라면, _____

나의 십 대-자기가 내가 자신의 편이라고 느꼈더라면, _____

지금의 나보다 어린 '자기'들이 내가 그들이 겪는 문제에 공감한다는 걸 느꼈더라면, _____

내가 나의 아이-자기를 보듬을 수 있었더라면, _____

지금 나보다 어린 '자기'를 포용하고 사랑할 만한 용기와 동정심이 있었더라면, _____

22주차

때때로 나의 아이-자기는 내가 _____ 할 때 거부당했다고 느낀다.

때때로 나의 십 대-자기는 내가 _____ 할 때 거부당했다고 느낀다.

아이-자기가 내게 필요로 했지만 거의 받지 못한 것 중 하나는 _____ 였다.

십 대-자기가 내게 필요로 했지만 거의 받지 못한 것 중 하나는 _____ 였다.

거부당한 아이-자기가 내게 되돌려준 것 중 하나는 _____ 였다.

거부당한 십 대-자기가 내게 되돌려준 것 중 하나는 _____ 였다.

23주차

나의 아이-자기가 필요로 하는 것을 준다고 생각하면, _____

나의 십 대-자기가 필요로 하는 것을 준다고 생각하면, _____

나의 아이-자기와 내가 서로 사랑했더라면, _____

나의 십 대-자기와 내가 서로 사랑했더라면, _____

24주차

아이-자기의 신뢰를 얻는 데 시간이 걸릴 수도 있다는 점을 받아들인다면, _____

십 대-자기의 신뢰를 얻는 데 시간이 걸릴 수도 있다는 점을 받아들인다면, _____

아이-자기와 십 대-자기 모두 나의 일부라는 사실을 이해하게 된다면, _____

나는 _____ 을 알게 된다.

25주차

때때로 나는 _____ 할 때 두려워진다.

때때로 나는 _____ 할 때 상처받는다.

두려움을 다루는 효과적인 방법은 _____ 일 것이다.

상처를 다루는 효과적인 방법은 _____ 일 것이다.

분노를 다루는 효과적인 방법은 _____ 일 것이다.

26주차

때때로 나는 _____ 할 때 흥분한다.

때때로 나는 _____ 할 때 성적으로 흥분한다.

때때로 나는 _____ 할 때 강렬한 느낌을 받는다.

내가 느끼는 흥분과 친해진다면, _____

내가 느끼는 성적 흥분과 친해진다면, _____

나의 모든 감정에 좀 더 편안해진다면, _____

27주차

나의 아이-자기와 더 친해진다고 생각해보면, _____

나의 십 대-자기와 더 친해진다고 생각해보면, _____

지금 나보다 어린 '자기'를 대하는 것이 더 편안해진다면, _____

나의 아이-자기가 있을 만한 안전한 곳을 마련한다면, _____

나의 십 대-자기가 있을 만한 안전한 곳을 마련한다면, _____

28주차

어머니는 내가 나를 _____ 라고 보도록 만들었다.

아버지는 내가 나를 _____ 라고 보도록 만들었다.

나 자신에게 _____ 라고 말할 때마다 어머니의 목소리가 들린다.

나 자신에게 _____ 라 말할 때마다 아버지의 목소리가 들린다.

29주차

어머니와 관계에 5퍼센트 더 의식을 집중한다면, _____

아버지와 관계에 5퍼센트 더 의식을 집중한다면, _____

어머니와 아버지를 현실적으로 바라본다면, _____

어머니와의 관계에서 의식 수준을 되돌아본다면, _____

아버지와의 관계에서 의식 수준을 되돌아본다면, _____

30주차

어머니로부터 해방된다고 생각하면, 심리적으로 _____

아버지로부터 해방된다고 생각하면, 심리적으로 _____

내가 온전히 나 자신에게 속해 있다고 생각한다면, _____

내 삶의 주인이 실제로 나라면, _____

내가 정말로 독립적으로 생존할 수 있다면, _____

31주차

내 삶을 5퍼센트 더 의식한다면, _____

5퍼센트 더 나를 받아들이며 살아간다면, _____

5퍼센트 더 자기 책임을 실천하며 살아간다면, _____

5퍼센트 더 자기 주장을 실천하며 살아간다면, _____

5퍼센트 더 목적 있는 삶을 산다면, _____

5퍼센트 더 자아 통합적인 삶을 산다면, _____

심호흡을 한 다음에 자신의 자존감이 어떻게 느껴지는지 느껴보면,

_____

여기 소개된 31주차 프로그램을 일단 마쳤다고 해보자. 도움이 되었다면 다시 한 번 해보자. 또 다른 경험이 될 것이다. 어떤 경우에는 이 프로그램을 서너 번 반복하기도 한다. 그 결과는 매번 새롭고, 자존감도 어김없이 높아졌다.

더 읽어볼 만한 책

나는 자존감과, 자존감이 인간의 삶에서 어떤 역할을 하는지, 특히 자존감이 일과 사랑에 끼치는 영향을 중점적으로 연구해 왔다. 만일 이 책이 읽을 만한 가치가 있다고 생각한다면, 내가 쓴 다음 책들도 더 읽어보기를 권한다.

《자존감의 심리학 (The Psychology of Self-Esteem)》

자존감 분야에서 내가 쓴 최초의 이론적 탐구서이자, 자존감에 관한 개론서이다. 이후에 쓴 책들과 달리 이 책에서는 내 연구의 철학적 기반에 특히 중점을 두었다. 이 책은 다음과 같은 의문을 다룬다. '자유 의지라는 것은 어떤 의미인가? 무엇이 자유 의지라는 생각을 정당화하는가?' '이성과 감정은 어떤 관계인가?' '합리성과 자아 통합은 어떻게 자존감과 연결되는가?' '자존감을 뒷받침하거나 훼손하는 도덕적 가치는 어떤 것들인가?' '왜 자존감이 동기 유발의 열쇠인가?'

《자유로워지기 (Breaking Free)》

나의 임상 경험에서 가져온 일련의 짧은 이야기들을 극화해 살펴보면서 유년기에서 찾을 수 있는 부정적 자기 개념의 기원을 탐색한다. 이 책에 소개된 이야기들을 통해 성인이 어떤 식으로 아동의 자존감 발달에 나쁜 영향을 끼치는지 본다. 그러므로 이 책은 간접적으로 자녀 양육에 관한 기본 지침서라 할 수 있다.

《부인된 자기 (The Disowned Self)》

이 책에서는 자기 소외라는 고통스러운 문제를 탐구하고 회복할 수 있는 경로를 보여준다. 오늘날 널리 퍼진 문제인 자기 소외는 개인이 자기의 내면 세계와 접촉하지 못하고 동떨어져 있는 것이다. 이 책은 제 기능을 하지 못하는 가정에서 자란 '어른 아이'들에게 특히 도움이 되는 것으로 나타났다. 이 책은 이성과 감정의 관계를 새로운 시각으로 바라보는데, 내가 초기에 이 주제를 다루었을 때보다 그 범위와 깊이 면에서 나아갔다. 자기 수용이 왜 건강한 자존감에 필수적인지, 그리고 어떻게 영향을 끼치는지 실제 사례를 들어 보여주고, 생각과 감정을 조화롭게 통합하는 길을 알려준다.

《낭만적 사랑의 심리학 (The Psychology of Romantic Love)》

이 책에서 나는 낭만적 사랑의 본질과 의미를 탐구했다. 낭만적 사랑과 다른 여러 형태의 사랑 사이에 나타나는 차이점을 살피고, 역사에서 찾은 낭만적 사랑의 발달 과정과 현대 사회에서 낭만적 사랑이 겪는 특별한 도전들을 다룬다. 이 책은 다음과 같은 의문을 제기한다. '사랑이란 무엇인가?' '사랑은 왜 시작되는가?' '사랑은 왜 어떤 경우에는 꽃피고 어떤 경우에 죽는가?'

《사랑이 우리에게 요구하는 것 (What Love Asks of Us)》

초판 제목은 '낭만적 사랑에 관한 문답(The Romantic Love Question-and-Answer)'이었다. 새 제목을 단 개정증보판은 내 아내이자 동료인 디버스 브랜든과 함께 썼으며, 우리가 가장 자주 듣는 질문들 즉, 사랑을 일구어 나가는 과정에서 겪는 현실적인 문제들을 다루었다. 이 책은 관계에서 자율성을 유지하는 일의 중요성부터 효과적인 의사 소통의 기술과 갈등 해소 기술, 질투심과 불륜에 대처하는 법, 자녀들과 인척들과 관계에서 겪는 문제들을 극복하는 법, 사랑을 잃었을 때 극복하는 법까지 매우 폭넓은 주제를 아우른다.

《자기 존중(Honoring the Self)》

이 책에서는 다시 자존감의 본질과 역할로 돌아간다. 《자존감의 심리학》보다 훨씬 덜 철학적이지만, 핵심적인 부분에서는 더 발전적이다. 이 책은 어떻게 자기(self)가 출현하고, 발달하고, 계속해서 개별화(individuation)의 더 높은 단계로 옮겨 가는지 살핀다. 성인이 자신의 자존감을 높이는 방법과 죄책감의 심리를 탐구하고, 자존감과 생산적인 일의 관계를 다룬다. 또 자기 이익에 충실한 태도야말로 도덕적이라고 주장하는 한편, 자기 희생이 미덕의 핵심이라는 전통적인 관념에 도전한다.

《내가 말할 수 없는 것을 당신이 들을 수 있다면(If You Could Hear What I Cannnot Say)》

이 책에서는 내가 만든 문장 완성 기법의 기초를 가르쳐준다. 자기 탐구, 자기 이해, 자기 치유, 개인적인 성장을 위해 혼자서 노력하는 사람들을 위해 활용법을 알려준다.

《자기 발견의 기술(The Art of Self-Discovery)》

문장 완성과 자기 탐구를 다룬 앞선 책들보다 한발 더 나아간다. 원래 초판 제목은 '내가 보는 것을 보고 내가 아는 것을 알기 위하여(To See What I See and Know What I Know)'였다. 이 개정증보판에는 상담가들과 심리치료사들이 임상에서 활용할 수 있는 도구들을 추가했다.

《자존감 높이는 법(How to Raise Your Self-Esteem)》*

이 책의 목적은 자존감을 쌓는 특별한 전략을 독자들에게 제공하는 것이다. 이전에 쓴 글들보다 논의가 더 구체적이고 더 행동 지향적이다. 이 책은 자기 자신의 발전을 위해 노력하는 사람들은 물론이고, 이 책에 묘사된 기법을 실험하고자 하는 부모들, 교사들, 심리 치료사들 모두에게 도움이 될 것이다.

《심판의 날(Judgement Day: My Years with Ayn Rand)》

이 탐사적인 회고록에는 나 자신의 개인적이고 지적인 발전 과정이 담겨 있다. 작가이자 철학자인 에인 랜드와의 관계를 중심으로 하여 세 명의 여성과 맺은 관계를 통해 나 자신의 자존감이 끊임없이 오르내리며 변화했던 과정이 포함되어 있다. 또 이 책은 내가 나 자신의 가장 중요한 심리학적 견해들에 이르게 된 특별한 배경을 다루는데, 거기에는 스물네 살 때 처음으로 인간의 행복에 자존감이 대단히 중요하다는 점을 이해하게 된 일도 들어 있다.

《자존감의 힘(The Power of Self-Esteem)》**

자존감에 대한 나의 핵심 견해들을 간략히 정리한 책이다. 입문서를 염두에 두고 쓴 책이다.

---

* 이 책은 한국어로 번역·출간되었다. 《이 세상 최고의 가치 YOU》(홍현숙 옮김, 스마트비즈니스, 2007)
** 한국어 판은 《나를 존중하는 삶》(강승규 옮김, 학지사, 1994)

1장 자존감, 나를 키우는 힘

1) L. E. Sandelands, J. Brockner, and M. A. Glynn (1988) "If at first you don't succeed, try again: Effects of Persistence-performance contingencies, ego-involvement, and self-esteem on task-performance." *Journal of Applied Psychology*, vol. 73, pp. 208~216.

2) E. Paul Torrance. *The Creative Child and Adult Quarterly*, VIII, 1983.

3) Abraham Maslow. *Toward a Psychology of Being*. New York: Van Nostrand Reinhold, 1968.

4) *Fortune*, December 17, 1990.

5) T. George Harris. *The Era of Conscious Choice*. Encyclopedia Britannica Book of the Year, 1973.

5장 자존감 키우기

1) 예를 들어 다음을 보라. *The Invulnerable Child*, a collection of studies edited by E. James Anthony and Bertram J. Cohler. New York: The Guilford Press, 1987.

13장 아이의 자존감

1) 이 원칙을 더 자세히 알고 싶으면 하임 G. 기너트가 쓴 다음 책들을 보라. *Between Parent and Child; Between Parent and Teenager; and Teacher and Child*. All are published by Avon.

14장 학교와 자존감

1) 로버트 리즈너와 나눈 개인적인 대화에서 가져온 내용이다.

2) George Land and Beth Jarman. *Breakpoint and Beyond*. New York: Harper Business, 1992.

3) Jane Bluestein. *21st Century Discipline*. Jefferson City, Mo.: Scholastic Inc., 1988.

4) Robert Reasoner. *Building Self-Esteem*: *A Comprehensive Program for Schools*, rev. ed. Palo Alto: Consulting Psychologists Press, 1992.

5) Ibid.

6) Ibid.

7) 케네스 밀러와 나눈 개인적인 대화에서 가져왔다.

8) Jane Bluestein. *21st Century Discipline*. Jefferson City, Mo.: Scholastic Inc., 1988.

9) Howard Gardner. *The Unschooled Mind*: *How Children Think and How Schools Should Teach*. New York: Basic Books, 1992.

10) Howard Gardner. "What Parents Can Do to Help Their Kids Learn Better." *Bottom Line*, June 1992.

11) 콘스탄스 뎀브로브스키의 프로그램 'Personal and Social Responsibility' 에 대해 자세히 알고 싶으면 다음 연구소로 연락하면 된다. the Institute for Effective Skill Development, P.O. Box 880, La Luz, NM 88337.

15장 일터의 자존감

1) *The Economist*, December 1, 1990.

2) *Honoring the Self*. New York: Bantam Books, 1984.

3) Michael Dertouzos, Richard K. Lester, Robert M. Solow, and the MIT Commission on Industrial Productivity. *Made in America*. Cambridge: MIT Press, 1989.

4) Charles Garfield. *Second to None*. Homewood, Ill.: Business One Irwin,

1992.

5) Warren Bennis. *On Becoming a Leader*. New York: Addison-Wesley, 1989.

17장 자존감과 문화

1) Mary Kawena Puku'i. *'Olelo No'eau*. Honolulu: Bishop Museum Press, 1985.

2) Margaret Mead. *Coming of Age in Samoa*. New York: New American Library, 1949.

3) G. Rattray Taylor. *Sex in History*. New York: Harper Torchbooks, 1973.

4) Jonathan Rauch. "A Search for the Soul of Japan." *Los Angeles Times Magazine*, March 8, 1992.

5) Harold Bloom. *The American Religion*. New York: Simon & Schuster, 1992.

6) Christopher Lasch. "In Defense of Shame." *The New Republic*, August 10, 1992.

김세진

홍익대학교 독어독문학과와 고려대학교 교육대학원을 졸업했으며, 영어, 독일어, 일본어 전문 번역가로 활동 중이다. 옮긴 책으로 《발칙한 현대미술사》, 《모마 하이라이트》, 《파울 클레 판화집》, 《집과 작업실》, 《바나나》 등이 있다.

자존감의 여섯 기둥

2015년 6월 26일 초판 1쇄 발행
2024년 11월 15일 초판 21쇄 발행

- 지은이 ──────── 너새니얼 브랜든
- 옮긴이 ──────── 김세진
- 펴낸이 ──────── 한예원
- 편집 ──────────── 이승희, 양경아
- 본문 조판 ──────── 성인기획

- 펴낸곳 **교양인**
   우 04015 서울 마포구 망원로6길 57 3층
   전화 : 02)2266-2776 팩스 : 02)2266-2771
   e-mail : gyoyangin@naver.com

ⓒ 교양인, 2015
ISBN 978-89-91799-07-3   03180

이 도서의 국립중앙도서관 출판예정도서목록(CIP)은 서지정보유통지원시스템 홈페이지(http://seoji.nl.go.kr)와 국가자료종합목록시스템(http://www.nl.go.kr/kolisnet)에서 이용하실 수 있습니다.(CIP제어번호: CIP2015015816)